国際機関と日本

活動分析と評価

総合研究開発機構（NIRA）
「NPM導入等による国際機関に関する組織・運営改革」研究会代表
田所昌幸・城山英明【編】

日本経済評論社

まえがき

　本書は理念的あるいは抽象的に語られがちな国際機関について，具体的にどのような活動を行っているかに焦点を当てて，その運営実態の分析・評価を試みたものである．その際，国際機関がどのような目標のために，どれだけの資源（人材，資金）をどのように調達し，投入し，どういった活動を行い，どのような成果を得ているのかに注目した．

　具体的には，安全保障・開発・人権人道・専門分野で活動する国際機関から，国連，世界銀行，国連開発計画（UNDP），国連難民高等弁務官事務所（UNHCR），国連児童基金（UNICEF），国連人権委員会（UNCHR），国連人権高等弁務官事務所（OHCHR），国際電気通信連合（ITU），世界保健機関（WHO），国連教育科学文化機関（UNESCO）の10機関を選び，データに基づく国際機関の組織・運営の現状分析を行うとともに，国際公益，国益の両面から国際機関の評価を試みた．具体的には，インプット（国際機関に投入された様々な資源；資金，人材，政治的支持など），アウトプット（インプットされた資源を用いて，何らかの目的を達成するために組織が実施したプログラムや活動），アウトカム（様々な目標に対する組織の実績）からなる一般的な評価の枠組を適用することを試みた．

　また，国際機関と各国とのインターフェースに関する分析が，理論的にも実務的にも重要ではないかという認識から，スウェーデン，米国における国際機関に対する制度や政策の現状を分析した上で，日本の国際機関に対する制度や政策との比較を行った．

　国際機関は実にさまざまな領域でさまざまな活動を行っている．そのため，そのすべてをデータにより評価するには無理があると言わざるをえない．その欠点を補うために，本書では，国内外の国際機関での勤務経験者・有識者，行政担当者からのヒアリング等を行うことにより，データによる評価・分析の結果が一人歩きし，国際機関の実態と乖離してしまうのを防ぐことに注意を払っ

た．

　本書は試論的な分析の域を出ないものであるが，国際機関実務の実態に関心のある研究者，ジャーナリストや政治・行政担当者，実務を多少客観的に認識したいと考えている国際機関関係者にとって，何らかの参考になれば幸いである．

　　2004年3月

編　　者

目次

まえがき

序章　課題と分析の視角 …………………………………………… 1
　1．地に足のついた国際機関論を求めて　1
　2．この研究のねらいと特徴　5
　3．国際公共部門の規模　8
　4．国際機関の活動と各国とのインターフェースの態様　10
　5．国際機関活動評価の枠組　14

第1部　活動分析と評価

はじめに ……………………………………………………………… 22

第1章　国際連合（安全保障分野） ……………………………… 24
　1．はじめに　24
　2．組織・活動内容の概要とその特質　25
　3．国連安全保障分野の国際公益からの評価　28
　　3-1　インプット　28
　　3-2　アウトプット　45
　　3-3　アウトカム　53
　　3-4　考　察　59
　4．国益の観点からの分析　65
　　4-1　インプット　65
　　4-2　成　果　77
　　4-3　考　察　85
　5．おわりに　86

第2章　世界銀行 …… 89

1. はじめに　89
2. 組織・活動内容の概要とその特質　90
   - 2-1　概　　要　90
   - 2-2　活動内容の特質　92
   - 2-3　改革の動き　92
3. 国際公益の観点からの評価　94
   - 3-1　インプット　94
   - 3-2　アウトプット　98
   - 3-3　アウトカム　106
   - 3-4　考　　察　118
4. 国益の観点からの評価　120
   - 4-1　インプット　120
   - 4-2　成　　果　128
   - 4-3　考　　察　132
5. おわりに　133

第3章　国連開発計画（UNDP） …… 142

1. はじめに　142
2. 組織・活動内容の概要とその特質　142
   - 2-1　概　　要　142
   - 2-2　活動内容の特質　143
   - 2-3　改革の動き　145
3. 国際公益の観点からの評価　147
   - 3-1　インプット　147
   - 3-2　アウトプット　153
   - 3-3　アウトカム　163
   - 3-4　考　　察　176
4. 国益の観点からの評価　179

4-1　インプット　179
　　4-2　成　　果　182
　　4-3　考　　察　185
　5. おわりに　186

第4章　国連難民高等弁務官事務所（UNHCR） ……………………… 194
　1. はじめに　194
　2. 組織・活動内容の概要とその特質　194
　3. 国際公益の観点からの評価　197
　　3-1　インプット　197
　　3-2　アウトプット　201
　　3-3　アウトカム　203
　　3-4　考　　察　205
　4. 国益の観点からの評価　208
　　4-1　インプット　208
　　4-2　成　　果　211
　　4-3　考　　察　213
　5. おわりに　214

第5章　国連児童基金（UNICEF） ……………………………………… 217
　1. はじめに　217
　2. 組織・活動内容の概要とその特質　218
　3. 国際公益の観点からの評価　220
　　3-1　インプット　220
　　3-2　アウトプット　223
　　3-3　アウトカム　225
　　3-4　考察：寄与度等　229
　4. 国益の観点からの評価　229
　　4-1　インプット　229
　　4-2　成　　果　233

4-3　考　　察　235
　　5.　おわりに　236

第6章　国際連合（人権分野） ……………………………………… 238

　　1.　はじめに　238
　　2.　組織・活動内容の概要とその特質　239
　　3.　国際公益の観点からの評価　240
　　　3-1　インプット　240
　　　3-2　アウトプット　241
　　　3-3　アウトカム　245
　　　3-4　考　　察　252
　　4.　国益の観点からの評価　254
　　　4-1　インプット　254
　　　4-2　成　　果　255
　　　4-3　考　　察　257
　　5.　おわりに　259

第7章　国際電気通信連合（ITU） ………………………………… 262

　　1.　はじめに　262
　　2.　組織・活動内容の概要とその特質　262
　　3.　国際公益の観点からの評価　264
　　　3-1　インプット　264
　　　3-2　アウトプット　268
　　　3-3　アウトカム　270
　　　3-4　考察：寄与度等　274
　　4.　国益の観点からの評価　275
　　　4-1　インプット　275
　　　4-2　成　　果　278
　　　4-3　考　　察　281
　　5.　おわりに　281

第 8 章　世界保健機関（WHO） ……………………………………… 283

　1.　はじめに　283
　2.　組織・活動内容の概要とその特質　283
　3.　国際公益の観点からの評価　286
　　3-1　インプット　286
　　3-2　アウトプット　291
　　3-3　アウトカム　295
　　3-4　考察：寄与度等　301
　4.　国益の観点からの評価　302
　　4-1　インプット　302
　　4-2　成　　果　305
　　4-3　考　　察　306
　5.　おわりに　307

第 9 章　国連教育科学文化機関（UNESCO） ………………………… 309

　1.　はじめに　309
　2.　組織・活動内容の概要とその特質　309
　3.　国際公益の観点からの評価　312
　　3-1　インプット　312
　　3-2　アウトプット　314
　　3-3　アウトカム　319
　　3-4　考　　察　322
　4.　国益の観点からの評価　323
　　4-1　インプット　323
　　4-2　成　　果　326
　　4-3　考　　察　327
　5.　おわりに　328

おわりに：比較と検討 ……………………………………………… 331
  1. 国際公益の観点に関して　331
    1-1　インプット・アウトプットレベルの変動：分野による差異　331
    1-2　財源構成に関する横断的傾向　334
    1-3　人　　　事　336
    1-4　アウトカム測定と寄与度分析　337
  2. 国益の観点に関して　339
    2-1　外交政策への貢献　339
    2-2　国際的決定への参加　340
    2-3　国内政策・論議の刺激・正当化　341
    2-4　手段的価値　342

第2部　加盟国とのインターフェース

はじめに ……………………………………………………………… 344

第10章　国連組織に影響を及ぼす財政・人事政策：米国の場合 …… 349

  1. はじめに　349
  2. 国際問題予算と米国の国連への貢献　351
  3. 立法審議：予算権限立法と歳出決定の過程　353
  4. 行政府による議会への報告書　358
  5. 議会による内部見直し　360
  6. 米国の国際機関への人事政策　362
  7. 国連組織に対する米国の政策決定　365
  8. 結　　論　367

第11章　インターフェースの設計と管理：スウェーデンの場合 …… 370

  1. はじめに　370
  2. 組 織 構 成　371
  3. 予算制度と資金支出　374

4. スウェーデンの新しい戦略枠組文書　374
　　5. 人事政策　377
　　6. スウェーデンの多国間機関評価　379

第12章　インターフェースの実態と課題：日本の場合 …………… 381

　　1. はじめに　381
　　2. 予算面での国・国際機関インターフェース　381
　　　2-1　複雑な構造　381
　　　2-2　国から国際機関への資金の流れの把握の試み　383
　　3. 人事面での国・国際機関インターフェース　395
　　　3-1　仕組みと日本人職員増加の努力　395
　　　3-2　各国際機関における日本人職員の現状　397
　　4. 国における国際機関担当組織：分散化　401
　　5. 国会における関心　403
　　6. インターフェース設計・運用における課題　406

終章　総括と提言 ……………………………………………………… 411

　　1. 全体的総括　411
　　2. 課題　413
　　　2-1　国際機関の活動マネジメントの課題　413
　　　2-2　日本・国際機関インターフェースマネジメントの課題　419
　　3. 提言　425
　　　3-1　国際機関マネジメントに関する提言　425
　　　3-2　日本の国際機関政策に関する提言　428

資料編 …………………………………………………………………… 439

　　あとがき　446
　　索　引　451

序章
課題と分析の視角

田所昌幸・城山英明

1. 地に足のついた国際機関論を求めて

　第2次世界大戦後の日本では，国連を中心とする国際機関にはきわめて高い評価が与えられてきた．その反面，国際機関がどんな活動を実際に行っているかについては，一部の専門家や関係者を除いて漠たるイメージしかなかったといえる．

　一般的に言って，いわゆる理想主義者は，国際機関を平和，人権，開発といったなんらかの国際的な理想を実現する主体として，高い評価を与えるか，少なくとも大きな期待をかける傾向がある．そして主権国家からなる国際社会の現状の問題を解決し，その限界を克服する手段として，国際機関はとらえられる．時には主権国家こそが人類社会の様々な問題の原因ですらあり，いわば世界市民社会が国家を超えて連帯する際の枠組とでもいうべき存在として，国際機関が認識されることもある．しかし，国際機関が具体的に掲げている目標は何で，実際に何を実施しているのか，実施において運営上どのような課題があるのかについて分析することは少なかった．

　他方，いわゆる現実主義者は，国際機関を各国の外交政策の単なる手段として見る傾向が強い．すなわち，国際機関で行われていることは，つまるところ通常の外交の延長にすぎず，国際機関の意思決定や活動は，最終的には加盟国政府間の力関係や外交的な駆け引きや様々な交渉の結果であり，加盟国政府の望むこと以上の結果が国際機関という場における相互作用を通して生まれることは，原理的にあり得ないとされる．その結果，国際機関を場とする多角的外

交には，2国間外交とは違う固有の手続きやテクニックはあるにしても，国際機関を場とする多国間外交における独自の国益追求の戦略や，多国間外交という枠組のメリットやデメリットについて具体的プロセスに即して論じられることは少なかった．

　以上のように，一般的な国際機関像は学派によって基本的な相違があった．しかし，興味深いことに，いずれの学派においても，国際機関の実態に関する分析は欠如していたのである．しかもこれは日本に限られた現象ではなく，諸外国でもかなりの程度共通に見られる現象である．

　しかし第2次世界大戦後の日本独自の様々な事情により，日本の国際機関像は，実態的なプロセスを認識しようとする努力からますます乖離していたように思われる．国際連合を例に取れば，上記の理想主義的な世界観から国連に対して高い評価を与えてきたのは一部知識人だけではなかった．国連は平和と人類の連帯という何かしら美しい理想の具現化であるというイメージによって，たとえ無力ではあっても，あるいは無力であるからこそ，美しく権威あるものとしてとらえてきたのは，国際社会を敵に回して戦った無謀な戦前の軍国主義に嫌気のさした，戦後の日本人に広く共有された心情と関係していた．また国連への加盟が，国際社会の正統なメンバーとして「復帰」するという意味合いがあったことは，想起する価値があろう．日本の国連加盟はソ連の反対によりサンフランシスコ講和条約後も5年以上の年月を要したが，この難航した国連加盟が実現した際に日本の各界があげてこれを歓迎したのには，このような国連への思いが反映されていたのである．

　また，多くの日本人にとって国連は「向米一辺倒」に対する「中和剤」であり，またECあるいはEUという有効な地域的な枠組みが利用できる西ヨーロッパ諸国とはちがって，日本にとっては日米同盟以外の，貴重な外交的活動の空間であった．つまり国連は一種の反米ナショナリズムの観点から高く評価されたのであり，同時に国連は伝統的な外交的マヌーバーの手段としての効用も期待されたのである．アメリカに対する異議申し立てとアメリカからの「自立」への欲求は，しばしばアジア・アフリカ諸国やその後は第三世界とも呼ばれる，開発途上国との連帯の場としての国連イメージともつながった．このことは，国連が1950年代から60年代にかけて，脱植民地化の過程を管理する上

で大きな成果を挙げたこと，さらにはその結果，国連の加盟国で，いわゆる第三世界の国々が圧倒的な多数派となり，それらの諸国にとって国連が国際社会で発言権を行使しうる数少ないフォーラムになったこととも関係している．しかし，この「中和剤」としての効用も心情的側面が強く，現実的アセスメントの結果とは考えがたい．

　さらに，近年では，いわゆる冷戦の終焉とそれによって生じた新たな安全保障環境を背景に，国連の枠組みにおける日本の軍事的役割について様々な議論が展開されてきた．とりわけ1991年に勃発した湾岸戦争を契機に，戦後厳格な制約を自らの軍事行動に課してきた日本が，国際的な正統性を確保し，その国際安全保障上の役割を拡大しようとする際に有効な枠組として国連が再認識された．

　つまり日本では，国連の評価は常にすこぶる高く，国連不要論や国連脱退論はきわめて例外的な立場だった．しかし，高い評価の理由は実に多様であり，少なくとも潜在的には相互に矛盾するものも少なくなかった．また，ある意味ではそれゆえにこそ，いずれの評価の観点においても，国連の運営実態を分析しようという意識は希薄であった．国連は日本人にとって死活的に重要というわけではなかったが，それだけに実に様々な夢を投影できる漠然たるシンボルだったのである．

　このような国連に代表される国際機関に対する認識は，いくつかの理由により変化の兆しがあることも事実である．第1に，財政上の制約を挙げることができる．日本は国連では一時20％を超える通常予算を分担し，アメリカが分担金の滞納を繰り返した時期には，事実上の最大拠出国であったことすらある．多くの国際機関でも日本は，「経済大国」としての「国際貢献」であるといった理由から，気前よく国際機関に財政的な支出を拡大してきた経緯がある．だが財政的な貢献にもかかわらず，国連の安全保障理事会の常任理事国にはなれそうもないし，その他多くの国際機関での日本のプレゼンスも十分に大きいとはいえず，いわば都合のいい財布として利用されたのではないかという思いは各界で強まっている．しかも日本の経済および財政事情が悪化しているのはあまりにも明白であり，財政的な貢献に見合った国際機関の具体的な効用に関心が高まっているし，今後もその傾向は続くであろう．

第2に，国際社会への「復帰」のシンボルとして，ともかく国際機関のメンバーであることをもって満足する段階から日本も卒業して久しい．日本の国際機関関係者もそれなりに厚みを増し，行政や専門家の世界では当然，非政府組織（NGO）や民間企業，そしてジャーナリズムでも，それなりに何らかの国際機関との接点を持つ日本人が多くなっている．それにともなって，否定的な情報も含む，よりどろどろとした国際機関の実態も，断片的とはいえ以前に比べれば広く知られるようになった．単純な国際機関信仰は徐々にではあっても，様々な国際分野におけるプロフェッショナリズムに席を譲りつつある．その結果，より現実的で実態に即した国際機関認識が，それなりに浸透してきたことも事実であろう．

　第3に，国際機関側の変化も重要であろう．良かれ悪しかれ，湾岸戦争以前の日本では，国連は崇高ではあっても現実的には無力である，という認識が一般的であった．しかし90年代以降，国連は様々な平和執行や武力行使の容認決議などを含む様々な強制措置を次々に打ち出すことになった．また国連にかぎらず，様々な国際機関の活動も，時折開催される会議だけではなく，国際的な取り組みの必要な様々な現場での活動が増えるにつれ，現場での実務的な作業やビジネスが，NGOやジャーナリズム関係者の目に晒される機会が増えているものと思われる．つまり，国際機関の仕事が崇高な理念や高度の専門性を持つ一部の運動家や専門家の問題にとどまることなく，一般市民のより現実的な目に晒されることが多くなったのである．

　最後に，日本においても公共部門が，ながらく指摘されてきた国＝官による独占から，国際機関，NGO・NPO（非営利組織）等へと実質的に拡大してきた．それにともなって，かつてなら官僚や政治家を志したかもしれない公共政策に関心をもつ人材も，NGO・NPOや国際機関などの分野に職を求めることが，ますます現実的な選択肢となってきた．近年の日本の経済状況の変化に伴う人材の流動化が進行するにつれ，終身雇用を前提にしたキャリア設計が不可能になっていることは，この傾向を助長している．その結果，国際機関に対する関心は観念的な問題ではなく，現実的かつ実務的な関心事となるのは至極当然のことであろう．

2. この研究のねらいと特徴

　この研究は，以上のような日本における国際機関をめぐるより現実的で実際的な関心に応えようとする意欲から出発している．そしてこの問題を，行政の国際機関の担当者や国際機関を研究する専門家といった，いわば国際機関のインサイダーの視点から開放し，政治家やジャーナリストも含む政策コミュニティーに属する幅広い人々，今後国際機関との何らかの形で現実的な接触が予想されるNGO，NPO関係者や，国際公共分野に関心のある学生など幅広い人々に，データに基づいた現実的な国際機関像を提供したいというのが，我々のねらいである．それによって国際機関との関わりを，広範な人々の関与する公共政策の問題として建設的に議論することに資することを願っている．

　このような日本における国際機関に対するより実務的で現実的な関心に応えるには，どのような情報を提供し，どのような分析をするのが必要なのだろうか．国際機関に関する研究は，もちろん日本でも多数ある．だがその多くは，国際法学者による国際機構論からのアプローチによるものである[1]．これは，国際機構の制度を，設立条約の解釈やその運用を巡る法学的な分析や解釈の観点から論ずるところに特徴がある．また国際政治学者による国際機関の分析も若干は存在するものの，その多くが加盟国の外交的な相互作用に関心が集中され，国際機関の事務局の構造や決定および様々なプログラムの実施のプロセスにまで分析が及ぶことはまれである．そのため国際機関内部の仕事ぶりの実情にまで論考を展開しようとすると，ジャーナリストによる内幕ものや，関係者の回想録などに依拠せざるを得ないが，それらは必ずしも一貫した分析枠組や分析的手法に基づくというものではない．

　この研究が従来の国際機関の研究に比して特徴があるのは，以下のような点である．第1に，国際機関の制度的枠組だけではなく，国際機関が実際に何を行っているのかを分析しようと試みている．その際，国際機関の財政と人材の問題を中心に議論を展開し，それによって国際機関の活動の実像に迫ろうとしている．国際機関は，様々なプログラムを通じて何らかのサービスを国際社会に提供する実施機関としての性格がある．言い換えれば国際機関はそれ自身の

恒常的な組織体をもち，一定の資源を継続的に調達し，それによって国際的なルール形成であれ，紛争の処理であれ，飢えた子供に食事を提供することであれ，感染症を減らすことであれ，何らかのサービスを国際社会に対して提供する機能を果たしている．それらの仕事を組織がこなしていくうえで，財政的資源と人的資源はどの組織にも共通する基本的な資源である．また，多国間交渉の枠組を設定する際にも事務局等の人材や会合開催資金は不可欠である．したがって財政的資源や人的資源に注目することは，国際機関の実像に迫るうえで有効なアプローチであると考えられる．また，投入されている財政的資源や人的資源の規模に注目することによって，様々な国際機関の規模の違いや，各国際機関内におけるプログラムの優先順位についても容易に判断することができる．さらに，財政的資源や人的資源の扱い方を観察することは，各国際機関の組織として「クセ」を探知するうえでも有用な方法である．

　第2に，国際機関連の人事および財務データを，可能なかぎり一貫した枠組で整理して提供するように試みている．しかし，これらの国際機関はそれぞれ独自の予算制度や予算文書を持ち，それらのデータはしばしば一貫性を欠くため，一貫した枠組での整理は必ずしも容易ではない．国際連合のように最も確立した国際機関だけを取り出しても，その財政制度は複雑で様々な国際機関の予算の総額がいったいどれだけで，どこからその資金が得られているかを総合的に把握するのは実のところ不可能に近い作業である．国際機関の予算はすべて加盟国からなる総会や理事会の承認を得ているはずだから，これは奇妙だという印象を与えるかもしれない．だが，国際機関の予算は，加盟国が分担して支払う義務的な分担金の部分とならんで，任意拠出金がきわめて大きな割合を占めており，このような任意拠出金は予算外資金として通常予算とは別枠で処理されているため，統一的な管理がされているとは言えない．また国際機関が実施する様々なプロジェクトは，資金を受け入れる機関と実施機関が異なったり，複数の資金源からプロジェクトを実施したりしている場合も多いため，資金の流れを解きほぐす作業は極度に複雑である[2]．この研究も，決して十分ではないが，複雑な国際機関への資金の流れをいささかなりとも解明しようとする試みである．

　第3に，財政的資源や人的資源を利用して行う国際機関の活動についても，

なるべく具体的計量的分析を行うよう試みている．各国際機関の活動を分析する際には3つの基本項目に着目している．第1はインプットである．これは，当該国際機関に投入された様々な資源を表す概念であり，それには，資金，人材，政治的支持など様々な有形無形の資源が含まれるが，ここではとりわけ財政的資源と，人的資源，つまり資金と，人材面にとりわけ注目することは，すでに述べたとおりである．第2はアウトプットであり，それはインプットされた資源を用いて組織が実施したプログラムや何らかの活動を意味する．それは感染症を減らすためのワクチンの配布であったり，人権状況を改善するための条約をつくることであったり，開発問題に関する報告書であったり，特定課題に関する会議の開催であったりと具体的には実に様々な形をとるが，それ自身は目的ではなく，あくまで何らかの目標を達成するための組織の行動である．第3はアウトカム，すなわち，組織の活動を行う根拠となる様々な目標に関する実績値である．これは，ワクチン配布活動であれば感染症の患者の数，紛争解決予防活動であれば国際紛争の数や程度，さらには人権条約策定活動であれば人権状況の改善等に関するマクロ動向指標として認識することができる．

　第4に，本研究においては，国際機関と各国とのインターフェースに着目した．国際機関は，各国から財政的資源，人的資源等を獲得し，それらの諸資源を用いて活動を行っている．このような各国から国際機関への諸資源の移転等を規定するとともに，各国と国際機関の政策に関する相互作用を規定する管理運営上の制度的メカニズムをここではインターフェースと呼んでいる．具体的には，各国政府の分担金，拠出金の担当組織や会計・予算制度は各国によって大きく異なっている．また，各国においては政府だけが資金提供主体であるわけではなく，民間組織が資金提供主体となっている場合も多い．人的資源についても，国際機関においては多くの場合国際公務員の「衡平な地理的配分」が求められているが，それを担保するための各国の自国出身国際公務員輩出支援の制度の態様は様々である．また，各国の国際機関に対する政策を調整する国内メカニズムも多様である．

　第5に，この研究では，一定の国際機関を選択したうえで，それらの評価を試みている．評価はまず，当該国際機関の国際公益への貢献の観点と，日本の国益への貢献という観点の2つに分けて試みている．この両者を区別するのは

なぜか．それは，いわゆる理想主義的な立場の論者が，国際機関が国際公益実現の主体であることを強調する一方で，いわゆる現実主義者が，国際機関をもっぱら国益の観点からのみ見ようとする傾向があり，そのようなすれ違いが，建設的な公共政策論争へとなかなか発展しなかったことの背景となっていたと考えられるからである．そこで，本研究では，具体的実態に即して，双方の観点からの評価を試みる．国際公益と国益は必ず一致する保証はないが，常に対立すると決めてかかる必要もなく，この2つの観点の評価を具体的実態に即して別個に考えることによって，両者の関係を個別的かつ明示的に考えることが容易になるのではないかと我々は考えた．国際公益の実現のために，どれくらいの資源を投入するのか，またそれは国益とはどのような関係にあるのかを自覚することは，公共政策上の必要な議論であろう．国際公益のために国益上はあまり意味のない国際機関の活動に大量の資源を投入することも1つの政策であり，また，国際公益上の意味の小さな国際機関の活動に国益の観点から予算をつけることも1つの政策である．だがいずれの道を選ぶにせよ，ある政策的な選択の意味をしっかり自覚することが望ましいのは言うまでもなかろう．

3. 国際公共部門の規模

前述のように個々の国際機関に対する資金等の資源の流れを把握するのも困難であることから推測されるように，国際的な公共セクター全体に対する資金の投入を推計することは，非常に困難である．そもそも国際機関がいったいいくつ存在するのかについても，「国際機関」の確たる定義もないことから，漠然としている．『国際機関総覧』は，グローバルな国際機関として34を挙げ，地域的な国際機関として266を数えている．だが定義次第では3,000を超える国際機関が存在するとする研究もある．しかし，難しいというだけでは国際機関が構成する国際公共部門に関するイメージがわかないので，1つの推計を紹介することで，国際公共部門全体規模に関する大ざっぱなイメージを伝えてみよう．

国連行政上の重要な委員会である行財政問題諮問委員会（ACABQ）の元委員でもあった猪又忠徳氏が国連システムに限定して行った推計によれば，国連

システムには国連本体だけではなく 15 のプログラムと 16 の特別機関があり，そこに投入されている資金の総量は，1999 年には上記の国連システムの予算が 90 億 4,000 万ドル程度，同年の平和維持活動（PKO）関連の予算が 11 億 5,000 万ドル，総計約 102 億ドルとされている．世銀グループの貸付額は同年約 153 億ドルであり，これを加えると，少なくとも 250 億ドル程度の金額が，国際機関を通じて様々な国際公共部門に支出されていることになる［Inomata, 2002］．

　もちろん国際公共部門の担い手が国際機関だけでないのはいうまでもない．その意味ではこの総額は国際公共部門の一部である．まず何といっても国際社会は主権国家から成り立っているのが現実であり，それぞれの国も国際公共部門としての機能を担っている．たとえば，各国の港湾当局や航空当局は，国際的海事規制，国際的航空規制の担い手としての側面も持っている．また，富裕国政府は政府開発援助（ODA）の形である種の国際的な公共政策の経費を賄っている．1999 年の世界の ODA 総額（厳密には開発援助委員会（DAC）加盟国の総計）は 513 億ドルと見積もられているが，そのうち国際機関を経由するものは 185 億ドルにすぎず，他は各国政府が 2 国間ベースで実施している．ちなみに，同年の日本の ODA の総額は 154 億ドルで，そのうち国際機関を経由するのは 49 億ドルである．加えて国際公共部門の担い手としては，国際機関や各国政府だけではなく，今や NGO も無視できない存在である．NGO の資金源は多様だが，その一部は国際機関のプロジェクトや各国政府のプロジェクトに参加することで得ているが，同時に独自に一般市民や企業コミュニティーから資金を得ている．

　一方人的資源の方は，1 年以上の契約で国連システムが雇用しているのが，2000 年 12 月末現在で 67,000 人，また PKO 要員は計測時点によって大幅に変動があるが，2001 年 3 月現在で約 39,000 人とされている．つまりこれを単純に足し合わせると，10 万人を超える人々が国際公共部門の活動に従事していることになる．これらの人々の能力ややる気，さらにはこれらの人々のマネジメントや保険，年金のありかたなども，国際機関の仕事ぶりに影響がないはずはない．この人的資源の規模についても，各国で国際公共部門の活動に携わっている人々の数や，国際 NGO・NPO の人々の数を含んでいないので，国際公共部門の規模としては過小評価ではあろう．

つまり，国際機関はすでに相当規模の財政的資源，人的資源を恒常的に調達して機能する組織である．少なく見積もったとしても250億ドルと10万人という財政的資源，人的資源規模は，世界のニーズと比べれば小さいとしても，その管理を巡る問題は，到底等閑視できる規模ではないし，またこのような視点から国際機関を見ることによって，初めて得られる洞察もあるだろう．

4. 国際機関の活動と各国とのインターフェースの態様

本書の分析は，大きく国際機関の活動分析と各国と国際機関のインターフェースの態様の分析に分かれる．

国際機関の活動分析に関しては，すでに述べたように，国際機関の総数はきわめて多く，それを網羅的に検討することは到底我々の力の及ぶところではない．そのため，以下では10の国際機関を取り上げて，個別的な検討を行っている．大まかにいってそれらは4つのグループに分類される．

第1は，安全保障分野で活動する国際機関である．国際連合について，その安全保障分野を中心に，分析・評価を行っている．具体的にはPKO活動，安全保障理事会の協議・決議等の諸活動，選挙支援，事務総長特別ミッション，平和構築ミッション等の諸活動を対象とする．

国際連合が代表的な国際機関であることは言うまでもなかろう．国連はまず何といってもその加盟国がほとんど世界中のあらゆる国に及んでおり，その意味でもっとも普遍的な国際機関と言える．また，国連はその任務として事実上世界中のあらゆる問題を取り上げることができ，ここで取り上げている安全保障から開発，人権，社会問題などの広大な領域に及んでいる．さらに，国連は様々な国際機関の相互の関係を調整するもっとも重要な結節点であり，国連には国際社会の実に様々な現象が反映されるのである．ただし，ここでは普遍的，一般的国際機関，あるいは調整の結節点にある国際機関としての国連としてではなく，国際社会における最も基本的かつ主要な問題領域である安全保障に関する国際機関として国連の活動を検討する．安全保障という，すぐれて公共性の強い問題について検討を加えることは，たとえ困難であっても避けて通れない課題だからである．

第2のグループは，開発分野で活動する国際機関である．1960年代以降開発が国際社会の大きな関心事になって久しく，これが世界の様々な問題の原因であり国際社会の最重要課題であると主張する論者も少なくない．事実開発問題は，国際機関の仕事の中でおそらく資金的な比重はもっとも大きいであろう．ただし，近年は資金的規模での停滞が見られる．また，開発関連の国際機関は決して一枚岩ではなく，多数の国際機関が多様な開発哲学と活動内容をもちながら共存しているのが実情である．

　ここでは，資金規模は圧倒的に大きく，しばしばワシントン・コンセンサスと呼ばれる，市場重視の開発哲学をもついわゆるブレトン・ウッズ機構の開発機関である世界銀行（国際復興開発銀行（IBRD）および国際開発協会（IDA））を取り上げるとともに，同時に国連の開発関連組織の代表として，国連開発計画（UNDP）を取り上げる．開発分野はそれなりにプロジェクトの評価手法が発達している分野であり，すでにここで取り上げる国際機関も自身でプロジェクト評価を体系的に実施しているが，それでもこれらの国際機関のパフォーマンスの全容を知ることは容易ではない．

　第3のグループは，人道人権分野の国際機関である．具体的には国連難民高等弁務官事務所（UNHCR），国連児童基金（UNICEF：ユニセフ），国連人権委員会（UNCHR），国連人権高等弁務官事務所（OHCHR）の4つである．人道問題である難民問題を取り扱うUNHCRは，難民高等弁務官としての緒方貞子の活躍によって日本でもよく知られた国際機関であろう．混乱し危険ですらある環境で難民の救援を行う作業は，明白に人道的な目的にかなう営みではあるが，そのような事態の発生は多くの場合予期しがたく，救援のためのニーズは急激に増減する．同時に人道的な事態への救援は，しばしばPKOとの境界が曖昧だし，難民の帰還や定住という仕事になると開発分野の仕事との境界が問題となる．同じ人道分野での国際機関でもユニセフは対象を子供に限定した上で貧困等の結果による子供の「生存」の危機に対応している．国連難民高等弁務官事務所に比べると紛争地域での活動は少ない．ただ，子供が対象であれば何でもできるという側面があり，教育の分野では国連教育科学文化機関（UNESCO：ユネスコ），保健分野では世界保健機関（WHO）の活動と重複する側面がある．ユニセフはファンドレイジングが戦略的という意味で稀有な国際

機関であり，政府からの拠出に加えて，民間からの寄付やクリスマスカードなどの売り上げにより，かなりの額の資金の調達に成功してきた．また，日本などでは民間でユニセフ協会が組織され，精力的にユニセフの活動を支援している．なお，近年は「子供の人権」に活動の争点を移しつつある．

　UNHCRやOHCHRは，予算の絶対規模から見るときわめて小規模な組織である．しかし，1990年代には予算外資金を中心に予算規模を急激に拡大させつつある「成長産業」であるといえる．人権分野での成果の計測は困難であり，開発のように容易に数値化できない．だが国際社会におけるサービスは，そもそも可視的で計測可能なものとはかぎらない．しかも人権の普及や擁護は今や国際社会の当然の関心事であり，今後その重要性はますます高まると考えられる．そのことの意義を再認識する意味でも，あえてこの分野の国際機関について一貫した枠組で検討を加えてみよう．

　第4の分野は，通信，保健，教育・文化等を取り扱う，いわゆる専門機関である．具体的には，国際電気通信連合（ITU），WHO，ユネスコを取り上げる．これらは比較的伝統的な国際機関であり，その起源は国際連合の設立以前に遡る．ITUの原型である国際電信連合の設立は19世紀半ばであり，WHOの前身の1つの公衆衛生国際事務局も20世紀初頭に設立された．また，ユネスコの歴史的起源も国際連盟下の知的協力国際委員会に遡る．これらの国際機関のミッションは専門的技術的で比較的明確であり，また，活動規模も安定的である．

　しかし，これらの諸機関の関連する事柄もしばしば政治問題化することがある．例えば，ユネスコは，第三世界の反米主義の手段となっているとして，レーガン，サッチャーの両新保守政権の時代の1980年代には，米国や英国が相次いで脱退したという歴史がある．その後英国はユネスコに復帰し，また9.11テロをきっかけにした一連の動きの中で，米国も2002年秋の国連総会でブッシュ大統領が正式にユネスコへの復帰を表明した．英米両国とも，ユネスコ脱退については，同時に管理体制がずさんなことも理由に挙げており，ユネスコは様々な内部改革努力を続けてきた．また，歴史的には，通信も通信主権や諜報・宣伝活動との連関で政治性を持っていたし，保健衛生行政もいわゆる警察活動の一環としての政治性をもっていた．

また，専門的分野であるといっても，これらは人権と密接に関係する分野でもある．保健と教育という基礎的サービスの提供は人権と密接に関係しており，情報通信の分野も，近年のデジタルディバイドの問題に見られるように人権と関連づけて論じられることもある．

　これら3つの国際機関は日本人が事務局長となっている国際機関でもある．ITUでは1998年以降旧郵政省の内海善雄が事務総局長であり，ユネスコでは99年に駐仏大使だった松浦晃一郎が事務局長に選出され，またWHOでは88年から98年にかけて中嶋宏が事務局長であった．日本人が事務局長に選出されることの意味を考察するうえでもこれら3つの国際機関は興味深い．

　本研究は，以上のような4つのグループの10の国際機関を対象とする．これらによって，安全保障，開発，人道人権，通信・保健・教育文化に関する専門的諸活動をカバーすることになるので，国際機関の活動の幅をほぼ網羅することになっていると思われる．また，これらは，歴史的にも様々な時期に設立された機関を網羅しており（たとえばITUが19世紀に設立された国際機関であるのに対して，WHOは20世紀初頭以来，ユネスコは戦間期以来の歴史的経緯を有するものであり，他方，国連や世界銀行は第2次世界大戦後の産物である），また，活動のスタイルについても様々なものを対象にすることができている（人権のようなアドボカシー・スタイルがとられるものと通信のような比較的専門的協力が行われるものの双方が含まれる）と思われる．確かに，国際機関の活動の実像に迫るために財政と人事に注目したことによって，分析対象が規範設定的な活動機関ではなくオペレーショナルな活動機関に偏っているというバイアスはある．今後は，国際犯罪，国際麻薬取引，経済・貿易ルール，ジェンダー等を対象とした規範設定的な活動機関（例えば国連の経済社会理事会，国際通貨基金（IMF），世界貿易機関（WTO）等）にもより注目していくことが必要であろう．ただ，本研究の対象においても，人権関係機関やITUは規範設定を対象としており，規範設定的な活動の側面にも一定程度の目配せはできていると考える．

　次に，この研究では国際機関と各国政府との資源移転関係や政策をめぐる相互作用を規定する管理運営上の制度およびその運用，言い換えれば国際機関の各国政府のインターフェースについても，分析を展開している．国際機関に対

する政策・業務には，もちろん外交政策の一環として各国の外交当局が関与しているが，上記の様々な国際機関は様々な専門性の高い分野を担当しているため，各国政府の外交部局が一元的に管轄することは不可能であり，様々な国内の様々なセクター分野担当の省庁が国際機関との関係に継続的に関与している．そこでは，外交政策上の考慮だけではなく，国内の予算財政制度等の統治制度（予算策定における議会行政府関係等）や行政管理上の理由（国内各省庁の自律性の程度等）によってインターフェースのあり方に大幅な差異があるものと考えられる．日本の対国際機関政策を考える際に問題となる制度設計に，他国のインターフェースのあり方は，様々な示唆を与えるであろう．

　この研究では，以上のような意味で，米国とスウェーデンの対国際機関インターフェースをあわせて検討している．これはいわば比較国際機関政策論といった意味合いがある．米国を例にとったのは，米国が圧倒的な力を国際社会で誇り，国際機関を自国外交政策の手段としてきわめてドライに利用するといった意味で，また，国内予算決定過程において議会の役割が大きいという意味で，日本とは対極的な例を提供すると考えられるからである．他方，スウェーデンを例に取ったのは，スウェーデンはいわゆるミドルパワーであり，国力に比して国際機関でのプレゼンスは大きく，国際機関をいわば米国とは全く違う意味で，有効に活用しているケースとして興味深いと考えられるからである．

5. 国際機関活動評価の枠組

　次章以下では次のような枠組で，上記の10の国際機関の活動分析とその評価を試みたい．

　評価はまず，当該国際機関の国際公益への貢献の観点と，日本の国益への貢献という観点の2つに分けて考察する．

　国際公益の観点からの評価にあたって，まず前提として，前述のように国際機関の活動が以下の3つの基本項目に即して分析される．第1はインプットである．これは，当該国際機関に投入された様々な資源を表す概念であり，具体的には財政的資源，人的資源（国際公務員），その他の資源に分類される．その他の資源には，各国の組織体制，各国からの会議等への参加者が含まれる．

第2はアウトプットである．アウトプットとは，インプットされた資源を用いて組織が実施したプログラムや何らかの活動を意味する．これは，当該国際機関の活動の諸分野において，物資の配布，報告書の作成，会議の開催等の様々な形態をとる．アウトプットは，それ自身は目的ではなく，あくまで何らかの目標を達成するための組織の行動である．各国際機関においてどのような分野で活動が行われているのか，その相対的比率や動向はどのようになっているのか等について具体的に分析する．第3はアウトカムである．アウトカムとは，組織の活動を行う根拠となる様々な目標に関する実績値である．各国際機関の活動にふさわしいアウトカム指標を探し出すことは，国内における政策評価の試みの場合と同じく容易ではないが，可能な限り試論的にせよアウトカム指標を具体的に提示すべく試みた．ただし，アウトカムについては様々なレベルで設定可能なのであり，そのレベルで設定するのかについては困難が残った．その結果，データの存在の制約等により，どのレベルの抽象度においてアウトカムを設定するかについては，分野によるばらつきが残った．

　そのうえで論理的には2段階での評価が行われる．第1に，インプットに対応する十分なアウトプットが生み出されているのかという評価が行われる．この点は相対的に行いやすく，現実に多くの国際機関において「結果志向予算」の名の下に行われつつある評価である．第2に，アウトプットがアウトカムに結びついているのかという評価が行われる．しかし，このようなアウトカム指標の変動が，当該国際機関の行動の結果と言えるかどうかの評価，言い換えれば国際機関のアウトプットのアウトカム変動における寄与度の評価は大変難しい．たとえば，乳幼児の死亡率が低下したのは，果たして国際機関の行動によるものなのか，はたまた各国政府の努力によるものなのか，さらには何らかの他の条件によるものなのかは，慎重な検討が必要であろう．また，逆に何らかの目標となる指標の悪化が観察されたとしても，それを特定の国際機関の行動の失敗と言うには，国際機関が利用可能な資源があまりにも小さすぎ，いずれにせよ大した期待をもつことが，そもそも無理な場合もあろう．たとえば，実際世界で紛争による死者が増加したとしてもそれは直ちに国連の無力や無能に帰することはできまい．以上のように，寄与度の正確な判定は多くの場合不可能であり，この研究における分析もこの部分がもっとも不十分で，システマテ

ィックな分析の域に達してはいないことは我々も十分に自覚している．しかしながらいかに不十分であっても，国際機関の評価にこの点は欠かすことはできないように思われる．多くの場合，国際機関に加盟国から明示的に与えられているマンデートは，「貧困の撲滅」「人権の確保」「世界平和の達成」など，あまりにも巨大なマンデートであって，指標化できるほどに具体化しないかぎり，現実的な成果を期待しうる目標とはいえない．国際機関に使命として与えられた巨大で美しい理想に幻惑されずに，現実的に期待すべき目標が何であるかを考えるには，たとえ参照事項の域にとどまるとしても，この項目を欠かすことができない．

　次に，日本の国益の観点からの評価は，2つの部分からなっている．まず，日本が当該国際機関に投入した資源の総量を分析する．測定が比較的容易な財政的資源，人的資源が最初に分析される．国際機関についての日本の不満としてしばしば論じられるのは，日本人の職員数が財政的な貢献に比して少なすぎる点であり，その意味で日本人職員を費用として数えることには違和感があるかもしれない．だがこれは日本人の職員数の増加そのものを自己目的化することを避けるための分析的な工夫でもある．国際機関でも欲しがる有能な人材は日本国内の組織でも希少資源であり，とりわけ日本の官庁では，国際機関への出向をかならずしも「エリートコース」とは位置づけず，国際問題の専門家の養成であったり，数年間の比較的楽な外国勤務といういわばご褒美であったりといった位置づけがされることもあると言われる．またPKOへの要員の派遣は，一定のリスクを分担することを意味するし，国内の他の分野でも有用な人材を，「国際機関に出す」ことは，日本として貴重な人的資源の供出という側面があることも事実である．もちろん邦人職員数の増加にともなう利益もあるはずで，これについても別途検討を加えている．

　また国際機関に投入する資源には，測定の困難な政治的・心理的な無形のものもある．一般に国際機関のメンバーシップには義務が伴い，それは国家の行動の自由を一定程度犠牲にすることを意味する．またある種の行動について，国際的な非難を受けやすくなるというリスクもある．米国のような大国が，国際機関を自国の行動の自由に対する不当な束縛であるという側面を強調するのに対して，単独での行動の能力がいずれにせよ限られている国々，たとえば北

欧諸国やオーストラリアやニュージーランドのようないわゆるミドルパワーにとっては，このような制約は一般にあまり現実的な問題ではない．しかしそれでも，国連加盟国は原則的には安保理の決議に拘束され，少なくとも道義的にはそれに協力することが期待されている．またWTOやIMFは経済の運営について，市場自由主義的な基本哲学に基礎がある以上，それらの場で貿易の自由化や国際資本移動の自由化などについて，「外圧」がかかるのは避けられない．

　他方国際機関から日本が享受する利益を評価する作業は複雑である．というのは1国の国益をどのように理解するかは，すぐれて政治的な問題だからである．国益とは何かという国際政治学上の難問について，ここで議論を延々と展開することはできない．また日本の国益について，我々が決定的な解答をここで出すことはできない．だが国益の内容についてかなりの程度合意の得られそうな特定化は，まったく不可能ではないだろう．以下では，4つの観点から国益を考察することとしたい．

　第1は外交政策への貢献である．日本の外交政策は，日本の「真の」国益と合致しないと論ずることはもちろん可能であるが，少なくとも外交政策は，日本の統治制度のもとで正統な手続きによって決定され現に実行に移されていることを考えると，個別の日本の外交政策への賛否はともかくとして，それと国際機関の活動の関係は，十分検討に値する課題である．実際，国際機関への支援は，しばしば外交政策目的実現の便法として用いられている．

　第2は国際的な決定への日本の参加である．条約策定等の国際機関の決定はしばしば日本の利益に直結するのであり，そのような決定プロセスに参加し，日本の観点から望ましい決定を提案したり，また，日本の観点から釘を刺したりしておくことは国益を構成するといえる．例えば，安全保障理事会の非常任理事国になるのは，国際的な決定に参画するための手段であると言える．また，日本人を事務局のトップに据えたり，日本人職員を増やしたりするというのも，彼（彼女）らが積極的に日本の国益の実現のために動くことは国際公務員の本分からしてあってはならないとされているものの，国際機関で起こっていることに関する日本政府のアンテナとしての機能を結果として果たしうるという点では，日本の国益に間接的に寄与していると言える．より一般的に，広い意味で

日本人が国際的な営みに参加し，日本人の利害なり考え方なり感性なりが国際機関において一定程度考慮されるべきであるという基本的な考え方は，国際機関のバランスの確保という観点からも，政治的にも常識的にも反対は少ないだろう．

第3に国際機関からの刺激によって，日本の国内政策に建設的な効果が得られたり，国際機関の活動によって一定の国内政策が正当化されたりする場合が考えられる．日本の安全保障論議が，国連のPKOへの参加をめぐってより活発化したことは事実だろうし，日本の行政当局の政策が，国際機関を通じて国際社会によってチェックされることもしばしばあるのは，このような範疇に属する利益であると考えられる．1960年代の貿易自由化の進展に際して，日本が関税及び貿易に関する一般協定（GATT）や経済協力開発機構（OECD）から受けた刺激は，政策決定上重要な要素であった．また，人権政策や男女共同参画政策において，国際機関の活動は重要な国内政策の正当化要因であった．国際機関という一定の国際的な「公共性」を備えている組織からの報告書なり勧告なりは，特定の外国政府からの露骨な外交的要求とは違った効果が，日本国内にあるだろう．

第4に国際機関への日本人の派遣を，日本人にとっての就職機会であるという観点から，日本にとっての利益と考えることもできようし，その国際公共政策分野での人材育成の効果も指摘できよう．さらに，同種の国益として，国際機関の調達によって日本企業や日本のNGOが裨益することも考えられるし，さらには国際研究プロジェクトへの参加によって，日本人が国際機関の資金を利用できることも考えられる．これらは，いずれも本質的な価値ではないにせよ，それは日本として追求する正当な利益であるので，ここでは手段的な価値と呼んで，検討することとしたい．ただし，今回はデータが十分取れなかったため，日本企業や日本のNGOによる調達への関わりについての分析は本格的には行わない．

注
1) 国際法の観点からの最新の詳細な国際機構論として，実務経験も有する編者による横田洋三編［2001］がある．また，マクロな政治的ダイナミズムも踏まえた国際機構

論として，最上敏樹［1996］がある．しかし，個別の国際機関の業務運営の実態を分析した包括的な国際機構論はまだないように思われる．なお，国際電気通信連合（ITU）の組織と活動を中心にして，行政学の観点から過程論的分析も含めて国際機関の分析を行ったものとして，城山英明［1997］があるが，予算人事の分析は不十分である．
2) 国連の予算制度については，田所昌幸［1996］を参照のこと．

参考文献

城山英明［1997］『国際行政の構造』東京大学出版会．
田所昌幸［1996］『国連財政』有斐閣．
最上敏樹［1996］『国際機構論』東京大学出版会．
横田洋三編著［2001］『国際機構論（新版）』国際書院．
Inomata, Tadanori [2002] "Magnitude of Financial and Human Resources of UN System Organizations," Mimeo.

第1部

活動分析と評価

はじめに

城 山 英 明

　ここでは4つのグループに分類される10の国際機関を取り上げて，個別的な国際機関の活動分析と評価を行う．評価は，前述のように，国際公益の観点，国益の観点の2つの観点から行うこととする．

　第1のグループは，安全保障分野で活動する国際機関である．国際連合の安全保障分野について分析・評価を行う．具体的には平和維持活動（PKO），安全保障理事会の協議・決議等の諸活動，選挙支援，事務総長特別ミッション，平和構築ミッション等の諸活動を対象とする．

　第2のグループは，開発分野で活動する国際機関である．1960年代，脱植民地化により発展途上国数が増大するとともに，開発は国際社会の主要な関心事となっていった．ただ，開発関連の国際機関は決して一枚岩ではなく，多数の国際機関が多様な開発哲学と活動内容をもちながら共存している．ここでは，資金規模が圧倒的に大きく市場を重視する開発哲学を持ついわゆるブレトン・ウッズ機構の開発機関である世界銀行（国際復興開発銀行：IBRDおよび国際開発協会：IDA）と，国連の開発プログラムの代表として国連開発計画（UNDP）を取り上げる．

　第3のグループは，人道人権分野の国際機関である．具体的には国連難民高等弁務官事務所（UNHCR），国連児童基金（UNICEF：ユニセフ），国連人権委員会（UNCHR），国連人権高等弁務官事務所（OHCHR）の4つである．難民問題を取り扱う国連難民高等弁務官事務所は，紛争等に伴う難民の救援を主要な業務として行うが，そのような需要の発生は多くの場合予期しがたく，救援のためのニーズは急激に増減する．また，この難民救援の業務は一方でPKOとの境界が曖昧であり，他方難民の帰還や定住という仕事になると開発分野の仕事との境界が問題となる．ユニセフは対象を子供に対象を限定した上で貧困や紛争等の結果による子供の「生存の危機」に対応してきた．ただ，子供が対

象であれば何でもできるという側面があり，教育の分野では国連教育科学文化機関（UNESCO：ユネスコ），保健分野では世界保健機関（WHO）の活動と重複する側面がある．ユニセフは，民間等からのファンドレイジングが戦略的という意味でも稀有な国際機関である．人権に関する国連人権委員会や国連人権高等弁務官事務所は，予算的にきわめて小規模な組織である．しかし，1990年代には予算外資金を中心に予算規模を急激に拡大させつつある「成長産業」である．ただし，人権分野での成果の計測は特に困難であり，開発のようには数値化できない．

　第4のグループは，通信，保健，教育・科学・文化等を取り扱う，いわゆる専門機関である．具体的には，国際電気通信連合（ITU），WHO，ユネスコを取り上げる．これらは相対的に歴史のある機関であり，その起源は国際連合の設立をはるかに遡る．ITUの原型である国際電信連合は19世紀半ばに設立され，WHOの前身の1つの公衆衛生国際事務局も20世紀初頭に設立された．また，ユネスコの歴史的起源も国際連盟下の国際知的協力委員会に遡る．これらの国際機関のミッションは専門的技術的で比較的明確であり，また，活動規模も比較的安定的である（ただしその活動も，通信が通信主権や諜報・宣伝活動とかかわることからもわかるように，しばしば政治性を帯びることを忘れるべきではない）．

　以下では，このような4グループ10個の国際機関に関して具体的活動の分析と評価を試みる．序章でも述べたように，これらによって，国際機関の活動の幅をほぼ網羅しており，歴史的にも様々な時期に設立された機関を網羅しており，また，活動のスタイルについても様々なものを対象にすることができていると思われる．確かに，国際機関の活動の実像に迫るために財政と人事に注目したことによって，分析対象が規範設定的な活動機関ではなくオペレーショナルな活動機関にやや偏っているというバイアスはあるが，本研究の対象においても人権関係機関やITUは規範設定を対象としており，規範設定的な活動の側面にも一定程度の目配りはできていると考えられる．

第1章
国際連合（安全保障分野）

田 所 昌 幸

1. はじめに

　本章では国際連合（以下国連）の安全保障分野を対象に，分析と評価を試みる．分析対象とする1990年以降は，ポスト冷戦期にあたるが，この間国連の安全保障分野は新たな機会と試練の両方にさらされた．すなわち，冷戦後それまで事実上麻痺状態にあった安全保障理事会が活性化し，国連の集団安全保障システムが紛争処理機能を効果的に果たすのではないかという期待が高まる一方で，冷戦の終焉によって数多くの国内紛争，民族紛争が引き起こされ，それらへの対処に国連も苦悩してきたからである．すでに国際的な紛争処理の問題については，安全保障研究の見地から数多くの研究がなされてきた．だが国連の紛争処理機能の有効性について，財政や組織面に焦点をあてた分析は明らかに不足している．国際的な安全保障問題についても，組織的管理や効率性という観点からの検討は，当然必要であろう．とりわけ，安全保障の意味するものが，外国の軍隊による侵略から軍事力によって自国の領土を保全することから，「協調的安全保障」「人間の安全保障」「環境安全保障」へと大幅に拡大している今日，安全保障に対する資源投入は常に自明の最優先事項とは言えなくなっている．よりよい安全保障政策のためには，コストやマネージメントに対する意識がかつて以上に求められているのではないか．

2. 組織・活動内容の概要とその特質

 国連の最大の特徴は，その加盟国の範囲と機能面における普遍性にある．設立当初は，第2次世界大戦の主要戦勝国を中心とした大国協調の上に戦後の国際秩序を築くための制度として構想された国連だったが，その後の冷戦の展開と，大量の新興独立諸国の加盟により，結果としてほとんどの国家が加盟する史上最も普遍的な国際組織となったのである．国連は機能面でも普遍的であり，加盟国が望みさえすればどのような問題も議題とすることができるし，加盟国が合意さえすれば事実上どのような事業でも始めることができる．現に国連の活動は実に多岐にわたっており，いわゆる国連本体だけでも，社会問題，経済問題，人権問題などが取り扱われているし，その上統計の整備や文化関連の仕事もしている．国連は加盟国の主権平等を原則とする国際機関であり，世界政府ではないが，メンバーシップの面でも，機能の面でも，人類史上最も普遍的な組織なのである．したがって，国連はそれ自体が何らかのサービスを提供するとともに，国際社会の総意に基づいて様々な領域でルールや規範を設定するという重要な機能がある．

 だが，国連の中核的な目的が，国際平和と安全の保障にあることは疑問の余地がない．第2次世界大戦の勃発を防ぐことができなかった国際連盟の経験と反省の上に立って設立された国連は，その憲章で，より強力で効果的な集団安全保障体制により国際的な平和を実現しようとする意図を明らかにしている．

 国連憲章は第1条第1項で国連の目的として「国際の平和及び安全を維持すること」とうたい，第2条で，国際紛争の平和的手段による解決と自衛の場合を除く武力行使の禁止を規定している．憲章は第6章で紛争の平和的解決について規定し，「いかなる紛争でも継続が国際の平和及び安全の維持を危うくする虞のあるものについては，その当事者は，第1に，交渉，審査，仲介，調停，仲裁裁判，司法的解決，地域的機関又は地域的取極の利用その他当事者が選ぶ平和的手段による解決を求めなければならない」と規定している．しかしこれらの方法によって解決がもたらされない場合は，第7章で規定された集団安全保障の手段がとられる．すなわち，41条で非軍事的強制措置が，42条で軍事

的強制措置が規定され，加盟国から提供される兵力を用いて国連軍を組織して紛争解決のための強制行動をとることが可能な仕組みになっている．

このような強力な安全保障機能を事実上支配するのが安全保障理事会である．周知のごとくここでは米国，英国，ロシア，フランス，中国の常任理事国が拒否権を持つことが規定されており，5大国が合意しない行動を国連がとることができない仕組みになっている．常任理事国は他の加盟国と比べ，紛争解決の政策決定過程で圧倒的な影響力を有しているといえる．

実際には冷戦下での東西対立が安全保障理事会においても展開され，憲章第7章で定められたような集団安全保障機能は事実上麻痺してしまった．その結果，憲章には一切の明文規定を欠くPKO（平和維持活動）が，国連の安全保障機能でもっとも目覚ましいものになった．PKOは，伝統的には「憲章第6章半の措置」と呼ばれ，当事国の同意に基づく停戦監視に関わる任務を主体とし，その中立性や武力行使が自衛のための必要最小限度に制限されることが原則になっている．これに対し，冷戦後の第2世代PKOは人道支援の実現のため国連憲章第7章に言及して行われる武力行使を伴うもの，あるいは，暫定統治機構の下で行われる選挙監視，治安，行政を含む国家建設ないし民主化を目指すものまで多様化した．

しかしながら国連の安全保障分野での活動は，PKOに限るものではない．先に言及した憲章の規定にあるように，仲介や調停といった便益を供与することや，安保理事会で行われ討議やそれに基づいて行われる決議，議長声明など，フィールドでの活動以外にも，重要な政治的な意味のある行動がとられるし，しばしば安保理の決議は，加盟国の武力行使を正統化する機能（それは言い換えれば非正統な武力行使を抑制し，たとえ正統な武力行使であってもそれを限定する機能）も果たしている．

また冷戦後は，PKOに加えて，紛争が生起することを未然に防ぐための，信頼醸成や早期警報さらには予防展開などの措置を意味する予防外交，また敵対関係を終結させるための調停や司法的手段，さらには軍事力による強制措置も含まれる平和創造（peace making），さらには紛争後の平和な秩序形成に寄与する経済開発，社会開発をふくむ広範な措置を意味する平和構築（peace building）などの活動を総合的に取り組もうとする機運が高まった［Ghali,

1992]．そのため，選挙支援や事務総長の斡旋活動に一層の努力が傾注されてきた．こうした活動の事務局における主たる担い手は 1992 年に設立された政務局（DPA）であるが，すでに述べたように，冷戦後には平和創造活動，平和構築活動の性格を有するものが増えている PKO は，平和維持活動局（DPKO）が担当する．こうした背景から，2000 年に出された「国連平和活動検討パネルの報告書」（いわゆるブラヒミ・レポート）では，(1)紛争予防と平和創造（conflict prevention and peacemaking），(2)平和維持，(3)平和構築の 3 つを包含する広義の「平和活動（peace operations）」という概念を提示した．マネジメントの観点からすると，安保理で決定される活動は平和維持活動局，総会が決定されるものは政務局の任務ということになるが，ブラヒミ・レポートでも，平和維持活動局に加えて，政務局を平和構築活動の中心と位置づけており，平和維持活動局と政務局間の，さらには安保理と総会の間の均衡の取れた役割分担と協力が期待されている．

　また，国連は，1945 年の創立以来，軍縮問題を優先課題の 1 つとして積極的に取り組んできた．国連において，総会は軍縮・不拡散分野における主たる審議機関であるが，総会はすべての加盟国が参加できる「第 1 委員会」と「国連軍縮委員会（UNDC）」という補助機関を通じて活動する[1]．また，国連からは独立しているものの，密接な関係をもって活動する多数国間軍縮「交渉」機関であるジュネーブ軍縮会議（Conference on Disarmament：略称 CD）の役割も大きい．

　言うまでもなく平和と安全保障問題を取り扱う国際機関は，国連に限定されているわけではない．近年欧州安全保障協力機構（OSCE），北大西洋条約機構（NATO），欧州連合（EU），アフリカ統一機構（OAU），西アフリカ諸国経済共同体（ECOWAS），米州機構（OAS）など地域機構による活動が飛躍的に活発化し，時には，アドホックに結成される多国籍連合による平和活動（オーストラリアが主導した東ティモールでの平和活動がその例）もその柔軟性と迅速な行動能力に期待が高まっている．さらには非政府組織（NGO）や彼らに安全を提供する私企業，そして調停者としてのマンデラ，カーターといった私人の役割も小さくない［Travers, 2002；SIPRI, 2001：89-125］．国連自体もこうした外部のアクターとの協力の必要性を認識してきている．しかしながらこ

れらはいずれも中立性や国際的な正統性といった点で大きな限界があり，国際機関として国連がこの分野で持っている重要性は，重要かつユニークなものである．

3. 国連安全保障分野の国際公益からの評価

3-1 インプット
(1) 財政資源

まず国連の通常予算全体の中で安全保障分野が占める割合を見てみよう．通常予算の内訳のカテゴリーの中では政治問題が，平和維持活動，紛争予防活動，軍縮など，本章で扱う安全保障分野をカバーしている．表1-1からわかるように，通常予算全体は実質ゼロ成長を余儀なくされているなかで，政治問題の占める比率は，増大している．これは1990年以降国連の安全保障分野における活動が活発化していることを反映している．

表1-1 通常予算内訳

(単位：千米ドル)

予算年	1990-91	1992-93	1994-95	1996-97	1998-99	2000-01	2002-03
全体的政策決定，指揮調整	30,900	35,900	45,824	35,900	468,990	463,390	471,184
政治問題	149,200	134,800	165,757	199,400	239,570	259,863	237,035
国際司法および法律問題	43,100	49,000	53,726	50,200	53,110	54,487	56,768
開発のための国際協力	294,300	327,000	314,045	294,300	266,730	253,423	257,780
地域開発協力	240,200	279,000	373,424	351,800	355,920	337,891	341,631
人権および人道問題	83,100	95,500	128,770	134,300	125,270	119,530	125,507
広報	92,300	101,000	135,789	134,300	135,570	142,535	139,345
共通支援サービス	777,100	864,900	927,014	938,200	446,300	429,406	429,991
内部監督				15,000	17,940	18,751	19,509
共同支出行為および特別支出	40,600	45,000	64,715	68,800	58,510	62,532	64,867
職員課金	310,500	326,900	448,197	348,300	314,750	328,485	318,673
資本支出	72,800	104,000	91,804	28,600	34,170	49,767	44,049
開発勘定					13,060	13,065	13,065
国際海底資源機構				4,000			
合計	2,134,100	2,363,000	2,749,064	2,603,100	2,529,890	2,533,125	2,519,404
政治問題の比率	6.99%	5.70%	6.02%	7.66%	9.46%	10.25%	9.40%

注：1990-93年，1996-97年は1万ドル以下切り捨て．1998-99年は1,000ドル以下切り捨て．
出所：A/46/6/Rev.1,9 A/48/6 Rev.1, A/52/6/Rev.1,A/54/6/Rev.1,A/56/6/Rev.1

表 1-2　PKO 関連費用の規模

(単位：百万米ドル，%)

		1990	1991	1992	1993	1994	1995
①	PKO 予算規模	410	480	1,735	3,008	3,538	3,233
②	世界 GDP	21,817,000	22,803,000	24,313,000	24,652,000	26,458,000	29,244,000
③	PKO予算世界GDP比率	0.0019	0.0021	0.0071	0.0122	0.0134	0.0111
④	世界軍事費	1,007,000	NA	847,000	814,000	793,000	741,000
⑤	PKO予算世界軍事費比率	0.0407	NA	0.2048	0.3695	0.4462	0.4363
		1996	1997	1998	1999	2000	2001
①	PKO 予算規模	1,405	1,160	885	1,115	1,999	2,591
②	世界 GDP	29,938,000	29,802,000	29,603,000	30,667,000	31,493,000	31,283,000
③	PKO予算世界GDP比率	0.0047	0.0039	0.0030	0.0036	0.0063	0.0083
④	世界軍事費	722,000	732,000	719,000	728,000	757,000	772,000
⑤	PKO予算世界軍事費比率	0.1946	0.1585	0.1231	0.1532	0.2641	0.3356

出所：①猪又忠徳［2001］．
　　　②出典：World Bank, 2002 World Development Indicators CD-ROM 版．
　　　④ Stockholm International Peace Research Institute, *SIPRI Yearbook 2002*, Oxford University Press, table 6.1 and table 6A.3. 100 万ドル以下は切り捨て．

だが国連の安全保障分野で最も大きな財政資源が投入されているのは，PKO 関連の活動であろう．前述の通り PKO は憲章のどこにも規定されていない．PKO は冷戦期の国連の制約の下で生み出され進化してきたのであり，換言すれば「冷戦の申し子」でもある［横田編, 1999：21; Findlay, 1996：1］．伝統的な PKO は，当事国の同意に基づく停戦監視に関わる任務を主眼にしており，加えて中立的な立場で活動することと，武力行使は自衛のための最後の手段として，必要最小限度にのみ許されるということを原則に基づいて活動してきた．冷戦後は，冷戦の終結に伴う様々な紛争や内紛を処理する必要が高まるとともに，米ソ対立による安保理の麻痺状態が終わったために，新たな PKO が次々に開始されるようになった．さらに冷戦後の PKO は，民主的な国家建設を目的として，選挙監視，治安，行政なども司る多機能的な PKO，さらには人道支援の実現のため国連憲章第 7 章に言及して行われる武力行使を伴う PKO まで登場し［猪又, 2001］，その任務が拡大することになった．そのため PKO 予算も一挙に拡大した．

　PKO の予算制度は制度的な進化を繰り返して現在の姿に至っており，そのため一貫性を欠く複雑なものだが，一般的に PKO の費用は主に，各国からの

表 1-3 PKO の予算の未払い国

(単位：%, 米ドル)

	上位 12 カ国に占める割合	未払い額
米国	54.5	1,142,565,319
日本	14.4	301,768,231
ウクライナ	9.1	191,024,682
フランス	3.7	77,439,458
ロシア	3.2	66,131,427
ドイツ	2.6	53,753,195
ベラルーシ	2.4	49,783,053
スペイン	1.6	33,470,340
ブラジル	1	21,308,474
イタリア	0.76	15,878,576
中国	0.76	15,828,714
オーストリア	0.64	13,345,673
その他	5.3	112,850,209
合計		2,095,147,351

注：2000-2001 会計年度およびそれ以前の未払い額の総額．2000 年 10 月現在．
出所：*United Nations Peacekeeping from 1991 to 2000*．
http://www.un.org/Depts/dpko/dpko/pub/pdf/9.pdf（2003 年 5 月取得）．

通常分担金とは別会計の特別分担金により負担される．表 1-2 の①に示したのは，特別分担金に，通常分担金から賄われる PKO ミッション費用を加えたものを予算ベースで表したものである．その規模は派遣ミッション数の増加と規模の拡大に伴い，1988 年の 2 億 9,300 万ドルから 94 年には 35 億 3,800 万ドルと 10 倍にも増大した．しかしながらこの最高額を記録した年にしても，同じ表の②と③に示されるように，世界 GDP 比率では 0.013%，④と⑤に示されるように，世界軍事支出比でも 0.446% に過ぎない．

なお PKO 特別分担金の未払いは，通常分担金の場合と同様長らく深刻な問題であった．2000 年 6 月時点では，未払い総額は約 21.3 億ドルに上っており，未払い国の内訳を見てみると，表 1-3 に示したように資金供与国のうち米国の未払い金が全体の 54.5% と圧倒的であった．米国は，80 年代から国連の分担金の滞納を繰り返し，2000 年の総会で米国の通常予算分担率を 25% から 22% に，PKO 予算分担率を 31% から 27% に下げるという決定がされたのに伴って，未払い金を部分的に支払う方針を決定したが，依然として議会の反対によって，滞納金の支払いを拒んできた．しかし 2001 年の 9.11 テロを契機に，米議会は一転して分担金の支払いに積極的になり，国連の財政状況は大幅に好転している[2]．なお日本が，滞納国の上位に顔を出しているのは，後述するように日本の予算年度と国連予算年度の食い違いにより，日本の支払いが国連の財政規則で定められた期限に間に合わないことから生じているものと思われる．またここでは算出していないが，PKO に要員を派遣している諸国の中には，国連からの経費支払い

表1-4　政務局予算

(単位：千米ドル)

	1992-93	1994-95	1996-97	1998-99	2000-01	2002-03 (見込み)
通常予算						
意思決定機関	3,229.2					
政務局 I	23,295.0					
政務局 II	14,880.6					
宇宙問題	2,362.1					
政務局						
意思決定機関		2,263.1	1,405.7	115.8	43,624.7	47,735.6
執行監督および運営		5,603.6	4,028.4	4,523.9		
事業プログラム		49,551.3	49,916.1	32,779.4		
国際調査委員会			1,137.4			
特別政治ミッション				100,858.7	115,281.7	98,819.2
プログラム補助		4,741.7	3,192.1	3,814.8		
UNSCO/中東平和プロセス					8,938.3	9,768.0
小計	43,766.9	62,159.7	59,679.7	142,092.6	167,844.7	156,322.8
予算外資金						
小計	24,925.0	18,433.9	5,680.5	11,441.0	21,713.3	9,536.1
合計	68,691.9	80,593.6	65,360.2	153,533.6	189,558.0	165,858.9

注：1994-95会計年度以後の予算はすべて政務局（Department of Political Affairs）科目のもの．
　　1998-99年のspecial political mission科目はそれまでPKOの予算セクションに含まれていたものが，政務局に移されたもの．
出所：A/46/6/Rev.1, A/48/6 Rev.1, A/52/6/Rev.1,A/54/6/Rev.1,A/56/6/Rev.1

では実際の要員派遣コストをカバーできていない国もあり，厳密には要員派遣国の持ち出し部分も，国際社会全体のPKO費用負担として算入されるべきであろう．

　国連のPKO以外の平和と安全に関わる活動の主なものは，紛争予防，平和創造，平和構築を主な任務とする政務局を中心とする活動である．政務局は1992年2月の事務局改革に伴って設立され，主な活動としては選挙支援，平和構築ミッション，事務総長の特別代表や特使，安全保障理事会の事実調査ミッション，制裁委員会委員長のミッションを管轄している．表1-4，表1-5にあるように，予算全体は1992-93会計年度の通常予算，予算外資金の合計額6,869万ドルから2002-03年の歳出見込み総額1億6,586万ドルに飛躍的に増大している．この大部分は，1998-99会計年度に新たに創設された特別政治ミ

表 1-5 政務局の人員

				1992-93	1994-95	1996-97
専門職以上	USG	恒常的ポスト	通常予算	2	1	1
		一時ポスト	通常予算	0	0	0
			予算外資源	0	0	0
			小計	2	1	1
	ASG	恒常的ポスト	通常予算	1	2	2
		一時ポスト	通常予算	0	0	0
			予算外資源	0	0	0
			小計	1	2	2
	D レベル (D-2, D-1)	恒常的ポスト	通常予算	34(9, 25)	31(10, 21)	27(10, 17)
		一時ポスト	通常予算	1(0, 1)	1(0, 1)	1(0, 1)
			予算外資源	0	0	0
			小計	35(9, 26)	32(10, 22)	28(10, 18)
	P レベル (P-5, P4/3, P-2/1)	恒常的ポスト	通常予算	127 (35, 77, 15)	128 (41, 71, 16)	119 (38, 68, 13)
		一時ポスト	通常予算	7(3, 4, 0)	7(4, 3, 0)	5(3, 2, 0)
			予算外資源	0	0	0
			小計	134 (38, 81, 15)	135 (45, 74, 16)	124 (41, 70, 13)
	専門職以上小計	恒常的ポスト	通常予算	164	162	149
		一時ポスト	通常予算	8	8	6
			予算外資源	0	0	0
			小計	172	170	155
一般職 (Principal level, Other level)		恒常的ポスト	通常予算	114(9, 105)	120(12, 108)	118(12, 106)
		一時ポスト	通常予算	9(0, 9)	14(0, 14)	8
			予算外資源	0	2(0, 2)	2(0, 2)
			小計	123(9, 114)	136(12, 124)	128
その他 (Local level)		恒常的ポスト	通常予算	0	0	0
		一時ポスト	通常予算	0	4	0
			予算外資源	0	0	0
			小計	0	4	0
合計		恒常的ポスト	通常予算	278	282	267
		一時ポスト	通常予算	17	26	14
			予算外資源	0	2	2
			合計	295	310	283

出所：A/46/6/Rev.1, A/48/6 Rev.1, A/52/6/Rev.1, A/54/6/Rev.1, A/56/6/Rev.1

1998-99	2000-01	2002-03
1	1	1
0	0	0
0	0	0
1	1	1
2	2	2
0	0	0
0	0	0
2	2	2
18(6, 12)	19	19
1(0, 1)	0	0
0	0	0
19(6, 13)	19	19
87(26, 52, 9)	90	93
1(1, 0, 0)	0	0
0	0	0
88(27, 52, 9)	90	93
108	112	115
2	0	0
0	0	0
110	112	115
83(6, 77)	83	83
2	2	2
0	0	0
85	85	85
0	0	0
0	0	0
0	0	0
0	0	0
191	195	198
4	2	2
0	0	0
195	197	200

ッション (special political mission) という科目による．この科目はそれまで PKO 予算セクションに含まれていたものが，政務局の紛争予防，平和構築ミッションの機能と規模拡大に従って，同局の予算セクションに編入されたものである．上記政務局予算の内選挙支援科目に入る予算を別に示したのが表 1-6 である．ここから通常予算でも選挙支援予算が拡大していることがわかる．

最後に様々なフィールドでの活動以上に，安全保障理事会における活動は，より政治的な意味が大きいかもしれない．というのも，国連の活動の最も重要な部分は，個別的なサービスの提供よりも国際的な政治的合意なり政治的意志の形成にあるからである．安全保障理事会の決定を担う主役は 5 カ国の常任理事国と 2 年の任期を持つ 10 カ国の非常任理事国であるが，その日常業務を担当するのは政務局の安全保障理事会部 (Security Council Affairs Division) である．同部の担当任務は，理事会やその下部機関（制裁委員会など）の公式会議，非公式協議，ワーキンググループなど膨大な数の会合にサービスを提供すること，それら機関の事務局の役割を果たすこと，議事

表1-6 選挙支援予算

(単位：千米ドル)

	1992-93	1994-95	1996-97	1998-99	2000-01	2002-03
通常予算（歳出額）	875.6	1,969	2,121.1	2,615.7	3,043.3	3,349.2
予算外資金（見込み）	300	6,370.4	654.6	756	1,370.7	1,443.8
合計	1,175.6	8,339.4	2,775.7	3,371.7	4,414	4,793

出典：A/46/6/Rev.1, A/48/6 Rev.1, A/52/6/Rev.1, A/54/6/Rev.1, A/56/6/Rev.1

表1-7 安全保障理事会関係予算

(単位：千米ドル)

	1990-91	1992-93	1994-95	1996-97	1998-99	2000-01	2002-03
人件費	6,266.9	6,293.3	6,947.5	8,935.9	8,703.2		
ポスト						8,822.6	8,932
ポスト以外（残業代および以下の出張費など以下の支出の合計）						588.2	696.8
出張費，旅費	156.7	11.5	16.8	8.8	12.6		
一般的運営費（雑費）	30.1	0.3	55	29			
契約サービス		22.5	1.2		37.9		
供給品，物品	19.5						
家具，備品	50.3			105.1			
合計	6,523.5	6,327.6	7,020.5	9,078.8	8,753.7	9,410.8	9,628.8

注：2000-01の予算から，予算区分に変更があった．予算外資金を含む．
出所：A/46/6/Rev.1, A/48/6 Rev.1, A/50/6/Rev.1, A/52/6/Rev.1, A/54/6/Rev.1, A/56/6/Rev.1

録や事務総長への安全保障理事会の年次報告書に代表される数々の報告書を準備すること，理事国と非理事国の間や，国連システム内の様々な組織間のリエゾンの役割を果たすこと，などが内容である．1990年以降安全保障理事会では公式会合数，非公式協議数共に増大し，その活動が活性化した．それに伴い表1-7からわかるように，予算も90-91年に652万3,500ドルであったのが，2002-03年には962万8,800ドルに拡大している．そしてこの予算の9割以上を占めるのが人件費である．

(2) 人的資源

　PKOを人的資源面から見ると，1990年以降の文民警察・部隊・軍事監視を含むPKO要員数の変遷を表1-8に示した．同年には月別の統計で最大規模約

表1-8 PKO要員数

(単位:人, %)

	(1)PKO要員数	a. 文民警察	b. 部隊	c. 監視	(2)世界の軍事要員総数	(1)/(2)
1990	13,700	n/a	n/a	n/a	23,918,000	0.057
91	15,300	n/a	n/a	n/a	22,726,000	0.067
92	52,200	n/a	n/a	n/a	24,533,000	0.213
93	78,744	3,485	73,267	1,992	23,741,000	0.332
94	78,111	2,017	73,660	2,434	23,195,000	0.337
95	68,894	1,691	64,959	2,244	22,825,000	0.302
96	29,140	1,139	26,251	1,750	22,257,000	0.131
97	24,952	2,751	20,827	1,374	21,914,000	0.114
98	14,588	2,921	10,748	919	21,636,000	0.067
99	18,460	4,435	12,768	1,257	21,198,000	0.087
2000	37,967	7,521	28,932	1,514		
01	47,777	7,657	38,294	1,826		
02	46,799	7,519	37,475	1,805		

注:PKO要員数は軍人,文民警察,オブザーバーを含む各年の最大時の数値.1992年以前の数値は100人以下切り捨て.2002年は6月時点.
出所:(1) 国連平和維持活動局およびGlobal Policy Forum, http://www.globalpolicy.org/security/peacekpg/data/pcekprs1.htm (2002年2月取得).
(2) World Bank, World Development Indicators 2002 CD-ROM 版.

約13,700名であったのに対し,93年7月には78,744名を記録した.これは第2次国連ソマリア活動(UNOSOM II)および国連保護軍(UNPROFOR)の大規模な展開によるところが大きい.94年末の時点では,国連保護軍のみで40,000名近くの部隊が展開していた[3].95年には3月に第2次国連ソマリア活動の活動が,12月には国連保護軍の活動が終了したことを受けて人的規模は激減,96年1月の時点で29,140名まで縮小された.縮小の傾向は99年まで続き,同年6月時点で12,084名となった[4].この後コソボ,シエラレオネ,東ティモールなどにおけるPKO設立により規模が再び増大し,2002年12月現在は文民警察・部隊・軍事監視・文民スタッフ合計で50,565名が従事している.

PKO派遣規模の内訳を見ると,1990年代以降の傾向として特筆すべきは,PKOの多機能化に起因する,文民警察や他の文民要員の増大である.92年から93年にかけて活動した国連カンボジア暫定機構(UNTAC)が文民警察主体であったため,93年2月時点でPKO全体として4,567名の文民警察が従事

表 1-9 PKO要員カテゴリー別

(単位:人)

	軍人・軍事監視要員	文民警察	国際文民	地元文民	測定時
現在活動中のPKO					
UNTSO	154		101	111	
UNMOGIP	44		24	47	
UNFICYP	1,211	35	42	105	
UNDOF	1,043		39	88	
UNIFIL	2,077		116	314	
UNIKOM	1,105		63	164	
MINURSO	217	25	167	123	
UNOMIG	117		91	175	
UNMIK	39	4,446	1,022	552	
UNAMSIL	16,042	44	298	552	
MONUC	4,371	49	559	675	
UNMEE	4,034		227	263	
UNMISET	3,853	730	895	1,425	
過去に活動したPKO					
UNYOM	189		n/a	n/a	
UNSF	1,576		n/a	n/a	
UNIIMOG	400		n/a	n/a	
UNMOGIL	591		n/a	n/a	
UNEF I	6,073		n/a	n/a	
UNEF II	6,973		n/a	n/a	
UNPROFOR	38,599	803	2,017	2,615	1995年3月
UNPREDEP	1,084	26	203(地元文民含む)		1999年2月
UNPSG		114	n/a	n/a	1998年9月
UNTAES	2,443	404			1997年9月
UNMOP	28		3	6	授権された数
UNMIBH	n/a	2,047			
UNCRO	6,775	296	n/a	n/a	1995年11月
UNIPOM	96		n/a	n/a	
UNMOT	81		n/a	n/a	
UNGOMAP	50		n/a	n/a	
UNAMIC	1,090		n/a	n/a	
UNTAC	15,991	3,359	n/a	n/a	
UNTAET	6,399	1,288	737	1,745	2002年3月
UNMIH	6,065	847	n/a	n/a	
UNSMIH	1,297	291	n/a	n/a	
UNTMIH	50	250			授権された数
MIPONUH		300	72	133	
ONUCA	1,098		n/a	n/a	
DOMREP	2				

	軍人・軍事監視要員	文民警察	国際文民	地元文民	測定時
過去に活動したPKO					
ONUSAL	368	315	n/a	n/a	
MINUGUA	132				
UNOMSIL	207		n/a	n/a	
UNOSOM I	947		n/a	n/a	
UNOSOM II	28,000(文民警察含む)		2,800(地元文民含む)		授権された数
ONUMOZ	6,979	1,144	355	506	授権された数
UNTAG	4,493	1,500	2,000(地元文民含む)		授権された数
UNAMIR	2,548	60	n/a	n/a	
UNOMUR	81		n/a	n/a	
MINURCA	1,350	24	114	111	授権された数
UNASOG	9	n/a	6	n/a	
ONUC	19,828		n/a	n/a	
UNOMIL	368		90	136	授権された数
UNAVEM I	70		n/a	n/a	
UNAVEM II	350	126	87	155	授権された数
UNAVEM III	3,932	288			1997年6月
MONUA	3,279	289	n/a	n/a	1997年7月

注：現在活動中のものは2002年12月時点の数字．過去のものは，注意書きがないものは最大時の派遣人数．
出所：国連平和維持活動局，http://www.un.org/peace/bnote 010101.pdf backbround note 2003年1月15日取得．

したが，国連カンボジア暫定機構終了によりこの数は1,000名ほどに落ち，その後も99年後半までは1,000名から3,000名の間を上下していた．ところが99年6月の国連コソボ暫定行政ミッション（UNMIK），2002年5月の国連東ティモール支援団（UNMISET）などの設立によりその数が8,000名弱にまで激増した．ミッションごとの要員数の内訳は表1-9で確認できる．

　このような要員を派遣している国はどこなのか．2002年現在でこれを示したのが，表1-10である．冷戦後は，PKO要員派遣国の数が激増した．伝統的には，安保理常任理事国はPKOに要員を派遣しないことが原則とされていた．これは当該PKOの「中立性」を確保するという政治的考慮に基づくものであった．したがって要員はオーストラリア，オーストリア，カナダ，デンマーク，フィンランド，アイルランド，ニュージーランド，ノルウェー，スウェーデンといった中規模国や，インド，パキスタンといった発展途上国の一部の国家によって派遣されてきた．

表 1-10　PKO 派遣国別要員数（2002 年 10 月現在）

国名	文民警察要員	軍事監視要員	部隊要員	合計
バングラデシュ	116	63	5,245	5,424
パキスタン	203	72	4,403	4,678
ナイジェリア	74	56	3,210	3,340
インド	527	40	2,375	2,942
ガーナ	250	49	1,990	2,289
ケニア	54	56	1,742	1,852
ヨルダン	532	49	1,088	1,669
ウルグアイ	0	61	1,508	1,569
ウクライナ	220	31	1,169	1,420
オーストラリア	73	27	868	968
ザンビア	36	31	837	904
ネパール	38	38	814	890
ギニア	1	12	778	791
ポーランド	156	20	598	774
ポルトガル	71	1	646	718
英国	232	36	426	694
日本	0	0	680	680
米国	642	32	1	675
モロッコ	0	0	658	658
アルゼンチン	171	12	463	646
ニュージーランド	0	15	610	625
スロバキア	0	4	606	610
タイ	41	18	497	556
セネガル	50	15	476	541
ドイツ	476	11	26	513
韓国	0	14	458	472
フィジー	42	7	394	443
オーストリア	49	10	370	429
フランス	161	44	211	416
ロシア	138	94	116	348
アイルランド	48	31	225	304
イタリア	76	31	187	294
チュニジア	7	21	263	291
カナダ	43	18	198	259
シンガポール	25	4	225	254
ルーマニア	199	41	1	241
ボリビア	0	12	204	216
マレーシア	93	61	36	190
トルコ	166	13	0	179
スペイン	164	5	3	172
フィリピン	99	8	56	163
南アフリカ	0	6	152	158
ハンガリー	17	19	115	151
中国	91	53	1	145

出所：国連平和維持活動局 HP.
http://www.un.org/Depts/dpko/dpko/contributors/Oct 2002 Countrysummary.htm（2003 年 1 月取得）

表 1-11 PKO 派遣国数の推移（当該年の最大数）

	1988	1994	1996	1997	1998	1999	2000	2001	2002
PKO要員派遣国数	26	76	74	71	76	86	92	90	89

出所：http://www.globalpolicy.org/security/peacekpg/data/index.htm（2003年1月取得）

しかし冷戦の終結によって大国の関与が「中立性」を侵害するという懸念が小さくなると同時に，PKOの規模が大幅に拡大したことから，こうした中規模や開発途上国のみでは要員が賄えなくなってきた．そこで5大国も派遣規模を増大し，また他にも多くの国が新たに派遣を行うことになったのである．表1-11からわかるように，国連ナミビア独立支援グループ（UNTAG）展開以前の1988年には26カ国が要員を派遣しているに過ぎなかったのに対し，2000年には92カ国が派遣国となり，多様な国家が貢献するようになった．1989年以後に新たな派遣国となった国には日本，ドイツ，中国，スイスなどが含まれる［Findlay, 1996：2-3］．また，依然として多数の要員を派遣しているのはバングラデシュ，パキスタン，ナイジェリア，インドなどの開発途上国である．

このようなPKOの要員の規模は，世界の軍事要員総数と比較するならば，PKOが最大の規模であった1993年でさえその比率は0.331％にすぎない．国連の枠組みで国際社会が投入している資源は，軍事部門に投入している資源に比べるととるに足らないほど小さなものなのである．

またPKO関連の仕事は，フィールドの要員だけではなく，PKOを管理する国連本部のスタッフにもよっている．これらの人員は，主として通常予算およびミッションの管理費として充当される予算外資金で賄われる．表1-12にあるように，1990年以降漸増を続けていたが，2000-01年度予算期には161のポストが増えているが，これらは1つのD-2ポストを除いてすべて予算外資金による一時ポストである．全ポスト815のうち461を占める予算外資金によるポストのうち，442がPKO支援勘定，19が対地雷活動支援のための自発的信託基金から資金が提供されている．通常予算には厳しい上限が設けられ，名目ゼロ成長が続いているため，PKO活動の管理費用を予算外資金に頼る部分が増大しているのである．

平和構築については様々な面で，様々な人材が投入されているが，平和構築

表 1-12　PKO

				1990-91	1992-93
専門職以上	USG	恒常的ポスト	通常予算	1	1
		一時ポスト	通常予算	0	0
			予算外資源	1	0
			小計	2	1
	ASG	恒常的ポスト	通常予算	2	2
		一時ポスト	通常予算	0	0
			予算外資源	1	0
			小計	3	2
	D レベル (D-2, D-1)	恒常的ポスト	通常予算	13(4, 9)	9(4, 5)
		一時ポスト	通常予算	2(1, 1)	0
			予算外資源	5(0, 5)	5(1, 4)
			小計	20(5, 15)	14(5, 9)
	P レベル (P-5, P4/3, P-2/1)	恒常的ポスト	通常予算	21(7, 12, 2)	10(6, 3, 1)
		一時ポスト	通常予算	2(2, 0, 0)	0
			予算外資源	30(6, 24, 0)	58(8, 48, 2)
			小計	53(15, 36, 2)	68(14, 51, 3)
	専門職以上小計	恒常的ポスト	通常予算	37	22
		一時ポスト	通常予算	4	0
			予算外資源	37	63
			小計	78	85
一般職 (Principal level, Other level)		恒常的ポスト	通常予算	32(1, 31)	12(1, 11)
		一時ポスト	通常予算	3(0, 3)	0
			予算外資源	15(0, 15)	80(5, 75)
			小計	50(1, 49)	92(6, 86)
その他 (Local level, Field service)		恒常的ポスト	通常予算	416(201, 215)	416(201, 215)
		一時ポスト	通常予算	5(5, 0)	0
			予算外資源	0	0
			小計	421(206, 215)	416(201, 215)
合計		恒常的ポスト	通常予算	485	450
		一時ポスト	通常予算	12	0
			予算外資源	52	143
			合計	549	593

注：2000-01 年，2001-02 年に関してはポスト数の内訳の記載なし．
出所：A/46/6/Rev.1, A/48/6 Rev.1, A/52/6/Rev.1, A/54/6/Rev.1, A/56/6/Rev.1

関連国連職員

(単位：人)

1994-95	1996-97	1998-99	2000-01	2002-03
1	1	1	1	1
1	1	1	0	0
0	0	0	0	0
2	2	2	1	1
3	3	3	3	3
0	1	0	0	0
0	0	0	0	0
3	4	3	3	3
11(5, 6)	12(5, 7)	12(5, 7)	12	13
1(0, 1)	2(1, 1)	1(0, 1)	0	0
8(0, 8)	7(0, 7)	8(0, 8)	9	9
20(5, 15)	21(6, 15)	21(5, 16)	21	22
28(7, 13, 8)	27(7, 12, 8)	27(7, 13, 7)	27	27
1(1, 0, 0)	8(7, 1, 0)	1(1, 0, 0)	0	0
106(17, 84, 5)	89(17, 69, 3)	148(19, 123, 6)	274	274
135(25, 97, 13)	124(31, 82, 11)	176(27, 136, 13)	301	301
43	43	43	43	44
3	12	3	0	0
114	96	156	283	283
160	151	202	326	327
23(1, 22)	23(1, 22)	23(1, 22)	311	310
1(0, 1)	4(0, 4)	1(0, 1)	0	0
142(7, 135)	130(7, 123)	140(7, 133)	178	178
166(8, 158)	157(8, 149)	164(8, 156)	489	488
370(190, 180)	326(178, 148)	288(154, 134)	0	0
0	21(17, 4)	0	0	0
0	0	0	0	0
370(190, 180)	347(195, 152)	288(154, 134)	0	0
436	392	354	354	354
4	37	4	0	0
256	226	296	461	461
696	655	654	815	815

表 1-13　選挙支援関連職員

(単位：人)

	1992-93	1994-95	1996-97	1998-99	2000-01	2002-03
専門職以上						
D-2	1	1	1	1		
D-1	1	1	1	1		
P-5	2	2	2	3		
P-4/3	2	2	3	3		
小計	6	6	7	8		
一般職	5	5	5	4		
合計	11	11	12	12	14	14

注：2000-01 年，2001-02 年に関してはポスト数の内訳の記載なし．
出所：A/46/6/Rev.1, A/48/6 Rev.1, A/52/6/Rev.1, A/54/6/Rev.1, A/56/6/Rev.1.

ミッションとして 2002 年 6 月現在 6 のミッションが展開しており，それを構成するスタッフは国際文民要員 1,287 名，軍事要員と文民警察 31 名，現地文民要員 512 名となっている[5]．また，選挙支援担当の職員数を示したものが表 1-13 である．

(3) そ の 他

フィールド活動に加えて，安全保障理事会の日常業務を担当する政務局の安全保障理事会部の職員数について言及したい．表 1-14 から，前述のように業務の拡大と仕事量の増大に伴い，職員数が増えていることが確認できる．1990 -91 年には職員の合計数は 39 人であったが，96-97 年には 54 人に増大した．内訳を見ると，専門職以上はほとんど変化がなく，増大部分は一般職のポストである．また，94 年以降は，暫定的なポストも増えてきている．

すでに述べたように，国連の最大の存在意義は，国連が機構として提供するサービスやフィールドでの活動よりも，国際社会における政治問題の解決であるかもしれない．1991 年の湾岸戦争は加盟国が国連に拠出した資金や要員によって戦われたわけではない．米国を中心とする多国籍軍が，それぞれの国の予算と人的資源を独自に管理しながら戦争を行ったのである．しかし，国連は多国籍軍の軍事行動を容認する決議を採択することで，決定的に重大な役割を果たした．このような国連の政治的意義のある活動に最も必要な資源は，カネ

表 1-14　安保理職員（通常予算）

			1990-91	1992-93	1994-95	1996-97	1998-99	2000-01	2002-03
専門職以上	D-2	恒常的ポスト	1	0	0	1	1		
		暫定的ポスト	0	0	0	0	0		
		小計	1	0	0	1	1		
	D-1	恒常的ポスト	4	4	2	3	3		
		暫定的ポスト	0	0	0	0	0		
		小計	4	4	2	3	3		
	P-5	恒常的ポスト	7	6	6	6	6		
		暫定的ポスト	0	0	1	1	0		
		小計	7	6	7	7	6		
	P-4/3	恒常的ポスト	11	14	11	11	11		
		暫定的ポスト	0	0	1	1	0		
		小計	11	14	12	12	11		
	P-2/1	恒常的ポスト	3	3	3	3	3		
		暫定的ポスト	0	0	0	0	0		
		小計	3	3	3	3	3		
	小計	恒常的ポスト	26	27	22	24	24		
		暫定的ポスト	0	0	2	2	0		
		小計	26	27	24	26	24		
一般職	principalレベル	恒常的ポスト	2	3	3	3	3		
		暫定的ポスト	0	0	0	0	0		
		小計	2	3	3	3	3		
	その他	恒常的ポスト	11	15	14	18	20		
		暫定的ポスト	0	0	4	7	2		
		小計	11	15	18	25	22		
	小計	恒常的ポスト	13	18	17	21	23		
		暫定的ポスト	0	0	4	7	2		
		小計	13	18	21	28	25		
合計		恒常的ポスト合計	39	45	39	45	47		
		暫定的ポスト合計	0	0	6	9	2		
		合計	39	45	45	54	49	49	50

注：2000-01 年，2001-02 年に関してはポスト数の内訳の記載なし．
出所：A/46/6/Rev. 1, A/48/6 Rev. 1, A/52/6/Rev. 1, A/54/6/Rev. 1, A/56/6/Rev. 1

やヒトではなく政治的な資源である．それは諸国がどれほど国連を政治的に支持し，国連という制度を利用し，国連という制度に沿った行動をとるかということであろう．この点を指標化することは極度に難しいが，主要加盟国が国連

表 1-15　安全保障理事会理事国代表部国別規模

(単位：人)

常任理事国	1994	1995	1996	1997	1998	1999	2000	2001	平均
米国	93	94	95	101	113	108	115	112	103.9
ロシア	69	69	72	82	86	83	81	75	77.1
中国	62	61	59	65	70	63	67	59	69.9
英国	33	31	30	27	31	32	34	36	31.8
フランス	26	30	30	29	28	24	30	30	28.4

非常任理事国

任期	国名	1年目	2年目	任期	国名	1年目	2年目
2001〜02	コロンビア	14	16	1997〜98	コスタリカ	—	17
	アイルランド	20	21		日本	—	49
	モーリシャス	6	7		ケニア	—	15
	ノルウェー	19	18		ポルトガル	—	17
	シンガポール	13	13		スウェーデン	—	17
2000〜01	バングラデシュ	8	8	1996〜97	チリ	13	13
	ジャマイカ	10	7		エジプト	19	25
	マリ	5	6		ギニア・ビサウ	5	6
	チュニジア	12	13		ポーランド	12	16
	ウクライナ	13	18		韓国	32	36
1999〜2000	アルゼンチン	21	25	1995〜96	ボツワナ	11	11
	カナダ	26	28		ドイツ	54	50
	マレーシア	15	14		ホンジュラス	11	11
	ナミビア	11	15		インドネシア	34	35
	オランダ	20	20		イタリア	17	17
1998〜99	バーレーン	7	7				
	ブラジル	33	30				
	ガボン	5	6				
	ガンビア	5	8				
	スロベニア	6	8				

出所：http://www.globalpolicy.org/security/data/tabsec.htm（2003 年 2 月取得）

を政治的にどれくらい重視しているかを推定する 1 つの試みとして，代表部の規模を挙げておこう．表 1-15 からわかるように，2001 年には常任理事国では米国が 112 名と圧倒的に多く，ロシアが 75 名，中国が 59 名と続くが，90 年代に非常任理事国を務めている日本とドイツのミッション規模も 49〜54 名と多く，この数字は常任理事国であるフランスと英国を凌駕している．しかしながら，大きなミッションを置いている国でもそれぞれの外交部局の全体の中で，

枢要な重要性を与えられているのではないことも示唆している．

3-2 アウトプット
(1) PKO の実績

表 1-16 PKO ミッションの設置数

1940 年代	2
1950 年代	2
1960 年代	6
1970 年代	3
1980 年代	5
1990 年代	35
2000 年代	2

注：2000 年代は 2002 年末まで．

以上見てきた国際社会からの投入された資源を利用して，国連が提供しているサービスとして最初にあげるべきは，PKO 活動であろう．冷戦後国連が PKO 活動を急速に拡大してきたことは，表 1-16 からも明らかである．1948 年以降 55 件の PKO が設立されているが，そのうち 42 件が冷戦終結直前期（88 年）以降に設立されている．91 年の初頭には展開中の 8 件だった PKO の展開数は，94 年半ばには 18 と最大の数的規模を記録した．その後は 14 件から 17 件の間で安定している．2003 年 1 月 15 日現在，13 の PKO が展開中である．

数だけではなく機能面でも冷戦後の PKO は，急速に拡大してきた．多機能型 PKO は，武力紛争の解決について成立した包括的和平合意・協定の履行を実現させるためのもので，武力紛争の軍事面での収拾をはかる平和維持の諸活動と，紛争の政治的決着に向けられた平和創造の諸活動とが，有機的に結びつけられたものである．こうした PKO は，従来型 PKO より遥かに広範囲で多様な目的と任務を持つ．典型的な例である国連カンボジア暫定機構の活動には，停戦，武装解除という軍事的側面と，避難民の機関，選挙の実施，政権議会，新政権の樹立という政治過程が含まれていた．国連ナミビア独立支援グループ，国連西サハラ住民投票監視団（MINURSO），国連エルサルバドル監視団（ONUSAL），国連東ティモール暫定行政機構（UNTAET），国連コソボ暫定行政ミッション（UNMIK）は，このような多機能型 PKO の例である．人員面からみればこうした PKO は，軍人だけでなく文民警察官や文民専門家を擁しているという特徴がある．たとえば，国連コソボ暫定行政ミッションは軍人が 39 名に過ぎないのに対し，文民警察官 4,446 名，その他の文民要員 4,265 名からなっているのである．

さらに冷戦後の PKO には，憲章第 7 章に基づく強制行動をとる権限が与え

られるケースも出てきた．ユーゴスラビアの内戦における国連保護軍は，セルビア人勢力との戦闘に巻き込まれるにつれその任務が拡大し，安保理は憲章第7章に基づく武力行使の権限をも与えた．またソマリアで米国主導の多国籍軍の任務を引き継いだ第2次国連ソマリア活動は，活動全体が憲章第7章のもとに置かれた初めての国連活動であった．強制行動は，敵対的な現地勢力との間での戦闘を意味するので，論理的には十分な装備と要員が利用可能でなくてはならない．例えば国連保護軍は任務完了時点の数値でも，軍人を中心とする，44,718人からなる大きなミッションであった．PKOの予算と人員が増加している数的なデータは，すでに表1-8で示したとおりである．

その他，地域機構や多国籍軍などと協力しながら，その任務を遂行するPKOも見られるようになった．地域機構または多国籍軍の軍事行動により治安を一応回復し，その後に国連のPKOが展開する場合と，純軍事的任務は地域機構または多国籍軍が担う一方で，PKOは非軍事的任務に専念する場合などがある［国立国会図書館，2000：129］．

(2) 安全保障理事会の諸活動

国連本部における安全保障分野の主役である安全保障理事会の活動を見てみよう．安全保障という価値の性格上，紛争が生じてからフィールドにPKOを派遣する以外にも，様々な政治的な解決や紛争発生以前の様々な予防的措置なども，安保理の重要な機能であろう．その意味で安全保障理事会での公式会合と非公式協議を，国連のアウトプットとみなしてもよいかもしれない．総会と違って，安全保障理事会は定期会合を開かないが，その代わりにいつでも短期間で招集することができるため，その会合数は年によってかなりばらつきがある．公式会合は決議採択だけのために数分の短い会合がもたれるなど，多くの場合短時間であるのに対し，非公式協議は2，3時間に及ぶことも多い．表1-17は，各年の安保理公式会合からサンプルを抽出してその審議時間の平均をとったものである．したがって正確な数字ではないが，2000年には審議時間が長くなっていることが推測できる．

また公式会合，非公式協議数ともに，表1-18に示したように，全般的に90年代を通してかなりの増大が見られる．もちろん安全保障理事会の会合数の多さ

表1-17　安全保障理事会公式会合の審議時間

(単位：分)

	1993	1994	1995	1996	1997	1998	1999	2000
平均審議時間	26	47	13	93	38	69	46	166

注：算出方法は，年別に公式会合を10ごとに（例：S/PV 4000, 4010, 4020）サンプルとして抽出し，その審議時間の平均を取ったもの．
出所：Security Council Provisional Verbatim Records of Meeting, UN.

表1-18　安全保障理事会のアウトプット

	公式会合	非公式協議	決議	議長声明	制裁委員会会合
1990	70	80	37	14	30
1991	53	115	42	21	41
1992	133	188	74	83	91
1993	171	253	93	88	104
1994	165	273	77	82	61
1995	135	251	66	63	57
1996	117	214	57	49	30
1997	123	229	54	57	32
1998	116	226	73	38	35
1999	131	237	65	34	34
2000	167	210	50	41	40
2001	219	183	52	39	68
2002	273	259	68	42	63

出典：公式会合および非公式協議は，http://www.globalpolicy.org/security/data/secmgtab.htm；1994年以降についてはUnited Nations Dag Hammarckjold Library, "List of Matters considered/Actions taken by the Security Council"；決議数はhttp://www.un.org/documents/scres.htm；議長声明はhttp://www.un.org/documents/pstatesc.htm；制裁委員会会合はhttp://www.globalpolicy.org/security/data/sancmtgs.htm（以上すべて2003年5月取得）．

や審議時間の長さは，安保理の機能増大を必ずしも意味しない．10の意味のない会合よりも1つの意味ある会合のほうが，よほど重要だからである．加えて「非公式協議」以外の様々な協議や接触は測定できない．したがって会合の結果がどのようなアクションにつながったのだろうかを見てみよう．まずは決議が採択されたかどうかである．1946年以降の決議数は表1-19に示したが，冷戦後に非常に多くの決議が採択されるようになったことがわかる．これを常任理事国の拒否権行使のパターンから見てみよう．表1-20からわかるように，46年から2002年6月30日までに，延べ252回の拒否権（常任理事国による決

表 1-19　安保理決議数

年	決議数	年	決議数	年	決議数
1946	15	1965	20	1984	14
1947	22	1966	13	1985	21
1948	29	1967	12	1986	13
1949	12	1968	18	1987	13
1950	11	1969	13	1988	20
1951	7	1970	16	1989	20
1952	2	1971	16	1990	37
1953	5	1972	17	1991	42
1954	2	1973	20	1992	74
1955	5	1974	22	1993	93
1956	11	1975	18	1994	77
1957	5	1976	18	1995	66
1958	5	1977	20	1996	57
1959	1	1978	21	1997	54
1960	28	1979	18	1998	73
1961	10	1980	23	1999	65
1962	7	1981	15	2000	50
1963	8	1982	29	2001	52
1964	14	1983	17	2002	68

出所：http://www.un.org/Docs/scres/1946/sc 1946.htm 以下 2002/sc 2002.htm までの各年版。

議否決）が行使されているが，そのうち 1990 年以降の数はわずか 13 にすぎない。

　安全保障理事会の機能については，憲章 7 章の 41 条で非軍事的強制措置が規定され，さらに，その措置では不十分なことが判明したと認められるときは，42 条で軍事的強制措置をとることができると定められている．非軍事的強制措置とは経済制裁や武器禁輸，交通や通信の途絶，外交関係の断絶などである．安全保障理事会で経済制裁が決議されると，その実施の細目の協議や実施状況の監視などのために制裁委員会が設置されるが，その制裁委員会の会合数を示したのが，表 1-21 である．これは経済制裁が，外交努力が失敗した後の手段として幅広く実施されてきたことを反映している．イラク，旧ユーゴスラビア，リビア，ハイチ，リベリア，ルワンダ，ソマリア，アンゴラ，スーダン，シエラレオネ，コソボ，アフガニスタン，エリトリアとエチオピアに対して制裁が課されてきた．その内容も，制裁が利用される目的の領域が著しく拡大し，制裁対象には今や，諸団体，企業，個人が含まれるようになった．さらに，1994

表 1-20　安保理事会での拒否権の行使推移

期間	中国	フランス	英国	米国	ソ連ロシア	合計
1946-55	(1)	2	0	0	80	83
1956-65	0	2	3	0	26	31
1966-75	2	2	10	12	7	33
1976-85	0	9	11	34	6	60
1986-89	0	3	8	21	0	32
1990	0	0	0	2	0	2
91	0	0	0	0	0	0
92	0	0	0	0	0	0
93	0	0	0	0	1	1
94	0	0	0	0	1	1
95	0	0	0	1	0	1
96	0	0	0	0	0	0
97	1	0	0	2	0	3
98	0	0	0	0	0	0
99	1	0	0	0	0	1
2000	0	0	0	0	0	0
01	0	0	0	2	0	2
02	0	0	0	2	0	2
合計	4(5)	18	32	76	121	252

注：1971年以前の中国の議席は中華民国(台湾)であり，この時期の拒否権行使は台湾による．中華人民共和国による拒否権行使は合計4回である．
出所：http://www.globalpolicy.org/security/data/vetotab.htm（2003年5月取得）．

年以降，包括的制裁から1国内の限定的な主体を対象とする部分的制裁へ重点が移った．包括的制裁は3つ（イラク，ユーゴスラビア，ハイチに対して）だったのに対し，国際組織への参加制限，一部貿易の制限，武器の禁輸などの部分的制裁は11に上った．また，97年以降人道的問題が重要な関心領域となり，制裁が課される以前および制裁期間中を通じて人道的見地からの評価が求められるようになった［Travers, 2002］．

　軍事的強制措置については，当初憲章7章で想定された国連軍の創設への動きはないが，冷戦後，多国籍軍による軍事行動に授権する方式がかなり確立した．1990年には安保理決議678がクウェートに侵攻したイラクに対して一定の加盟国が武力行使を含む必要な行動をとることを許可した．その後もソマリア（安保理決議794），ハイチ（安保理決議940），ルワンダ（安保理決議929），東

表 1-21　安全保障理事会制裁委員会会合数

国名	決議	1990	1991	1992	1993	1994	1995	1996	1997	1998	1999	2000	2001	2002	合計
アフガニスタン	1267 (1999)	—	—	—	—	—	—	—	—	—	2*	2	18	21	43
シエラレオネ	1132 (1997)	—	—	—	—	—	—	—	2	4	6	7	5	4*	28
リベリア	985 (1995)	—	—	—	—	—	2	1	1	1	1	—	9	7*	22
ルワンダ	918 (1994)	—	—	—	—	1	3	1	1	2	1	—	—	—	9
アンゴラ	864 (1993)	—	—	—	4	3	1	1	2	3	6	9	17	9	55
ハイチ	841 (1993)	—	—	—	6	5	—	—	—	—	—	—	—	—	11
ソマリア	751 (1992)	—	—	4	3	2	1	1	2	1	2	1	1	7	25
リビア	748 (1992)	—	—	14	19	14	16	8	7	11	2	—	—	—	91
ユーゴスラビア	724 (1991)	—	1	47	46	22	23	2	—	—	—	2	—	—	143
イラク・クウェート情勢	661 (1990)	22	37	24	22	13	11	16	17	13	14	19	18	15	241
南アフリカ	421 (1977)	8	3	6	4	1	—	—	—	—	—	—	—	—	22
合計		30	41	95	104	61	57	30	32	35	34	40	68	63	690

注：イラク・クウェート情勢に関する制裁委員会についてのデータは各年 8 月～7 月のサイクル．
　　＊は非公式会合のみ．
出所：http://www.globalpolicy.org/security/data/sancmtgs.htm（2003 年 5 月取得）．

部ザイール（安保理決議 1080），ボスニア・ヘルツェゴビナ（安保理決議 1031 および 1088），アルバニア（安保理決議 1101）などでの多国籍軍の軍事行動の権限を与える決議が採択されてきている．こうした動きは安全保障理事会の機能の再活性化という評価ができようが，安全保障理事会によるコントロールと軍隊提供国の指揮統制の均衡のとり方など，検討すべき課題も多い．一方，安保理の授権なしに武力行使を行う事例も目立ってきている．決議 687 の実施をめぐる米英軍によるイラク攻撃，北大西洋条約機構（NATO）によるコソボ空爆，9.11 テロ後の米国によるアフガニスタン侵攻，イラク攻撃などである．特に決議 1441 の実施をめぐり武力行使に踏み切るかどうかで安全保障理事会常任理事国が大きく対立し，米英軍の武力行使を明確に授権する安全保障理事会決議の採択のないままイラク攻撃を行ったことは，安保理の正統性付与機能の限界を明確に示している．

(3) 紛争予防

加盟国の要請に基づく選挙支援は，民族自決を促進する立場から国連は創設以来行ってきた．1992年以来政務局の選挙支援部（Electoral Assistance Division）により，包括的平和維持活動と深く連関する立場で選挙支援の目的と規模を拡大してきている．表1-22に見られるとおり，91年以前は要請数が4件にすぎなかったのが，92年には33と増え，90年から99年6月までの期間全体では165件の要請があり，そのうち128件で選挙支援が実施されている．なお，支援依頼を断っている理由の大部分は，実施まで十分な時間がない，あるいは選挙が可能な環境が整っていないというものであり，国連自身の能力の欠如によるものではないと推定される．また，総会の決定による国連政治的平和構築ミッションや事務総長の特別代表などのミッションの派遣も近年増加している．

表1-22　選挙支援実施

	選挙支援依頼数	選挙支援実施数
1990	2	2
91	5	5
92	33	30
93	23	19
94	18	14
95	22	17
96	28	15
97	14	6
98	20	11
99	31	21
2000	26	14
01	20	12
02	9	7
合計	251	128

注：2002年は7月現在．
出所：http://www.un.org/Depts/dpa/ead/assistance_by_country/ea_assistance.htm より作成，2003年5月取得．

(4) 軍　　縮

国連は軍縮分野においても結果を出している．具体的なアクションとしては，以下のようなものが挙げられよう．表1-23に見られるように，総会における軍縮関連総会決議は1998年には19であったのが，2002年には51へと3倍近く増加している事実は，総会の安全保障分野への積極的関与の傾向という意味でも興味深い数値である．ま

表1-23　軍縮関連総会決議

総会（年）	軍縮関連総会決議数
第52回総会（1998年）	19
第53回総会（1998年）	15
第54回総会（1999年）	25
第55回総会（2000年）	16
第56回総会（2001年）	24
第57回総会（2002年）	51

出所：http://disarmament.un.org/vote.nsf （2003年1月取得）．

表 1-24 軍縮関連多国間条約署名国数推移

軍縮関連多国間条約（署名年）	1990	1991	1992	1993	1994	1995	1996	1997	1998	1999
ジュネーブ議定書（窒息性ガス，毒性ガスまたはこれらに類するガス及び細菌学的手段の戦争における使用の禁止に関する議定書）（1925年）	123	130	131	130	130	130	131	131	131	132
南極条約（1959）	39	40	41	42	42	42	43	43	43	44
部分的核実験禁止条約（1963）	117	118	119	122	124	124	124	124	124	124
月その他の天体を含む宇宙空間の探査及び利用における国家活動を律する原則に関する条約（1967）	90	90	91	93	93	93	94	94	95	96
ラテン・アメリカおよびカリブ地域における核兵器の禁止に関する条約（1967）	31	32	33	33	35	38	38	38	38	38
核兵器の不拡散に関する条約（1968）	141	146	156	162	170	182	185	186	187	187
核兵器及び他の大量破壊兵器の海底における設置の禁止に関する条約（1971）	82	84	87	89	90	90	91	91	91	92
細菌兵器（生物兵器）及び毒素兵器の開発，生産及び貯蔵の禁止並びに廃棄に関する条約（1972）	111	118	124	130	132	132	139	140	141	143
環境改変技術の軍事的仕様その他の敵対的使用の禁止に関する条約（1977）	54	55	57	62	63	63	64	64	64	66
月その他の天体における国家活動を律する協定（1979）	7	8	8	9	9	9	9	9	9	9
特定通常兵器使用禁止制限条約（1981）	31	31	35	41	43	57	63	71	73	75
南太平洋非核地帯条約（1995）	13	13	13	13	13	13	14	16	16	16
欧州における通常戦力に関する条約（1990）	—	22	29	30	30	30	30	30	30	30
オープン・スカイズ条約（1992）	—	—	2	11	18	22	22	22	23	23
化学兵器の開発，生産，貯蔵及び使用の禁止並びに廃棄に関する条約（1993）	—	—	—	4	19	47	67	106	121	129
東南アジア非核兵器地帯条約（1995）	—	—	—	—	—	—	5	9	9	9
アフリカ非核兵器地帯条約（1996）	—	—	—	—	—	—	2	4	10	13
包括的核実験禁止条約（1996）	—	—	—	—	—	—	1	8	26	51
対人地雷の使用，貯蔵，生産及び移譲の禁止並びに廃棄に関する条約（1997）	—	—	—	—	—	—	—	3	58	90

出所：*Year Book of the United Nations*，1990年版から1999年版．

表1-25　国連軍備登録制度登録状況

	1992	1993	1994	1995	1996	1997	1998	1999	2000
アジア太平洋地域	20	23	24	22	20	21	18	18	29
西欧および北米	22	22	23	24	24	25	25	25	25
東欧	16	14	18	21	20	20	17	21	24
ラテン・アメリカおよびカリブ地域	17	16	18	14	16	12	12	20	23
アフリカ	10	13	9	9	8	9	3	6	11
中東・アラブ地域	9	5	5	5	4	6	4	5	3
総計	94	93	97	95	92	93	79	95	115

出所：http://www.mofa.go.jp/mofaj/gaiko/arms/touroku/touroku.html（2003年5月取得）.

た，表1-24からわかることは，1990年以降には，いわゆる化学兵器禁止条約（93年），対人地雷禁止条約（97年）という大量破壊兵器および通常兵器の両方の分野で画期的な条約が成立したほか，既存の軍縮関連多国間条約に多くの国が新たに署名をしたという成果がある．特に顕著な例は，核兵器不拡散条約（NPT）の署名国は90年には141カ国であったのが，99年には187カ国に達し，非常に普遍的な性格を持つ軍縮条約になったことである．軍備管理については，日本などが中心になってできた国連軍備登録制度の登録状況を見ると（表1-25），登録国数の総計では92年の94カ国から2000年の115カ国に増えているが，地域別に見るとアフリカ，中東・アラブ地域では登録国が非常に少なく，制度として普遍性はまだまだであることがわかる．

3-3　アウトカム
(1)　現代の紛争

冷戦の崩壊とともに第3次世界大戦のような大規模戦争の危機は去ったが，地域紛争は減るどころか増加している．冷戦という条件の下では隠されていた「小さな摩擦」が表面化したからであるとするのが，一般的な理解である［原，2002：92-99］．ウプサラ大学が中心となって作成した武力紛争データベースは，25人以上の死者が出たものを武力紛争として扱い，紛争期間中の戦死者数が1,000人以下の小規模武力紛争，紛争期間中の戦死者が1,000人を超えるが，年間戦死者は1,000人以下の中規模武力紛争，そして年間戦死者数が1,000人以上の，戦争の3つに紛争を分類している［JPR, 2001：629-644］．

表1-26　紛争レベルおよび紛争ロケーション数

紛争レベル	1989	1990	1991	1992	1993	1994	1995	1996	1997	1998	1999	2000	1989-2000
小規模	15	16	18	23	15	16	12	17	13	10	10	9	50
中規模	14	14	13	12	17	19	17	13	14	13	13	12	12
戦争	18	19	20	20	14	7	6	6	7	14	14	12	49
紛争件数	47	49	51	55	46	42	35	36	34	37	37	33	111
紛争ロケーション数	37	39	38	41	33	32	30	29	27	32	28	27	74

出所："Armed Conflict, 1989-2000", *Journal of Peace Research*, vol. 38, no. 5, 2001.

表1-27　国家間および国内軍事紛争数

紛争タイプ	1989	1990	1991	1992	1993	1994	1995	1996	1997	1998	1999	2000	1989-2000
国内	43	44	49	52	42	42	34	33	30	33	33	30	95
外国の干渉を伴う国内紛争	1	2	1	2	4	0	0	1	3	2	2	1	9
国家間	3	3	1	1	0	0	1	2	1	2	2	2	7
総紛争件数	47	49	51	55	46	42	35	36	34	37	37	33	111

出所："Armed Conflict, 1989-2000", *Journal of Peace Research*, vol. 38, no. 5, 2001.

　それによると，1989年から2000年の間にかけて74の地域で111の武力紛争が勃発しており，2001年時点では27の地域で33の武力紛争が続行中である［*Ibid*.: 623-644］．しかし大規模な国家間戦争はほとんど見られていない．表1-26，表1-27からわかるように，1989年から2000年の間に起こった111の武力紛争のうち，国内紛争が95と圧倒的であるのに対し，外国の干渉を伴う国内紛争が9，国家間紛争は7にすぎない．2002年時点で進行中の国家間紛争はカシミール地方でのインド・パキスタン紛争のみである．ジョン・ミューラー（John Muller）の言うように，「戦争という制度は没落していて，今や暴力集団による紛争の残骸が依然として存在している」状態なのかもしれない［*JPR*, 2002: 623-644］．このような国内紛争は，正規軍のみならず武装市民やゲリラが参加していることから，多数の非戦闘員が攻撃の標的となって犠牲者となることが特徴である［鴨，1992: 47］．例えばスーダンでは，過去10年間における兵士の死亡数は3,000人であるのに対し，民間人の死亡者は30万人にも上るとされている［黒田，1999: 18］．
　武力紛争の原因として，いわゆるエスノ・ナショナリズムあるいは共同体的

アイデンティティーが，関係しているケースが非常に多い．独立国家の数は第2次大戦後の1946年には66であったのが，64年には122，82年には164，そして冷戦後の94年には187となっている［JPR, 2002: 621］．これはユーゴスラビアやチェコスロバキアなど東欧諸国やソ連で見られたエスノ・ナショナリズムに基づいた国家としての独立への欲求を反映している．特に激しい反近代，反西欧感情を包含したいわゆるイスラム原理主義は，エジプト，アルジェリア，フィリピンで外国人に対する襲撃や爆弾テロを交えた攻撃を行ってきた．そして2001年9月11日にはアフガニスタンを拠点にする国際テロ組織アル・カイーダが米国の世界貿易センターに航空機で自爆テロを行うという，前代未聞の手段で世界を震撼させた．

武力紛争の起こっている地域的な分布を見ると，依然としてアフリカとアジアで起こる紛争の数が圧倒的に多いことがわかる．1989年から2000年の武力紛争を地域別にすると表1-28のようになり，平均すると期間中にアフリカでは14.08，アジアで15.67の紛争が起こっていたのに対し，ヨーロッパでは3.92の紛争があったことになる．より詳細に考察すると，世界の紛争ゾーンは，中南米，中東欧からバルカンを通り中東からインド，インドネシアまで，アフリカ大陸全域の3の集合体に分けられよう[6]．

表1-28　地域別紛争数

	アフリカ	アジア	ヨーロッパ	中東	南北米
1989	14	19	2	4	8
1990	17	18	3	6	5
1991	17	16	6	7	5
1992	15	20	9	7	4
1993	11	15	10	7	3
1994	13	15	5	5	4
1995	9	13	5	4	4
1996	14	14	1	5	2
1997	14	15	0	3	2
1998	15	15	2	3	2
1999	16	14	3	2	2
2000	14	14	1	3	1
期間中平均値	14.08	15.67	3.92	4.67	3.50

出所："Armed Conflict, 1989-2000", Journal of Peace Research, vol. 38, no. 5, 2001.

(2) 紛争予防と平和の回復

　国連の紛争予防と平和構築努力が，紛争の防止にどれくらい効果があったか，言い換えれば，紛争後の平和構築がどの程度達成されたかを定量的に評価することは非常に困難であるが，「自由」と「民主主義」レベルは1つの指標にはなろう．民主主義国家同士は戦争を起こさないとする「デモクラティック・ピース」論には様々な疑問や留保がつけられようが，国民の意志が政治に反映され，なおかつ市民の自由が保障される体制が確立されると，国家間戦争は起こりにくく，国内的にも安定性が高く紛争は起こりにくいと言えそうである．確かに自由民主主義が徹底した西欧地域での紛争発生率はきわめて低く，逆に徹底していないアフリカ地域での紛争発生率は高い．また人権の観点からも自由民主主義体制の保持は重要であり，こうした理由から国連は政務局の選挙支援あるいは平和維持活動を通じて民主的な選挙の実施を積極的に推進してきたのである．

　さて，現状をフリーダムハウスの調査報告書に従ってみてみよう．表1-29にあるように，2002年初頭には世界の192カ国中121カ国（全体の63％）が選挙による民主主義とされており，この数字は1991-92年の91と比較すると，大きく増大している．したがって，選挙の実施という観点からは，国連の目的が達成されてきていることがわかる．しかしながら，基本的な政治的権利および市民の自由が認められているかを基準とする調査では，85カ国が「自由」，59カ国が「部分的に自由」とされ，「自由でない」国家は48に上る．この数字は91-92年と比較すると，「自由」な国家は9カ国増えているものの，「自由でない」国家も6カ国増えている．また人口別の調査では，「自由」な人口の全人口中の割合は，1990年の38.87％から2002年の40.79％のたった1.92％増えているに過ぎない．また，地域別にみると，表1-30にあるように，地域の格差が大きいことがわかる．西欧は地域100％自由な国家で選挙民主主義も確立しているのに対し，中東地域では14カ国中イスラエルのみが「自由」で，選挙による民主主義を確立していると認められているのである．これを地域別ではなく，イスラム諸国というカテゴリーで見ると，47カ国中たった11カ国，つまり23％だけが選挙による民主主義となっている．

　このように現状では，自由民主主義が普遍的に浸透しているとは言えず，旧

表1-29　世界の自由度

①自由な人口数の世界人口に占める割合　　　　　　　（単位：％）

	自由	部分的に自由	自由でない
1990年1月	39	22	39
1992年1月	25	43	32
1994年1月	19	40	41
1996年1月	20	41	39
1998年1月	22	39	39
2000年1月	39	26	36
2001年1月	41	24	36
2002年1月	41	24	35

②自由な国家

	自由	部分的に自由	自由でない
1991-1992	76	65	42
1996-1997	79	59	53
2001-2002	85	59	48

注：基本的な政治的権利と市民の自由が認められている．

③選挙による民主主義国

	国家数
1991-1992	91
1996-1997	118
2001-2002	121

出所：Freedom House, Freedom in the World-2001-2002, http://www.freedomhouse.org/research/index.htm 2003年1月取得．

表1-30　国家の地域別自由度

	アフリカ (53カ国)	アジア (39カ国)	中東欧 (27カ国)	西欧 (24カ国)	米州 (38カ国)	中東 (14カ国)
自由	9(17%)	18(46%)	11(41%)	24(100%)	22(63%)	1(7%)
部分的に自由	24(47%)	10(26%)	10(37%)	0	11(31%)	3(21%)
自由でない	19(36%)	11(28%)	6(22%)	0	2(6%)	10(71%)
選挙による民主主義	20(38%)	24(62%)	19(70%)	24(100%)	32(91%)	2(14%)

注：カッコ内は域内の国数に占める割合．
出所：Freedom House, Freedom in the World-2001-2002 より作成．
http://www.freedomhouse.org/research/freeworld/2002/akessay.pdf（2003年5月取得）．

ソ連や東欧の旧共産主義諸国の民主化が進むなか，イスラム諸国の遅れが際立っているといえる．

(3) 軍縮の現状

冷戦の終結により，1990年代前半には核軍縮は全般的に見て進展した．米露間で第1次戦略兵器削減条約（START I）が発効したほか，前項で述べたように核兵器不拡散条約（NPT）にフランス，中国をはじめとする多くの国が加盟し，さらに96年には包括的核実験禁止条約（CTBT）が国連総会で採択された．

しかしその一方で，核軍縮・不拡散の流れを逆行させるような動きも散発した．1990年代前半の核兵器不拡散条約の締約国であるイラクや北朝鮮の核開発疑惑に続いて，98年にはインドとパキスタンが核実験を行った．2002年12月には北朝鮮が実験用原子炉の封印と監視カメラを一方的に撤去し，1994年の米朝枠組み合意の下で行われてきた国際原子力機関（IAEA）の監視を困難に陥れ，2003年1月にはついに核兵器不拡散条約脱退を宣言した．

核兵器以外の大量破壊兵器である生物・化学兵器については前項で述べたように多国間条約の締結と署名国の増大により，1990年代を通じて国際的な枠組みが強化されつつあったといってよい．しかしイラクに関しては，91年より開始された国連査察特別委員会（UNSCOM）および国際原子力機関による査察は，98年末以降停止されており，国連査察特別委員会の任務を引き継いだ国連監視検証査察委員会（UNMOVIC）の査察活動も実施できずに2002年末に向かっていた．このような状況を受けて11月8日国連安全保障理事会がイラクに査察団への完全協力を義務づける決議1441を採択，イラクは査察受け入れを表明した．だがその査察の過程および結果をめぐっては，国連査察報告とは別に独自のイラクの大量破壊兵器隠匿に関する証拠を提出して武力攻撃を辞さない態度を強く出す米国およびそれに賛同する英国と，査察継続を訴える国際原子力機関，国連監視検証査察委員会，そして仏独露といった欧州の大国の意見が対立した．そして武力行使を許可する新たな安保理決議を採択できないまま2003年3月19日に米国はイラク軍事攻撃に踏み切った．つまり大量破壊兵器の拡散防止の制度化は，まだまだ問題が多いということである．

表1-31 世界の軍事貿易,軍事支出および軍事関係者数

項目	1990	1991	1992	1993	1994	1995	1996	1997	1998	1999
世界軍事輸出 (対総輸出率%)	1.24	1.23	1.24	1.20	0.96	0.87	0.85	1.05	0.89	0.96
世界軍事輸入 (対総輸入率%)	1.32	1.30	1.11	1.09	0.87	0.80	0.80	0.99	0.78	0.86
世界軍事支出 (対中央政府支出%)	13.71	11.37	12.20	11.48	10.81	9.82	10.14	10.25	10.62	10.00
世界軍事支出 (対GNI比率%)	3.40	3.18	3.21	2.94	2.72	2.55	2.50	2.47	2.41	2.34
世界軍関係者数 (対総労働者比率)	1.02	0.95	0.95	0.89	0.86	0.83	0.80	0.77	0.75	0.72
世界軍関係者総数 (単位:千人)	23,918	22,726	24,533	23,741	23,195	22,825	22,257	21,914	21,636	21,198

出所:World Development Indicator 2002, World Bank.

他方で,通常兵力も含めた世界の脱軍事化の度合いを,世界の武器移転や軍事支出のレベルから推定するとどうなるだろうか.表1-31は,2001年の9.11テロ以前の数値だが,ここから言えることは,全般的に見て冷戦後の国際社会の軍事的緊張はかなり緩和したということであろう.

3-4 考 察

表1-32は,前項でも利用したウプサラ大学の武力紛争データベースで記録された武力紛争に対し,国連が平和と安全に向け,何らかの対処をしたかどうかを表にまとめたものである.もっとも,表を簡略にするために,個別の紛争ではなくロケーションを基準にし,同ロケーションで起こった複数の紛争については区別していない.たとえば,旧ユーゴスラビアの紛争にはスロベニア,コソボ紛争などが含まれるし,ミャンマーの紛争にはカレン族やカチン族の紛争が含まれる.

これによれば,ほぼすべての武力紛争について,何らかの形で国連が関与したことがわかる.紛争規模別に考察すれば,小規模紛争については主に平和構築ミッション,事務局長特別ミッション,選挙支援など,紛争予防,平和創造,平和構築の分野で活動が行われたのに対し,中規模以上の紛争については,少

表 1-32 世界の

地域	武力紛争が発生した国[2]	安保理公式会合	安保理決議	安保理議長声明[1]	制裁委員会会合
ヨーロッパ	アゼルバイジャン	8	9	3	
	ボスニア・ヘルツェゴビナ	148	45	46	
	クロアチア	57	19	28	
	グルジア	105	46	36	
	ラトビア	0	0	0	
	マケドニア	8	3	0	
	モルドヴァ	0	1	0	
	オランダ	0	0	0	
	ルーマニア	0	0	0	
	ロシア	1	0	0	
	スペイン	0	0	0	
	英国	0	0	0	
	ユーゴスラビア（旧）（スロベニア・コソボ含む）	331	88	51	143
中東	エジプト	0	0	0	
	イラン	0	1	0	
	イラン-イラク	5	5	0	
	イラク	3	8	1	
	イラク-クウェート	98	55	13	241
	イスラエル-パレスチナ	34	4	2	
	イスラエル-レバノン	9	14	5	
	レバノン	29	15	8	
	トルコ	0	0	0	
	イエメン	3	2	1	
アジア	アフガニスタン	53	15	15	43
	バングラデシュ	0	0	0	
	カンボジア	28	12	1	
	インド	1	0	0	
	インド-パキスタン	1	1	0	
	東ティモール	51	12	8	
	インドネシア	0	0	0	
	ラオス	2	0	1	
	ミャンマー	0	0	0	
	ネパール	0	0	0	
	パキスタン	1	1	1	
	パプア・ニューギニア	2	0	1	
	フィリピン	0	0	0	
	スリランカ	0	0	0	
	タジキスタン	40	18	18	
	ウズベキスタン	0	1	0	
アフリカ	アルジェリア	30	14	10	
	アンゴラ	105	52	14	55
	ブルンジ	39	5	20	
	チャド	5	0	0	
	コモロ・イスラム連邦共和国	0	0	0	
	コンゴ	2	0	2	

紛争と国連の関与

平和維持活動（平和構築活動）	事務総長特別代表など	選挙支援依頼	選挙支援実施	地雷プロジェクト
		4	1	○
UNMIBH	○	0	0	○
UNCRO/UNTAES/UNPSG/UNMOP		1	1	○
UNOMIG	○	0	0	○
		2	0	
		0	0	○
		3	1	
		2	2	
		4	2	
		1	1	○
		0	0	
		0	0	
UNPROFPR/UNPREDEP/UNMIK	○	2	2	○
UNEF/UNTSO		0	0	
		0	0	○
UNMOG		0	0	
	○	0	0	○
UNKON		0	0	
UNTSO	○	1	0	
		0	0	
UNTSO/UNOGIL/UNFIL	○	0	0	○
		0	0	
UNYOM		2	2	○
UNGOMAP（UNSMA/UNAMA）	○	0	0	○
		2	2	
UNAMIC/UNTAC		3	3	○
		0	0	
UNMOGP/UNPOM		0	0	
UNTAET/UNMISET	○	1	1	
		1	1	
		0	0	○
	○	0	0	
		1	1	
（UNSMA）	○	1	1	
	○	0	0	
		1	1	
		0	0	○
UNMOT（UNTOP）	○	0	0	
		1	1	
		2	2	
UNAVEN I/II/III/MONUA(UNOA)	○	1	1	○
(UNOB)	○	1	1	○
		3	3	○
		3	2	
ONUC		6	2	

地域	武力紛争が発生した国[2]	安保理公式会合	安保理決議	安保理議長声明[1]	制裁委員会会合
アフリカ	コンゴ民主共和国	73	16	23	
	中央アフリカ共和国	18	9	6	
	ジブチ	0	0	0	
	エリトリア-エチオピア	25	10	6	
	エチオピア	3	3	0	
	ギニア・ビサウ	11	2	4	
	レソト	0	0	0	
	リベリア	57	23	8	22
	マリ	5	0	3	
	モーリタニア	0	0	0	
	モーリタニア-セネガル	0	0	0	
	モロッコ	0	0	0	
	モザンビーク	25	11	4	
	ニジェール	0	0	0	
	ルワンダ	68	34	16	9
	ルワンダ-ウガンダ	2	0	0	
	セネガル	0	0	0	
	シエラレオネ	56	25	18	28
	ソマリア	54	18	13	25
	南アフリカ共和国	4	2	1	22
	スーダン	1	4	0	
	トーゴ	0	0	0	
	ウガンダ	0	0	0	
	西サハラ	52	42	5	
南米	コロンビア	0	0	0	
	エクアドル-ペルー	0	0	0	
	エルサルバドル	18	10	1	
	グアテマラ	2		1	
	ハイチ	52	25	11	11
	メキシコ	0	0	0	
	ニカラグア	0	0	0	
	パナマ	1	0	0	
	パラグアイ	0	0	0	
	ペルー	0	0	0	
	トリニダド・トバゴ	0	0	0	
	ベネズエラ	0	0	0	

注：1) 安保理議長声明については1994年以降，選挙支援は1989年以降，地雷プロジェクトは，UNMAS，
　　2) 武力紛争が発生した国は，ウプサラ大学の武力紛争データベースに基づく（本文参照）．
出所：安保理会合，決議，議長声明については Security Council : Index to Proceedings 各年版よ
　　　http://www.globalpolicy.org/security/data/sancmtgs.htm より作成．2003年5月取得．
　　　平和維持活動については http://www.un.org/Depts/dpko/dpko/home.shtml より作成．2003年1月
　　　平和構築活動については http://www.un.org/peace/ppbm.pdf より作成．2003年1月取得．
　　　事務総長特別代表などについてはhttp://www.un.org/News/ossg/srsg/ より作成．2003年1月取
　　　地雷プロジェクトについては http://www.mineaction.org/countries/countries_worldmap.cfm より

平和維持活動（平和構築活動）	事務総長特別代表など	選挙支援依頼	選挙支援実施	地雷プロジェクト
MONUC	○	2	1	○
ONUCA/MINURCA (BONUCA)	○	4	4	
		5	5	
UNMEE	○	0	0	○
		1	1	○
(UNCGBIS)	○	2	2	○
		3	3	
UNOMIL (UNOL)	○	2	2	
		2	2	
		0	0	○
		0	0	
		0	0	
ONUMOZ		2	2	○
		5	3	
UNAMIR		1	1	
UNOMUR		0	0	
		1	1	
UNOMSIL/UNAMSIL	○	2	2	○
UNOSOM I/II (UNPOS)	○	0	0	○
		2	2	
	○	1	0	○
		4	3	
		3	3	
MINURSO	○	1	1	
	○	1	1	○
		0	0	
ONUSAL (ONUV)	○	5	3	
(MINUGUA/MINUSAL)		0	0	
UNMIH/UNSMIH/UNTMIH/ MIPONUH (MICIVIH/MICAH)		3	3	○
		1	1	
(CIAV (OAS と共同))				○
		1	1	○
		1	1	
		1	1	

UNICEF，UNDP，あるいは平和維持活動を通じて国連が地雷除去活動や教育に関与したものを示す．

り作成．

取得．

得．
作成．2003年5月取得．

第1章　国際連合（安全保障分野）

ない例外を除き，安全保障理事会公式会合が招集され決議採択に至っている．紛争予防，平和創造，平和構築の分野はその任務が，普通安保理ではなく総会によって付与される活動であり，いわゆる平和維持活動とは異なる種別に入るものである．このように国連の紛争への関与も多様である．

地域別に見ると，定量的なデータとして顕著な安全保障理事会の会合数，決議数からみると，アフリカとヨーロッパへの関与が圧倒的に多く，これに中東，アジア，中南米が続く．これを表1-28と比較すると，地域別の紛争数はアフリカ，アジア，中東，ヨーロッパ，中南米となるから，ヨーロッパに対してかなり不均衡に大きな関心が払われていると言えよう．それは旧ユーゴスラビアでの紛争が，冷戦後の国連の平和と安全への関与の中で，大きな位置を占めたことによる．事実，欧米諸国が旧ユーゴスラビアへの軍事介入に比べ，アフリカのような地政学上利益を感じない地域には積極的に介入したがらないという差別的態度を，ガリ国連事務総長（当時）は，旧ユーゴ紛争を「富者の戦争」と呼んで批判した［猪又，2001：11］．だが，その旧ユーゴスラビアではボスニアでもコソボでも紛争解決のためにはNATO，EUといった国連以外の地域機構が軍事力行使を含めて深く関与をしていることを忘れてはなるまい．これは国連の限界を示すとともに，地域機構と国連安全保障理事会との間に，ある種の役割分担があったことを示唆している［UN, 2000］．

前項で見たように，冷戦後紛争は全般的に減少してきたと言えよう．上記のような国連の活動によって，紛争がどれほど回避され，また生起した紛争の解決にどれくらい寄与したと言えるのだろうか．まず明らかなことは，大規模な国家間戦争が起こらなくなったことに，国連の寄与が大きいとは考えにくい．とりわけ安全保障理事会の常任理事国たる5カ国が直接的に関与している紛争なり緊張関係に，国連が有効に機能するとは考えられない．たとえば中国があくまでも内政問題と主張する台湾問題は，安全保障理事会の場で討議することすら不可能である．また中規模紛争についても，PKO派遣などの国連による積極的な措置がとられたにもかかわらず紛争が継続しているアンゴラ，シエラレオネなどのケースもある．

一方比較的小規模な紛争の処理については，国連のもつ資源でもかなりの程度の効果が期待できそうである．実際1992年の55から2000年の33と減少し

ているが，減少した紛争のうち14までが小規模紛争である．つまりは国連が対処できるのは，限られた条件を満たすどちらかと言えば小規模な紛争に限られているようである．先に述べたように，冷戦の終焉や大国間の緊張の減少といった，戦略環境全般の好転に国連が有意味な寄与をしたとは考えにくい．だが，そのような戦略環境の一般的な好転も1つの理由となって，比較的限定的な紛争や内戦，民族紛争といった紛争に，国連の対処が期待されるようになった．この時期の国連の安全保障分野でのアウトプットが飛躍的に増大したのはそのことの現れである．

しかしこのような小規模紛争に対応するのにすら，国連の能力には明らかな限界がある．国連の動員できる資源は依然として限られており，国連通常予算全体では世界国内総生産（GDP）比率では約0.005％，PKO予算は最大時で世界GDP比率では0.013％，世界軍事支出比でも0.446％に過ぎず，限られた資源しか世界は投入しておらず，世界中のあらゆる紛争に対処する能力を期待するのは無理である．しかも冷戦後の紛争に特徴的な内戦的な状況への対処は，そもそも国連が前提としている「主権平等」「内政不干渉」といった原則との間の関係は微妙であり，加盟国が内戦的な紛争への国連の介入に対する積極的な支持といった政治的な資源を提供しているわけではない．よしんばそのような支持が加盟国から得られたとしても，そもそも加盟国政府以外のアクターには，国連の無形の資源である国際社会を代表する権威が及びにくい．正確な評価は難しいが，国際安全保障分野での国連の役割はそもそも限定的だが，その限定的な役割すらも十分にこなす物的・人的・政治的な資源を持っているとは言い難いし，冷戦後に特徴的な内戦型の紛争に対処するのに有効な組織としてデザインされているかどうかも，疑わしいのが実情であろう．

4. 国益の観点からの分析

4-1 インプット

（1）財政的資源

国際の平和と安全の保障という，日本を含む国際社会のすべてのメンバーの枢要な価値を増進することは，国連の重要な目標として憲章にも明記されてい

表1-33　日本の安全保障コスト

(単位：%)

	1990	1995	1999
軍事輸出の対総輸出率	0 (1.2, 5.6)	0 (0.9, 3.9)	0 (1.0, 4.7)
軍事輸入の対総輸入率	0.7 (1.3, 0.3)	0.5 (0.8, 0.1)	1 (0.9, 0.2)
軍事支出の対中央政府支出	6 (13.7, 23.5)	6.7 (9.8, 17.4)	6.1(10.0, 15.7)
軍事支出の対GNI比率	1 (3.4, 5.2)	1 (2.5, 3.8)	1 (2.3, 3.0)
軍関係者数の対総労働者比率	0.39 (1.0, 1.7)	0.358 (0.8, 1.2)	0.353 (0.7, 1.0)
軍関係者総数(単位：千人)	250 (23918, 2180)	240 (22825, 1620)	240 (21198, 1490)

注：カッコ内は世界および米国の数値．
出所：World Bank, *World Development Indicators 2002*, CD-ROM 版より作成．

る．この目的のために日本はどれくらいの資源を投入しているのだろうか．もちろん，1国の安全保障をすべて国連任せにすることは，安全保障の基礎は自助であるとするのが伝統的な考え方である主権国家からなる国際社会では，むしろ異様なことであろう．第一義的に日本の防衛の任にあたるのは日本政府であり，日本の安全保障政策の多様な手段のうちで国連もそのなかの1つの手段でしかない．一般的に日本は小さな安全保障コストしか払っていないと言われる．表1-33は日本の狭義の安全保障コストである，防衛関連費用の規模を国際的な文脈で比較したものである．日本は世界最大の軍事大国であるアメリカは当然のことながら，世界平均と比べてもほとんど指標で桁外れに小さなコストしか支払っていないことが判然としている．ただし兵器関連の輸入は例外である．日本での武器生産が様々な理由で抑制されていることもあり，日本は世界でも有数の武器輸入国であることは意外に知られていない．

他方国連の安全保障分野に対する日本の財政的な支出はいったいどの程度の規模なのか．最初にあげるべきは国連の分担金であろう．国連の通常予算は，国連の運営経費の中核部分を賄うことが目的であり，安全保障分野の行政経費，たとえば安全保障理事会の会議経費や，安全保障分野で働く職員の給与などが通常予算から支出されているはずである．通常予算の分担率は，諸国の支払い能力を基礎にしながら，複雑な方式で算出されてきた．他方でPKO予算は通常予算とは別会計で管理される．PKOそのものが憲章上の明文規定を欠いているため，PKOの予算分担はPKOのミッションごとに決定され，これまでも様々な費用分担方式がとられてきた．だが多くのPKO経費の分担には，通

表1-34 国連予算分担率

①通常予算分担率 (単位：％)

	1989	1992	1995	1996	1997	1998	1999	2001	2003
米国	25.0	25.0	25.0	25.0	25.0	25.0	25.0	22.0	22.0
英国	4.9	5.0	5.3	5.3	5.3	5.1	5.1	5.6	5.5
ロシア	10.0	6.7	5.7	4.5	4.3	2.9	1.5	1.2	1.2
フランス	6.3	6.0	6.3	6.4	6.4	6.5	6.5	6.5	6.5
中国	0.8	0.8	0.7	0.7	0.7	0.9	1.0	1.5	1.5
日本	11.4	12.5	14.0	15.5	15.7	18.0	20.0	19.6	19.5
ドイツ	9.4	8.9	8.9	9.0	9.1	9.6	9.8	9.8	9.8

② PKO 予算分担率

	1989	1992	1995	1996	1997	1998	1999	2000
米国	30.8	31.8	31.2	31.0	30.9	30.5	30.4	30.3
英国	6.0	6.1	6.6	6.6	6.6	6.2	6.2	6.6
ロシア	12.3	11.4	7.1	5.5	5.3	3.5	1.8	1.2
フランス	7.7	7.3	7.9	7.9	7.9	7.9	7.9	7.9
中国	1.0	0.9	0.9	0.9	0.9	1.1	1.2	1.2
日本	11.4	12.4	14.0	15.5	15.7	18.0	20.0	20.6
ドイツ	9.4	8.9	9.0	9.1	9.1	9.6	9.8	9.9

	2001 前半	後半	2002 前半	後半	2003 前半	後半
米国	28.1	27.6	28.3	27.2	27.3	27.1
英国	7.1	7.0	6.9	6.9	6.9	6.8
ロシア	1.5	1.5	1.5	1.5	1.5	1.5
フランス	8.3	8.2	8.1	8.1	8.0	8.0
中国	2.0	1.9	1.9	1.9	1.9	1.9
日本	19.6	19.6	19.7	19.7	19.5	19.5
ドイツ	9.8	9.8	9.8	9.8	9.8	9.8

注：1) ロシアについては1992年以前はソビエト連邦の分担率．
 ドイツについては1990年以前は東西両ドイツの分担率を合計したもの．それ以降はドイツの分担率．
 2) 2001年からPKO分担率については前半と後半に分けて算出するようになった．
出所：外務省国連行政課作成資料．

常予算とは異なった分担率が適用され，安全保障理事会のメンバー国にはやや重い分担率を課すことが確立した慣行になっている．

表1-34に示したのは，通常予算とPKO予算の分担率である．日本の通常予算分担率は，日本の経済規模の拡大につれてつい最近まで増加の一途を辿り，米国に次いで世界第2位の20％近い水準に達している．またPKO分担金もほとんど常任理事国よりも経費分担が大きい．たとえば安全保障理事会の常任

表 1-35　日本の国連安

	H 1	H 2	H 3	H 4	H 5
一般会計歳出予算合計（補正後）	60,414,194	68,517,815	70,613,465	71,489,671	77,437,498
一般会計歳出予算					
外務省所管小計（補正後）	466,642	710,032	582,253	652,517	717,766
一般会計歳出予算外務省所管内					
国連安全保障分野関連（補正後）	25,635	16,716	25,097	39,889	47,884
国際連合分担金	13,777	12,314	15,243	16,923	16,378
軍縮関係条約等分担金	0	0	0	0	304
生物兵器禁止条約再検討会議分担金	0	0	0	10	0
核兵器不拡散条約再検討会議分担金	0	0	38	0	0
部分的核実験禁止条約改正会議分担金	0	0	16	0	0
国連平和維持活動分担金	0	0	0	0	0
国際連合レバノン暫定軍派遣分担金	2,193	2,121	2,299	2,412	323
国際連合兵力引き離し監視軍派遣分担金	559	597	583	543	160
国連イラン・イラク軍事監視団分担金	1,479	636	0	0	0
国連ナミビア独立支援グループ分担金	6,293	0	0	0	0
国連アンゴラ監視団派遣分担金	152	0	0	0	0
国連中米監視団分担金	635	451	286	0	0
国連イラク・クウェート監視団派遣分担金	0	0	1,482	865	410
国連西サハラ住民投票監視団派遣分担金	0	0	2,087	0	0
国連エルサルバドル監視団派遣分担金	0	0	266	832	147
第2次国連アンゴラ監視団派遣分担金	0	0	1,019	676	164
国連カンボジア暫定機構派遣分担金	0	0	259	8,298	1,352
国連保護隊派遣分担金	0	0	0	5,339	5,189
国連ソマリア・オペレーション分担金	0	0	0	2,314	0
第2次国連ソマリア活動分担金	0	0	0	0	5,500
国連モザンビーク活動分担金	0	0	0	0	1,314
国連サイプラス平和維持隊派遣分担金	0	0	0	0	67
国連ウガンダ・ルワンダ監視団派遣分担金	0	0	0	0	67
国連グルジア監視団派遣分担金	0	0	0	0	255
国連リベリア監視団派遣分担金	0	0	0	0	493
国連ハイチ・ミッション派遣分担金	0	0	0	0	674
国連ルワンダ支援団派遣分担金	0	0	0	0	846
地雷対策支援(除去)信託基金拠出金	0	0	0	0	0
カンボジア地雷対策センター拠出金	0	0	0	0	0
人間の安全保障基金拠出金	0	0	0	0	0
国連東ティモール暫定行政機構拠出金	0	0	0	0	0
国連コソボ・ミッション拠出金	0	0	0	0	0
新生・復興民主国民主化促進支援対策拠出金	0	0	0	0	0
シエラレオネ特別法廷国際連合信託拠出金	0	0	0	0	0
国連軍縮会議等拠出金	0	0	0	0	0
軍縮支援委員会拠出金	0	0	0	0	11,700
国連平和維持活動協力信託基金拠出金	0	0	0	0	0
国連兵力引き離し監視隊信託基金拠出金	0	0	0	0	0
国連平和維持活動支援強化等拠出金	308	340	1,290	1,496	2,420
国連予防外交協力拠出金	0	0	0	0	0
化学兵器禁止機関拠出金	0	0	0	0	0
サイプラス国連平和維持軍拠出金	54	53	52	51	0
シナイ半島駐留多国籍軍監視団拠出金	185	204	178	129	122
ボスニア和平履行評議会拠出金	0	0	0	0	0
拡大ユーゴ和平会議拠出金	0	0	0	0	0
東ティモール多国籍軍信託基金拠出金	0	0	0	0	0
日露核兵器廃棄支援拠出金	0	0	0	0	0

注：数値は補正後のもの．
出所：『補助金総覧』各年版．

保分野への財政支出

(単位：百万円)

H 6	H 7	H 8	H 9	H 10	H 11	H 12	H 13	H 14 (補正前)
73,430,517	78,034,006	77,771,231	78,533,160	87,991,485	89,018,897	89,770,227	86,352,554	81,229,993
711,075	741,568	771,372	795,473	812,825	832,049	820,315	820,763	746,589
48,419	47,939	43,875	44,856	48,479	89,196	80,023	90,881	35,445
17,920	19,011	22,576	23,591	27,757	25,069	27,197	22,406	26,223
337	595	590	1,640	2,480	2,904	2,813	2,838	3,338
0	0	0	0	0	0	0	0	0
0	0	0	0	0	0	0	0	0
0	0	0	0	0	0	0	0	0
27,671	27,771	18,803	18,751	16,570	26,369	45,031	57,101	1,058
0	0	0	0	0	0	0	0	0
0	0	0	0	0	0	0	0	0
0	0	0	0	0	0	0	0	0
0	0	0	0	0	0	0	0	0
0	0	0	0	0	0	0	0	0
0	0	0	0	0	0	0	0	0
0	0	0	0	0	0	0	0	0
0	0	0	0	0	0	0	0	0
0	0	0	0	0	0	0	0	0
0	0	0	0	0	0	0	0	0
0	0	0	0	0	0	0	0	0
0	0	0	0	0	0	0	0	0
0	0	0	0	0	0	0	0	0
0	0	0	0	0	0	0	0	0
0	0	194	250	250	273	298	117	97
0	0	121	107	106	108	95	96	79
0	0	0	0	502	6,605	4,020	7,722	4,150
0	0	0	0	0	1,117	0	0	0
0	0	0	0	0	876	0	0	6
0	0	0	0	0	0	0	54	0
0	15	29	29	15	22	75	108	85
0	0	0	0	0	0	0	0	0
0	0	0	7	6	90	79	5	4
0	0	0	24	25	30	26	27	31
2,385	450	1,438	23	280	0	0	0	0
0	0	0	5	5	16	14	14	11
0	0	0	0	155	0	88	48	43
0	0	0	0	0	0	0	0	0
106	98	97	107	118	110	105	107	61
0	0	0	321	209	209	183	238	257
0	0	27	0	0	0	0	0	0
0	0	0	0	0	12,000	0	0	0
0	0	0	0	0	13,397	0	0	0

理事国たる中国の財政的貢献は，日本のわずか1割にも満たない．PKO活動は，それぞれのミッションごとに分担方式が定められ，それぞれのミッションごとの国連本部の勘定に払い込まれる．それに加えて様々な軍縮関連の費用や，国連が実施する地雷除去などの経費の分担も，安全保障分野における日本の経費支出と見なすべきであろう．これらの支出は，必ずしも義務的な分担金方式ではなく，加盟国の任意の拠出によって賄っているものも多い．

表1-35に示したのは，以上のような日本からの費用負担の規模である．これを大きいと見るか小さいと見るかは，基準のとり方次第であろうが，資金規模の実感を得やすいように，予算総額および外務省予算の防衛庁予算との比率を示しておこう．日本の財政制度では国連に対する分担金や拠出金は外務省の予算の一部として取り扱われている．したがって，防衛予算との比較はやや問題がらみであるが，これらの費用の総額は，2003年度には80兆円を超える日本の総予算全体から見ると微々たるものと言えよう．また日本の防衛予算と比べると，その1％にも満たない規模である．

以上のような計算にはもちろん問題がある．まず国連の通常予算には，安全保障分野だけではなく国連のあらゆる活動の中核部分の行政経費が含まれているので，その意味で安全保障分野への資金投入としては，数字は過大であろう．だが同じ国連本部ビルの中で行われる会議のどの部分が安全保障問題でどの部分が開発や社会問題の経費なのかを厳格に算出することは不可能だろうし，おそらくあまり意味がない．逆に本来ここに含まれている費用であるにもかかわらず取りあげていないのは，PKOに関する費用で防衛庁予算に含まれていると考えられる部分である．PKO要員の派遣国は，PKO予算から国連の規則に従った一律の基準で，派遣経費の払い戻しを受ける．しかし北の豊かな国々の要員派遣コストは国連の基準を遥かに超えるので，その差額は要員派遣国の持ち出しとなる．日本の自衛隊員が世界で最も給与の高い軍隊であり，またこれまでは特にすぐれた要員と装備をPKOにあててきたことを考えると，かなりの部分が持ち出しになっているものと推定される．

(2) 人的資源

日本は国連の安全保障分野に対してどのような人的資源を投入してきたと言

えるのだろうか．第1にあげるべきは，PKO要員の派遣である．PKO要員というと直ちに自衛隊員の派遣が注目されるが，PKOには民生部門の仕事も多く文民による人的派遣もかなりの数に上る．しかも90年代以降PKOの多機能化が進むにつれ，選挙監視，選挙支援，文民警察などの仕事が増加している．表1-36にあげたのは，PKOに対する日本の人的協力の一覧である．これをもってどの程度大きな協力と見るかどうかも，基準の問題ということになろう．だが，人的貢献において日本が国際社会で目立った存在というわけではないのは事実であろう．

　もちろんPKOにおけるフィールドでの活動だけではなく，国連本部における安全保障分野での日本人職員の役割も勘案されるべきであろう．国連のPKO部は今でこそ大きな部局となっているが，ラルフ・バンチやブライアン・アークハルトといった人々による少数精鋭主義で運営されてきた．おそらくは，厄介な政治問題を回避して機動的に仕事ができるようにするためだったのであろう．この中で日本人の生え抜き職員である志村尚子（現津田塾大学学長）が1990年代にPKO部長という重要な職責を担っていた．もっとも事務局内部の日本人職員を日本の人的貢献として算定するのにはいくつかの難しさがある．第1に国際公務員は国際の利益のために奉仕することが原則となっており，事務局の日本人スタッフは原則的に日の丸を背負って仕事をしているわけではない．第2に，事務局のスタッフを安全保障分野とそれ以外の分野に分類することは現実には困難である．国連全体の日本人職員数についてはすでに示した通りであり，100名を超える日本人が国連本部で仕事をしていることをここで再確認しておこう．その中で日本人の上級職員の数は少ない．57年から40年間にわたって国連で仕事をしてきた明石康や前述の志村尚子をはじめ，幾人かの日本人が国連職員として重要なポストに就いてきたが，彼らは貴重な例外と言うべきであろう．とりわけ，政治局やPKO局などで日本人職員の存在感は小さいという印象は避け難い．また2003年6月現在国連システム全体で幹部職員（事務次長補（ASG））以上のポストを持つ日本人は22名である（表1-37）．そのうち国連本体の幹部職員は2で，管理局事務次長補の丹羽敏之と国連人道問題担当事務次長の大島賢三である．緒方貞子（前国連難民高等弁務官）のような顕著な例外があるものの，官僚の事実上の出向がほとんどで

表 1-36 国連を中心とする活動への日本の人的協力

ミッション	日本の要員派遣開始時期	政務官	選挙監視	選挙管理	停戦監視	文民警察要員	司令部	施設部隊	輸送部隊	輸送調整	空輸隊	空輸派遣	難民救援	連絡調整	専門家
UNGOMAP	1988.6	1													
UNIMOG	1988.8	1													
UNTAG	1989.1		27												
ONUVEN	1990.2		6												
ONUVEH	1990.12		2												
ONUVEH	1999.1		1												
UNIKOM	1991.5	1													
UNAMIC/UNTAC	1991.12	1													
UNAVEM II	1992.9		3												
UNTAC	1992.9		41		8	75		600							
パラグアイ大統領選挙	1993.5		2												
ONUMOZ	1993.5		15				5			48					
UNPROFOR	1994.3	1													
ONUSAL	1994.3		15												
南ア制憲議会選挙	1994.4		22												
ルワンダ難民救援活動	1994.9												118	283	
パレスチナ評議会選挙	1996.1		59												
UNDOF	1996.2						2		43						
ボスニア・ヘルツェゴビナ選挙	1996.9		5	39											2
UNSMA	1996.1	1													
ルーマニア大統領・国会議員選挙	1996.11		4												
リベリア統一選挙	1997.7		3												
ボスニア・ヘルツェゴビナ選挙	1997.9		15	12											2
UNMOT	1998.4	1													
インドネシア総選挙	1996.6		20												
ボスニア・ヘルツェゴビナ選挙	1998.8		5	25											
UNAMET	1999.6	1													
UNAMET	1999.7					3									
UNMIK	1999.8	1													
東ティモール難民救援活動	1999.11											113			
UNTAET	2000.2	3													

ミッション	日本の要員派遣開始時期	政務官	選挙監視	選挙管理	停戦監視	文民警察要員	司令部	施設部隊	輸送部隊	輸送調整	空輸隊	空輸派遣	難民救援	連絡調整	専門家
ボスニア・ヘルツェゴビナ選挙	2000.3		11												
ルーマニア大統領・議会選挙	2000.11		1												
ウガンダ大統領選挙	2001.3		4												
ペルー大統領・国会議員選挙	2001.4		3												
東ティモール国際平和協力隊	2001.8		14												
アフガン難民救援支援活動	2001.10										138			2	
UNTAET	2001.8		19												
UNMIK	2001.11		6											5	
UNTAET/UNMISET	2002.2						10	522							
東ティモール大統領選挙	2002.4		8												
合計		12	300	87	8	78	17	1122	43	48	251	118	283	7	4

出所：www.mofa.go.jp/mofaj/gaiko/pko/kyoryoku.html および http://www.pko.go.jp/PKO_J/results.html より作成．2003年5月取得．

ある．官庁から国際機関への出向が一概に悪いとはもちろん言えないが，これが日本人の適格者の層が薄いことと同時に，国際機関のポストは事実上官庁の出向ポストとしてしか意義づけられず，官庁からの出向者の存在が，逆に生え抜きの日本人職員の昇進の障害になっている可能性もあり，留意が必要である．

(3) 国内組織体制

日本が国連の安全保障分野に対して投入しているのは，何もPKOの現場やニューヨークの国連本部だけではなく，日本国内の所轄官庁にもいる．国連を所轄するのは外務省だが，国連局はすでに廃止され現在では国連関連の仕事は外務省の様々な部局に広く分散している．おおざっぱに国連の安全保障分野を担当する外務省職員（彼らの給与はむろん税金から支出されている）は，①総合外交政策局の国連担当が，国連政策課や国際平和協力室などを含む約20名程度，さらに②軍備管理軍縮局が，軍備管理軍縮課，兵器関連物資等不拡散室，生物・化学兵器禁止条約室などの部局からなり，約60名程度と推定される．

表1-37　国連システムの日本人幹部職員（2003年6月現在）

氏　名	組織及び役職	出身組織
阿部信泰	国連軍縮担当事務次長	外務省
植田秀史	国際科学技術センター（ISTC）事務局次長	科学技術庁
植村昭三	世界知的所有権機関（WIPO）事務次長	特許庁
内海善雄	国際電気通信連合（ITU）事務総局長	総務省（旧郵政省）
大島賢三	国連人道問題担当事務次長	外務省
大海渡桂子	国連アジア太平洋経済社会委員会（ESCAP）事務局次長	国連プロパー（世界銀行，OCEF）
尾身　茂	世界保健機関（WHO）西太平洋地域事務局長	厚生省，WHO事務局，自治医科大学
小和田恒	国際司法裁判所（ICJ）裁判官	外務省
日下部元雄	世界銀行資源動員・協調融資担当副総裁	財務省
桑原幸子	バーゼル条約事務局長	国連プロパー（UN/UNEP）
近藤誠一	経済協力開発機構（OECD）事務次長	外務省
杉崎重光	国際通貨基金（IMF）副専務理事	財務省
谷口富裕	国際原子力機関（IAEA）事務次長	経済産業省，原子力発電技術機構
多谷千香子	旧ユーゴスラビア国際刑事裁判所裁判官	東京高等検察庁
千野忠男	アジア開発銀行（ADB）総裁	大蔵省，野村総研
丹羽敏之	国連管理局事務次長補	国連プロパー
中島　明	朝鮮半島エネルギー開発機構（KEDO）事務次長	外務省
西水美恵子	世界銀行南アジア担当副総裁	世銀プロパー
野村一郎	国連食糧農業機関（FAO）水産局長	農林水産省
松浦晃一郎	国連教育科学文化機関（UNESCO）事務局長	外務省
山本草二	国際海洋法裁判所（ITLOS）裁判官	東北大学，上智大学
和気邦夫	国連人口基金（UNFPA）事務次長	国連プロパー（UNICEF）

出所：『外交青書2002年』．http://www.mofa.go.jp/mofaj/gaiko/bluebook/2002/gaikou/html/zuhyo/index.html（2003年5月取得）．

それに加えて，ニューヨークには日本政府の国連代表部があり，加盟国の中でも有数の大所帯である．代表部で安全保障問題を担当していると思われるのは，大使2名，政治問題担当公使，政治問題担当参事官がそれぞれ1名，政治問題担当の1等書記官が4名，政治問題担当の2等書記官が1名，政治問題担当の専門調査員が2名という10人あまりと推定される．さらにジュネーブの軍縮会議代表部には，特命全権大使以下，公使，1等書記官（4），2等書記官（4）の約10名が勤務している．

(4)　その他の資源

PKO要員の派遣については，その任務の性質上派遣国は特殊な危険を分担していることを忘れてはならない．PKO要員は原則的に戦闘を目的とする任

務に就いているわけではないが，危険な環境で仕事をしていることは覆うべくもない事実である．現に半世紀近い歴史の中で，相当数の殉職者が出ている．このことから明らかなように，PKOへの参加は一定の危険を分担することを意味する．戦後の日本は，軍事行動に特殊な制約を自らに課してきた．そのため，自衛隊が日本そのものの防衛以外の目的で何らかの戦闘に巻き込まれるような事態を回避することが必要とされてきた．よってPKOにおける自衛隊の任務も，設備大隊による後方でのインフラ整備や輸送といった，PKOの本体業務であるいわゆるPKF（平和維持軍．もっともPKOとPKFを区別することはきわめて日本固有のものだが）には加わらないことが原則とされてきた．したがってリスクの分担という側面での日本の分担は，小さいと言えるかもしれない．しかしPKOの現場は，たとえ組織だった戦闘行為を回避しようとしても危険に満ちている．現に日本人の殉職者には以下のようなケースがあり，日本人もリスクを分担している事実を想起し，それは貴重な犠牲であることを肝に銘じて今後のPKO参加について議論を行うべきであろう．

①1993年4月8日，カンボジア中部で，国連ボランティア（UNV）から国連カンボジア暫定統治機構の選挙監視員として派遣された中田厚仁が，襲撃を受けて死亡した．②1993年5月4日，カンボジア北西部で日本人文民警察官を含むUNTACの車列がポル・ポト派とみられる武装ゲリラ集団に襲撃され，文民警察官として派遣された岡山県警の高田晴行警視が胸や腹を撃たれて死亡し，ほかに4人の日本人文民警察官が重軽傷を負った．③タジキスタンの首都ドゥシャンベの東方約180kmの山岳地帯で1998年7月20日，秋野豊政務官（元筑波大助教授）のほか，ポーランド，ウルグアイ人の国連職員と現地の通訳兼運転手が何者かに射殺された．独立後タジキスタンでは政府とイスラム教系の反政府勢力が武力対立をしており，94年末から国連は監視団を派遣．97年にやっと和平協定が成立していた．秋野は日本人として初めて，同監視団に参加していた．

また一般に政治という営みでは，強制力や物的資源だけではなく，シンボルや政治的支持の操作は重要な資源である．また国連をはじめとする国際機関は，加盟国に一定の行動規範を課すものであり，その意味で日本も行動の自由が制約されている側面があることは考えられる．たとえば，米国が国際刑事裁判所

第1章　国際連合（安全保障分野）

（ICC）の批准を拒んでいるのは、世界各地に軍事行動を展開するアメリカ軍の将兵の違法行為が、米国の軍法会議ではなく国際法廷で裁かれるとなると、これが政治的に利用される危険があるとともに、自国の軍事行動にこれまでにない制約が課されることをおそれているためと言われる。もっとも専守防衛を旨とする日本には、このような問題はほとんど考えられない。

しかしながら、安全保障上の枢要な問題について、国連の権威と機能が拡大した場合を想定すると、現在の国連の構造を前提とする限り、日本は安全保障理事会の常任理事国に対して、常に従属的な立場を甘んじて受け入れるという政治的なコストが生ずることになる。とりわけ日本が直接的な利害のある周辺の諸問題、たとえばもしも朝鮮半島問題や台湾問題で国連の役割が飛躍的に高まると、日本はロシアや中国の拒否権に拘束されるという制度的な不利益を被ることが起こりえる。日米同盟と国連という枠組みを比較すると、おおむね後者に圧倒的な人気があるのが現状だが、強力な国連が実際に登場すると日本人にとって受け入れやすい存在になるとは限らない。

また様々な軍縮条約は国連の安全保障分野の重要な活動だが、これも定義上加盟国の軍事能力に制約を課するものであり、国内的な担保法の整備が必要となる。日本でもたとえば、「細菌兵器（生物兵器）及び毒素兵器の開発、生産及び貯蔵の禁止並びに廃棄に関する条約等の実施に関する法律」（昭和57年6月8日施行、平成13年12月16日改正）や「化学兵器の禁止及び特定物質の規制等に関する法律」（平成7年4月5日施行、平成9年5月23日改正）によって、一定の兵器に対するアクセスを失うのは事実である。また「対人地雷の製造の禁止及び所持の規制などに関する法律」（平成10年10月7日）によって禁止された対人地雷については、次のような議論もあった。すなわちそれは、有事の際に日本の領土の防衛に有用である反面、現実に多くの被害を与えているのは、主として開発途上国の軍隊やゲリラ勢力などによって保有し現に使用されている対人地雷であり、よしんばそれらの主体に禁止条約を守る意志があっても管理があまりにもずさんで、結局子供や農作業をする非戦闘員の不合理で悲惨な被害を避けるという目的のためには、このアプローチは有効でないとする議論である。さらには、核拡散防止条約やそれに伴う日本の原子力施設への査察の受け入れは、日本の行動の自由を束縛しているという議論も論理的には成立す

る．

　もっとも以上のような軍縮条約をもって，日本にとって深刻な政治的コストと考える日本人は多くないであろう．というのは，日本の対外政策はいずれにせよ外国での軍事行動を積極的に展開することを目的としていない．また核軍縮はむしろ被爆国日本の「悲願」とされており，日本が核兵器を自由に保有できないことを「コスト」と認識することは，よほど劇的に日本の安全保障政策の基本路線が変わらない限り，ありそうもないからである．

4-2　成　　果
(1)　外交政策・活動への貢献
　日本の外交・安全保障政策上の中核的な位置を占めているのは，日米関係であって国連ではない．日本の領土の防衛および日本の周辺の安定の確保は，第一義的には日本自身の責任だが，日本が自力で対処できない問題には，アメリカとの同盟によって対処するのが基本政策である．そのためもあって，日米同盟に批判的な論者は，国連を日米関係に代わる日本外交の基軸とすべきであるとして，高い期待を国連に持ってきた．だが国連は東アジアではとりわけ大きな限界がある．東アジアでの日本に関係する安全保障上の2大懸案である朝鮮半島情勢と台湾問題では，ともに国連が今後さして重要な役割を果たせそうもない．というのは朝鮮半島では国連はすでに紛争当事者であり，南北の和解に中立的な役割を果たせない．台湾問題では，安全保障理事会の常任理事国である中国がこれを内政問題であるとの立場を強く主張しているので，国連に出る幕がありそうもない．現在国連の制度が維持される限りは，国連で中国の意向に反した決定はされえないという厳然たる事実があることは，銘記すべきであろう．

　日米同盟を日本外交の基軸に据えることの是非はともかくとして，国連と日米関係を常に対立的に捉える論理的な必要はない．日本外交の中での役割は枢要とは言えないかもしれないが，国連が日本外交に役立っていることは少なくない．最初に指摘すべきは，国連が日本にとって直接的な利害はなくても，日本を含む国際社会全体の平和と安全を増進することで，日本にとっての国際環境を一般的に向上させることである．この面では国際公益と日本の国益は大幅

に重なり合っている．しかも日本の場合，アメリカや中国とは違って，安全保障分野で単独で国際環境を大きく左右できる戦略的な独立性は持っていないので，国連はなおさら重要と言うべきであろう．また日本には国際社会での重みの比較的似通った西ヨーロッパ諸国のように，EU に相当する強固な地域的枠組みはまだまだ未発達なので，日米の2国間関係以外には国連という普遍的な多国間関係しか，有効な外交的枠組みが見あたらないという事情もある．

このような面で日本にとって有益なのは，国連の軍縮および軍備管理分野での役割である．とりわけ核軍縮については，世界規模での国際環境の一般的な改善という面に止まらず，国連が提供する核不拡散に関する国際的管理枠組みは，北朝鮮をはじめとする日本の周辺国の核拡散を抑制するのにも国際社会全体の支援を得られるという，きわめて具体的な利益を得ている．

また日本周辺を遥かに超えるものの日本の利害に直接的に関係する地域の安定化に，国連が貢献していることも指摘すべきであろう．たとえば中東の安定化によって，石油の安定供給を可能にするという直接的な利益を日本は得ているが，中東の安定化には，日本単独での行動はおろか，日米同盟条約の対象範囲外でもある．またカンボジア和平や東ティモールの独立など，東南アジア地域の安定化にも国連は重要な役割を果たすことで，日本の国益に貢献している．

もちろん世界的な安全保障環境の改善一般によって，日本が裨益していることも忘れてはならない．今や日本人は世界中に在住し，旅行している．世界の彼方の出来事であっても日本人がなんらかの形で関与していることが多いが，日本政府がそのすべてに直接的に対処することは難しい．またグローバリゼーションが進んだ今日，日本の利害もグローバルに広がっている．国際社会全体の安全は，日本のように海外の安全保障問題に独自に対処する能力もまた意志も持たない国にとっては，国連に期待するところが大きい．この意味で国連の軍縮分野での活動から，日本も利益を与えていると見ることができる．

日本政府の公式文書によると，日本政府が世界規模での軍縮と核不拡散に取り組む根拠は，(1)安全保障政策の一環としての役割，(2)人道主義の観点からの役割，(3)「人間の安全保障」の観点からの役割の3点に求められている［外務省，2002a］．日本政府はそのような認識を基礎として，数々の決議案を国連総会に提出している．たとえば，1994年から99年まで毎年「核兵器の究極

的廃絶に向けた核軍縮に関する決議」(「究極的核廃絶決議」)を提出し，95年核不拡散条約運用検討会議の合意文書「核不拡散と核軍縮のための原則と目標」に取り入れられ，それは2000年核不拡散条約運用会議の最終文書「核軍縮に関する現実的措置」に発展した．また2000年国連ミレニアム総会に，新たな核軍縮決議案「核兵器の全面的廃絶への道程」を提出し，01年も核軍縮決議案「核兵器の全面的廃絶への道程」を提出している．ちなみにこれには，米国は反対票を投じている．

　また，国連軍備登録制度は，1991年に日本が欧州共同体（EC）諸国とも協力して国連総会に提出し圧倒的多数により採択された「軍備の透明性」に関する決議により設置された．この制度には，毎年90カ国以上が参加しており，対象となっている兵器の世界の輸出入のほとんどが報告され，兵器貿易の透明性を高めるのに役立っていると思われる．また小型武器などの通常兵器に対する軍縮努力も，その成果にどれほど実効性があるかについて評価するのは難しいが，日本も間接的に裨益していると考えるべきであろうし，外交的なイニシアティブを発揮することよって，日本の国際的な地位を高めている側面もあろう．

　国連が日本の外交・安全保障政策に対して与えている利益として，それが日本の軍事行動に対する正統性の根拠となっていることを忘れてはならない．周知のように，日本は戦後その軍事的役割に特殊な制約を維持してきた．集団的自衛権や集団安全保障の行使にあたって，他国よりもはるかに厳しい抑制を課してきたのは，「正統性の欠如」(legitimacy deficit)と言われる条件があったからであり，現在でも一部の近隣諸国，つまりは中国と韓国からは，国連加盟国としての当然の行動についてすら反発を受けている．このような制約の中で日本が軍事面でも日本の利益に適った行動をとるのに，国連の枠組みが対内的および対外的に有効に機能してきた．90年代の日本の国際安全保障への貢献は，国連という枠組みがなくては不可能であっただろう．また2001年9月の9.11テロ後の海上自衛隊によるペルシア湾における多国籍軍の支援についても，その根拠となっているいわゆるテロ特措法の正式名称が，「平成13年9月11日のアメリカ合衆国において発生したテロリストによる攻撃等に対応して行われる国際連合憲章の目的達成のための諸外国の活動に対して我が国が実施

する措置及び関連する国際連合決議等に基づく人道的措置に関する特別措置法」というものであり，ここでも日本の軍事行動の正統性の根拠となっているものは国連なのである．

(2) 国際的決定への参加

軍事力をもって単独で権力政治には参加しないことを国是としてきた日本にとって，国際安全保障問題での決定への発言権は，米国はもちろん，中国やロシアといった独立した戦略的アクターとは比べるべくもない．また日本は，国連の安全保障関連の主要な決定が下される安全保障理事会の常任理事国ではないため，制度的にも国際的な安全保障問題で発言力は限られている．もっとも決定への参加には，制度の変更だけではなく，それに伴う責任と危険を分担する覚悟も必要になることは言うまでもない．国連は，日本がこの問題に参加する，貴重な機会を与えていると言えよう．国連における安全保障問題に関する主要な決定は，安全保障理事会で行われる．日本は非常任理事国として頻繁にそこでの討議に加わる形で，一定の影響力を行使していると考えられる．日本はこれまで，1958-59年の初当選以来，66-67，71-72，75-76，81-82，87-88，92-93，97-98年と繰り返し非常任理事国として選出されている．非常任理事国は再選が不可能であることを考えると，現在の制度の中では，日本はほぼ確実に選出されていると言えよう．これは外交努力の結果であるとともに，日本が多くの国連加盟国から得ている評価を示唆している．

日本が安全保障理事会では議席さえ確保すれば，あとは黙って米国に従っているだけだというのも，極端にすぎる見方であろう．表1-38にあげたのは安全保障理事会における日本の発言回数である．発言回数をもって直ちに日本の参加度をはかることはできないが，1つの目安にはなるだろう．だが，日本は

表1-38　安保理会合演説回数

	1990	1991	**1992**	**1993**	1994	1995	1996	**1997**	**1998**	1999	2000
日本	1	1	**30**	**65**	5	23	13	**48**	**49**	15	28
米国	25	18	**34**	**88**	101	96	74	**55**	**53**	69	131

注：太字は日本が非常任理事国年．
出所：Security Council Provisional Verbatim Record of Meeting，各年版．

表 1-39 日本政府のイニシアティブによって採択された主な総会決議（1994-98 年，第 49-53 回総会）

1994 年(49)	1995 年(50)	1996 年(51)	1997 年(52)	1998 年(53)
核兵器の究極的廃絶に向けた核軍縮(49/75 H)	包括的核実験禁止条約(50/65)	核兵器の究極的廃絶に向けた核軍縮(51/45 G)	核兵器の究極的廃絶に向けた核軍縮(52/38 K)	核兵器の究極的廃絶に向けた核軍縮(53/77 U)
	核実験に関する全般的かつ完全な軍縮(50/70 A)		小火器に関する全般的かつ完全な軍縮(52/38 J)	小火器に関する全般的かつ完全な軍縮(53/77 E)
	核兵器の究極的廃絶に向けた核軍縮(50/70 C)		ボランティア国際年(52/17)	
	小火器に関する全般的かつ完全な軍縮(50/70 B)			
	小火器違法取引の抑止及び回収(50/70 H)			
	対人地雷輸出のモラトリアム(50/70 O)			
	特定通常兵器禁止条約(50/74)			
	生物兵器禁止条約(50/79)			

出所：国連広報センター，http://www.unic.or.jp/japan/hatudata.htm，2003 年 5 月取得．

強制行動や PKO の本体業務に参加できないことを考えると，このような行動が現実の可能性として考えられる場面で，どうしても発言力が小さくなるのは避けられまい．武力制裁や強制行動の権限を PKO に付与するかどうかといった討議で，日本自身がそれに伴うリスク分担ができないのでは，この分野での日本の構造的な限界はなくならない．

それに対して，軍縮問題では軽武装の日本はかなり積極的に国際的な決定に参画していると言えよう．日本は毎年 10 程度の軍縮条約をスポンサーしており，小型武器や包括的核実験禁止条約のような核軍縮で積極的に行動し，表 1-39 に示すように，軍備登録制度など日本のイニシアティブによって成立した国際的な軍縮取り決めも少なくない．国連は日本のこのような外交的な働き

かけにとって，有益な枠組みを提供していると考えてよい．

また国連の平和活動は，軍事的なものに限定されているわけではなく，民生の向上やそれを通じた秩序の安定化も重要な構成要素となっている．近年のPKOの多機能化が進み，停戦監視や安全地帯の設定といった軍事的な機能に加えて，選挙支援やインフラの整備，さらには医療や飲料水の提供といった民生サービスの分野にまで及んでいるのは，よく知られている．このようなソフトな安全保障政策は，日本では「総合安全保障」として概念化されてきたものであり，近年では「人間の安全保障」として把握されることが多い．この分野は，軍事的な役割に限界のある日本にとって参画するのに抵抗の少ない分野である．1998年12月に小渕総理大臣が人間の安全保障を日本外交の中に明確に位置づけ，国連に「人間の安全保障基金」を設立することを発表した．また2000年9月の国連ミレニアム・サミットにおける演説の中で森総理大臣は，人間の安全保障を日本外交の柱の1つと位置づけ，人間の安全保障のための国際委員会を発足させていきたいと発表するなど，日本政府はこの分野での存在感を高める努力を開始している［外務省，2002b］．表1-40は人間の安全保障基金による活動の実例である．国連におけるこの基金は，日本がソフトな国際安全保障政策に関わる1つの経路を提供しているのである．

最後に付言すれば，日本人の国際安全保障分野への参加は，日本政府によるものばかりではない．国際NGOやUNボランティアなどを通じて，様々な国連活動に民間からの直接の関与が可能である．国際公共政策の非政府部門における日本のプレゼンスについては，ここで分析することができないが，日本

表1-40　人間安全保障基金を活用した具体的な取り組み

- アジア太平洋経済社会委員会（ESCAP）「人間の尊厳イニシアチブ」（東南アジアの貧困対策事業）
- 国連開発計画（UNDP）「タジキスタン医療研修プロジェクト」（タジキスタンの医師，看護婦，助産婦の研修を通じて，公共医療の質の向上をめざした）
- 「セミパラチンスク支援国際会議」（セミパラチンスク地域で被爆の後遺症に苦しむ住民に対し，国際社会の一層の支持を求めた．1999年9月，東京で開催）
- ユニセフ「コソボ初等教育支援事業」（日本のNGOと協力し，コソボの破壊された小学校2校を再建）

出所：『外交青書　平成12年版』より作成．

でも急速にこの分野での活動量が大きくなってきている一方で，もしかすると民間部門の方が政府間部門よりも，国際的決定は一層欧米主導であるかもしれないことを指摘しておこう．

(3) 国内政策論議への刺激・正当化

再三指摘しているように，戦後の日本で安全保障問題は厳しい原理的な対立が続いたため，長く本音と建て前がもっとも厳しく乖離している分野であった．かたや平和と非武装の理念を語りながら，日本はコンパクトとはいえよく整備された防衛力を保持し，米国の同盟国として権力政治の世界に関わってきた．この間日本は，自由な議論と選挙という民主的な手続きで，安全保障問題に正面から政治的解決をつけることに失敗してきた．このような政治的な背景から，戦後の日本の安全保障論議は，おおむねきわめて原理的な色彩を帯び，建設的な議論は難しかった．

冷戦後，様々な挫折と問題を抱えながらも，国連が湾岸戦争に見られる強制行動を含む活動を国際安全保障分野で活発化されると，冷戦中国連の安全保障機能が事実上麻痺していた時期に成立した「無力な」国連に対する平和主義的イメージが混乱し，「国連中心主義」＝「平和主義」の図式が成立しなくなるとともに，「現実主義」＝「日米同盟至上主義」の図式も怪しくなった．このような混乱の1つの帰結は湾岸戦争時に見られたような政策的な麻痺だが，これまでにはなかった様々な安全保障論議が誘発され，国民の安全保障意識もかなり変化してきたことも事実である．

一般的に言って湾岸戦争から9.11テロまでの10年間で，自衛隊の役割について国民的認知は高まった．それまでも自衛隊の存在そのものに反対する声はきわめて少数であったが，合憲性について少なくとも原理的には政治的な分裂は続いていた．だが，冷戦後の日本では安全保障論議はむしろ活発化し，自衛隊の任務の中で，災害派遣，日本本土の防衛とともに，国際安全保障への貢献が認知されるようになったといってよかろう．

内閣府の世論調査によると，1997年には自衛隊の存在目的として（2つまでの複数回答可），「国際貢献（国連平和維持活動，国際緊急援助活動への参加・協力）」と答えた割合は「災害派遣」「国の安全の確保（外国からの侵略の防

止)」「国内の治安維持」に次いで4番目であったが，2000年には「国内の治安維持」を上回る25.1%の割合に上昇した．また，PKOへの参加について，1991年調査では賛成が45.5%であったのに対し，2000年調査では79.5%に上昇しており，逆に反対という回答は37.9%から8.6%に激減している[7]．

このような国民的な意識の変動と収斂ぶりを，「国益」と呼べるかどうかは議論の余地はあろうが，少なくとも観念的で原理的な安全保障議論から，国際安全保障への日本の関わり方について，国連のPKO活動の活発化とそれへの日本の関わり方が，より生き生きと議論されるようになったことは評価できるのではないか．それは日本人にとって国連が国際社会の正統性を代表する存在であり，日米同盟の枠組みの下での自衛隊の役割とは異なった意識で捉えられているからであろう．

また国連によって，日本人の国際安全保障に関する意識がより敏感なものになったのではないか．これはとりわけ軍縮分野で顕著であり，国際社会全体に関わる崇高ではあっても迂遠な問題を，より自身の問題として意識するのに，国連のシンボル性は有効だった．具体的には，1989年以来日本政府の後援の下で，日本国内の地方都市で国連軍縮会議を開催してきた．日本の軍縮に対する積極的な姿勢を国内外にアピールする良い機会となるとともに，この種の会議を全国の様々な都市で開催することにより，軍縮問題に対する国民の関心を高め，またそれに応えていくことに寄与する効果もあると評価できよう．

(4) 手段的価値

国連の安全保障分野の活動により，いくつかの点で日本は具体的で手段的な利益を受けることになるはずである．ここでは細かなデータを示すことはしないが，論理的には以下のような形で，日本が裨益することが考えられる．

第1に国連本部やPKO関連の支出が，日本からの調達に結びつく場合である．第2に日本人職員を雇用することは，いわば雇用機会を日本人に対して提供しているという意味合いから把握することもできよう．日本政府から国連の上級ポストに官僚を出向させることは，もちろん情報収集や様々な政治的な意味があろうが，それに加えて，ポストという官僚組織の資源を確保するという意味がゼロとは言えないだろう．逆に日本人職員が国際機関で職を得ることに

は，官庁を含めて日本人にいわば国際公共政策分野での経験を積ませるという，いわば人材のトレーニングとしての意味も考えられよう．とりわけ安全保障の分野では，日本人の関係者がこの分野で活動することは，安全保障の専門家の国際的な視野や経験を積むという意味で意義深いし，今後の国際的な平和活動や国際NGOでの日本人の活動の幅を広げる上で，有益であると考えられる．

4-3 考　察

　日本の安全保障上の利益にとって，国連は中核的な存在とは言えない．日本の領域の防衛は，第一義的には日本人自身の責任で果たされるべき問題だし，日本政府の力の及ばない問題については，米国との同盟が日本の命綱となっている．そして台湾海峡での武力衝突といった問題では，中国が安全保障理事会の拒否権を持っているかぎり国連が果たしうる役割は大きくはなかろうし，朝鮮半島でも韓国に展開しているのは国連軍であるとはいえ，実体的にはアメリカ軍であることを想起すべきであろう．そのため，日本外交では，国連は常に理想主義的だが死活的な現実性のない存在と見なされてきた．日本外交の最重要課題とは何よりも対米関係の管理であり，国連はせいぜい二義的な意味しか付与されてこなかった．

　とはいえ，「対米従属」「アメリカ一辺倒」といった言葉に象徴されるような対米関係の重圧感から逃れて，日本が独自の外交を展開するには，国連は貴重な外交的なスペースであり，そのゆえにこそ国連は日本で日米関係に批判的な勢力からおそらくは過大な期待と評価を受けてきたと言える．だが同時に，国連は国際社会の制度化という日本の理想の達成手段であると同時に，軍事大国という国のあり方は不可能だし，現に放棄している日本にとっては，十分に現実的な意義のある場とも言えよう．安全保障政策については特殊な制約を課している日本にとって，国連の枠組みは日本が国際的な安全保障問題に参加するのに欠くことのない枠組みを提供している．また軍縮，とりわけ核軍縮は非核国日本にとっても切実な課題であり，日本の外交的努力の舞台として，国連は期待できよう．また北朝鮮の核疑惑問題が，国際原子力機関を介して国際社会全体の問題として取り組むことができるのも国連があればこそであり，地域の安全保障問題にとって現実的な意味を確認できよう．

5. おわりに

　国連はどの程度どのような意味で有益かという我々の当初の問題に立ち返って考えると，どのような結論が出せるのだろうか．まず，我々は現実的に国連に何が期待できるのかを再認識すべきであろう．国連に与えられた使命は，世界平和や貧困の撲滅や人権の改善から民主化の促進，さらには女性や子供の権利の拡大と実に崇高で壮大である．

　だがこのような巨大な問題の解決に必要な，財政的，人的そして政治的な資源を国連が持っていないのは明白である．国連は世界政府ではなく，またそうなって欲しいと思っている人も実のところそう多くはない．そして自らの死活的な安全を，国連の手にゆだねようとする国も，歴史の現段階ではまず存在しないだろう．

　しかしこのことは国連が有益な役割を果たしていないことを意味するものではない．とりわけ主要国間の大規模な戦争の可能性が遠のき，その一方で開発途上国を中心とした混乱の収拾は，国連などが主導する国際的な警察活動に幾分近いものになっているし，海賊行為やテロさらには麻薬や武器の密輸といった非伝統的な安全保障上の脅威には，多角的な協力は現実的な必要である．加えて紛争予防も多角的な取り組みによって解決されるのに相応しい問題であろう．

　しかも国連は，人類が作り上げた最も普遍的で，最もよく国際社会の公共性を代表し，これまでの歴史で最も権威ある国際的な制度である．国連の限界はあまりにも明らかだが，「もし国連がなければ我々の新たな国連を作らなければならないだろう」という言葉は，依然として真実である．国連の限界と問題も明らかであり，過大な期待や評価は禁物だが，いかに限定的な存在でも国連を超える希望も国際社会に存在しない．

　またここでの分析で，日本にとっても世界にとっても，国連が意外に多様な有用性があることも示した一方で，実のところ日本を含め諸国政府が国連に投入している資源は，実にささやかなものであることが，確認できたと思われる．

　このような国連の限界と可能性を浮き彫りにするのに，この研究で採用した

分析方法と枠組みは，エドワード・ラックが適切に指摘するように，明らかに問題がある．それは，平和や安全保障という価値を論ずる際に，果たして費用対効果という問題の設定そのものが適切かという問題である．平和や安全保障は多くの場合分割不可能だし，その達成度を測定することは不可能に近いほど難しい．しかもその達成に対してPKOの数や軍縮条約の数をもって貢献度を測定するのは，むしろ現実を歪曲する危険を伴っている．さらに本質的なのは，「国連」とは，国連の事務局のことなのか．それとも国連とは加盟国のことであり，その政治的合意の触媒であり，集合的な意思形成を助けることがその機能なのだろうか．ルワンダやシエラレオネで加盟国が行動しようとしなかったために失われた何百万もの人命は，「国連」の失敗なのか，それとも加盟国の失敗なのか？ 「国連とは誰なのだ」[Luck, 2002] という問いかけは，国連の政治的役割の本質と関連しており，ことの性格上，これを計量的に評価することはまず不可能であろう．

この研究では，多くの国連の有用性とそれに伴う費用を推定する努力を行ってはいるが，このようなアプローチについては当然健全な懐疑をもって受け止めるべきであろう．にもかかわらず，ここでの分析は，指標化できるものを指標化するとともに，それによってそのような分析になじまないものを我々が自覚することも助け，我々の当初の目的であった，国連の価値をより分析的に考えることにつながるであろう．それは，あまりにも高邁で崇高な国連をとりまくレトリックを，可能な限り評価可能な言語へと翻訳しようとする試みであり，それによって有限の資源で無限の目標を目指すことが運命づけられている公共政策上の論議と決断にいくばくかの貢献となることを信じたい．

注
1) http://www.mofa.go.jp/mofaj/gaiko/un_cd/gu_nun/gaiyo.html（2003年1月取得）
2) 米国の分担金の支払いに関する議会の動向については，米国国連協会（UNA-USA）が発行しているニューズレターである，*Washington Report* の September 25, 2001，および September 30, 2002 号を参照．
3) United Nations Department of Peace Keeping Operations, "United Nations Peacekeeping from 1991-2000 : Statistical Data and Charts" http://www.un.org/Depts/dpko/dpko/pub/pko.htm（2002年12月取得）

4) United Nations Department of Peacekeeping Operations, "Monthly Summary of Military and Civilian Police Contributions to United Nations Operation," http://www.un.org/Depts/dpko/dpko/contributors/index.htm（2003年1月取得）
5) United Nations Political and Peace-building Missions, Background Note, 1 June, 2002, http://www.un.org/peace/ppbm.pdf, 2003年1月現在.
6) Nils Petter Gleditsch, Håvard Strand, Mikael Eriksson, Margareta Sollenberg & Peter Wallensteen : Armed Conflict 1946-2000 : A New Dataset ＋ Appendix 3, p. 14（http://www.pcr.uu.se/workpapers.html 2003年1月取得）.
7) 総理府『自衛隊・防衛問題に関する世論調査』各年版.

参考文献

猪又忠徳［2001］「平和のための国際行政―国連PKO活動の行財政制度の形成について」『国際協力論集』第9巻第2号.
外務省軍備管理・科学審議官組織編［2002a］『わが国の軍縮外交』日本国際問題研究所軍縮・不拡散促進センター.
外務省国際社会協力部国連行政課［2002b］『人間の安全保障基金』国連広報センター.
鴨武彦［1992］「ポスト冷戦下の国際連合―国際安全保障機能および役割の変化と改革構想」『国際法外交雑誌』第94巻第5・6号.
黒田順子［1999］「国連における予防外交―包括的アプローチの展開」『国際問題』No. 477.
国立国会図書館調査立法考査局［2000］『レファレンス』第50巻第9号.
原彬久編［2002］『国際関係学講義』有斐閣.
横田洋三編［1999］『国際機構入門』国際書院.
Findlay, Trevor [1996] "The New Peacekeepers and the New Peacekeeping," *Challenge for the New Peacekeepers*, SIPRI Research Report No.12, Oxford University Press.
Ghali, Boutros Boutros [1992] *An Agenda for Peace,* UN document A/47/277 S/24111, 17 June 1992.
Journal of Peace Research [2001], vol. 38, no. 5.
Journal of Peace Research [2002], vol. 39, no. 5.
Luck, Edward [2002] "Comments for the NIRA project," paper prepared for the NIRA International Organization Project.
Stockholm International Peace Research Institute [2001] *SIPRI Yearbook 2001*, Oxford University Press.
Travers, David [2002] "The United States and Peacekeeping : A Critical Assessment," paper prepared for the NIRA International Organization Project.
United Nations [2000] *Report of the Secretary-General on the work of the Organization,* UN document A/55/1, 30 August 2000.

第2章
世界銀行

元田 結花

1. はじめに

　「開発」は，第2次世界大戦以後，いわゆる「国際開発体制」の下で，世界的規模で推進されている．関与するアクターは，現地の個々人から，非政府組織（NGO），途上国政府，先進国政府，国際機関等，多種多様に及び，開発とは何か，その実現に向けて何をなすべきなのか，理論と実践双方においた取り組みがなされている．開発を巡る活動は，最終的には対象となる現地社会において，望ましいと判断された変化が生じたか否か，あるいは問題とされたものが改善されたか否かが評価基準となる．「望ましい変化」や「問題」の定義が多分に規範的であり，多面的である反映として，その評価も論者の立場に依存する．この論争性ゆえに，先行する支配的な開発理解の問題点を指摘し，開発が有する複雑性への理解を深めるというプロセスが繰り返された結果，国民総生産（GNP）で計測した経済成長を基準とする単一的な開発理解から，より多元的な開発理解へと変遷を遂げている．したがって，開発を定量的分析により評価する場合は，開発理論の変遷及び概念自体の多義性・多様性を常に念頭に置き，各指標によって何が計測されているのかという基本的な問題に留意する必要がある．

2. 組織・活動内容の概要とその特質

2-1 概　　要

　いわゆる「世界銀行 (World Bank)」は，国際復興開発銀行 (IBRD) を指す場合もあるが，これに国際開発協会 (IDA) をあわせて，世界銀行とする立場もある．実際，IBRD と IDA は，同一のスタッフによって共通の政策に基づいて運営されており，世界銀行の年次報告は両者をあわせて「世界銀行」としている．ただし，両者はそれぞれ独自の基本条約に基づいて設立されており，国際法上は別個の法人格を持つ．ここでは，世界銀行の年次報告に倣って，両機関をあわせて「世界銀行」とし，必要に応じて IBRD と IDA とに分けて論じることにする．なお，IBRD・IDA に多数国間投資保証機関 (MIGA)，国際金融公社 (IFC) の2つを加えたものは，「世界銀行グループ」と呼ばれており，本章でもその例に倣うことにする．

　IBRD はその名の示す通り，1945年設立当初の主要任務は，第2次世界大戦によって荒廃した欧州の復興を目的とした資金貸付にあった．50年に途上国向けの開発資金貸付が開始され，以後，開発援助活動に重点が移っていく．現在，世界銀行は，世界最大の援助機関であり，かつ，開発分野の中では最も長い歴史を持つ存在[1]として，多大な影響力を有している．

　2002年7月10日現在，IBRD には183カ国が加盟し，授権資本は189億700万ドルである[2]．開発貸付の資金は，加盟国からの出資，市場からの借入，留保利益，開発貸付からの資金回収によって賄われている．最も比重が高いのが市場からの借入であり，国際金融市場で中長期の世銀債を起債することで融資業務に投入される資金の3分の2を確保している [大野，2000：53]．これは，IBRD が独立採算の金融機関であるがゆえの特徴であり，貸付の対象も採算性のある事業でなければならない．融資条件も商業ベースに準じている[3]．

　当然，このような貸付条件を受け入れられない，信用のない貧しい国も存在し，また，受け入れられたとしても，採算性の高い経済インフラに集中し，社会セクターへの投資が落ち込む可能性も出てくる [二宮，1999：165]．そこで，より条件の緩やかな開発融資を行う機関として IDA が1960年に設立されてい

る．IDA は，162 カ国の加盟国を数え，960 億ドルの資本金および拠出金を有している．資金源は，加盟国からの出資・拠出，IBRD の純益の一部，返済融資金であるが，貸付条件が譲許的であるため[4]，市場からの資金調達への依存は低く，加盟国からの出資・拠出が中心となっている［大野，2000：53-54］．

　IBRD と IDA の役割の違いは，貸付条件の差に加えて，借入資格の相違としても表れている．IBRD の場合，貸付対象国は，2000 年度の 1 人当たり国民総所得（GNI）が 1,445 ドルから 5,225 ドルの加盟国であるのに対し，IDA の場合は同 GNI が 1,455 ドル以下の加盟国である．

　IBRD の最高意思決定機関である総務会では，出資額に応じた加重表決制が採用されており，すべての国に一律に割り当てられる基本票 250 票に加え，額面が 10 万ドルの保有株式 1 株ごとに 1 票を付与される．IDA の総務会も同様の構成となっており，500 票の基本票に加え，やはり出資額に応じた票数（当初出資額 5,000 ドルごとに 1 票）が付与される[5]［横田，2001：105-106；二宮，1999：167］．

　一般業務を運営する責任を有し，総務会から委任された権限を行使するのが理事会であり，政策問題の決定や貸付案件の承認などの日常業務はこのレベルで処理されている．ここでも加重表決制度が導入されており，IBRD・IDA ともに，①上位 5 大出資国によってそれぞれ任命された任命理事は，各自を任命した加盟国に割り当てられた票数，②19 人の選任理事については，各自の選出のために算入された票数，を理事会において一括行使する[6]［横田，2001：111；二宮，1999：167-168］．

　理事会の指揮に従って，実際に業務を執行するのは，総裁，役員および職員によって構成される事務局となる．総裁は理事会によって選任されるが，IBRD の総裁が IDA の総裁も兼任し，任期は 5 年とされる[7]．世界銀行の運営全般に責任を負い，理事会の議長を務めるとともに，事務局職員の長として，理事会の一般的監督の下，事務局の機構，役員・職員の任免についても責任を負う[8]．世界銀行の本部はワシントン D.C. にあり，110 に及ぶ現地事務所によって，世界規模のネットワークを形成している［World Bank, 2002b：Ch. 6］．

2-2　活動内容の特質

冒頭にて，国際的な潮流として，開発の内容に対する理解が，GNPで計測した経済成長を基準とする単一的なものから，より多元的なものへと変遷していると指摘した．世界銀行においても同様に，経済インフラ中心の融資から，1970年代の貧困削減を目的とした農村開発，「ワシントン・コンセンサス」[9]で知られる80年以降の経済的新自由主義に依拠したマクロ経済政策と，その具体的処方箋としての構造調整政策と続く．90年代以降は，ガバナンス・アジェンダの推進，紛争地域の再建活動，犯罪問題，生物多様性，開発計画への参加など，広範な論点を取り上げている[10]［Pincus, 2001］．供与様式も，経済インフラに典型的な，伝統的なプロジェクト型介入から，構造調整が依拠するプログラム援助方式，技術援助方式など多様化している．特に，技術援助は，専門知識の伝達が基本であり，近年の制度構築やガバナンス・アジェンダに依拠した活動も該当し，極めて広範なカテゴリーを扱っている．「開発のソフト化」と形容されるこの変化は，経済成長中心から脱却し，社会的要因，政治・行政体制，自然環境をも取り込もうとする総合的なアプローチが特徴となる．ウォルフェンソン総裁が掲げた包括的な開発フレームワーク（Comprehensive Development Framework：CDF）もこのような開発理解の変遷の中から生まれた．CDFは，持続可能な開発と貧困緩和を目標とし，マクロ経済政策の重要性は維持しつつ，①構造的・社会的・人間的側面に配慮した開発フレームワークの形成を掲げ，実行面では②途上国の主体性の尊重とともに，③ドナーのみならず民間セクター，市民社会といった多様なアクターとの連携を説いている［Wolfenson, 1999］．90年代以降のこれら一連の動きは，「ポスト・ワシントン・コンセンサス」と評されている．

2-3　改革の動き

開発理解の変遷と，介入方法の多様化は，組織的な観点からはどのような意味があるのだろうか．開発の新たな課題が提示されるたびに，世界銀行には新たな組織とプログラムが追加され，広範な機関との連携が図られる，という形が取られてきた．その結果，世界銀行は漸進的に拡大し，複雑な組織構造を持つようになる．これには政治的要因も作用しており，世界銀行が，加盟国・圧

力団体・企業利益といった多様な圧力への対応を求められる際，機能的により包括的で広範な問題に対応しようとするため，組織的に肥大化することが指摘されている [Einhorn, 2001]．

　この拡大路線は，しかし，資金が潤沢な場合にのみ可能である．冷戦の終焉以後，国際開発に関与するアクターの多元化に伴い世界銀行の相対的な地位が低下するとともに，グローバルな市場統合が進展する中で，公的セクターへの開発融資の役割に懐疑的な声が広がっている．これら外的環境の変化ゆえに世界銀行の存在意義が問われ始めると，アメリカ合衆国以下の主要出資国からの批判も大きくなり，組織の見直しを余儀なくされる．先進国の援助予算の縮小，内外からの，世界銀行の開発活動がもたらす効果への疑問[11]，通信技術の発達とアクターの多元化に対応するネットワーク構築の必要性なども，再建への圧力として機能した [Pincus and Winters, 2002b : 2；大野，2000 : 46-50]．1990年代前半のプレストン総裁時代に，活動の「質」の向上が目指され，96年後半からは，ウォルフェンソン総裁の下で大規模な組織改革が進められることになる．

　一連の改革は，最終的に「ストラテジック・コンパクト（Strategic Compact）」の形でパッケージ化され，①現場への資源の移転，②被援助国のニーズに合わせた多様な金融商品の開拓，③社会セクター・制度構築・民間セクターを中心とした技術的な専門性の再建，④分権化，⑤情報管理の強化，⑥人的資源の有効活用を目指した人事政策の刷新，⑦他の機関との協力関係の構築・強化，が主眼となっている[12]．

　開発理解の変遷と介入方法の多様化にはまた，世界銀行が，2つの，独立しながらも相互に影響を及ぼし合う体系から成り立っていることが関係している．一方には，総裁以下の政策・研究担当部門，各地域のチーフ・エコノミストを中心とした，革新的な考えや分析の提示・普及に努める体系がある．他方の体系は，プロジェクトやプログラムの運営に従事する，オペレーション部門全体が該当する．こちらは新規の考えに懐疑的な目を向け，官僚的な対応で日常業務の枠組に収斂させる傾向がある [Ranis, 1997 : 79]．しかし，オペレーション部門が専ら保守的である，とは限らず，現場が直面している開発問題に対応できる理論や方法論でなければ，知的活動を担う部門が斬新な考えを提示して

も机上の空論に終わってしまうことに注意すべきである．

開発分野の知的なアクターと，開発活動の資金供給者という，時に緊張関係に立つ2つの役割を，調和的に位置づけたのが，「知識の銀行」(Knowledge Bank) という自己定義である［Pincus, 2001:183］．CDF も，2つの役割を相互補完的に捉え，世界銀行が蓄積した過去の経験が現在の戦略を形成すると同時に，開発戦略が新規プロジェクトの選択・計画・執行を導くよう期待している［Wolfenson, 1999］．しかし，現場でのオペレーションの影響が大きいため，2大体系が併存する中で，常にレトリックと現実の間のギャップが生じやすい．スローガンの羅列にとどまることなく，新たな考えが実践に反映され，意図した変化が生じたか否かを追うことが不可欠となる．

3. 国際公益の観点からの評価

3-1 インプット
(1) 財政的資源

1990年度[13]以降の実績ベースで見た予算の変遷は，表2-1〜3の通りである．97年度以降，予算の分類方法が変更されたのと同時に，一般管理プログラムによる内訳のみが公表対象となったため，表が3種類に及ぶ．全体の特徴として，表2-1でも明らかなように，人件費の割合が60〜65%前後であり，最も大きな比重を占めている．次いで，諸経費を除けば，世界銀行の活動を反映して，業務旅費が10%前後，コンサルタントが7〜8%台を一貫して占めている．

上述の通り，1996年後半より，ウォルフェンソン総裁の下で大規模な組織改革が進められているが，その動きは予算の数値に表れているのだろうか．予算規模については，改革着手後98年度までは抑制しているが，以後増加傾向にある（表2-4参照）．一方で，人件費については，表2-1が示す通り，数値のわかる96・97年度ともに，削減されている．さらに言えば，96年度は計画段階では8億6,220万ドル，実績ベースでは8億3,260万ドル，97年度は計画段階では8億4,570万ドル，実績ベースでは8億980万ドルとなっており，見積もりよりも削減している［World Bank, 1997a］．この人件費削減が一時的なものなのか，以後恒常的に続けられたものなのかは，98年以後の数値が公

表 2-1　経費種目別

(単位：百万米ドル，[ ] 内は% 表示による割合)

	1990	1991	1992	1993	1994	1995	1996	1997
人件費	561.8 [63.3]	612.0 [63.5]	699.0 [65.1]	771.2 [62.4]	851.8 [61.4]	875.3 [62.1]	832.6 [60.5]	809.8 [59.4]
コンサルタント	69.2 [7.8]	78.0 [8.1]	89.2 [8.3]	104.8 [8.5]	113.7 [8.2]	111.9 [7.9]	119.5 [8.7]	118.5 [8.7]
請負サービス/会議出張費	32.3 [3.6]	33.5 [3.5]	37.3 [3.5]	42.9 [3.5]	66.3 [4.8]	62.3 [4.4]	72.3 [5.3]	83.1 [6.1]
業務旅費	88.3 [10.0]	96.9 [10.1]	113.5 [10.6]	122.0 [9.9]	129.8 [9.3]	127.5 [9.0]	126.1 [9.2]	125.1 [9.2]
諸経費	138.2 [15.6]	151.5 [15.7]	176.1 [16.4]	209.1 [16.9]	230.8 [16.6]	232.2 [16.5]	219.6 [16.0]	221.3 [16.2]
特別贈与プログラムへの直接拠出	52.6 [5.9]	57.0 [5.9]	58.6 [5.5]	80.7 [6.5]	103.4 [7.4]	110.9 [7.9]	105.3 [7.7]	112.5 [8.3]
総裁予備費								
リインバースメント	−55.2 [−6.2]	−65.2 [−6.8]	−100.5 [−9.4]	−95.3 [−7.7]	−107.3 [−7.7]	−111.2 [−7.9]	−102.5 [−7.4]	−108.1 [−7.9]
未決給付イニシャティブへの配分							3.2 [0.2]	
合計	887.1 [100]	963.6 [100]	1074.0 [100]	1235.6 [100]	1388.4 [100]	1409.0 [100]	1376.1 [100]	1362.3 [100]

出所：世界銀行『年次報告』各年度より．

表されていないため，不明である．表 2-2，表 2-3 における「地域」は，本部・地域事務所を合わせた，地域全体に関わる活動が対象であり，36% の 90 年度以外は，予算の約半分が費やされており，現場の比重の大きさが分かる．95 年度以降，ネットワークの項目が新設され，以後の比重増大が認められる．これは，マトリックス・マネジメントを反映させたもので，環境や持続可能な社会開発といった領域横断的な論点について，地域を越えた専門家のネットワークを形成し，連携緊密化を進めるものである[14]．また，「知識」を前面に押し出す動きと関係として，表 2-2 の開発研究・訓練と，表 2-3 の，開発経済及び世界銀行研究所の項目がある．これは研究活動と，途上国の能力構築を目指したものであるが，開発研究・訓練は 95 年以後，15% 前後から約 5% に比重が下がり，開発経済及び世界銀行研究所は 6～7% の値であまり増減がない．予算上は，特に知的活動に力を入れているとは判断できない結果となっている．

表2-2　一般管理プログラムによる内訳（1990-97年）

(単位：百万米ドル，[ ] 内は％表示による割合)

	1990	1991	1992	1993	1994	1995	1996	1997
地域	319.5 [36.0]	441.3 [45.8]	496.3 [46.2]	582.0 [47.1]	646.7 [46.6]	730.2 [51.8]	712.0 [51.7]	695.5 [51.1]
財務	44.3 [5.0]	68.3 [7.1]	87.0 [8.1]	92.4 [7.5]	112.3 [8.1]	100.9 [7.2]	99.7 [7.2]	100.2 [7.4]
ネットワーク	—	—	—	—	—	65.9 [4.7]	65.4 [4.8]	63.5 [4.7]
開発研究・訓練[1]	86.9 [9.8]	158.9 [16.5]	175.6 [16.4]	172.3 [13.9]	213.9 [15.4]	70.2 [5.0]	69.2 [5.0]	77.4 [5.7]
総務支援	57.7 [6.5]	95.2 [9.9]	106.3 [9.9]	106.0 [8.6]	123.7 [8.9]	133.9 [9.5]	125.1 [9.1]	121.4 [8.9]
執行部・法務サービス	41.1 [4.6]	44.6 [4.6]	38.4 [3.6]	40.6 [3.3]	72.1 [5.2]	90.8 [6.4]	95.5 [6.9]	96.7 [7.1]
諸経費・手当て[2]	307.1 [34.6]	109.2 [11.3]	154.0 [14.3]	193.8 [15.7]	127.6 [9.2]	119.1 [8.5]	126.6 [9.2]	116.7 [8.6]
リインバースメント方式プログラム	18.4 [2.1]	—	—	—	—	—	—	—
費用効果調査	—	—	—	—	—	—	—	3.4 [0.2]
リインバースメント	−55.2 [−6.2]	−65.2 [−6.8]	−101.0 [−9.4]	−95.3 [−7.7]	−107.3 [−7.7]	−111.2 [−7.9]	−102.5 [−7.4]	−108.1 [−7.9]
非裁量的項目					23.0	18.5		
特別プログラム	60.9 [6.9]	65.0 [6.7]	65.7 [6.1]	88.8 [7.2]	111.2 [8.0]	119.1 [8.5]	113.0 [8.2]	120.4 [8.8]
理事会	—	36.5 [3.8]	40.1 [3.7]	43.1 [3.5]	50.5 [3.6]	55.8 [4.0]	56.1 [4.1]	58.6 [4.3]
業務評価	6.5 [0.7]	10.0 [1.0]	11.2 [1.0]	12.0 [1.0]	14.8 [1.1]	15.7 [1.1]	16.0 [1.2]	16.3 [1.3]
合計	887.1 [100]	963.7 [100]	1074.0 [100]	1235.6 [100]	1388.4 [100]	1409.0 [100]	1376.1 [100]	1362.3 [100]

注：1）1994年度まで，「開発・助言」として分類．
　　2）1994年度以降，先行する年次報告と数値が乖離している．
出所：世界銀行『年次報告』各年度より．

(2) 人的資源

スタッフについてのデータは，年次報告書には載っていない．年に数次発行される世界銀行グループ・ディレクトリー（The World Bank Group Directory）には，世界銀行グループ全体のスタッフ名が掲載されているが，世界銀行のスタッフとなると，ここから，多国間投資保証機関（MIGA）と国際金融公社（IFC）の分のスタッフを除く必要がある．さらに，組織改革と絡めて分析するには，スタッフの総数に加え，改革の対象となった上級スタッフの数の動きも見る必要があるが，これらは世界銀行グループ・ディレクトリーからは判断で

表2-3 一般管理プログラムによる内訳（1996-2002年）

（単位：百万米ドル，[ ]内は%表示による割合）

	1996	1997	1998	1999	2000	2001	2002
地域	669.5 [48.7]	650.5 [47.8]	709.0 [52.4]	739.5 [52.2]	778.7 [53.0]	707.8 [49.5]	774.6 [50.6]
ネットワーク	61.6 [4.5]	61.4 [4.5]	84.0 [6.2]	107.3 [7.6]	124.1 [8.5]	119.3 [8.3]	146.8 [9.6]
その他の業務プログラム	1.1 [0.1]	2.3 [0.2]	10.5 [0.8]	12.7 [0.9]	18.5 [1.3]	23.3 [1.6]	25.0 [1.6]
開発経済及び世界銀行研究所(WBI)	80.5 [5.9]	87.8 [6.4]	95.3 [7.0]	101.8 [7.2]	92.4 [6.3]	98.3 [6.9]	102.0 [6.7]
財務	74.9 [5.4]	74.4 [5.5]	74.9 [5.5]	83.3 [5.9]	85.7 [5.8]	94.2 [6.6]	96.3 [6.3]
総務	124.6 [9.1]	122.0 [9.0]	151.5 [11.2]	146.0 [10.3]	154.8 [10.5]	150.0 [10.5]	158.5 [10.3]
執行部，法務サービス	85.1 [6.2]	88.4 [6.5]	90.2 [6.7]	102.8 [7.3]	99.8 [6.8]	108.8 [7.6]	116.9 [7.6]
本部管理費及び手当て	202.6 [14.7]	195.0 [14.3]	40.5 [3.0]	29.1 [2.1]	18.6 [1.3]	28.6 [2.0]	−13.2 [−0.9]
リインバースメント及び手数料による収入	−102.4 [−7.4]	−107.6 [−7.9]	−102.9 [−7.6]	−115.1 [−8.1]	−117.8 [−8.0]	−144.7 [−10.1]	−154.8 [−10.1]
スタッフの退職用基金(Staff Retirement Account)	—	—	17.9 [1.3]	5.7 [0.4]	8.2 [0.6]	13.8 [1.0]	20.7 [1.4]
開発グラント・ファシリティ	112.7 [8.2]	120.0 [8.8]	110.3 [8.2]	129.4 [9.1]	126.1 [8.6]	147.4 [10.3]	176.1 [11.5]
事務局	51.0 [3.7]	53.0 [3.9]	57.1 [4.2]	58.1 [4.1]	61.8 [4.2]	64.9 [4.5]	63.2 [4.1]
業務評価	14.9 [1.1]	15.2 [1.1]	16.0 [1.2]	16.8 [1.2]	18.5 [1.3]	19.2 [1.3]	19.8 [1.3]
リインバースメント及び手数料による収入	−0.1 [−0.01]	−0.5 [−0.04]	−1.0 [−0.1]	−1.3 [−0.1]	−1.5 [−0.1]	−1.2 [−0.1]	−0.1 [−0.01]
総務予算合計	1375.8 [100]	1362.0 [100]	1353.3 [100]	1416.2 [100]	1467.9 [100]	1429.6 [100]	1531.8 [100]

注：2002年度は見積もり額．
出所：世界銀行『年次報告』各年度より．

表2-4 予算規模の変遷

（単位：百万米ドル）

年	1990	1991	1992	1993	1994	1995	1996	1997	1998	1999	2000	2001	2002
額	887.1	963.7	1074.0	1235.6	1388.4	1409.0	1375.8	1362.0	1353.3	1416.2	1467.9	1429.6	1531.8
前年度からの増加分(%)		14.0	8.6	11.4	15.0	12.3	1.5	−2.4	−1.0	−0.6	4.6	3.7	−2.6	7.1

出所：世界銀行『年次報告』各年度より．

表 2-5　世界銀行グループのスタッフ総数

	1990	1991	1992	1993	1994	1995	1996	1997	1998	1999	2000	2001	2002
総数	8,285	8,387	8,926	10,529	10,711	10,801	10,927	N/A	9,193	11,903	11,699	11,268	11,599
刊行	9月	9月	10月	11月	3月	11月	5月	N/A	9月	9月	9月	9月	11月

出所：各年の該当する月の The World Bank Group Directory より．

きない．この点について，世界銀行に再三問い合わせたが，グレード別のスタッフの数は公表できないとのことであった．次善の数値として，世界銀行グループ全体のスタッフ数を表2-5に記しておく[15]．改革が導入された時期のデータが欠如しているものの，改革前が増加傾向にあったことに加え，改革着手後の1998年の数値から，実際に人員削減が実施されたことが窺える．しかし，99年の増加以降は，数値の変動もあり，データから人事政策を捕捉することは困難である．

3-2　アウトプット
(1)　貸付実績：地域別・セクター別等

約束額ベースで見た貸付実績は，表2-6の通りである．1998年度の前年比49.3％の増加と，2000年度の前年比 −47.3％ にも及ぶ急激な落ち込みが目立つ．98年度の増加と99年度の実績の維持は，97年秋に発生した東アジア金融危機への対応が反映されたものと思われる（表2-7における，98・99年度の東アジアが占める割合の増大も参照）．97・98年度前後はまた，ロシアおよびブラジルで金融危機が生じており，両危機への対応も，増加の一因であろう．

表 2-6　貸付実績

（約束額ベース，単位：百万米ドル）

	1990	1991	1992	1993	1994	1995	1996	1997	1998	1999	2000	2001	2002
IBRD	15179.7	16392.2	15156.0	16944.5	14243.9	16852.6	14655.9	14524.9	21086.2	22182.4	10918.6	10487.0	11451.8
IDA	5522.0	6293.3	6549.7	6751.4	6592.1	5669.2	6860.7	4621.8	7507.7	6813.3	4357.6	6763.6	8067.6
合計	20701.7	22685.5	21705.7	23695.9	20836.0	22521.8	21516.6	19146.7	28593.9	28995.5	15276.2	17250.6	19519.4
前年度からの増加分(%)	−3.1	9.6	−4.3	9.2	−12.1	8.1	−4.5	−11.0	49.3	1.4	−47.3	12.9	13.2

出所：世界銀行『年次報告』各年度より．

表 2-7　地域別貸付

(約束額ベース，単位：%)

	1990	1991	1992	1993	1994	1995	1996	1997	1998	1999	2000	2001	2002
アフリカ	19.0	15.0	18.3	11.9	13.5	10.1	12.7	9.1	10.1	7.1	14.1	19.5	19.4
東アジア・太平洋	18.0	20.1	25.1	23.5	29.0	25.3	25.2	25.4	33.7	33.7	19.5	12.4	9.1
欧州・中央アジア	10.6	17.0	9.9	16.2	17.9	20.0	20.4	26.4	18.3	18.2	19.9	15.6	28.3
ラテンアメリカ・カリブ海	28.8	23.1	26.1	26.0	22.8	26.9	20.6	23.8	21.1	26.7	26.6	30.7	22.4
中東・北アフリカ	6.7	8.9	6.8	7.9	5.5	4.3	7.4	4.8	3.4	5.4	6.0	2.9	2.8
南アジア	16.9	15.9	13.8	14.4	11.4	13.3	13.6	10.5	13.5	8.8	13.8	18.8	18.0

出所：世界銀行『年次報告』各年度より．

　これらの増加は一時的なものと思われるが，それを考慮しても2000年度の落ち込みは大きい．以後増加傾向にあるものの，2002年度に至っても，90年代前半のレベルよりも低い．

　表2-7は，地域別の貸付実績を示す．総じて，東アジア・太平洋と，ラテンアメリカ・カリブ海の比重が高い．しかし，2000年度以降は，東アジア・太平洋の比重は低下する一方で，1999年に最も低かった南アジアの比重が増大している．欧州・中央アジアは1990年代中盤から比重を高めているが，これは，ロシアを中心とした旧ソ連諸国における市場経済への移行支援が該当する．先にも述べたように，98・99年度の東アジア・太平洋への援助増大は，同地域の金融危機への対応の結果であろう．金融不安による援助額の増大は，2001年のラテンアメリカ（対アルゼンチン），2002年の欧州・中央アジア（対トルコ）でも確認できる．近年の国際開発の焦点となっているサハラ以南アフリカについては，97・98・99年度は欧州・中央アジア，東アジア・太平洋，ラテンアメリカ・カリブ海に資金が流れた形となっているが，以後は比重を増大させている．ただし，サハラ以南アフリカは資金吸収能力が低いこともあり，(99年度までの) 東アジア・太平洋や，ラテンアメリカ・カリブ海，欧州・中央アジアのように，ある程度経済発展が進んだ地域ほどには資金が流れていないのは，納得できる結果である．

　セクター別の実績については，分類が頻繁に変化しており，経年での把握は困難である．表2-8は，なるべく多くの年度を通して見る都合上，1990年度と2002年度を除いている．特に目立つのは，セクターの新設である．環境は

表 2-8 セクター別貸付

(約束額ベース,単位:%)

	1991	1992	1993	1994	1995	1996	1997	1998	1999	2000	2001
農業	16.3	18.0	13.8	18.8	11.8	12.1	18.5	9.5	9.7	7.4	8.4
教育	9.9	8.7	8.5	9.9	9.3	8.0	5.3	10.9	4.6	4.5	6.6
エネルギー:石油・ガス・石炭	8.4	4.6	4.1	6.7	2.9	0.3	0.7	0.5	0.1	1.1	0.9
:電力	5.9	14.1	11.0	6.6	9.7	15.2	9.9	7.0	1.5	6.5	5.5
環境	—	—	0.3	3.6	2.2	1.8	1.3	3.2	1.9	3.4	4.6
金融セクター	11.0	7.0	4.0	7.2	11.4	6.4	6.2	21.8	9.9	12.0	12.9
工業	6.0	1.6	1.4	3.3	1.0	1.1	1.0	0.3	2.3	—	—
鉱業その他	1.0	0.0	1.1	0.1	0.1	3.2	1.7	4.8	1.1	0.4	0.2
マルチセクター	12.8	15.8	15.2	6.8	14.1	7.1	11.4	6.5	35.4	4.8	0.0
人口・保健・栄養	6.9	4.4	7.7	4.3	5.2	11.0	4.9	7.0	3.8	6.5	7.8
公共セクター管理	3.3	3.5	4.3	3.3	7.6	9.1	4.8	7.0	4.9	14.8	12.3
社会セクター	—	—	—	0.7	2.9	3.7	7.2	4.6	9.2	7.2	10.9
通信	1.5	2.0	1.5	2.0	3.6	0.2	0.0	0.3	0.0	0.7	0.4
観光	—	—	0.6	0.1	—	—	—	—	—	—	—
運輸	6.6	10.6	16.2	15.8	9.2	13.0	19.3	10.9	10.4	11.1	17.5
都市開発	5.1	5.5	5.5	6.1	5.3	4.1	4.2	3.9	2.4	4.1	1.8
上下水道	5.4	4.2	4.9	4.7	3.9	3.8	3.6	1.9	2.6	5.9	3.1
経済政策	—	—	—	—	—	—	—	—	—	8.4	3.8
民間セクター	—	—	—	—	—	—	—	—	—	1.5	3.2

注:数値は最新のものを採用.
出所:世界銀行『年次報告』各年度より.

93年度に設けられたが,92年のリオデジャネイロでの環境サミット以後,環境と開発との関係で環境を論じることが不可欠となったことと軌を一にしている.社会セクターが設けられた背景には,95年の社会開発サミットに代表されるように,特に構造調整政策の進展とともに深刻化する貧困問題への対応が重点課題となったことが考えられる.以後の伸びは(変動はあるものの),国際的な取り組み全体においても,世界銀行においても,貧困削減が最重点課題であることと整合的である.2000年度以降,経済政策と民間セクターの項目が採用されているのは,市場ベースの経済運営が一貫して世界銀行の基本方針であることを示すとともに,より複合的なアプローチを目指す近年の動きを反映したものであろう.

また,近年の動きを示すものとして,公共セクター管理がある.1990年代を通じて重要課題と認められるようになった「良き統治」の名の下に,積極的

に進められている．行政機構改革などが対象であり，技術援助を主とするため，プロジェクトごとの額は大きくない．この点を考慮すると，2000・01年度の比重の大きさは公共セクター管理の重要性をよく示しているといえる．

その一方で，2000年度以降，工業のカテゴリーがなくなっており，ここからも従来型のプロジェクト概念からの変化が見てとれる．これと関連して，エネルギーや都市開発などの減少から，世界銀行が民間セクターに委ねられるプロジェクトからは手を引きつつある傾向が指摘できる［秋山他，2002：72］．農業の低下は，雇用創出・インフラ整備・サービス提供など，近年の農村開発自体が総合的なアプローチを採用している結果，従来の農業のカテゴリーに必ずしも分類されない活動が増えたことも影響している模様である（同上書）．教育も低下しているが，これは，①学校建設という「箱もの」以外のものへの支援対象の移行，②教育に関する外部の援助に対して消極的な被援助国政府の存在，③他のドナーとの競合，などが背景にあるとされる（同上書）．

1980年代以降，経済的新自由主義が世界銀行の政策の基調となり，構造調整貸付およびセクター調整貸付の調整業務がそれを象徴している．加えて，上述の通り，90年代を通じて開発理解が変遷する中で，世界銀行もそれに対応し，貧困削減戦略の一部であるプログラム調整貸付（Programmatic Structural Adjustment Loans：PSAL）も行うようになり，依然として調整貸付は世界銀行の重要な活動である[16]．表2-9は96年度以降の調整業務実績を示している[17]．98・99年度の実績額の大きさが目をひくが，前述した，ロシア・東アジア・ブラジルで立て続けに起こった3つの金融危機への対応が背景にある．東アジアへの援助は終息しつつあるが，ラテンアメリカ・カリブ海については，99年度以降も高水準を維持しており，2001年以後もアルゼンチンにおける金融危機への対応が求められるなど，金融不安が拭えない同地域の状況を反映している．2002年度における欧州・中央への援助額の急増は，トルコの金融危機に対処した結果である．

その一方で，調整業務が大きな影響を与えてきたアフリカに対しては，1996年度を基準にすると，東アジア・太平洋，欧州・中央アジア，ラテンアメリカ・カリブ海の3地域が伸びを示した97年度以降，実績額でも，割合でも，減少している．アフリカ重視の掛け声とともに，2000年度以降，再び増加し

表 2-9 調整業務

(約束額ベース,単位:百万米ドル,[ ] 内は%表示による割合)

		1996	1997	1998	1999	2000	2001	2002
地域別	アフリカ	1,138 [25.2]	693 [13.6]	818 [7.2]	768 [5.0]	495 [9.7]	908 [15.8]	1,437 [14.6]
	東アジア・太平洋	130 [2.9]	10 [0.2]	5,685 [50.4]	5,712 [37.3]	552 [10.8]	250 [4.3]	17 [0.2]
	欧州・中央アジア	1,500 [33.3]	3,174 [62.4]	2,768 [24.5]	3,372 [22.0]	950 [18.6]	1,132 [19.6]	4,743 [48.3]
	ラテンアメリカ・カリブ海	1,028 [22.8]	1,011 [19.9]	1,589 [14.1]	4,455 [29.0]	2,860 [56.0]	2,788 [48.4]	2,517 [25.6]
	中東・北アフリカ	710 [15.7]	195 [3.8]	180 [1.6]	680 [4.4]	0 [0.0]	185 [3.2]	263 [2.7]
	南アジア	3 [0.1]	3 [0.1]	250 [2.2]	350 [2.3]	251 [4.9]	500 [8.7]	850 [8.7]
機関別	IBRD	2,830 [62.8]	4,138 [81.4]	9,935 [88.0]	13,937 [90.9]	4,426 [86.6]	3,937 [68.3]	7,383 [75.1]
	IDA	1,679 [37.2]	948 [18.6]	1,354 [12.0]	1,391 [9.1]	682 [13.4]	1,826 [31.7]	2,443 [24.9]
合計		4,509 [100]	5,086 [100]	11,289 [100]	15,328 [100]	5,108 [100]	5,763 [100]	9,826 [100]
全貸付額に占める割合(%)		21	27	39	53	33	33	50

出所:世界銀行『年次報告』各年度より.

表 2-10 貸付における協調融資の割合(約束額ベース)

年	1990	1991	1992	1993	1994	1995	1996	1997	1998	1999	2000	2001	2002
%	56	49	55	47	51	39	39	40	34	28	47	35	26

注:1994年度までの値は,各年度の世界銀行全体の貸付実績と,協調融資の世界銀行参加分実績から算出.
出所:世界銀行『年次報告』各年度より.

ているが,これは東アジアへの支援が減少局面に入ったのと同時である.ここから,一連の金融危機への対応について,アフリカを差しおいて,国際経済上の重要地域を優先したとする批判も出てくるが,先述した資金吸収能力の問題も看過できない.

　世界銀行の融資形態の1つとして,他の機関とともに融資を行う,協調融資がある.各機関の比較優位や関心事項などに基づいて負担分が決められるが,組み合わせ次第では他の機関と協調しながら資金を有効活用するメカニズムとして機能し得る.表2-10は協調融資が貸付実績に占める割合を示す.最も低い2002年度でも26%は協調融資を行っており,他の機関とともに開発活動を

行うことが日常化していることが分かる．ただし，総じて1990年代前半の方が割合は大きい．

(2) 貧困へ配慮したプログラム

前節2-2で指摘した「開発のソフト化」の中核となるのが，貧困削減である．GNPで計測した経済成長の伸び率が直ちに貧困削減に結びつくとは限らず，また，「貧困」自体が実に多面的な概念であることから（例えば，Chambers, 1997），削減に向けたアプローチにも多面性が求められるようになっている．世界銀行が定める目標介入のプログラム（Program of Targeted Intervention : PTI）は，①受益者を貧困層に絞りこむための具体的なメカニズムが含まれているか，あるいは②プロジェクトの受益者に占める貧困層の比率が人口全体の比率を上回っているもの，を指す．表2-11はその実績を纏めたものであるが，1998・99年度をピークに，20%半ばから30%半ばを占めている．なお，2002年度の年次報告においては，PTIの語は用いられていない．

調整業務における貧困への対応を見たものが表2-12である．調整業務自体

表2-11 目標介入のプログラム

（約束額ベース，単位：百万米ドル）

	1992	1993	1994	1995	1996	1997	1998	1999	2000	2001
IBRD	2,024	2,538	2,588	3,014	2,162	2,216	3,466	3,133	1,222	1,702
IDA	1,812	2,137	1,853	2,423	3,246	1,874	3,267	3,033	1,828	1,892
合計	3,836	4,675	4,441	5,437	5,408	4,090	6,733	6,165	3,050	3,595
投資貸付における割合(%)	25	27	25	32	32	29	40	49	34	34

出所：World Bank [2002c], p.55より．

表2-12 貧困に焦点を当てた調整業務

（約束額ベース，単位：百万米ドル）

	1992	1993	1994	1995	1996	1997	1998	1999	2000	2001
合計	2,838	1,165	1,665	1,648	2,227	2,649	7,235	10,689	2,178	2,381
そのうち，IDAが占める割合(%)	41	55	53	36	46	26	9	12	27	53
貧困に焦点を当てたものが全調整業務に占める割合(%)	48	22	58	31	49	52	64	70	43	41

出所：World Bank [2002c], p.59より．

が増加した1998・99年度以降の伸びが著しい．かつ，調整業務全体に占める割合が，98年度が64％，99年度が70％となっており，金融危機に対応する際も，貧困への配慮が見られた模様である．ただし，同時期の国際開発協会（IDA）の比重が低く，もっぱら国際復興開発銀行（IBRD）の融資が中心である点も注目に値する．

さらに，1990年代後半以降，アフリカを中心とした，重債務貧困国（Heavily Indebted Poor Countries : HIPCs）への対応が図られ，独立したスキームとして貧困問題への取り組みが行われている．96年，国際通貨基金（IMF）と世界銀行の提言を受けて，国際社会は債務削減を目指す包括的なアプローチであるHIPCイニシアティブに合意し，99年のケルンサミット以後は拡大HIPCイニシアティブが展開されている[18]．世界銀行における担当機関はIDAであり，債務帳消用の割当てや債務支払い用のグラントなど，HIPCに関連する支出総額は表2-13に示した通りである．IDAの純益が支出の資金源であるが[Kapure, 2002 : 71]，開発融資からの収益と費用との差分を示す期末残高に見るように，HIPC関連の支出は大きく，特に2000年の実績に顕著である．

ケルンサミットにおける議論を受けて，同年の世界銀行・IMF総会において，低所得国の貧困削減を加速させることを目的として，HIPCおよびすべてのIDA融資対象国に対し，貧困削減戦略文書（Poverty Reduction Strategy Paper : PRSP）の作成が要請されるに至った．世界銀行と被援助国政府との関係を定義する，国別援助戦略（Country Assistance Strategy : CAS）の一部として，包括的な開発クレームワーク（CDF）の考えを具体化すべく，貧困削減を阻む要因の解明と克服に向けた計画が策定されるわけであるが，その際，被援助国の主導下に，市民社会や貧困層との幅広い対話に依拠すべきであると強調されている[19]．PRSPはHIPCイニシアティブとも結びついており，同イニ

表2-13　重債務貧困国関連の支出

(IDA，単位：百万米ドル)

	1998	1999	2000	2001	2002
額	168	154	7,863	634	1,775
期末残高	403	490	−7,568	−615	−264

出所：世界銀行『年次報告』各年度より．

シアティブの下で債務削減を申請する国々は，救済を受ける前にPRSPを作成することが求められる[20]．貧困削減戦略の実施を容易にするために，貧困削減支援貸付（Poverty Reduction Support Credit：PRSC）も2001年度に導入されている[21]．2002年6月現在，PRSPについては18カ国が，暫定PRSPについては44カ国が策定を終えている[22]．

(3) 開発概念の提示

冒頭で指摘したように，国際的な開発理解はより多元的なものへと変遷を遂げてきた．表2-14は，1990年度版以降の，『世界開発報告』の副題を挙げたものであるが，この一覧表から，同様の変遷が世界銀行においても確認できる．貧困削減が一貫して主要課題であることを反映し，90年度版で貧困を取り上げたことに始まり，90年代を通じて開発の多面的理解を試み，経済的概念にとどまることなくより広範に貧困を捉える形で，再び2000/01年度版で貧困に行き着く[23]．環境，社会セクターの1支柱である保健面，「良き統治」の文脈でも焦点となる国家の役割など，3-2の(1)でも指摘した論点が取り上げられている．98年度版の知識・情報の重要性については，知識の銀行としての自己定義の動きとも重なる．新しい概念が提示されるのと並行して，従来から開発活動の中心であったインフラの重要性を認めつつ，その役割を再考する姿勢や，市場経済を基調として経済政策や国家の役割を考える姿勢など，既存の方針との連続性も認められる．

国際レベルの変化と世界銀行における変化の間のどちらが原因であり，結果であるのかといった議論は不可能であるが[24]，双方が影響を及ぼし合っていることは間違いない．とりわけ，『世界開発報告』をはじめとする世界銀行の出版物は，賛否を問わず必ず参照されるものであり，世界銀行が発信する情報のインパクトが極めて大きいことに注意すべきで

表2-14 『世界開発報告』の副題

1990：貧困
1991：開発の課題
1992：開発と環境
1993：人々の健康に対する投資
1994：開発とインフラストラクチュア
1995：統合を深める世界における労働者
1996：計画経済から市場経済へ
1997：開発における国家の役割
1998/99：開発における知識と情報
1999/2000：21世紀はどうなるか
2000/2001：貧困との闘い

ある[25]．加えて，3-2の(1)で見たように，世界銀行の開発理解の変遷と継続性が，概念レベルのみならず実際の開発活動においても反映されている部分があり，活動範囲と規模の大きさゆえに，国際開発に携わる他の機関・団体は，世界銀行の開発理解を無視して活動を行うことは困難である．その意味で，実践面においても，知的側面においても，世界銀行は，一貫して国際開発体制の要である．

(4) 財務関係[26]

前節2-1で指摘したように，世界銀行，より限定すればIBRDには独立採算の金融機関としての側面もある．市場からの借入の比重が高く，そのパフォーマンスは常に市場の判断に晒されることになる．貸付の対象の選別，回収条件の厳格化といった対応に加え，資産管理も厳格なものとなっている．その結果，市場の動向を判断する1つの基準であるスタンダード＆プアーズの評価によれば，IBRDの債権は1990年から2002年まで一貫してAAAとなっている[27]．これに対して，IDAは開発援助機関の側面が強く，格付けの対象からも外れている．

3-3 アウトカム
(1) 「質」：世界銀行による自己評価

開発援助の効果を考える場合，プロジェクトごとの効果，国別の効果，グローバルな効果などが検証の単位として挙げられる．このうち，プロジェクトごとの効果については，ウォルフェンソン総裁の下，1997年より発行されている，『開発の効果についての年次レビュー（Annual Review of Development Effectiveness）』において扱われている．

すでにプレストン総裁時代から活動の「質」の向上が目指されるようになったことは，前節2-3で触れた．「開発の効果についての年次レビュー」はこの流れを受けており，プロジェクトのアウトカム，持続性，制度構築へのインパクトなどを扱っている．アウトカムとは，プロジェクトの目的との整合性および効率性を基準にどれだけ達成できたのか，その充足度を測る．持続性は，プロジェクトの便益がどれだけ持続するのかを意味する．制度構築へのインパク

トとは，制度が直面する制約にどれだけ対処できたかを見る［World Bank, 2001a：7］．これらを合わせたのが，総合的なプロジェクトのパフォーマンス指標（Aggregate Project Performance Index：APPI）である．『開発の効果についての年次レビュー』が記載している数値は，期間の区分が不規則なため，経年のデータに整理するのが困難である．ここでは90年代を通して見ることができる2001年版のデータを利用して見ていく（表2-15参照）．

　全体の傾向としては，プロジェクトの効果は向上している．総計の数値によれば，1990-94年度終了分，95-98年度終了分，1999・2000年の終了分（部分）の順で，APPIは上昇している．満足度・持続性ともに改善傾向が見られる上，制度構築については，38％，38％と続き，55％と上昇している．年度ごとの数値は記載されていないため，同年次レビュー（2001年版）の第2章のグラフ類から補足すると，APPI，持続性，制度構築については経年でも改善傾向が認められるが，満足度については，ロシアにおける大規模な石油・ガスプロジェクトが不本意な結果になったことを反映し，99年度の83％から，2000年度は73％に落ち込んだことが指摘されている．貸付金額の規模が多様である以上，大規模プロジェクトの動向次第では非常に不安定な結果が生じることになる［World Bank, 2001a：Ch. 2］．

　セクター別に見ると，公共セクター管理が，満足度で上昇・安定しているのが目立つ．これは，広範な活動対象のうち，特に公的金融の分野に集中する傾向に起因する［*Ibid*.：12］．実際，金融セクターは，国際的な基準がある程度確立しており，改革の方向性が定まりやすい［Moore et al., 2000］．通信分野が，満足度において上昇・安定しているのも同様の理由と思われる．その他，都市開発において，満足度の向上と高レベルでの維持がみられる．工業セクターは満足度・持続性・制度構築へのインパクトのいずれについても変動が大きい．一貫して効果が低いのは水道・衛生セクターである．ネットワークの項目では，領域横断的な課題が対象となっているが，金融・民間部門・インフラと，貧困削減・経済管理が堅実に向上している．貸付形態も投資・調整の両形態において向上している．特に調整貸付は，被援助国のオーナーシップ（主体性）の重視，コンディショナリティー（融資条件）の簡易化，実績に基づいた支出など，過去の経験に基づくオペレーションの変化と，良好な実績を残した国へ

表 2-15 世界銀行による開発援助活動の効果

		1990-94					1995-98			
		実績	Out.	Sust.	ID	APPI	実績	Out.	Sust.	ID
セクター	農業	21	70	46	35	6.4	15	79	52	44
	教育	4	90	77	61	7.5	6	73	40	24
	電力他	15	64	71	34	6.3	9	73	55	36
	環境	—	—	—	—	—	0	75	60	30
	採取産業	4	72	86	45	7.3	4	84	87	34
	金融	7	56	49	37	6.4	16	79	75	41
	工業	10	72	65	30	6.7	6	51	44	38
	マルチセクター	15	81	62	48	7.3	13	91	64	35
	保健・栄養・人口	1	76	56	30	7.0	3	84	72	31
	公共セクター	3	67	52	60	6.9	4	95	63	56
	社会セクター	0	95	67	95	8.3	2	95	59	51
	通信	1	73	76	35	6.9	1	91	94	80
	運輸	12	79	57	30	6.8	11	90	61	46
	都市開発	5	76	52	30	6.7	5	83	56	18
	水道・衛生	3	71	29	30	6.2	5	49	26	17
ネットワーク	持続的開発(環境的・社会的に)	21	70	46	35	6.4	15	79	53	44
	金融・民間部門・インフラ	56	70	61	33	6.6	56	76	62	37
	人間開発	5	87	73	56	7.4	11	81	53	32
	貧困削減・経済管理	17	78	60	50	7.2	17	92	64	39
形態	調整貸付	30	73	62	44	7.0	33	87	70	41
	投資貸付	70	72	57	35	6.6	67	76	54	36
機関	IBRD	74	72	64	40	6.8	69	80	64	41
	IDA	26	71	41	32	6.7	31	77	49	31
地域	アフリカ	16	60	27	25	5.9	15	70	34	28
	東アジア・太平洋	21	90	83	51	7.5	25	86	74	41
	欧州・中央アジア	9	61	50	38	6.5	13	89	77	45
	ラテンアメリカ・カリブ海	29	67	67	35	6.8	23	84	62	52
	中東・北アフリカ	7	71	46	36	6.5	8	68	42	22
	南アジア	18	75	54	37	6.6	16	69	53	23
所得	低所得国	34	68	41	31	6.3	33	71	44	26
	下位中所得国	32	80	68	42	7.0	37	80	60	42
	上位中所得国	32	67	66	38	6.9	23	86	71	52
	高所得国	2	87	88	53	7.6	7	95	94	9
	総　　　計	100 [89,413]	72	58	38	6.7	100 [79,947]	79	60	38

注：1) 2000年度終了分は，部分的なものにとどまる．
　　2) Out.：アウトカム，満足度の割合．Sust.：持続性，現状の持続あるいは現状からの向上の見込パクト，重要あるいはそれ以上のインパクトの割合．APPI：総合的なプロジェクトのパフォーマ
　　3) 下の [ ] 内は，実際の金額（単位：百万米ドル）．
出所：World Bank [2001a] より．

	1999-00				
APPI	実績	Out.	Sust.	ID	APPI
6.9	10	74	53	38	6.6
6.5	10	79	70	46	7.4
6.6	12	64	59	65	7.0
7.1	3	73	55	44	6.8
7.1	6	43	45	19	5.8
7.1	4	89	69	52	7.1
6.1	1	98	100	98	8.2
7.3	2	93	68	68	7.5
6.8	5	71	57	57	6.9
7.6	10	95	87	67	7.6
6.9	7	97	92	49	7.9
8.7	1	100	100	70	9.0
7.2	8	91	75	71	7.8
6.6	4	91	65	54	7.6
5.5	4	54	35	32	6.1
6.9	13	74	54	39	6.7
6.8	41	73	61	57	7.0
6.7	22	83	74	47	7.4
7.3	24	94	74	75	7.6
7.3	32	97	78	65	7.6
6.7	68	72	61	49	7.0
7.0	70	82	69	59	7.3
6.6	30	73	60	44	6.9
6.4	13	59	43	27	6.0
7.2	32	88	70	74	7.6
7.3	17	74	52	47	6.9
7.3	23	89	81	54	7.4
6.1	4	84	77	66	7.5
6.3	12	75	68	44	7.1
6.4	27	70	57	37	7.0
7.0	36	77	55	63	7.4
7.3	28	90	79	52	7.6
7.1	9	95	100	87	6.7
6.9	100 [26,382]	80	66	55	7.2

みがある割合．ID：制度構築へのインンス指標．

の集中によるところが大きいとされる．政策内容も，1980年代のマクロ経済の安定から，それを具体化するための公共セクター管理・金融セクター・民間セクターの改革，中期的制度構築，構造調整の社会的側面への配慮など，より特定された目的に移っている［*Ibid*.: 14］．機関別に見れば，採算性を融資基準とするIBRDによる貸付の方が，やはり効果は高い．地域別では，総じて東アジア・太平洋で効果が高く，サハラ以南アフリカでは低レベルであるなど，経済実績に応じた結果である．経済実績と効果の関係は所得別で見た場合もほぼ該当するが，高所得国の1995-98年度終了分，1999-2000年度終了分の実績は下降傾向となっている．

このような内部評価の試みは，開発活動の「質」を重視する世界銀行の政策が実際に執行されていることを示すものである．しかし，これは世界銀行内部の評価であり，また，具体的な評価基準も一般には明確にされていない．公表された報告書のデータや分析がどれだけ客観性があるのかという問題が常につきまとう［Rich, 2002］．当然，第三者機関による評価が行われれば，これらと異なる結果が出ることになろう．また，アウトカムとはいえ，極めてアウトプットに近いものを示している．そこで，それ以外の指標を用いた検証が求められる．

(2) グローバルな指標に依拠した検証

3-3の(1)で挙げた，開発援助の効果を考える単位のうち，国別の効果およびグローバルな

効果については，多くのアクターが関与するため，個別ドナーの寄与度を測定することは困難である．さらに，既存研究が示すように，国別については，各時期における国内政策との関係も考慮に入れる必要がある[28]．本章においてすべての被援助国についてこのような分析を行うのは困難であるため，ここでは，寄与度の問題に留意しつつ，グローバルな指標を用いて，世界銀行の援助の効果を見ていくことにする．

　グローバルな指標に依拠する場合，どの指標に着目するのかが問題になる．ここでは，国際社会の合意として開発の議論において参照されるミレニアム開発目標（Millennium Development Goals：MDGs）を中心に見ていく．MDGsは，1990年代を通じたサミット・国連諸会議での議論を踏まえ，2000年9月の国連総会において採択されたものである．具体的には，1990年を基準に2015年までに以下の8点を目指すもので，上で見た近年の開発議論の推移を反映した形となっている[29]．

①極度の貧困と飢饉の撲滅
　　・1日1ドル未満で生活する人口比率の半減．
　　・飢餓に苦しむ人口比率の半減．
②初等教育の完全普及
　　・男女の差別なく同様に初等教育を完全に修了できるようにする．
③ジェンダーの平等・女性のエンパワーメントの達成
　　・あらゆる教育段階でジェンダー格差を排除．
④子供の死亡率削減
　　・5歳以下の子供の死亡率を3分の2削減する．
⑤妊産婦の健康の改善
　　・妊産婦の死亡率を4分の3削減する．
⑥HIV/エイズ・マラリアなどの疾病の蔓延防止
　　・2015年までにHIV/エイズ，マラリアやその他の疾病の蔓延を阻止し，減少に転じさせる．
⑦持続可能な環境づくり
　　・各国政策に持続可能な開発を組み入れ，環境資源の破壊を阻止する．
　　・飲料水へのアクセスがない人口の割合を半減する．

・スラム居住者のうち，最低1億人の生活の改善を顕著なものにする．
⑧グローバルな開発パートナーシップの構築
　・政府援助額を増額する．
　・市場へのアクセスを拡大する．
　・債務管理を通じた国の持続性の強化．

　国際的な目標である以上，国連の統計部門[30]および，世界銀行グループ[31]が，それぞれ指標を取って進展具合を把握しようとしている[32]．ここでは，世界銀行グループの公表データに加え，『世界開発指標』[33]を見ていくことにする．これら8つの目標に対して，未確定のものを含めて48もの指標が考えられているが［World Bank, 2002a：16-17］，すべてを扱うのは煩雑に過ぎるので，以下，世界銀行グループの公表データで用いられているものを中心に扱う．

❶ 経済成長率

　MDGsを見る前に，基本的なデータとして，経済成長率がある．表2-16は，低・中所得国を対象とした，国内総生産（GDP）の成長率を地域別に見たものである．東アジア・太平洋地域の高い成長率（金融危機の影響を受けた1998年を除く）と，サハラ以南アフリカの停滞がまず確認できる．金融危機を経験した東アジア・太平洋，欧州・中央アジアと，ラテンアメリカ・カリブ海の実績を比較すると，東アジアが素早い回復傾向を示したのに対し，残りの2つの地域は変動も大きく，2000年の回復基調がどこまで維持されるのかが問われ

表2-16　地域別低・中所得国の経済成長率

(GDP 成長率，単位：％)

	1990	1991	1992	1993	1994	1995	1996	1997	1998	1999	2000
東アジア・太平洋	6.9	8.5	9.0	9.1	9.8	9.3	8.0	6.0	−1.4	7.0	7.4
欧州・中央アジア	−2.0	−6.5	−9.0	−4.4	−7.6	0.3	1.2	3.3	0.3	1.6	6.3
ラテンアメリカ・カリブ海	−0.6	4.2	3.5	4.2	5.2	1.5	3.6	5.1	2.1	0.1	3.8
中東・北アフリカ	7.3	7.4	3.9	1.1	2.3	1.9	4.5	2.7	3.7	2.0	4.0
南アジア	5.6	1.5	5.7	4.5	6.7	7.0	6.5	4.2	5.4	6.4	4.2
サハラ以南アフリカ	1.1	4.0	−1.1	0.7	2.2	4.1	4.7	3.4	2.3	2.4	3.1
参考：世界全体*	2.7	1.4	1.8	1.5	3.1	2.8	3.2	3.5	2.2	2.9	3.9

注：＊先進国も含める．
出所：World Bank［2002］, *2002 World Development Indicators*, CD-ROM, Washington, D.C.: World Bank より．

表 2-17 地域別低・中所得国の GDP 総額

(1995 年基準,単位:億米ドル)

	1990	1991	1992	1993	1994	1995	1996	1997	1998	1999	2000
東アジア・太平洋	11,561	12,540	13,665	14,903	16,369	17,898	19,338	20,506	20,229	21,636	23,233
欧州・中央アジア	12,973	12,134	11,036	10,547	9,744	9,770	9,889	10,217	10,244	10,403	11,055
ラテンアメリカ・カリブ海	14,346	14,952	15,472	16,126	16,961	17,217	17,834	18,746	19,139	19,150	19,884
中東・北アフリカ	4,216	4,529	4,703	4,757	4,867	4,960	5,183	5,322	5,518	5,629	5,854
南アジア	3,724	3,780	3,994	4,176	4,457	4,770	5,079	5,290	5,578	5,935	6,186
サハラ以南アフリカ	2,988	3,001	2,967	2,987	3,054	3,180	3,330	3,442	3,523	3,608	3,719
参考:世界全体*	263,613	267,213	272,117	276,127	284,618	292,435	301,830	312,250	319,002	328,319	341,099

注:*先進国も含める。
出所:World Bank [2002], *2002 World Development Indicators*, CD-ROM, Washington, D.C.: World Bank より。

表 2-18 地域別低・中所得国の 1 人当たり経済成長率

(1 人当たり GDP 成長率,単位:%)

	1990	1991	1992	1993	1994	1995	1996	1997	1998	1999	2000
東アジア・太平洋	5.2	6.9	7.5	7.6	8.4	8.0	6.7	4.8	−2.5	5.8	6.4
欧州・中央アジア	−2.6	−6.9	−8.5	−4.7	−7.8	−0.6	1.1	3.2	0.1	1.6	6.2
ラテンアメリカ・カリブ海	−2.4	2.4	1.7	2.5	3.4	−0.2	1.9	3.5	0.5	−1.4	2.3
中東・北アフリカ	3.7	4.3	1.4	−1.1	0.1	−0.2	2.4	0.6	1.7	0.1	2.0
南アジア	3.4	−0.5	3.7	2.6	4.8	5.0	4.5	2.2	3.5	4.4	2.3
サハラ以南アフリカ	−1.8	−2.4	−3.9	−1.5	−0.2	1.3	1.9	0.5	−0.2	0	0.6
参考:世界全体*	1.0	−0.3	0.4	0	1.6	1.2	1.8	2.0	0.8	1.6	2.5

注:*先進国も含める。
出所:World Bank [2002], *2002 World Development Indicators*, CD-ROM, Washington, D.C.: World Bank より。

てくる.南アジアは,世界レベルで見ても,堅実な傾向にあると言えよう.なお,各地域の経済規模を確認する意味で,表 2-17 に,地域別の GDP 総額を示しておく.GDP の大きい順に,東アジア・太平洋,ラテンアメリカ・カリブ海,欧州・中央アジア,中東・北アフリカ,南アジア,サハラ以南アフリカとなっている.

さらに,1 人当たりの GDP 成長率(表 2-18 参照)と 1 人当たり GDP(表 2-19 参照)も見ておく.富の分配は非常に政治的なものであり,単純に平均化できるものではないが,大まかな目安として有用である.1 人当たり GDP 成長率については,金融危機の影響を受けた 98 年を除けば,東アジア・太平

表 2-19　地域別低・中所得国 1 人当たり GDP

(1995 年基準，単位：米ドル)

	1990	1991	1992	1993	1994	1995	1996	1997	1998	1999	2000
東アジア・太平洋	705	754	810	872	945	1,020	1,089	1,141	1,113	1,177	1,252
欧州・中央アジア	2,783	2,591	2,371	2,259	2,081	2,069	2,091	2,158	2,161	2,195	2,331
ラテンアメリカ・カリブ海	3,275	3,353	3,409	3,493	3,612	3,607	3,677	3,805	3,825	3,770	3,856
中東・北アフリカ	1,774	1,850	1,877	1,855	1,857	1,853	1,898	1,910	1,942	1,943	1,983
南アジア	332	330	343	351	368	387	404	413	428	446	456
サハラ以南アフリカ	587	574	551	543	542	549	559	562	561	561	564
参考：世界全体*	5,019	5,006	5,025	5,027	5,108	5,170	5,260	5,365	5,407	5,491	5,631

注：＊先進国も含める．
出所：World Bank [2002], *2002 World Development Indicators*, CD-ROM, Washington, D.C.: World Bank より．

洋が順調なパフォーマンスを示している点に加え，南アジアの堅実な成長ぶりが指摘できる．しかし，1 人当たりの GDP で見ると，南アジアが最も低く，次いでサハラ以南アフリカ，東アジア・太平洋となっており，上位のラテンアメリカ・カリブ海，欧州・中央アジア，中東・北アフリカとの格差も大きい．次でも触れるが，貧困問題への対応としては，下位 3 地域——南アジア，サハラ以南アフリカ，東アジア・太平洋——における貧困層の縮小が今後の動向を左右するであろうが，特にサハラ以南アフリカが停滞から脱出できるのかが問われている．

❷ 極度の貧困と飢饉の撲滅

それでは貧困問題への対応はどのようなものであろうか．ミレニアム開発目標では，1 日 1 ドル未満で生活する人口比率に着目する．このデータは，経年で得られるものではなく，各国の調査動向に依存する．本章で参照したデータによれば，途上国全体で 1990 年に 29％，98 年に 23％である．この低下は主として中国とインドにおける改善によるものであり，現在の経済状況から，2015 年に 15％ まで削減することは困難であろうと推測される国も多い．また，経済成長に加えて，その成果をいかに配分するのか，貧困層をいかにエンパワーメントするのかという政治的な課題も山積している．地域別には，30％ 前後からほぼ半減させた東アジア・太平洋の削減幅が最も顕著であり，45％ 前後から約 5％ 減少した南アジア，10％ 台後半から約 5％ 低下したラテンアメ

表 2-20　1 日 1 ドル未満で生活する人口

(単位：百万人)

	1990	1999	2015*
東アジア・太平洋	452	260	59
中国を除いた東アジア・太平洋	92	46	6
欧州・中央アジア	7	17	4
ラテンアメリカ・カリブ海	74	77	60
中東・北アフリカ	6	7	6
南アジア	495	490	279
サハラ以南アフリカ	242	300	345
途上国全体	1,276	1,151	735
中国を除いた途上国全体	916	936	700

注：＊1 人当たり GDP 成長率に基づく予測．

リカ・カリブ海，2～3% の微減を示した中東・北アフリカが続く．悪化傾向にあるのは，1% 台から 4% 近くに増加した欧州・中央アジアと，一貫して 45% 以上のサハラ以南アフリカである．1 日 1 ドル未満で生活している人口数を見たのが，表 2-20 である．東アジア・太平洋，特に中国における改善と，南アジア，サハラ以南アフリカにおける停滞と悪化がここでも確認できる[35]．

体重で見た栄養不良状態にある 5 歳以下の子供の割合も，経年では得られない[36]．世界銀行グループによれば，1970 年の 46.7% から 2000 年の 27% へ，あるいは 1990 年の 8 億 4,000 万人から，97-99 年の 7 億 7,700 万人に減少している[37]．ただし，ミレニアム開発目標達成には，従来以上の改善が望まれるとされる．

❸ 初等教育の完全普及

初等教育の実質就学率は世界全体で 1990 年の 81% から 98 年の 84% と伸び悩んでいる．地域別では，東アジア・太平洋が 90～95% 前後と高レベルにあり，次いでラテンアメリカ・カリブ海が 85% 前後から 95% 前後と急激な上昇を示し，欧州・中央アジアが続く．残りの 3 地域も伸びているが，その増加率は目標を達成するには不十分とされる．就学率が最も低いのはここでも 60% 前後のサハラ以南アフリカである[38]．経年・地域別の具体的数値は，男女別・男女合計したもの共に断片的なものにとどまっている[39]．

❹ ジェンダーの平等・女性のエンパワーメントの達成

表 2-21　5 歳未満乳幼児 1,000 人当たりの死亡率

(単位：人/千人)

	1990	1999	変化率(%)
東アジア・太平洋	55	45	−18.2
欧州・中央アジア	34	25	−26.5
ラテンアメリカ・カリブ海	49	37	−24.5
中東・北アフリカ	72	54	−25.0
南アジア	121	96	−20.7
サハラ以南アフリカ		162	
世界全体	83	78	−6.1

　ここでは，中等教育における就学率の男女比が，指標として用いられている．世界全体で見ると，1990 年の 83% から 2005 年（見通し）の 89% となっている．東アジア・太平洋，欧州・中央アジアは 80% 台後半から 95% 前後への増加が見込まれ，中東・北アフリカも 75% 前後から 95% への進展が期待されている．南アジアは 60% 台後半から 75% 前後まで進展すると予測される．サハラ以南アフリカは 80% 前後で伸び悩み，ラテンアメリカ・カリブ海は 90% 台後半の実績が，90% 台前半に低下するとの見込みである[40]．これも，経年・地域別の具体的数値は，断片的なものにとどまっている[41]．

❺　子供の死亡率削減

　5 歳未満の乳幼児 1,000 人当たりの死亡率は，世界全体で 83 から 78 に減少している．地域別に見ると，表 2-21 の通りになる［World Bank, 2002a：24］．1999 年のサハラ以南アフリカにおける死亡率の高さが際立つ．全体の傾向で見れば，2015 年に目標を達成可能なペースで実績を残しているのは中所得国を中心とした 36 カ国である．80 年代以前と比較すると 90 年代は死亡率が減少する割合が鈍化したことが指摘されている[42]．

❻　妊産婦の健康の改善

　妊産婦の死亡率削減の指標として，医師または看護師の立ち会いによる出産の割合が用いられる．世界全体で，1990 年の 47% から，98 年の 51% に微増するにとどまっている．地域別で見ると，ラテンアメリカ・カリブ海において約 70% から 80% 弱まで，中東・北アフリカにおいて 55% 前後から約 60% へと改善されているのに対し，中国とインドを除いたアジアが 30% 前後で停滞，

表 2-22 感染症（1999 年）

	男性HIV感染者 （15～24歳，％）	女性HIV感染者 （15～24歳，％）	結核感染者 （10万人当たり）
東アジア・太平洋	0.2	0.2	142
欧州・中央アジア	0.4		85
ラテンアメリカ・カリブ海	0.7	0.3	75
中東・北アフリカ			66
南アジア	0.3	0.5	191
サハラ以南アフリカ	4.5	9.2	339
世界全体	0.7	1.1	142

サハラ以南アフリカに至っては約 50％ から 40％ 台前半まで低下している[43]．この分野も，経年・地域別の具体的数値を追うことはできない[44]．

❼ HIV/エイズ・マラリアなどの疾病の蔓延防止

エイズ関連は保健・衛生関係とも絡むが，ここでは世界銀行の用いる指標を中心に見ていく．表 2-22 が MDGs に関連して『世界開発指標』で扱われているデータである［*Ibid*.: 28］．HIV/エイズは，サハラ以南アフリカにおける死因第 1 位であり，世界全体から見ても，第 4 位となっている．1,300 万人以上の HIV 感染孤児がいるとされるが，2010 年までに 2 倍以上に増加する見通しであり，感染状況を縮小に転じるのは困難に思われる．結核は治療可能な症状とされているものの，現在のペースで判断すると，割合・絶対数双方で見た感染者数が最も多い地域が，2005 年にはアジアからサハラ以南アフリカに移る

表 2-23 持続可能な環境づくり

	メートルトン当たり の CO_2 排出量		安全な水資源への アクセス人口（％）		安全な下水設備への アクセス人口（％）	
	1990	1998	1990	2000	1990	2000
東アジア・太平洋	2.0	2.4	70	75	38	47
欧州・中央アジア	9.2	6.8		90		
ラテンアメリカ・カリブ海	2.2	2.6	81	85	72	78
中東・北アフリカ	3.3	3.9	84	89	78	83
南アジア	0.7	0.9	80	87	78	83
サハラ以南アフリカ	0.9	0.8	49	55	55	55
世界全体	3.4	3.9	76	80	49	56

表 2-24　ドナー全体の援助額

(純支出額ベース，単位：百万米ドル)

	1990	1991	1992	1993	1994	1995	1996	1997	1998	1999	2000	2001
各年米ドル	48425.1	65322.7	68644.3	61907.9	65256.7	65280.1	62183.7	54922.4	58260.4	62390.5	59774.6	59473.2
2000年米ドル	60443.0	66287.5	65317.7	60107.3	60785.6	54803.2	53869.9	51248.0	55999.8	59502.4	59774.6	61248.9
増加率（2000年米ドル基準）	6.8	9.7	−1.5	−8.0	1.1	−9.8	−1.7	−4.9	9.3	6.3	0.5	2.5

(1,020万人)と推測されている[45]．

❽ 持続可能な環境づくり

持続可能な環境については，特に水資源へのアクセスに関心が高まっている．表 2-23 は『世界開発指標』に依拠するものである(*Ibid.*)．

二酸化炭素等の排出量規制は，産業化を推進したい途上国と，地球環境の悪化を懸念する先進国の利害対立など，負担配分の問題が大きく取り上げられ，有効な合意の形成およびその実現が今日的課題となっている．現在全世界の 20% に相当する人々が，水資源・下水施設へのアクセスについて，衛生面から見て安全性を確保できていない状態であり，特にサハラ以南アフリカ，次いで，東アジア・太平洋の状況改善が求められている．2015 年の目標を達成するには，新たに 15 億人がアクセスを確保する必要がある[46]．

❾ グローバルな開発パートナーシップの構築

当該項目で掲げられている事項のうち，途上国に対しての国際市場の開放や，援助額の増大などは，もっぱら先進国サイドの行動が求められる．先進国側の関税障壁・非関税障壁の問題は世界貿易機関（WTO）との関連で焦点になっている[47]．援助額については，表 2-24 が，ドナー全体の公的開発援助（Official Development Aid：ODA）に分類される援助額の動きを示している[48]．純支出額ベースで見て，単位を 2000 年の米ドルに調整すると，前年からの増加分は援助疲れが指摘された 1990 年代半ばに実質ベースで減少し，相次ぐ金融危機に世界的対応が取られた 98 年に急増したものの，2000・01 年は横ばいとなっている．ただし，01 年の 9 月 11 日以降，貧困とテロとの関連が指摘されるようになり，02 年 3 月のモントレーにおける国際開発資金会議においては，米国などから ODA 増額への政策転換が表明されている．なお，通商面におい

ても，援助額の面においても，この実績はどちらかと言えば，アウトプットに近いものである．

　これに対して，対外債務問題は，実際の政策がもたらす変化を扱い，アウトカムが重要となる．重債務貧困国（HIPC）イニシアティブによって，2002年6月現在，38カ国中26カ国の債務救済が承認され，20カ国が暫定債務救済を受けた．HIPC対象国の輸出に対する対外債務比率が1998・99年の16.5%から，2001年5月の時点で8%に半減しており，非HIPC諸国の同時点での平均が約20%であることを鑑みても，効果が認められる．対GDPで見た対外債務比率も，4%から2%に半減している．HIPCその他の債務救済政策の結果，対象国は現在正味価値で見た対外債務が全体で3分の2まで減少している[49]．

3-4　考　察

　以上，世界銀行の取り組みを概観したが，世界銀行が進める改革の進展を評価する際，レトリックにとどまっている部分と，現実に執行され，変化をもたらしている部分の峻別に注意すべきである．開発理解の変遷の実践における反映という観点からは，アウトプットの分析で見たように，「開発のソフト化」に伴った社会セクターへの関心の増大，環境への配慮など，実際にセクターが新設され，資金が流れている面が認められる．貸付形態の多様化や，従来の介入型プロジェクトからの多様化も，同様に理解できる．その一方で，サハラ以南アフリカを重点地域として頻繁に取り上げているにもかかわらず，ラテンアメリカ・カリブ海，欧州・中央アジア，東アジア・太平洋の比重が高い点も指摘できる．

　このようなアウトプットをもたらしたオペレーション自体はどこまで変わったのかという，世界銀行内部の改革の成果に対する答えは，入手可能な数値からは十分には窺えない．『開発の効果についての年次レビュー』においては全般的な改善が認められるが，これは執行過程自体は直接の評価対象ではなく，プロジェクトの効果についても内部基準によるという限界がある．大野［2000：103-112］は，人事競争の激化・雇用確保重視の行動，担当者の裁量増大による品質管理の低下の危険性，知的活動部門と地域業務部門の並立による

調整コストの増大などを指摘している．また，世界銀行自らも，人事面の負担や調整の問題，スタッフの専門性について改善の余地があることを認めているとする．Fine et al. [2001] は，資源配分の変化・介入方法の多様化が進む一方で，実際の活動内容自体は内実が伴った変化をもたらしていないのではないかとして，「ポスト・ワシントン・コンセンサス」がどこまで「ポスト」の冠を付すにふさわしいのか疑問を提示している．Pincus and Winters [2002a] は，すでに複雑化している世界銀行が，変容する現実に対応すべくさらに知識と開発活動の2本立てで改革を進めることが，果たして能力的に可能なのかと問うとともに，経済的新自由主義に依拠しながら世界銀行が活動のニッチェ（適所）を求めて選択的に振る舞うアプローチも，現在の強大な民間資本の前には不安定なものであろうと警告している．

ミレニアム開発目標（MDGs）に関連する，グローバルな指標に基づくアウトカムの分析であるが，世界銀行グループの公表データで扱われている指標を中心に見ていったにもかかわらず，断片的なものが散見された．その不十分なデータに依拠して分析すると，HIV/エイズ等の感染症対策や，環境対策・市場開放問題以外は，全体的に改善が認められるが，進展具合の不十分性や，特にサハラ以南アフリカにおける低迷が問題とされているパターンが多い．ただし，これらの指標で見た場合，グローバルであるがゆえに，世界銀行が現状に与えた影響の大きさを判断することは難しい．資本の流れをとってみても，民間資本の流れや，その他の公的資金を含めた各ドナーからの資金の流れがもたらす影響を考慮する必要がある[50]．国連開発計画（United Nations Development Programme：UNDP）の章で触れるが[51]，国際機関だけに限っても，実に多様なアクターがこの分野で活動している点も注意すべきである．さらに，1980年代に典型的な構造調整政策を推進した結果，負の側面が看過できない状況に陥り，その手当てとして現在の政策が進められているとして，世界銀行のアプローチは，状況を改善しているのではなく，一度破壊したものを再建しているに過ぎないのではないのか，という声もある[Nederveen Pieterse, 1997]．その一方で，世界銀行も影響を与えてきた国際開発理解の変遷を受けて，国連総会でMDGsが採択され，以後世界銀行もMDGsを活動の指針としていることは，今後，国際社会が共通の目標に向けて開発活動を展開する可能

性を示唆するとともに，世界銀行も問題関心を共有する重要アクターとして重要な役割を果たし得ることを意味する．

また，アウトカムの動向はやはり被援助国自身の対応と不可分である．世界銀行自身による評価の中で，被援助国のオーナーシップの重視が，プロジェクトの質の向上に繋がったとされたが[52]，目指すべき対被援助国関係については，常に問われ続けるべきである．特に世界銀行の場合は，コンディショナリティー（融資条件）の問題がある．簡易化されてきたとはいえ，コンディショナリティーを課すことによってドナー（援助側）の発言力が大きくなる以上，被援助国による主体的な開発活動を阻害する危険性は高いと言わざるを得ない．

したがって，世界銀行が国際レベルでの開発議論に積極的に参加し，ある程度は議論を実践に転換していることは認められる．今後，国際社会が努力を結集させる際に重要な役割を果たすことも期待される．しかし，国際公益の観点からそれ以上の評価を押し進めるのは困難なのが現状である．

4. 国益の観点からの評価

4-1 インプット
(1) 財政的資源

インプットに関しては，制度的なルートと，出資額・拠出額という，財政的資源が表裏一体の関係にある．すなわち，出資額・拠出額の大きさゆえに，日本の意思を表明する機会は開かれたものとなっており，2-1で触れたIBRD・IDAの総務会・理事会では，ともに第2位の票数を有している．これを示したのが表2-25である．

日本の出資額・拠出額は，アメリカ合衆国に次いで，第2位である．近年の

表 2-25　日本の投票権

(単位：%)

	1990	1991	1992	1993	1994	1995	1996	1997	1998	1999	2000	2001	2002
IBRD	8.74	7.89	7.22	6.64	6.47	6.24	6.10	6.04	8.00	7.93	7.91	7.87	7.87
IDA	9.63	9.77	9.97	10.16	10.22	10.51	10.76	10.69	10.57	10.73	10.61	10.90	11.03

出所：世界銀行『年次報告』各年度より．

表 2-26 日本の出資額

(IBRD, 単位：百万米ドル)

	1990	1991	1992	1993	1994	1995	1996	1997	1998	1999	2000	2001	2002
応募総額	11,312	11,312	11,312	11,312	11,312	11,312	11,312	11,312	15,321	15,321	15,321	15,321	15,321
全加盟国総額	125,262	139,120	152,248	165,589	170,003	176,438	180,630	182,426	186,436	188,220	188,606	189,505	189,505
割合(%)	9.0	8.1	7.4	6.8	6.7	6.4	6.3	6.2	8.2	8.1	8.1	8.1	8.1

出所：世界銀行『年次報告』各年度より．

表 2-27 日本の出資・拠出額

(IDA, 単位：百万米ドル)

	1990	1991	1992	1993	1994	1995	1996	1997	1998	1999	2000	2001	2002
出資・拠出総額	10,472	14,049	14,682	15,747	20,756	22,488	20,219	19,914	20,124	20,723	23,936	24,078	24,138
全加盟国総額	54,628	68,861	72,747	72,911	89,667	92,891	91,413	90,588	95,055	96,262	106,436	108,724	109,388
割合(%)	19.2	20.4	20.2	21.6	23.1	24.2	22.1	22.0	21.2	21.5	22.5	22.1	22.1

出所：世界銀行『年次報告』各年度より．

大きな変化は，資金難に苦しむ IDA に対し，第12次 IDA 増資で拠出したのと抱き合わせで，1998年に IBDR の応募総額を増加させたことである（表2-26，表2-27参照）．世界銀行グループにおいて，IBRD・IFC・MIGA については，増資が行われることがほとんどないのに対し，3年（時に4年）サイクルで増資が行われる IDA は，拠出を通じて影響力を行使する余地が大きいことが知られている［Kapur, 2002：62-63］．

このほか，日本独自の関与として，2つの信託基金の創設がある．信託基金は，世界銀行の予算過程を迂回して，優先課題や開発活動の運営方法について，出資側が自らの問題関心を反映するルートとなる［*Ibid.*：63］．開発政策・人材育成基金（Policy and Human Resources Development Fund：PHRDF）は，1990年，日本政府の拠出により設立され，世界銀行が運営している．対途上国資金協力の効果を向上させるために，途上国の人材育成，適切な政策立案と実施に向けた能力構築を主眼とする．新規拠出については，95年より一貫して減少傾向にあり（表2-28参照），特に2000年度以降の落ち込みは大きい[53]．研修および研究の枠では，世界銀行の『世界開発報告』でアジアについての分析を行う際に，資金を供与している．承認額についても，1999年度から3年

表 2-28 主な資金対象カテゴリーへの新規拠出額

(単位：百万米ドル)

	1995	1996	1997	1998	1999	2000	2001
奨学金制度プログラム	7.6	9.0	11.2	11.9	12.1	13.5	10.5
日本スタッフ・コンサルタント信託基金	10.5	11.4	14.5	14.2	13.6	7.2	6.7
技術援助プログラム	186.9	169.5	127.8	94.8	117.5	49.6	23.9
研修及び研究	3.2	3.3	3.3	3.1	2.5	2.6	2.5
その他*	−	−	18.3	29.4	4.0	15.5	13.3
合計	208.2	193.2	175.1	153.4	149.7	88.4	56.9

注：＊日本ポストコンフリクト基金，重債務貧困国イニシアティブへの拠出，パートナーシップ・プログラムを含む．
出所：各年度のWorld Bank, *Policy and Human Resources Development Fund Annual Report*, Washington, D.C.：World Bank より．

表 2-29 主な資金対象カテゴリー別承認額

(単位：百万米ドル)

	1995	1996	1997	1998	1999	2000	2001
奨学金制度プログラム	7.6	9.0	11.2	11.9	12.1	13.5	10.5
日本スタッフ・コンサルタント信託基金	2.9	9.3	13.8	18.0	8.6	11.9	7.1
技術援助プログラム	165.0	162.2	135.8	140.7	114.3	97.0	73.6
研修及び研究	3.2	3.3	3.3	3.1	2.5	2.6	2.6
パートナーシップ	−	−	−	−	−	3.7	3.2
その他	−	9.0	10.0	34.4	7.7	16.1	9.8
合計	178.7	192.8	174.1	208.1	145.2	144.8	106.8

出所：各年度のWorld Bank, *Policy and Human Resources Development Fund Annual Report*, Washington, D.C.：World Bank より．

表 2-30 技術援助グラントの地域別割当て

(承認ベース，単位：百万米ドル，[ ]内は％表示による割合)

	1995	1996	1997	1998	1999	2000	2001
アフリカ	24.3[14.7]	25.0[15.4]	20.7[15.2]	18.4[14.7]	11.5[12.1]	17.1[19.6]	21.3[32.5]
東アジア・太平洋	34.5[20.9]	35.6[22.0]	25.6[18.9]	28.9[23.1]	22.3[23.4]	21.9[25.1]	14.6[22.3]
南アジア	22.5[13.6]	23.3[14.4]	14.1[10.4]	9.9[7.9]	5.7[6.0]	5.7[6.5]	4.8[7.3]
欧州・中央アジア	40.3[24.4]	37.6[23.2]	30.7[22.6]	30.4[24.3]	22.7[23.8]	18.8[21.5]	10.0[15.3]
中東・北アフリカ	12.9[7.8]	11.8[7.3]	10.8[8.0]	9.1[7.0]	6.7[7.0]	5.8[6.6]	5.0[7.6]
ラテンアメリカ・カリブ海	30.9[18.7]	28.8[17.8]	33.9[25.0]	28.4[22.7]	26.5[27.8]	18.1[20.7]	9.8[15.0]
合計	165.3[100]	162.2[100]	135.8[100]	125.2[100]	95.4[100]	87.4[100]	65.5[100]

出所：各年度のWorld Bank, *Policy and Human Resources Development Fund Annual Report*, Washington, D.C.：World Bank より．

表 2-31 技術援助グラントのセクター別割当て

(承認ベース,単位:百米万ドル,[ ]内は%表示による割合)

	1995	1996	1997	1998	1999	2000	2001
人間開発	27.1[16.4]	27.7[17.1]	25.2[18.5]	26.4[21.1]	22.4[23.6]	21.9[25.0]	19.1[29.2]
公的セクター管理	28.7[17.4]	17.6[10.9]	22.1[16.3]	18.4[14.7]	15.4[16.1]	16.8[19.2]	4.9[7.5]
農業	19.0[12.0]	17.7[10.9]	15.5[11.4]	7.4[5.9]	9.2[9.6]	15.6[17.8]	7.6[11.6]
環境	18.7[11.3]	15.4[9.5]	10.1[7.5]	10.9[8.7]	14.6[15.3]	14.1[16.1]	4.8[7.3]
インフラ	36.2[21.9]	46.9[28.9]	38.8[28.6]	25.4[20.3]	13.2[13.8]	10.9[12.5]	14.6[22.3]
民間セクター管理	18.7[11.3]	17.0[10.5]	9.8[7.2]	12.5[10.0]	12.9[13.5]	3.2[3.7]	2.7[4.1]
エネルギー	15.7[9.5]	12.3[7.6]	4.4[3.2]	8.6[6.9]	2.6[2.7]	4.3[4.9]	2.9[4.4]
金融	—	6.1[3.8]	9.9[7.3]	15.6[12.4]	5.1[5.3]	0.7[0.8]	0.8[1.2]
マルチ・セクター	—	—	—	—	—	—	18.1[27.6]
WID	—	1.4[0.9]	—	—	—	—	—
工業	0.9[0.5]	—	—	—	—	—	—
合計	165.3[100]	162.2[100]	135.8[100]	125.2[100]	95.4[100]	87.4[100]	65.5[100]

出所:各年度の World Bank, *Policy and Human Resources Development Fund Annual Report*, Washington, D.C.: World Bank より.

連続で減少している(表 2-29 参照).

同表から明らかなように,PHRDF は,その目的を反映して技術援助プログラムが中核となっている.その中の,技術援助グラントの地域別割当てを見ると,出資する日本としては東アジア重視が基調であるとされるが,実際は表 2-30 のように,東アジア・太平洋,ラテンアメリカ・カリブ海,欧州・中央アジアの比率が高い.これは,表 2-7 で示された,世界銀行本体の貸付実績と類似の傾向にあり,PHRDF が世界銀行のオペレーションから影響を受けていることが示唆される[54].その一方で,近年は,ラテンアメリカ・カリブ海と欧州・中央アジアの比率が低下し,その分サハラ以南アフリカに比重が移り,人材面・技術面の能力構築が急務とされる同地域のニーズに適合している.

表 2-31 から分かるように,セクター別割当てでは,人間開発の比重が増大している.人間開発は,日本が従来から重要性を指摘している分野であり,ここに日本の意向が反映されていると解釈できる.その他の分野はかなり変動があるので,定性的な指摘は困難であるが,民間セクター管理がこのまま低いレベルにとどまるのかが注目される.インフラについては,1999 年度と 2000 年度が減少したが,01 年度は増加に転じているので,今後の動向から判断する

表 2-32 グラントの実施主体

(グラント数,[ ]内は％表示による割合)

	1995	1996	1997	1998	1999	2000	2001*
受益国による実施	51[27]	107[54]	110[48]	102[49]	93[45]	106[54]	
世銀による実施	121[63]	59[30]	86[37]	78[38]	86[41]	69[35]	
二分型	19[10]	31[16]	34[15]	28[13]	29[14]	22[11]	
合計	191[100]	197[100]	230[100]	208[100]	208[100]	197[100]	

注：＊2001年，第1期　受益国による実施74%，世界銀行による実施16%，二分型10%．
　　　　　　第2期・第3期　受益国による実施76%，世界銀行による実施16%，二分型8%．
出所：各年度の World Bank, *Policy and Human Resources Development Fund Annual Report*, Washington, D.C.: World Bank より．

必要がある．96年度と2001年度の実績が低い公的セクター管理についても，同様である．その他，東アジア金融危機において，日本は宮沢構想のフレームワークに基づき，99年度に技術援助プログラムを通じて1,800万ドルの特別割当て実施をしたが，これは，98年設立の金融部門アドバイザリー・サービスを補完することになった．

このグラントが，受益国の能力構築を主眼とする以上，実施主体もなるべく被援助国となるのが望ましいとされる．これは実際の運営にも反映されている（表2-32参照）．

もう1つの信託基金は，日本社会開発基金（Japan Social Development Fund：JSDF）である．貧困層のニーズに対応するとともに，これらの人々の参加促進とエンパワーメントを目的として，2000年6月に，日本政府が100億円（約9,500万ドル）を拠出して設置し，世界銀行が運営にあたっている．2001年の実績は，地域別に見ると，承認されたグラントのうち東アジア・太平洋が57%であり，明確に東アジア重視となっている[55]．所得別に見ると，中低所得国が対象とされ，セクター別では社会セクターが中心である[56]．方法論的には，NGOとの連携，需要牽引型といった，新しいアプローチが積極的に採用されている．

重債務貧困国（HIPC）関連では，日本はHIPC信託基金に拠出している．2002年11月11日現在の名目累計額は2億ドルであり，そのうち1億1,500万ドルが納入済である．これは，ヨーロッパ諸国のEU経由の拠出を除くと，ドナー諸国24カ国中，米国，英国に次いで3番目の貢献であり，総額18億

表 2-33 世界銀行との協調融資

(承諾金額,単位:億円)

年度	1990	1991	1992	1993	1994	1995	1996	1997	1998	1999	2000
IDA	206.6	179.5	160.9	650.6	276.1	326.3	338.7	199.2	99.4	83.1	48.8
IBRD	895.4	643.7	167.3	356.2	404.8	434.7	550.2	555.3	229.2	771.6	53.5
合計	1102.0	823.2	328.2	1006.9	680.8	761.1	888.9	754.4	328.6	854.7	102.3
円借款に占める割合(%)	10.3	8.4	2.7	9.7	7.8	6.8	6.8	6.8	3.0	8.1	1.5

出所:円借款の実績については,各年度の外務省経済協力局『我が国の政府開発援助』国際協力推進協会より.

9,300万ドルの10.6%を占める.なお,EU経由の拠出を含めると,米国,英国,ドイツに次いで4番目となり,総額25億5,400万ドルの7.8%に至る[57].

日本の援助実施機関との関係においては,国際協力銀行(Japan Bank of International Cooperation:JBIC)との協調融資が挙げられる.表2-33は,1990年度以降の協調融資実績を示したものである[58].JBICが担当する有償援助(円借款)は2国間ODAの4~5割を占めるので,それを考慮すると,日本の2国間ODA実績に占める割合は最大でも5%程度である[59].

貧困削減戦略文書(PRSP)の導入に伴い,政策レベルでもJBICと世界銀行との協調が見られるようになった.例えば,ベトナム・ラオス・バングラデシュ等のPRSP策定にJBICも参加している[秋山他,2002:130].なお,協調融資の対象が構造調整融資である場合,コンディショナリティーの有効性を保つために,世界銀行側が設定した条件にJBICが同意する形をとる[60].また,事実問題として,特にサハラ以南アフリカにおいては,世界銀行の政策が当該被援助国の経済環境に多大な影響力を及ぼしているため,それを無視した援助政策を行うことは効果の面からも困難とされている.PRSPの進展に加え,セクター・ワイド・アプローチ等の試みに見られるように,世界銀行を筆頭としたドナー間の協調を促す力学が作用している.サハラ以南アフリカ債務困窮低所得国に対する特別援助プログラム(SPA~SPA IV)における実績は,表2-34に示す通りである.

ここに挙げられているノン・プロジェクト無償は,国際協力機構(Japan International Cooperation Agency:JICA)が行うもので,途上国の経済構造改

表 2-34 SPA～SPA IV における協調融資等実績

(単位：億円)

年	1990	1991	1992	1993	1994	1995	1996	1997	1998	1999
調整計画	130.0	69.4		109.1		75.2	147.0			
その他			160.9[a),b)]	82.5[b)]	74.4[b)]		53.8[b)]	108.0[c)]	111.0[c)]	163.9[b),d)]
合計	130.0	69.4	160.9	191.6	74.4	75.2	200.8	108.0	111.0	163.9

注：その他は，a)商品借款，b)各種経済改革計画，c)ノン・プロジェクト無償資金協力，d)ノン・プログラム無償資金協力．
出所：各年度の外務省経済協力局『我が国の政府開発援助』国際協力推進協会より．

表 2-35 アフリカ諸国に対するノン・プロジェクト無償実績

(単位：億円)

年度	1990	1991	1992	1993	1994	1995	1996	1997	1998	1999	2000
対アフリカ諸国実績	147	212	220	106	129	138	74	151	78	69	129
ノンプロジェクト無償総額	240	292	258	245	267	251	287	294	278	218	267
総額に占める割合(%)	61.3	72.6	85.3	43.3	48.3	55.0	25.8	51.4	28.1	31.7	48.3

出所：各年度の外務省経済協力局『我が国の政府開発援助』国際協力推進協会より．

革を支援することを目的としている[61]．表 2-35 は，特にノン・プロジェクト無償の比重が高いアフリカ諸国を中心に見た実績である．

構造調整借款とノン・プロジェクト無償の間では，債務返済能力のある国に対しては構造調整借款，累積債務に苦しむアフリカ諸国や後発開発途上国に対してはノン・プロジェクト無償という具体的な役割分担がある．また，社会システムが複雑で，改革に必要なコストが大きな国では，大規模な支援が可能な構造調整借款，それ以外の国ではノン・プロジェクト無償といったように，規模の面からも役割分担がなされている[62]．

その他，JICA の開発調査実施案件に対して世界銀行が融資供与し，事業化に持ち込んだり，世界銀行のプロジェクトと JICA の無償資金協力案件でプログラムの一部あるいは地域を分担したりするなど，個別の案件ごとの対応も見られる[63]．

世界銀行への日本の関与として，最後に，途上国の人材開発と目的とした研修・研究機関である，世界銀行研究所（World Bank Institute：WBI）の日本プログラムが挙げられる．日本プログラムには，一般トレーニングのほか，各開発機関との協力プログラムや，東アジア地域に関する経済開発研究を途上国の

表 2-36　日本人スタッフ数

(単位：人)

	1990	1991	1992	1993	1994	1995	1996	1997	1998	1999	2000	2001	2002
日本人	87	97	100	125	132	142	146	146*	202	175	173	164	166
総数	8,285	8,387	8,926	10,529	10,711	10,801	10,927	N/A	9,193	11,903	11,699	11,268	11,599
割合(%)	1.1	1.2	1.1	1.2	1.2	1.3	1.3	N/A	2.2	1.5	1.5	1.5	1.4

注：＊外務省総合外交政策局，国際社会協力部，国連行政課，国際機関人事センターへの請求資料より．
出所：各年の The World Bank Group Directory より．

経済経験に生かすブレイン・トラスト・プログラムなどがある．また，WBIと国際開発高等教育機構とが協力して，途上国のための人材育成を目的とするセミナーを世界各地で開催している［秋山他，2002：131］．

(2) 人的資源

出資額・拠出額に対し，日本人スタッフ数が過少であるのはよく知られた事実である．表2-36は，各年の世界銀行グループ・ディレクトリー（The World Bank Group Directory）から，日本人と思われる名前をピックアップしたものである．多数国間投資保証機関（IFC）と国際金融公社（MIGA）のスタッフも含めてあり，あくまで近似値として参照されたい．1990年代を通じて増加傾向にあったが，98年を頂点に，最近頭打ち状態であることは指摘できよう．また，人数の増加を反映して，配属される担当分野も拡大していると同時に，入れ替わりも激しくなっている．しかし，過少表出であることは依然として変わらない[64]．

(3) 国内組織体制

世界銀行の総務会では，財務大臣が総務，日銀総裁が総務代理となっている．理事会では，任命理事のポストを国のポストとして確保しており，歴代，財務省関係者が担当する．

国内行政との関係で要となるのは，理事会での発言である．理事会は基本的に週2回の頻度で行われ，事前に伝えられた議題について，財務省国際局開発機関課が中心となって，外務省をはじめ関係官庁と協議して対応を考える．専

門担当者は，同課の課長補佐，係長，係員の3名である．なお，世界銀行グループ全体に対して，2002年は財務省から5名が出向しているが，出向ポストは特別決まっているわけではなく，需給の関係で決まる[65]．

4-2 成　果
(1)　外交政策・活動における意義

日本の国際開発政策においては，日本がドナーとしての影響力，および実践面での効率性・有効性を確保し，それらを維持・向上する梃子として，世界銀行を活用することが考えられる．世界銀行が持つ，多国間ODAという性格は，たとえば，政治的観点から2国間ODAの形で直接関与することが困難な対象国への対応方法として有用であることが知られている．また，日本の不得意分野・地域への援助を補い，あるいは世界銀行の比較優位を有効活用することで，より効果的な援助活動に繋げることが可能となる．さらに，日本がドナーとしての影響力を保持・増大させようとする場合は，国際開発における世界銀行の発言力の強大さから，世界銀行の政策を理解した上で，日本の立場と政策——歩調を合わせるのであれ，距離をおいて独自性を追及するのであれ——を示していくことが不可欠となる．

IDA増資と，それに伴うIBRDの応募総額の増加は，制度に沿って，経済力を活用する形で日本の発言力を増大させる典型な方法であろう．開発政策・人材育成基金（PHRDF），日本社会開発基金（JSDF）といった信託基金の創設は，世界銀行のネットワークを用いつつ，日本独自の政策を展開する1つのルートを提示している．もっとも，PHRDFの地域別割当てで見たように，必ずしも日本の意向がすべて反映されるとは限らず，世界銀行本体のオペレーションの影響を受ける面もある．世界銀行と積極的に関わっていく立場と並行して，世界銀行のアプローチから距離を置いて，単一アプローチのグローバルな適用ではなく，日本の経験に照らして，「市場経済発展促進的アプローチ」を掲げ，各国の歴史的経緯を踏まえたテーラーメイドの開発政策を主張する立場もある［石川，1996，1997］．この立場は実践面にも転換されており，特にベトナムの「石川プロジェクト」は有名である．ただし，「石川プロジェクト」のような立場が常に有効なのか，また，実際にどのような結果をもたらすのか

は，今後の判断に委ねられる．

　国際開発政策以外の日本固有の政策課題においては，世界銀行は，日本にとって国際社会での発言力の確保および維持に繋がるルートとして機能し得る．国際開発における議論が，国内経済政策・国際通商政策の領域と密接な関係にあるためである．最も頻繁に指摘されるのは，経済・安全保障などで緊密な関係にあるアジア重視の姿勢や，欧州・中央アジアを中心とした移行経済に対する，将来の市場開拓を見据えた経済活動などである．援助政策が通商・安全保障政策と緊密に結びついている日本の場合，これらの地域における世界銀行の政策は，単に開発援助政策の分野に留まらない影響力を持ち得る．実際，『東アジアの奇跡』を巡る動きは，開発プロジェクトの採算性が高いアジアにおける，日本と世界銀行という2大ドナーによる勢力争いと，以下に見るように，日本と世界銀行，および世界銀行の背後にいたアメリカ合衆国との間の，国内・対外経済戦略を巡る争いという，2つの側面が指摘されている［Wade, 1996］．

(2) 国際的決定への参加

　国際的な開発概念を巡る知的な取り組みについては，世界銀行およびその背後のアメリカ合衆国による政府の役割の位置づけに批判的であった日本が，政府が市場を指導する意義を認めさせるために，研究資金提供という形で1993年の『東アジアの奇跡』の作成に関与したことが有名である．これは，単に国際開発政策レベルの議論に留まらず，公的融資の位置づけを巡る国内経済政策や，国際通商政策にも波及するものであった．結論から言えば，政府の役割を世界銀行に認めさせるには一定の成果があったが，『東アジアの奇跡』は世界銀行の立場を大きく反映しており，東アジア諸国の経済発展を，市場と友好的な政府のアプローチによるものと，表層的に解釈するにとどまっている（*Ibid.*）．しかし，97年の『世界開発報告：開発における国家の役割』についても，海外経済協力基金（JBICの前身）やJBICの機関誌・出版物において，日本の立場に関して積極的に議論されており，日本側の働きかけが単発的なものに終わっているわけではない．上で見たように，WBIの研究・研修プログラムや，PHRDFを通じた，『世界開発報告』におけるアジアに関する分析に

対する資金提供など，日本の関心が継続して実践に変換されている．

　この開発パラダイム論争は，世界銀行が日本の主張をどこまで受け入れたのかという問題とは別に，東アジアの「地域」としての発展についての，一定の理論的根拠を提供する動きに繋がる．学問的には，経済産業政策の内容に加えて，その政策を執行する政府のあり方を論じる必要があり，ガバナンスの問題としてさらに追及されるべき分野と言える．また，アジアの金融危機以後，『東アジアの奇跡』自体の批判的再検討も必要である．このように，学問的には取り組まれるべき課題が山積しているが[66]，東アジアという単位で国際社会にアピールした点は，地域としての東アジアの今後の方向性を示したと思われる．

　また，世界銀行は，国際経済秩序形成メカニズムにおいて，先進国主導の秩序に途上国を組み込む機能がある．この機能が典型的に表れているのが，1970年代における，途上国主導による新国際経済秩序の動きが，政策面で具体的な変化をもたらさないまま，80年代には英米を中心とした経済的新自由主義が席捲したという経緯であろう[67]．つまり，「開発」概念を巡る国際的な潮流とどう関わるのかという問題は，開発活動にとどまらず，国際的な経済秩序形成に向けての決定にいかに関与するのかという問題でもある．ここから，世界銀行は，国際経済環境における日本の対応を示す１つのルートであり，国際経済秩序の形成に能動的に参加するルートでもありうるのである．

(3) 国内政策における意義

　国際開発政策以外の国内政策課題において，日本にとっての世界銀行が有する意味を考えると，やはり経済政策との関係が問題となる．上で国際経済秩序形成メカニズムにおいて世界銀行が果たす役割を指摘したが，その影響力は，途上国のみならず日本にも及び得る．例えば，規制緩和や分権化など，世界銀行が押し進める自由化・民営化の流れは，国際潮流を支えるものであり，日本においても，導入の動きがある．しかし，「国際潮流」への対応は日本の国内事情を踏まえた選択的なものであり，完全に一律的な基準を受け入れているわけではない．なお，保健・人権・教育といった日本の社会的側面に対して影響を及ぼすのは，もっぱら専門機関であると思われる[68]．

その一方で，国内政策の一環として，世界銀行と絡めた政策を遂行する，という形をとることも可能である．これは，日本経済とリンクさせた開発政策の1つ，という形で正当化されることが多い．東アジア金融危機の際，日本は多大な支援を行ったが，国内経済が低調な時代に財政出動をすることもあり，東アジア全体での経済成長が日本の経済成長にとって不可欠であると理由づけることによって，国内的な正当化根拠となった面がある．ロシアを中心とする欧州・中央アジアの移行経済諸国支援に参加する場合も，将来の市場開拓という国内正当化根拠がある．

(4) 手段的価値

日本にとって，世界銀行に関与することは，能力面においても，活動の「質」の面においても，自国の国際開発政策の進展を促す機能がある．国際開発という分野は，その名の通り極めて国際性が強い．同時に，「開発共同体」という形で表現される，特にアングロ・サクソンを中心とした専門性に重きを置く独特のネットワーク社会でもある．したがって，この分野で発言力を持つ人材を日本国内で育成するには限界があり，国際開発において要の位置を占める世界銀行において経験を積むことは，極めて有益な方法である．同時に，そこで交換されている情報を吸収することは，動きの激しい国際開発分野において，日本の開発援助政策が迅速に対応するためにも得難いものとなろう．

ただし，このような形で育成される人材の「能力」が，必ずしも日本政府の意向に沿ったものになるとは限らないことに注意を要する．世界銀行で働く日本人スタッフの数が増えれば，そのまま世界銀行での日本の発言力の向上に繋がる，という議論がしばしば提示されるが，この議論には，日本人スタッフが政府の意向を反映する駒になるという前提がある．しかし，国際開発でキャリアを積もうと考える人の多くが，専門性および言語習得の必要性から，英米を中心とした大学院で学び，「開発」の観点から客観的に分析する訓練を受けている．彼/彼女等が日本政府の「駒」ではなく，開発の専門家である世界銀行のスタッフとして勤務する場合，日本政府が考える「国益」の観点と，各自の専門性から判断した「開発活動の効果」が対立する時，後者を優先させることは十分にあり得る．

4-3 考　察

　上で見たように，いわば国益実現の手段として，日本が世界銀行を能動的に活用する余地は大きい．そして，数多くの批判が示すように，世界銀行が必ずしも適切な政策をとってきたわけではない以上，議論の多元性を確保し，実際の活動をチェックするという意味では，日本が独自の開発理論を提示することの意義は，日本にとってのみならず，国際レベルで見ても重要であり，推進されるべきであろう．

　ただし，ここでの「国益」が，国際公益，具体的には開発の観点から見た望ましい効果の実現と対立するような場合は，どう判断すべきなのであろうか．例えば，国内の納税者との関係から，日本に利益をもたらすような活動，あるいは短期のうちに目に見える効果が上がるような活動が望まれるのは自然な流れである．しかし，日本がこのように「国益」を定義して世界銀行を活用したものの，国際公益の観点からは，現地のニーズと乖離し，長期的には負の影響をもたらすプロジェクトに融資してしまう可能性もある．もとより，はじめに見たように，「開発」が極めて規範的であり，多面的であるがゆえに，評価は常に論争的である．意図された変化の有無や度合いをどの時間軸で測るのか，という困難な問いに対する回答は存在しない．こういった開発の特質はしかし，活動を優先させて議論・思考を後回しにするような動きに結びつけるべきではない．むしろ，安易な「国益」論と結びついた対世界銀行政策に流れることへの注意を喚起するものとして受け止められるべきではなかろうか．

　「国益」の問題と関連して，日本人スタッフ数の増加が直ちに日本の影響力の増大に繋がるわけではない点も，世界銀行の活用方法に一考を促す．日本が建設的に世界銀行に対応するには，日本人スタッフ数の増加よりも，制度的なルート，つまり理事会の有効活用により力を入れて取り組むべきではないだろうか．世界銀行の政策を分析・評価し，それを踏まえた政策対応について，日本としての国際開発政策全体の見地も踏まえて，議論に参加することが求められてこよう．そのためには，国際レベルの議論に通じるような専門性を備えた人材が不可欠であり，このような人材の育成手段として，世界銀行における日本人スタッフの訓練を捉えるのが望ましいと思われる．

5. おわりに

本章では，国際公益および国益の観点から，可能な限り数値に依拠しながら世界銀行の活動を評価してきた．

国際公益の観点からは，知識と開発活動の2本立てで改革を進める世界銀行の動きを背景に，レトリックと現実の峻別に留意しながら分析を進めた．ここで明らかになったのは，明確な評価結果ではなく，むしろ評価することの困難さである．アウトプット・レベルでは，知的潮流と実践とが重なり合う部分も認められたが，オペレーション自体に対する改革の成果については，レトリック・レベルにとどまっているとの指摘もある．アウトカムについては，世界銀行自身による分析もあり，「質」への関心の増大が政策に転換されていることは認められるが，分析自体の客観性に疑問が残る．さらに，ミレニアム開発目標（MDGs）に関連するグローバルな指標を用いてアウトカムの分析を試みたが，指標自体の入手可能性が低いため，分析の精度に限界がある．加えて，多くの分野で，進展のスピードに問題があるとはいえ改善が認められるものの，これらが，世界銀行がMDGsの実現に合致した政策を展開したがゆえの結果である，と判断することは非常に難しい．

知識と開発活動との関係では，知識の分野における活動が目立つ一方で，知的活動を内実あるものとして実践に転換しているのかどうかは疑問が残る．世界銀行ではオペレーションを担う現場の意向が活動内容に大きな影響力を持つ点を鑑みると，この転換をもたらすには，開発活動を支える体系の改革が不可欠である．しかし，世界銀行の知的活動の「質」自体にも疑問が提示されるとともに，そこから次々と提示される新しい考えが，オペレーションの複雑化を招き，機能不全に陥らせている可能性も否定できないとされている [Fine, 2002；Pincus, 2002]．研究活動の重視が，国際公益の実現に直ちに結びつくとは限らないのである．その一方で，指標入手の困難性が示すように，一層の現状理解に向けた研究・調査活動が求められるのも事実である．国際公益に寄与するためには，知的側面と，実践の側面，両者のバランスをいかにとるべきかが，世界銀行にとっての大きな課題であろう．その際，世界銀行のあり方は，

被援助国との関係の中でこそ考えられるべきであり，被援助国による主体的な開発活動を目指して，自己の役割を定義する必要がある．

　今後の世界銀行の動向次第では，国際開発体制下において，MDGsを共通の目標として，各種のアクターによる開発問題への取り組みを有機的に結びつける牽引車の役割を果たす可能性も存在する．他の関係アクターとの対話に向けて，世界銀行がどれだけ開かれた組織であるのか，また，柔軟な対応を示した場合は，その対応を実践に反映させるだけの組織能力を備えることができるのか，が焦点となる．

　日本の国益の観点からは，日本が世界銀行を能動的に活用する余地の大きさが指摘できる．しかし，開発活動の特質ゆえに，安易な国益理解と結びつけば，国際公益と対立する可能性が常に存在することに注意すべきである．恐らく，現在の日本に重要なのは，第1に，自己の政策立案・執行能力を向上させる貴重な存在として，世界銀行を活用することではなかろうか．世界銀行と歩調を合わせるにせよ，日本独自の立場を選択するにせよ，世界銀行の経験に由来する情報や議論を踏まえて，より多元的かつ建設的に国際開発政策を展開することが求められている．そうすることで，必ずしも肯定的な評価ばかりではない世界銀行の政策に対しても，建設的な関与ができるのはなかろうか．

　これと関連して，第2点として，世界銀行との関係が，開発政策のみならず，国内政策から，国際的な経済秩序形成，アジアの地域主義など幅広い波及効果を持つことに留意すべきである．場当たり的な対応が，どこでどのような形で返ってくるのか分からない以上，長期的な展望と，隣接分野との関係を見据えた政策運営が求められている．ここでも，日本の能力の向上が最も必要であろう．ここでの能力とは，理事会への対応を担う財務省を中心とする政策能力であると同時に，JBIC・JICAといった関連機関やNGOなど，日本でも成長しつつある「開発共同体」全体の能力でもある．そして，政府の政策を判断する国民全体もまた，開発を巡る国益と国際公益の間の緊張関係をどう考えるのかという問題に応えることが求められている．

注
1) ただし，現在の国際機関による開発援助の先駆的な形態は，すでに第2次世界大戦

前に見られる [Rist, 1997].
2) 以下の借入資格・貸付条件は，http://www.worldbank.or.jp/01 tokyo/01 about_us/pdf_about_us/eligibility.pdf による．
3) 金利は市場金利よりもやや低い程度で，償還期間は15年から20年，返済が猶予される据置期間は，最初の3年から8年となっている．
4) 0%の貸付金利，40年または35年（ブレンド国の場合）の償還期限，10年の据置期間など．
5) IBRD設立基本条約第5条3項a，IDA設立基本条約第6条3項a．
6) IBRD設立基本条約第5条4項g，IDA設立基本条約第6条4項c．
7) その他の世界銀行グループの機構の長も兼任しており，グループ全体の長として位置づけられている．
8) IBRD設立基本条約第5条5項，IDA設立基本条約第6条5項．
9) Williamson [1990] 参照．
10) 3-2の(2)も参照．
11) 世界銀行内部の調査に加えて，アメリカ議会が任命した調査団の報告などに表れている．http://www.gsia.cmu.edu/afs/andrew/gsia/meltzer/Spanishedition 3.doc 参照．
12) http://www.worldbank.org 参照．
13) 世界銀行の予算年度は，前年の7月1日から当該年の6月30日までである．つまり，2002年の場合，2001年7月1日から2002年6月30日までが該当する．以下の年度はすべて予算年度を意味する．以下，表の値は，数値がないものは空欄とする．また，項目が新設された場合は，設置以前の年の値は「−」で示す．
14) その他，人間開発，インフラストラクチャー，民間セクター開発がある（2003年4月，質問に対する，世界銀行東京事務所からの回答より）．
15) MIGA，IFCのスタッフをより分けるのは極めて困難であるため，グループ全体の数を扱う．なお，スタッフ総数も，筆者が数えたものであり，誤差が含まれると思われるので，あくまでも目安として参照されたい．ディレクトリーは各年で数次刊行されており，なるべく参照する刊行月を揃えるようにしたが，入手できない年もあるのでこのような形となった．1997年は，世界銀行東京事務所にも，ディレクトリーが置いていない状況であり，数値は入手不可能であった．この点についても，世界銀行に問い合わせたが，直近の数値のみしか回答を得られなかった．
16) 構造調整のオペレーションについては，3-3の(1)も参照．調整貸付における貧困への対応は，次の3-2の(2)でも扱う．PSALの実績は，2000年度が4,000万ドル，2001年度が1億6,000万ドル，2002年度が20億400万ドルとなっている．なお，2002年は，このうち13億5,000万ドルがトルコに向けられている．
17) それ以前のデータは，年次報告に記載されているプロジェクトの名称から判断する必要があるが，名称のみでは不明なものが多いため，除くこととする．
18) 概略については，http://www.worldbank.org/hipc/about/hipcbr/hipcbr.htm 参

照．
19) 概略については，http://www.worldbank.org/poverty/strategies/overview.htm 参照．
20) PRSP 開始前に債務削減を受けることが予定されていた国は，暫定 PRSP の作成により，債務削減を申請できる．
21) 世界銀行の貸付における道具立てについては，http://www.worldbank.org/urban/forum2002/docs/koberle-pres.pdf 参照．PRSC の実績は，2001 年度が 4 億ドル，2002 年が 6,500 万ドルである．
22) 世界銀行東京事務所パブリックフォーラム「貧困削減戦略ペーパー（PRSPs）の進捗状況と現状」（2002 年 7 月 15 日）における，世界銀行からの配布資料による．地域別内訳は，PRSP については，サハラ以南アフリカが 12 カ国，ラテンアメリカ・カリブ海が 4 カ国，欧州・中央アジアが 1 カ国，東アジア・太平洋が 1 カ国となっている．
23) これは，貧困が近年重要性を増していることと呼応しているが，同時に，世界銀行が 10 年ごとに貧困に焦点を当てて『世界開発報告』を出していることとも関係する [Fine, 2001: 19]．
24) この論点を巡る議論については，Fine［2002］参照．
25) Finnemore［1997］によれば，すでに 1970 年代には世界銀行のレポートを参照するという慣行が確立されていた．
26) 財務関係に関しては，各年度の『年次報告』に，IBRD については損益計算表・貸借対照表，IDA については開発資金計算表・剰余金累計額変動表が記載されている．
27) 2002 年 12 月，スタンダード＆プアーズへの質問に対する回答より．
28) ドナー全体の援助を対象に，各国における効果を見たものとして World Bank ［1998］，White［1998］などを参照．
29) 詳しくは，"Road Map towards the Implementation of the United Nations Millennium Declaration," A/56/326. 参照．以下の一覧は，http://www.worldbank.or.jp/03agenda/05mdg_top.html より．
30) http://unstats.un.org/unsd/mi/mi_goals.asp より．これは，国別のデータ一覧となっている．
31) http://www.developmentgoals.org より．これは，世界全体・地域別のデータを扱っている．同ウェブサイトのデータは更新されることがあり，本章で示したデータは，2002 年 12 月時点で掲載されていたものであることを断っておく．
32) もっとも，データベースを共有して用いている場合も多い．
33) 各年の『世界開発指標』も参照したが，2002 年度版以外は後述の通り直接対応するデータは少ないため，もっぱら 2002 年度版の『世界開発指標』と World Bank［2002］, *2002 World Development Indicators*, CD-ROM, Washington, D.C.: World Bank を参照することとなった．
34) もっとも，データベースを共有して用いている場合も多い．

35) http://www.developmentgoals.org/Poverty.htm より．％で見た地域別の進展具合のデータは，図表から判断してある．以下の項目においても，世界銀行グループのウェブサイトを参照した地域別の数値は同様に，近似値として参照されたい．
36) World Bank [2002a] では，東アジア・太平洋と，南アジアのみ，1990 年と 2000 年のデータが比較できる．それぞれ，19% から 13%，64% から 49% に減少している．
37) http://www.developmentgoals.org/Poverty.htm より．
38) http://www.developmentgoals.org/Education.htm より．
39) World Bank [2002a] では，東アジア・太平洋と，ラテンアメリカ・カリブ海のみ，1990 年と 98 年の男女合わせたデータが比較できる．それぞれ，98% から 91%，89% から 97% に推移している．
40) http://www.developmentgoals.org/Gender_Equality.htm より．
41) World Bank [2002a] では，世界全体（85% から 87% へ），東アジア・太平洋（84% から 89% へ），欧州・中央アジア（90% から 88% へ），中東・北アフリカ（79% から 84% へ），サハラ以南アフリカ（79% から 80% へ）の 1990 年と 98 年のデータが得られる．
42) http://www.developmentgoals.org/Child_Morality.htm より．
43) http://www.developmentgoals.org/Maternal_Health.htm より．
44) World Bank [2002a] には，1990 年度の南アジアの値（39%）しか記載されていない．
45) http://www.developmentgoals.org/Hiv_Aids.htm より．
46) http://www.developmentgoals.org/Environment.htm より．
47) この点について，先進国側の市場の閉鎖性が途上国にもたらす影響を，EU と途上国の関係を例に分析したものとして，Steven et al. [1998] 参照．
48) ODA は，政府開発援助と訳すのが普通であるが，先進国の 2 国間 ODA のみならず，国際機関による多国間 ODA も含むので，ここでは公的開発援助と訳しておく．数値は，ODA 関係のデータベース，http://www.oecd.org/dataoecd/50/17/5037721.htm より．
49) Development Committee の報告書の 8 ページ，Box. 1 参照（http://worldbank.org/hipc/progress-to-date/Final_Full_Revised_Status_of_Implementation.pdf）．
50) データベースの違いにより，年度の区分や，約束額・支出額ベースの相違などから，厳密な比較はできないが，OECD の DAC のデータと併記したものを〈参考表〉に記しておく．いずれにせよ，他のアクターを考慮する必要は明らかであろう．
51) 第 3 章，および本章の 3-3 の (2) 参照．
52) 3-3 の (1) 参照．
53) PHRDF に関するデータは，1994 年以降の同基金の『年次報告』より（各表の出所を参照）．
54) 2002 年 12 月，財務省国際局開発機関課への問い合わせに対する回答より．PHRDF の運営が世界銀行に委託されていることの反映と考えられる．

〈参考表〉途上国への資金の流れ　　　　　　　　　　　　　　　　　（単位：百万米ドル）

	1990	1991	1992	1993	1994	1995
公的・民間資金全体（総支出額ベース）*	835829.1	929583.7	1007302.2	1217536.1	1392844.0	1155904.2
ドナー全体（約束額ベース）**	81312.9	77959.2	71533.1	71727.5	73562.2	74884.6
世界銀行（約束額ベース）***	20701.7	22685.5	21705.7	23695.9	20836.0	22521.8
	1996	1997	1998	1999	2000	2001
公的・民間資金全体（総支出額ベース）*	964536.9	919702.3	855952.9	620513.9	554104.6	341535.2
ドナー全体（約束額ベース）**	71560.1	61581.4	64678.9	67830.8	62130.8	61070.6
世界銀行（約束額ベース）***	21516.6	19146.7	28593.9	28995.5	15276.2	17250.6

*，**：http://www.oecd.org/dataoecd/50/17/5037721.htm より．***：本章の表2-6より．

55) その他の地域は，南アジアが13%，中央アジアが2%，東欧が7%，ラテンアメリカ・カリブ海は12%，サハラ以南アフリカが7%，中東・北アフリカが2%である（World Bank [2001b: 7]）．

56) 2001年の実績は，人間開発23%，都市開発12%，社会保護32%，農村開発22%，運輸・交通3%，インフラ7%，法と社会正義1%である（World Bank [2001b: 10]）．

57) http://www.worldbank.org/hipc/TrustFundNov 02.pdf より．

58) 2002年12月，国際協力銀行への問い合わせに対する回答による．

59) 承認額ベースかつ会計年度ベースでの2国間ODA実績値は，『ODA白書』からは得られないため，このような概算を施した．

60) 国際協力銀行によれば，構造調整融資の場合は，世界銀行もしくは相手国から本行の協調支援の可能性について打診・照会を受けたところで，世界銀行のミッションに同行するなどしてその後の対応を定めている．世界銀行との協調の方針を決めた時点で，それ以降の相手国政府との協議には可能な限り同席し，世界銀行スタッフとも協議のうえ条件を設定していく．個別のケースごとに関与の度合い等（たとえばミッションの回数やスケジュール）は異なると思われるが，随時世界銀行のミッションに同行し，ミッションに参加できない場合においても世界銀行の検討過程の文書を入手しコメントを伝えることで，国際協力銀行の見解を反映する機会を作ろうとしている模様である（2002年12月，JBICへの質問に対する回答から）．

61) 1993年の外務省経済協力局『我が国の政府開発援助』では，実施機関として，UNDPやイギリスのクラウンエージェンシーを活用することもあるとしているが，政策目標に鑑みて，世界銀行との関係で扱うことにする．

62) 2002年12月，JBICへの質問に対する回答から．例外として，東アジア金融危機の際に，緊急支援という観点から，無償援助は通常実施されないタイに対してノン・プロジェクト無償が供与されたり，アフガニスタン復興のため，借款を上回る規模の大規模なノン・プロジェクト無償が供与されたりする事例もある．

63) 近年の例では，世界銀行がジョルダンに設置したグローバル遠隔教育ネットワーク（Global Development Learning Network：GDLN）センターに対し，JICAが機材

供与と専門家派遣の形で関与したことが挙げられる．このセンターは，今後通信事業「J-net」の拠点として活用していく予定である（2002年12月，JICAへの質問に対する回答より）．

64) 世界銀行グループ・ディレクトリーの何月号を用いたかについては，表2-5参照．世界銀行の総スタッフ数に占める日本人の割合は，約2％が相場とされている模様である（2002年12月，財務省国際局開発機関課への問い合わせに対する回答より）．表2-36は世界銀行グループ全体の数値である上，日本人スタッフ数にしても，世界銀行全体のスタッフ数にしても，筆者が数え上げたため，誤差も生じていると思われる．1997年の世界銀行グループ全体のスタッフ数が不明なことについては，3-1の(2)および注15参照．
65) 2002年12月，財務省国際局開発機関課への問い合わせに対する回答より．出向中の給与は世界銀行から支給される．
66) 論点を纏めた後藤［1996］や，近年の経済研究である高坂・大野［2002］等を参照．
67) ここにあげた例に限らず，基本的に国際経済秩序は先進国主導で形成されてきた．
68) この点については，該当する分野での国際機関を扱った本書の各章を参照されたい．

参考文献

秋山孝允・秋山スザンヌ・湊直信［2002］『開発援助戦略の変遷と展望：世界銀行の動向と日本』国際開発高等教育機構．
石川滋編［1996］『開発協力政策の理論的研究』アジア経済研究所．
石川滋［1997］「市場経済発展促進的アプローチ」『開発援助研究』第4巻第1号，44-77頁．
大野泉［2000］『世界銀行：開発援助戦略の変革』NTT出版．
後藤一美［1996］「『構造調整』と『東アジアの奇跡』を超えて─開発運営のあり方に関する一試論─」『国際協力論集』第4巻第1号，101-135頁．
高坂章・大野幸一編［2002］『新たな開発戦略を求めて』日本貿易振興会・アジア経済研究所．
二宮正人［1999］「開発分野の国際機構」横田洋三編『国際機構入門』国際書院，第5章．
横田洋三［2001］『国際機構の法構造』国際書院．
Chambers, Robert [1997] *Whose Reality Counts?: Putting the First Last*, London: Intermediate Technology Publications.
Einhorn, Jessica [2001] "The World Bank's Mission Creep," *Foreign Affairs*, Vol. 80, No. 5, pp. 22-35.
Fine, Ben [2001] "Neither the Washington nor the post-Washington Consensus," in Fine, Ben, Costas Lapavitsas and Jonathan Pincus (eds.), pp. 1-27.
Fine, Ben [2002] "The World Bank's Speculation on Social Capital," in Pincus, Jonathan and Jeffery Winters (eds.), pp. 203-221.

Fine, Ben, Costas Lapavitsas and Jonathan Pincus (eds.) [2001] *Development Policy in the Twenty-First Century: Beyond the Post-Washington Consensus*, London: Routledge.

Finnemore, Martha [1997] "Redefining Development at the World Bank," in Cooper, Frederick and Randall Packard (eds.), *International Development and the Social Sciences: Essays on the History and Politics of Knowledge*, Berkeley: University of California Press, pp. 203-227.

Kapur, Devesh [2002] "The Changing Anatomy of Governance of the World Bank," in Pincus, Jonathan and Jeffery Winters (eds.), pp. 54-75.

Moore, Mick, Naazneen Barma, Suzane Dove and Anne Marie Goetz [2000] *How Good is the World Bank at Promoting Institutional Development?: Evaluating the Experience of I.D.A. Lending*, Draft Report of a Research Project Financed by Netherlands Trust Funds, May.

Nederveen Pieterse, Jan [1997] "Equity and Growth Revisited: A Supply-Side Approach to Social Development," *The European Journal of Development Research*, Vol. 9, No. 1, pp. 128-149.

Pincus, Jonathan [2001] "The Post-Washington Consensus and Lending Operations in Agriculture: New Rhetoric and Old Operational Realities," in Fine, Ben, Costas Lapavitsas, and Jonathan Pincus (eds.), pp. 182-218.

Pincus, Jonathan [2002] "State Simplification and Institution Building in a World Bank-Financed Development Piroject," in Pincus, Jonathan and Jeffery Winters (eds.), pp. 76-100.

Pincus, Jonathan and Jeffery Winters (eds.) [2002a] *Reinventing the World Bank*, Ithaca: Cornell University Press.

Pincus, Jonathan and Jeffery Winters [2002b] "Reinventing the World Bank," in Pincus, Jonathan and Jeffery Winters (eds.), pp. 1-25.

Ranis, Gustav [1997] "The World Bank Near the Turn of the Century," in Clupeper, Roy, Albert Berry and Francis Stewart (eds.), *Global Development Fifty Years after Bretton Woods*, London: Macmillan, pp. 72-89.

Rich, Bruce [2002] "The World Bank under James Wolfensohn," in Pincus, Jonathan and Jeffery Winters (eds.), pp, 26-53.

Rist, Gilbert [1997] *The History of Development: From Western Origin to Global Faith*, London: Zed Books. [Translated by Patrick Camiller]

Stevens, Christopher, Jane Kennan and Jenny Yates [1998] *Levelling the Field: Will CAP Reform Provide A Fair Deal for Developing Countries?*, A CIIR Discussion Paper, London: CIIR.

Wade, Robert [1996] "Japan, the World Bank, and the Art of Paradigm Maintenance: *The East Asian Miracle* in Political Perspective," *New Left Review*, No.

217, May/June, pp. 3-38.

White, Howard (ed.) [1998] *Aid and Macroeconomic Performance: Theory, Empirical Evidence and Four Country Cases*, London: Macmillan.

Williamson, John [1990] "What Washington Means by Policy Reform," in Williamson, John (eds), *Latin American Adjustment: How Much Has Happened?*, Washington, D.C.: Institute for International Economics, pp. 5-38.

Wolfensohn, James [1999] "A Proposal for A Comprehensive Development Framework." (http://siteresources.worldbank.org/CDF/Resources/cdf.pdf).

World Bank [1993] *The East Asian Miracle: Economic Growth and Public Policy*, Washington, D.C.: World Bank.（白鳥正喜監訳，海外経済協力基金開発問題研究会訳［1994］『東アジアの奇跡：経済成長と政府の役割』東洋経済新報社）

World Bank [1997a] *The World Bank Annual Report 1997*, Washington, D.C.: World Bank.

World Bank [1997b] *World Development Report 1997: States in a Changing World*, Washington, D.C.: World Bank.

World Bank [1998] *Assessing Aid: What Works, What Doesn't, and Why*, Washington, D.C.: World Bank.（小浜裕久・富田陽子訳［2000］『有効な援助—ファンジビリティと援助政策』東洋経済新報社）

World Bank [2001a] *2000 Annual Review of Development Effectiveness*, Washington, D.C.: World Bank.

World Bank [2001b] *Japan Social Development Fund Annual Report/Fiscal Year 2001*, Washington, D.C.: World Bank.

World Bank [2002a] *2002 World Development Indicators*, Washington, D.C.: World Bank.

World Bank [2002b] *The World Bank Annual Report 2002*, Vol. I, Washington, D.C.: World Bank.

World Bank [2002c] *Poverty Reduction and the World Bank: Progress in Operationalizing the WDR 2000/01*, Washington, D.C.: World Bank.

第3章
国連開発計画（UNDP）

元田結花

1. はじめに

　本章では，世界銀行とともに，国際開発体制において重要な地位を占める，国連開発計画（United Nations Development Programme：UNDP）を扱う．開発を活動内容とする以上，両機関で重なる部分は多い．重複を避けるため，適宜世界銀行の章で触れた議論を参照する形をとる．その一方で，両者の差異，特にUNDPならではの特質については，アクセントをつけて見ていく．

2. 組織・活動内容の概要とその特質

2-1 概　　要

　UNDPは，国連システムにおける開発援助活動の中心である．贈与ベースの技術協力を行う，国連最大の援助機関であると同時に，専門機関や他の国連機関が実施する開発援助活動を調整する指導的役割を担う．UNDPの総裁は国連開発グループ（United Nations Development Group：UNDG）執行委員会の議長でもあり，共同の政策策定・意思決定の促進，プログラム調整の推進，管理の効率化が求められている．また，総会からの委託により，国連婦人開発基金（United Nations Development Fund for Women：UNIFAM），国連ボランティア（United Nations Volunteer：UNV）などの各種特別基金を管理している．

　組織的には，UNDPは国際連合の自律的補助機関であり，経済社会理事会および総会を上位機関とし，その管理下に運営されている[1]．UNDPの政策お

よび活動を直接に管理・運営するのが，政府間機関である執行理事会（Executive Board）である．UNDP の全般的な資金配分の決定や，カントリー・プログラムやプロジェクトの審査・承認，事務局予算の承認，UNDP の管理・運営に関する一般的政策決定，などの権限を有している［二宮，1999：177-178］．理事は現在 36 カ国であり，年 1 回の年次総合に加え，年 2 回の定例会合が行われるが，意思決定方式は多数決とされているものの，慣行としてコンセンサスになっている[2]．

執行理事会の決定に従って，事務局が実際に業務を執行する．総裁の管理・運営の下に，ニューヨーク本部と 132 に及ぶ常駐代表事務所（以下，常駐事務所とする），6 カ所の連絡事務所からなる，国際連合システム最大のネットワークが展開されている[3]［秋月，2000：76］．総裁は執行理事会に対して責任を負うとともに，最高責任者として事務局職員の任免や予算策定の権限を有する．人事面・財政面での自律性は，UNDP の特徴の 1 つである．

2-2 活動内容の特質

世界銀行の章で指摘したように，開発活動とは，現状変革に向けた意図的行為であり，外部からの介入形態をとる．目指すべき開発の内容は広範にわたり，かつ，規範的であるがゆえに論争的であり，理論と実践の繰り返しの中で変遷を遂げてきた．国際レベルにおける開発概念の変遷過程では，UNDP もまた，独特の役割を演じている．近年の動きで特筆すべきは，1980 年代に国際通貨基金（International Monetary Fund：IMF）と世界銀行が中心となって進めた構造調整政策がもたらす負の側面に注意を喚起し，「開発の社会的側面」への配慮を促したことである．UNDP の主張は 87 年の国連総会決議で採択されることになる[4]．社会的側面を重視する姿勢はさらに，90 年以降の『人間開発報告書』の発行に繋がり，主として経済的観点から世界状況を分析する『世界開発報告』に対して，人々の選択肢を拡大するプロセスとして開発を捉える「人間開発」（後に「持続可能な人間開発」：Sustainable Human Development）[5] の観点を導入している．その内容としては，①単なる経済成長にとどまらず，②経済成長による恩恵の公平な分配，③環境の再生，④人々への能力付与が挙げられる．特に，貧困層を優先し，彼/彼女等の選択肢および機会の拡大，参加の

促進への配慮が求められている[6]．同概念を反映させた指標が人間開発指標（Human Development Index：HDI）であり，経済指標に加えて，保健衛生・教育に代表される人間開発の多面性に目を配ろうとしている．持続可能な人間開発とセットになるのが，人間中心の開発（People-Centered Development）であり，人間は開発の手段であるだけではなく，目的としての側面が強調される［Ul Haq, 1998：Ch. 2, 3］．

　UNDPの掲げる開発概念が，1990年代を通じて顕著となった「開発のソフト化」と呼応しているのは明らかであり，95年の社会開発サミットにおけるコペンハーゲン宣言との共通点も認められる[7]．持続可能な人間開発はUNDP独自の考えではないが[8]，『人間開発報告書』の発行を通じて，「ワシントン・コンセンサス」とは異なる開発観として普及させた意義は大きい［Nicholls, 1999：157］．世界銀行・IMFのブレトン・ウッズ機関の理論と実践に対して，必要に応じた批判と代替案の提言を行ってきたとの解釈もある[9]［cf. Jolly, 2003：2］．ただし，持続可能な人間開発が依拠する，A. センが提唱した「人間の潜在能力」は，個々人に選択を委ねており，「ワシントン・コンセンサス」との親和性も高い［Gore, 2000：796］．したがって，世界銀行の開発理解が，「開発のソフト化」に対応していく一方で，UNDPも経済的新自由主義に合致する開発観を抱いており，両者は近接している[10]（*Ibid.*）．

　以上のような開発の実現に向けてUNDPは，無償援助を供与しているわけであるが，「技術協力」という供与様式に固有の特徴がある．世界銀行の章でも触れたが，技術援助は非常に広範なカテゴリーを扱う．特に，人的資源の不足や，脆弱な制度・構造に対する支援として期待されている[11]．しかし，一般に，技術援助は効果および効率性の面から，有効に機能しないという批判が多い[12]．その原因はもっぱら，目的と内容に関する検討が不十分な計画に基づいた活動にあるとされる．被援助国側は消極的な役割しか与えられず，ドナー主導のまま現地のニーズと乖離する傾向や［Bossuyt et al., 1995：23］，インプット志向が強く，何を達成できたのかではなく，ドナー側が何を提供できるのかを重視する傾向などが指摘されている［Berg, 1993：5；Fukuda-Parr, 1995：64］．当然，コストへの配慮も不十分となるが，特に国際専門家のコストが高いことは有名である[13]．

技術援助を巡るこれらの問題点は，UNDPにおいても認められ，いかに援助の効果を上げるのかが，次に見る改革の中で問題となった［Klingebiel, 1999: Part III/Ch. 2］。

2-3 改革の動き

1980後半以後，冷戦の終焉に伴い，東西対立を反映した従来の援助慣行の見直しが求められている。旧東欧・ソ連圏における政情不安や，経済移行への対応，アフリカをはじめ多発する地域紛争，民主化への動きなど，対応すべき問題も山積している［ODI, 1994］。国際連合自体が，冷戦以後の国際秩序で果たすべき役割が問われている中で，UNDPの存在意義も再検討の対象となっている。

具体的には，政策課題として，UNDPは上記の持続可能な人間開発と貧困撲滅を掲げている。その中でも特に重点項目として，①現在の国際開発における最重点項目である「貧困削減」を筆頭に，②1990年代前半を席捲した民主化以後の秩序形成とも絡む「民主的統治」，③頻発する紛争に対する「危機予防と復興」，④92年の環境サミット以後，国際開発の分野でも重要課題として定着した「エネルギーと環境」，⑤近年の発達を反映した「情報・通信技術」，⑥世界規模での対応が求められる「HIV/エイズ」，の6分野を定めている[14]。

これらの課題に取り組む際，財政基盤の強化と効率的・効果的な実施活動が，UNDPが組織面で抱える緊急課題である。国際連合システム全体が直面する資金難は，UNDPについても該当する。また，開発関係は各機関の間で類似の業務が錯綜している上に，UNDPが担当する「技術援助」という供与様式自体が，上述の通り効果が上がりにくいのである。

手続き面では，従来，UNDPは，5年サイクルのカントリー・プログラムの手法を用いていたが，任意拠出金の減少を背景に，活動の効率性を確保するため，3年サイクルの国別協力枠組み（Country Cooperation Framework : CCF）を採用するとともに，資源分配の目標をコア資金配分目標（Target for Resource Assignments from Core : TRAC）によって枠付けることになった［二宮，1998 : 181］。CCFは，UNDPとの対話の下，被援助国によって策定されるが，特に持続可能な人間開発の達成に焦点を当てながら，各国の優先課題を

定め，UNDPからの援助を選択するものである．その際，国家の能力を強化し，具体的に持続可能な人間開発と貧困層の生活向上に影響を及ぼすとともに，幅広い資源の動員を目指す[15]．TRACは，より現実的な資金配分の見取り図を描くために，コア・リソースの配分を定めるものである[16]．なお，改革の動きは現在も続いており，国別協力枠組み（CCF）は再びカントリー・プログラムの呼称に戻ったようである[17]．実際のカントリー・プログラムの編成に際しては，以上の枠組以外にも考慮すべきものが多い．たとえば，世界銀行の章で見たように，貧困削減戦略文書（Poverty Reduction Strategy Paper : PRSP）の進展や，ミレニアム開発目標（Millennium Development Goals : MDGs）の採択を受けて，UNDPもまた，これらに配慮する必要がある[18]．また，国連開発グループ（UNDG）に対応して，国連開発援助枠組み（United Nations Development Assistance Framework : UNDAF）を導入して，国連システムとして一致した当該被援助国の開発計画の立案作成を試みている［Klingebiel, 1999 : 193-204；秋月，2000 : 87-90］．

1998年には，やはり財政基盤を強化するために，UNDP全体の予算配分において，多年度資金計画フレームワーク（multi-year funding framework : MYFF）の導入を決定した[19]．各年度のドナーからの資金の調達目標を11億ドルとし，プログラムの目的と資源，予算と実際の効果の統合を図るとともに，普遍的かつ自発的な，多国間のグラントである点を維持し，コンディショナリティー（融資条件）は課さないままである．具体的には，2000年以降4年間のサイクルで定められ，戦略的成果フレームワーク（Strategic Results Framework : SRF）と，統合資金フレームワーク（Integrated Resource Framework）から成り立つ[20]．「結果重視」は一連のマネジメント体系の基本となり，1999年以降，『成果重視型年次報告書（Result-Oriented Annual Report : ROAR）』も出ている．

執行面に焦点を当てると，上述の活動の重点化に加え，低所得・低開発国への重点的な資源配分が目指されている．開発援助活動が現地のニーズに合致し，持続性を保てるように，活動の現地化も図られている．これは，能力構築の重視と，途上国自身が開発政策を実施する国内実施（National Execution）の重視，常駐事務所への権限委譲（分権化）という形をとる．国内実施の進展に伴

う波及効果としては、「良い統治」と「参加型開発」を通じた制度の強化が目指される［大平，1998：138-9］．現地の常駐代表（Resident Representative：RR）には、プロジェクトの承認権や、人事・行政に関する決定権に加え、被援助国とのコスト・シェアリング協定を締結する権限などが与えられている[21]［秋月，2000：82-85］．事務局の本部レベル及び現地レベル双方におけるUNDPの調整機能を強化し、国際連合システム、さらには国際開発体制全体の効果的かつ効率的な援助活動を進める試みもなされている．本部レベルでは、理事会が管理理事会（Governing Council）から執行理事会（Executive Board）に改編され、事務手続きの簡易化・迅速化が図られるとともに、先に見たように、UNDPの総長が国連開発グループ（UNDG）執行委員会の議長とされ、国際連合システムの調整機能を期待されている．現地レベルでは、国連常駐調整官制度（United Nations Resident Coordinator System）によって、現地における国連総長の代理である常駐調整官（Resident Coordinator：RC）には、通常はUNDPの常駐代表（RR）が任命される．近年は、人道援助の調整、自然災害と予防対策、平和維持活動、広報活動、国際基準の履行のフォローアップなど、権限の拡大と制度の強化が認められる[22]．

3. 国際公益の観点からの評価

3-1 インプット

1990年度以降の予算の変遷は、表3-1、表3-2の通りである[23]．UNDPは他の国連諸機関と同様、2年サイクルの予算となっているが、途中で分類体系が変更されているので、2通りの表が必要になる．

予算分類の変化に伴い、単純な経年の比較はできないが、表3-2は事業予算も含むものであり、変更点等を追うと、表3-1の内容は、表3-2のBの常駐事務所（Country Office）、本部（Headquarter）、Cの運営管理、Fの総和とほぼ対応している（付表参照）．該当する改革が本格化した1990年代半ば以降の動きを見ると、表3-1の94-95年度、96-97年度、表3-2の96-97年度、98-99年度はゼロ成長であり（付表では、96-97年度よりも、98-99年度と2000-01年度の方が減少している）、緊縮体制をとったことが分かる．今後の動きに

表 3-1　UNDP の予算の変

			1990-91			予算割当て概算
			予算割当て概算	予算外収入概算	総額/純額の概算総計	
I. UNDP の財源	A. UNDP の中心的活動（純額）		410.5	40.2	450.7	447.6
	B. プログラムサポート及び開発活動		66.8	23.7	90.5	101.3
	C. UNDP の財源の合計	予算割当て総額	508.3	63.9	572.2	580.8
		収入の概算	30.9	0.0	30.9	32.0
		予算割当て純額	477.3	63.9	541.2	548.8
II. 資金の財源			26.4	2.8	29.3	28.7
III. 総計	予算割当て総額		534.7	66.7	601.4	609.6
	収入の概算		30.9	0.0	30.9	32.0
UNDP の予算割当て純額			503.8	66.7	570.5	577.6

注：予算割当て概算（Appropriation Estimates），総額/純額の概算総計（Total Gross/Net
出所：DP/1991/49, Vol.1, DP/1993/45, DP/1995/51，より．
　　　UNDP Budget Proposals, showing Estimated Extrabudetary Income from External

ついては，微増した 2002-03 年度以降の動向を注目する必要がある．常駐事務所が占める割合は，データが得られる表 3-2 の付表が示すように，該当時期において約 40％ から 50％ へと増加しており，現地重視の姿勢が数値にも表れているといえる．

　コア・リソースとそれ以外のもの（いわゆるノン・コア・リソース）の比率は，表 3-3 のとおりである[24]．旧分類法の予算では，コア・リソースが 85％ 前後，それ以外が 15％ であるが，新たな分類では，資源全体を対象にした場合財源の使途（Use of Resources）が該当し，コア・リソースの比率の大幅な低下が認められる．表 3-1 と対応させた部分でも予算概算純額（Net Budget Estimates）が該当し，当初は約 80％ あったコア・リソースの比率が 72％ に低下している．

　これら予算の基盤となる実際の収入状況については，表 3-4 の歳入の部分が該当する．全体の傾向としては変動が大きいが，今後も再三減少傾向に転じるのか注目される．任意的拠出金の減少と，コスト・シェアリング（「費用分担」の項目）の増大が顕著であり，1996 年度を境に，後者が前者を凌駕するようになっている．

遷 (1990-97 年度)

(単位:百万ドル)

1992-93		1994-95			1996-97		
予算外収入概算	総額/純額の概算総計	予算割当て概算	予算外収入概算	総額/純額の概算総計	予算割当て概算	予算外収入概算	総額/純額の概算総計
53.5	501.1	341.2	73.7	415.0	338.0	81.7	419.7
37.8	139.0	170.7	6.3	177.0	178.2	6.9	185.1
91.3	672.1	549.6	80.0	629.6	554.2	88.7	642.8
0.0	32.0	37.6	0.0	37.6	38.0	0.0	38.0
91.3	640.1	512.0	80.0	592.0	516.2	99.7	604.8
4.0	32.7	24.8	4.3	29.2	22.6	1.8	24.5
95.3	704.9	574.4	84.4	658.7	576.8	90.5	667.3
0.0	32.0	37.6	0.0	37.6	38.0	0.0	38.0
95.3	672.9	536.8	84.4	621.1	538.8	90.5	629.3

Estimates).

Resources より.

　表3-5, 表3-6は, スタッフの分類状況を示す. ここでも1996-97年度を境に2種類の表が必要となる. それぞれ, 活動内容別とファンドの種類別に作成してある. 総数については, 94-95年度以降の人員削減が反映され, 96-97年度, 98-99年度と横ばいである. 2000-01年度に微増したが, 2002-03年度には再び減少している. さらに国際専門家数の減少が目立つ. 96-97年度までには760人前後に減少し, 以後でほぼ一定である (表3-6参照). しかし, そのグレード別のスタッフ数の割合を見ると, P-1からP-3レベルは減少し, P-4レベルは維持, P-5, D-1は増加している (Pは専門職, Dは幹部レベルである). つまり, グレードの高いスタッフの割合を高くした形で, 総数が減少しており, 専門性のある人材登用という試みが数字に表れていると思われる[25] (表3-7参照). また, 分類方法の違いにより単純な比較はできないが, 常駐事務所配属の形でUNDPの開発活動に従事する人材は, 90-91年度から96-95年度までは全体の77%前後, 96-97年度から2002-03年度が約80~82%となっている[26]. UNDPの中心活動に従事する国際専門家のうち, 常駐事務所に配属されるのは, 94-95年度までは約60%であるのに対し, 96-97年度以降は約70% (98-99年度は74%) に増加しており, 現地重視の動きが表れてい

表 3-2　UNDP の予算の変

			1996-97			1998-99		
			ドナー財源/現地の区別なし			ドナー財源/現地の区別なし		
			一般財源・資金	その他の財源・資金	合計	一般財源・資金	その他の財源・資金	合計
プログラムサポート	A.プログラム		1,133.0	1,751.1	2,884.1	1,135.0	1,986.6	3,121.6
	B.プログラムサポート	常駐事務所	208.1	51.7	259.8	210.2	57.3	267.5
		本部	70.5	26.2	96.7	60.7	29.2	89.9
		機関	207.8	39.4	247.2	87.5	39.4	126.9
		小計	486.4	117.3	603.7	358.4	125.9	484.3
	C. 運営管理		110.0	5.7	115.7	114.1	6.9	121.0
	合計		1,729.4	1,874.1	3,603.5	1,607.5	2,119.4	3,726.9
国連事業活動への支援	D. 常駐代表調整へのプログラムサポート		12.9	0	12.9	22.6	0	22.6
	E. UNV 特別基金		—	—	—	0	26.6	26.6
	F.	常駐事務所[1]	90.7	0	90.7	97.6	0	97.6
		UNDG 事務所	—	—	—	2.6	0	2.6
		UNV	34.8	34.1	68.9	29.4	4.0	33.4
		機関間調達サービス事務所	4.4	5.9	10.3	3.9	5.8	9.7
		小計	129.9	40.0	169.9	133.5	9.8	143.3
	合計		142.8	40.0	182.8	156.1	36.4	192.5
	総計		1,872.2	1,914.1	3,786.3	1,763.6	2,155.8	3,919.4

注：1)　1996-1997 には OUNS も入る。
　　2)　相手国政府によるコスト・シェアリング（Government cost-sharing）。
出所：DP/1997/23, p. 18, DP/1999/31, p. 11, DP/2001/21, p. 9 の UNDP Resource Plan のうち、財源の

付表：予算概算純額（Net

			1996-97			1998-99		
			ドナー財源/現地の区別なし			ドナー財源/現地の区別なし		
			一般財源・資金	その他の財源・資金	合計	一般財源・資金	その他の財源・資金	合計
プログラムサポート	B.プログラムサポート	常駐事務所	208.1	51.7	259.8	210.2	57.3	267.5
		本部	70.5	26.2	96.7	60.7	29.2	89.9
		小計	278.6	77.9	356.5	270.9	86.5	357.4
	C. 運営管理		110.0	5.7	115.7	114.1	6.9	121.0
国連事業活動への支援	F. （小計）		142.8	40.0	182.8	133.5	9.8	143.3
	合計		531.4	123.6	655.0	518.5	103.2	621.7
常駐事務所が占める割合（％）					39.7			43.0

注：出所は上の表 3-2 に同じ。

遷 (1996-03 年度)

(単位：百万ドル)

2000-01					2002-03				
ドナー財源			現地		ドナー財源			現地	
一般財源・資金	その他の財源・資金	小計	その他の財源・資金[(2)]	合計	一般財源・資金	その他の財源・資金	小計	その他の財源・資金[(2)]	合計
1,163.1	1,231.1	2,394.2	1,786.0	4,180.2	1,176.1	1,276.4	2,452.5	1,807.7	4,260.2
231.9	36.0	267.9	40.7	308.6	223.3	56.8	280.0	58.0	338.1
56.4	30.8	87.2	5.8	93.0	59.9	40.5	100.4	7.5	107.9
—	—	—	—	—	—	—	—	—	—
288.3	66.8	355.1	46.5	401.6	283.1	97.3	380.4	65.5	445.9
110.9	3.1	114.0	5.5	119.5	109.3	6.7	116.1	9.6	125.6
1,562.3	1,301.0	2,863.3	1,838.0	4,701.3	1,568.5	1,380.4	2,949.0	1,882.8	4,831.8
26.5	0	26.5	0	26.5	26.5	0	26.5	0	26.5
0	52.5	52.5	0	52.5	0	137.0	137.0	0	137.0
85.7	0	85.7	0	85.7	81.8	0.3	82.1	0	82.1
2.6	0.3	2.9	0	2.9	2.7	0	2.7	0	2.7
27.2	4.7	31.9	0	31.9	24.5	5.7	30.2	0	30.2
3.6	6.0	9.6	0	9.6	1.1	10.0	11.2	0	11.2
119.1	11.0	130.1	0	130.1	110.1	16.0	126.1	0	126.1
145.6	73.5	219.1	0	219.1	136.6	153.0	289.6	0	289.6
1,707.9	1,374.5	3,082.4	1,838.0	4,920.4	1,705.2	1,533.4	3,238.6	1,882.8	5,121.4

使途 (Use of Resources) 部分.

Budget Estimates)

2000-01					2002-03				
ドナー財源			現地		ドナー財源			現地	
一般財源・資金	その他の財源・資金	小計	その他の財源・資金[(2)]	合計	一般財源・資金	その他の財源・資金	小計	その他の財源・資金[(2)]	合計
231.9	36.0	267.9	40.7	308.6	223.3	56.8	280.0	58.0	338.1
56.4	30.8	87.2	5.8	93.0	59.9	40.5	100.4	7.5	107.9
288.3	66.8	355.1	46.5	401.6	283.2	97.3	380.4	65.5	446.0
110.9	3.1	114.0	5.5	119.5	109.3	6.7	116.1	9.6	125.6
119.1	11.0	130.1	0	130.1	110.1	16.0	126.1	0	126.1
518.3	80.9	599.2	52.0	651.2	502.6	120.0	622.6	75.1	697.7
		47.4					48.5		

表3-3 コア・リソースとそれ以外の比率

(単位%)

	1990-91	1992-93	1994-95	1996-97
コア・リソース	88.3	85.8	86.4	85.6
それ以外	11.7	14.2	13.6	14.4

	財源の使途(Use of Resources)				予算概算純額(Net Budget Estimates)			
	1996-97	1998-99	2000-01	2002-03	1996-97	1998-99	2000-01	2002-03
コア・リソース	49.4	45.0	34.7	33.3	81.1	83.4	79.6	72.0
それ以外	50.6	55.0	27.9	29.9	18.9	16.6	12.4	17.2
コスト・シェアリング	—	—	37.4	36.8	—	—	8.0	10.8

る[27]．一方で，UNDPの活動全体を対象とした国際専門家の分布状況に着目すると，常駐事務所で活動する割合は50％前後であまり変化がない．ファンドの種類別では，94-95年度までは全スタッフのうち約80％が常設ポストに

表3-4 収支状況

		1990	1991	1992	1993	1994	1995	1996
	Cf.) 約束された任意拠出金	1,041.8	1,030.2	1,079.4	901.1	967.4	904.2	849.3
歳入	任意拠出金	1,001.5	948.9	1,177.9	890.9	928.4	899.8	874.9
	費用分担	169.2	218.8	293.8	375.9	596.4	601.0	800.8
	その他	16.6	10.6	11.3	12.3	10.5	8.1	10.0
	雑費	174.3	61.6	45.3	71.6	106.5	115.6	100.4
	合計	1,361.6	1,239.9	1,528.3	1,350.7	1,641.8	1,624.5	1,759.1
歳出	プログラム歳出	1,043.2	1,133.9	1,026.7	1,031.0	1,036.5	1,014.2	1,231.0
	プログラム及び機関支援費用	118.0	136.8	125.5	93.4	82.9	59.5	53.3
	プログラムサポート及び開発活動	17.5	21.4	30.3	33.3	35.4	41.2	42.7
	国連の事業活動への支援	37.9	43.6	43.5	45.8	41.9	46.6	45.4
	2カ年予算	171.9	203.4	194.0	200.7	192.6	217.2	214.9
	2カ年サポート予算	—	—	—	—	—	—	—
	雑費							
	合計	1,388.5	1,539.1	1,420.0	1,404.2	1,389.3	1,378.7	1,587.3
差分 (歳入−歳出)		−26.9	−299.2	108.3	−53.5	252.5	245.8	171.8

注：プログラム及び機関支援費用：(Programme and Agency Support Cost)
出所：DP/1991/10/Add.2, DP/1992/12/Add.2, DP/1993/10/Add.2, DP/1994/10/Add.2, DP/
　　　DP/1997/16/Add.5, DP/1998/17/Add.7, DP/1999/15/Add.2, DP/2000/23/Add.2, DP/

就いていたが，96-97年度以降，各予算年度において比重が下がっている[28]．同様のパターンは，常設ポストに就いている国際専門家の割合や，常駐事務所勤務者の割合にも当てはまり，臨時ポストを利用することでポストの改編がかなり柔軟に行われていることを示唆する（表3-7参照）．

3-2　アウトプット

支出内訳については，表3-4を参照されたい．1990年代半ばまでは抑制傾向にあり，96年以降増加に転じるものの，99年からは再び減少している．予算分類方法の変更により，経年で追えるものは，UNDPの活動であるプログラム歳出と，他の機関への支援であるプログラム及び機関支援費用であるが，90年代半ばから，前者は増大傾向に，後者は減少傾向にある．

さらに，UNDPのプログラム活動の支出内訳を見ると，表3-8，表3-9，表3-10が得られる．表3-8では，やはり国際専門家への支出が多いことが明らかであるが，1992年をピークに，96年から99年までは35%前後となっていた．コスト削減が具体的に表れているのであろうが，2000年の伸びが一時的なものかどうか，今後の動向が注目される．96年から99年の外注の増加も，コストパフォーマンスを重視した改革の動きを反映していると思われるが，これも割合が半減した2000年以後の動きが問われてくる．

プログラムの実績については，本来は，セクター別の分類も対象とすべきであるが，現在公表されているものからはこのデータを得ることはできないため，ここでは，地域別内訳と，コスト・シェアリング（費用分担）の比率を挙げておく[29]．表3-9では，最貧国の多いアフリカは，重要地域とされながらも，一貫して減少傾向であるのに対して（アジア・太平洋も同様の傾向である），ラテンアメリカの伸びが目立つ．これはコスト・シ

（単位：百万ドル）

1997	1998	1999	2000
766.9	757.2	694.3	645.2
760.9	754.8	661.4	634.1
941.0	1,275.2	1,176.5	1,129.1
10.9	8.4	9.3	14.6
73.6	107.3	109.3	117.2
1,786.4	2,136.7	1,976.5	1,895.0
1,528.7	1,763.6	1,631.8	1,457.9
52.8	49.4	50.0	34.6
—	—	—	—
—	—	—	—
—	—	—	—
302.4	298.9	333.0	311.1
	7.9	2.0	38.9
1,883.9	2,119.8	2,016.8	1,842.5
−97.5	16.9	−40.3	52.5

1995/30/Add.2, DP/1996/18/Add.4, 2001/14/Add.3 より．

表 3-5　スタッフの配分

						国際専門職およびそれ以上のカテゴリー					
				総裁	副総裁	総裁補	D-2	D-1	P-5	P-4	P-3
活動内容別											
1990-91	UNDPの中心活動		常駐事務所	0	0	0	33	73	114	130	109
			本部	1	1	7	21	42	87	75	71
			小計	1	1	7	54	115	201	205	180
	UNDPのプログラムサポート及び非中心的活動			0	0	1	6	15	46	59	45
	総計			1	1	8	60	130	247	264	225
1992-93	UNDPの財源	UNDPの中心活動	常駐事務所	—	—	0	33	69	96	132	113
			本部	—	—	9	19	42	79	76	63
			小計	—	—	9	52	111	175	208	176
		プログラムサポートと開発活動		—	—	1	6	22	65	51	39
		合計		—	—	10	58	133	240	259	215
	基金の財源　総/純割り当て（額）			—	—	0	4	7	18	30	14
	総計			—	—	10	62	140	258	289	229
1994-95	UNDPの財源	UNDPの中心活動	常駐事務所	—	—	0	28	83	102	116	76
			本部	—	—	8	17	47	94	76	45
			小計	—	—	8	45	130	196	192	121
		プログラムサポートと開発活動		—	—	0	6	14	35	23	21
		合計		—	—	8	51	144	231	215	142
	基金の財源　総/純割り当て（額）			—	—	0	3	6	17	22	6
	総計			—	—	8	54	150	248	237	148
1996-97	UNDPの財源	UNDPの中心活動	常駐事務所	—	—	0	28	83	97	100	37
			本部	—	—	8	19	44	94	65	40
			小計	—	—	8	47	127	191	165	77
		プログラムサポートと開発活動		—	—	0	7	15	39	19	21
		合計		—	—	8	54	142	230	184	98
	基金の財源　総/純割り当て（額）			—	—	0	3	6	15	21	6
	総計			—	—	8	57	148	245	205	104

状況 (1990-97 年度)

(単位：人)

P-2/1	合計	一般職カテゴリー				合計	現地スタッフ区分			総計
		現地サービス	シニアレベル	その他のレベル	マニュアル		現地職員	現地スタッフ	合計	
39	498	56	0	0	0	56	409	3,334	3,747	4,301
26	331	0	166	341	8	515	0	0	0	846
65	829	56	166	341	8	571	409	3,338	3,747	5,147
13	185	2	47	197	0	246	3	69	72	503
78	1,014	58	213	538	8	817	412	3,407	3,819	5,650
48	491	47	0	0	0	47	445	3,446	3,891	4,429
21	309	0	178	265	10	453	0	0	0	762
69	800	47	178	265	10	500	445	3,446	3,891	5,191
13	197	0	59	207	0	266	60	60	120	583
82	997	47	237	472	10	766	505	3,506	4,011	5,774
1	74	2	13	52	0	67	3	9	12	153
83	1,071	49	250	524	10	833	508	3,515	4,023	5,927
41	446	0	0	0	0	0	495	3,332	3,827	4,273
17	304	0	186	231	9	426	0	0	0	730
58	750	0	186	231	9	396	495	3,332	3,827	5,033
9	108	0	9	100	0	109	123	60	183	400
67	858	0	195	331	9	535	618	3,392	4,010	5,433
0	54	0	10	36	0	46	3	6	9	109
67	912	0	205	367	9	581	621	3,398	4,019	5,512
16	361	0	0	0	0	0	515	3,103	3,618	3,979
15	285	0	182	207	7	396	0	0	0	681
31	646	0	182	207	7	396	515	3,103	3,618	4,660
6	107	0	12	97	0	109	123	60	183	399
37	753	0	194	304	7	505	638	3,163	3,801	5,059
0	51	0	11	35	0	46	3	6	9	106
37	804	0	205	339	7	551	641	3,169	3,810	5,165

					国際専門職およびそれ以上のカテゴリー					
				総裁	副総裁	総裁補	D-2	D-1	P-5	P-4	P-3
ファンドの種類別											
1990-91	予算内	常設	1	1	8	60	128	219	210	170
		臨時	0	0	0	0	0	5	14	8
		合計	1	1	8	60	128	224	224	178
	予算外	臨時	0	0	0	0	2	23	40	47
	総計		1	1	8	60	130	247	264	225
1992-93	予算内	常設	—	—	10	61	132	212	208	163
		臨時	—	—	0	1	4	10	18	6
		合計	—	—	10	62	136	222	226	169
	予算外	臨時	—	—	0	0	4	36	63	60
	総計		—	—	10	62	140	258	289	229
1994-95	予算内	常設	—	—	8	51	139	206	190	103
		臨時	—	—	0	1	3	9	15	5
		合計	—	—	8	52	142	215	205	108
	予算外	臨時	—	—	0	2	8	33	32	40
	総計		—	—	8	54	150	248	237	148
1996-97	予算内	常設	—	—	8	54	137	202	158	59
		臨時	—	—	0	1	3	9	15	5
		合計	—	—	8	55	140	211	173	64
	予算外	臨時	—	—	0	2	8	34	32	40
	総計		—	—	8	57	148	245	205	104

注：＊1990-91年のUNボランティアは除いてある．
：UNDPのプログラムサポート及び非中心的活動（UNDP Proramme Support and Develotary），常設（Established），臨時（Temporary）．
出所：DP/1991/49, Vol.1, DP/1993/45, DP/1995/51 より．

ェアリング，特に被援助国政府によるコスト・シェアリングが多いためである．コスト・シェアリングの分を除けば，アジア・太平洋地域と並んでアフリカの比重が高くなる．コスト・シェアリング全体で見ると，1990年の11.9％から2000年の72％と，一貫して増加傾向にあることが分かる．なお，被援助国政府と第三者の比重は，90年代前半はかなり変動したが，後半は被援助国が8割から9割を占めている（表3-10参照）．

　現地化との関連で，国内実施の比率を見ると，表3-11からも明らかなよう

		一般職カテゴリー					現地スタッフ区分			
P-2/1	合計	現地サービス	シニアレベル	その他のレベル	マニュアル	合計	現地職員	現地スタッフ	合計	総計
54	851	57	162	378	6	603	372	2,872	3,244	4,558
0	27	0	1	22	0	23	0	0	0	50
54	878	57	163	400	6	626	372	2,872	3,244	4,608
24	136	1	50	138	2	191	40	535	575	902
78	1,014	58	213	538	8	817	412	3,407	3,819	5,650
60	846	46	170	323	8	547	459	2,884	3,343	4,736
0	39	0	2	32	0	34	0	0	0	73
60	885	46	172	355	8	581	459	2,884	3,343	4,809
23	186	3	78	169	2	252	49	631	680	1,118
83	1,071	49	250	524	10	833	508	3,515	4,023	5,927
43	740	0	145	234	6	385	551	2,734	3,285	4,410
1	34	0	1	25	0	26	0	0	0	60
44	774	0	146	259	6	411	551	2,734	3,285	4,470
23	138	0	59	108	3	170	70	664	734	1,042
67	912	0	205	367	9	581	621	3,398	4,019	5,512
13	631	0	145	206	4	355	571	2,505	3,076	4,062
1	34	0	1	25	0	26	0	0	0	60
14	665	0	146	231	4	381	571	2,505	3,076	4,122
23	139	0	59	108	3	170	70	664	734	1,043
37	804	0	205	339	7	551	641	3,169	3,810	5,165

pmentActivities and Non-Core Activities), 予算内 (Budgetary), 予算外 (Extrabudge-

に,1990年から2000年の間に著しい伸びを示している.これに対応して,国連本体に加え,UNDP,国連食糧農業機関 (FAO) といった,現地活動を行う国際機関の比重が低下しているのが目立つ.ただし,UNDPの比重低下については,国連プロジェクト・サービス機関 (United Nations Office for Project Services: UNOPS) がUNDPから独立した影響も多分にあると思われる.

最後に,2-2でも触れたが,UNDPの知的貢献について見ておく.表3-12は『人間開発報告書』の副題を示したものである.人間開発を軸に,参加,貧

表 3-6　スタッフの配分状況（1996-2003 年度）

（単位：人）

			国際専門職カテゴリーおよびそれ以上							現地専門職	一般職およびその他	総計
			USG/ASG*	D-2	D-1	P-5	P-4	P-3	P-1/2	Total		
活動内容別												
1996-97	プログラムサポート	常駐事務所	0	29	86	120	95	37	8	375	511	624	4,153
		本部	5	15	33	52	38	16	1	160	113	139	299
		合計	5	44	119	172	133	53	9	535	624	3,293	4,452
	運営管理		3	8	19	50	48	35	16	179	0	285	464
	国連の事業活動への支援		0	3	4	14	8	21	5	55	60	161	276
	総計		8	55	142	236	189	109	30	769	684	3,739	5,192
1998-99	プログラムサポート	常駐事務所	0	29	89	124	107	37	7	393	649	3,137	4,179
		本部	6	14	32	42	31	12	1	138	0	127	265
		合計	6	43	121	166	138	49	8	531	649	3,264	4,444
	運営管理		3	9	20	52	53	26	12	175	10	285	470
	国連の事業活動への支援		0	3	4	12	11	16	3	49	60	161	270
	総計		9	55	145	230	202	91	23	755	719	3,710	5,184
2000-01	プログラムサポート	常駐事務所	0	29	89	135	103	37	5	398	710	3,281	4,389
		本部	6	14	32	48	33	11	1	143	0	122	285
		合計	6	43	121	181	136	48	6	541	710	3,403	4,854
	運営管理		3	9	24	52	52	27	6	173	8	273	454
	国連の事業活動への支援		0	2	6	12	15	13	2	50	60	159	269
	総計		9	54	151	245	203	88	14	764	778	3,835	5,377
2002-03	プログラムサポート	常駐事務所	0	29	86	111	100	44	2	372	746	2,856	3,974
		本部	6	15	30	53	35	10	4	153	0	117	270
		合計	6	44	116	164	135	54	6	525	746	2,973	4,244
	運営管理		3	9	23	53	51	29	14	182	8	240	430
	国連の事業活動への支援		0	2	6	11	12	14	7	52	60	148	260
	総計		9	55	145	228	198	97	27	759	814	3,361	4,934
ファンドの種類別													
1996-97	一般財源		8	53	134	203	153	61	14	626	571	2,858	4,055
	プログラム向け他のリソース・財源		0	2	7	19	16	25	4	73	113	790	976
	送金に関する他のリソース/財源		0	0	1	14	20	23	12	70	0	91	161
	総計		8	55	142	236	189	109	30	769	684	3,739	5,192

		国際専門職カテゴリーおよびそれ以上							現地専門職	一般職およびその他	総計
		USG/ASG*	D-2	D-1	P-5	P-4	P-3	P-1/2	Total			
1998-99	一般財源	9	53	138	200	161	48	7	616	603	2,835	4,054
	プログラム向け他のリソース・財源	0	2	7	17	17	25	4	72	113	793	978
	送金に関する他のリソース/財源	0	0	0	13	24	18	12	67	3	82	152
	総計	9	55	145	230	202	91	23	755	719	3,710	5,184
2000-01	一般財源	9	53	138	199	152	45	7	603	606	2,819	4,028
	プログラム向け他のリソース・財源	0	1	13	35	23	25	2	99	172	924	1,195
	送金に関する他のリソース/財源	0	0	0	11	28	18	5	62	0	92	154
	総計	9	54	151	245	203	88	14	764	778	3,835	5,377
2002-03	一般財源	9	53	130	177	142	55	10	576	533	2,213	3,322
	プログラム向け他のリソース・財源	0	2	14	41	34	30	10	131	281	1,076	1,488
	送金に関する他のリソース/財源	0	0	1	10	22	12	7	52	0	72	124
	総計	9	55	145	228	198	97	27	759	814	3,361	4,934

注：＊事務次長/事務次長補．
出所：DP/1997/23, DP/1999/31, DP/2001/21 より．

表3-7　各基準で見たスタッフの配分状況

(割合：%)

		旧分類			新分類			
		1990-91	1992-93	1994-95	1996-97	1998-99	2000-01	2002-03
常駐事務所配属が全体に占める割合		76.1	76.7	77.5	80.0	80.6	81.6	80.5
国際専門家のうち，常駐事務所に配属された者の割合		49.1	45.8	48.9	48.8	52.1	52.1	49.0
UNDPの中心活動に従事する国際専門家のうち，常駐事務所に配属された者の割合		60.1	61.4	59.5	70.1	74.0	70.9	70.9
常設ポストの割合		80.7	79.9	80.0	78.1	78.2	74.9	67.3
常設ポストに就いている国際専門家がスタッフ総数に占める割合		15.1	14.3	13.4	12.1	11.9	11.2	11.7
常設ポストに就いている常駐事務所職員がスタッフ総数に占める割合		77.6	62.6	63.6	64.0	64.6	62.5	54.6
グレード別に見た国際専門家の割合	P-1/2	7.7	7.7	7.3	3.9	3.0	1.8	3.6
	P-3	22.2	21.4	16.2	14.2	12.1	11.5	12.8
	P-4	26.0	27.0	26.0	24.6	26.8	26.6	26.1
	P-5	24.4	24.1	27.2	30.7	30.5	32.1	30.0
	D-1	12.8	13.1	16.4	18.5	19.2	19.8	19.1
	D-2	5.9	5.8	5.9	7.2	7.3	7.1	7.2
	それ以上	1.0	0.9	0.9	1.0	1.2	1.2	1.2

表 3-8 支出項目別にみたプログラム実績

(単位:百万ドル,[ ] 内は% 表示による割合)

	1990	1991	1992	1993	1994	1995	1996	1997	1998	1999	2000
国際専門家	498.1 [47.8]	562.8 [49.6]	524.6 [51.1]	500.7 [48.6]	469.5 [45.3]	468.2 [46.2]	425.6 [34.6]	575.3 [37.8]	618.1 [35.0]	550.4 [33.7]	705.6 [48.4]
機材	200.0 [19.2]	187.6 [16.5]	147.9 [14.4]	157.3 [15.3]	166.0 [16.0]	160.3 [15.8]	217.0 [17.6]	287.5 [18.9]	336.6 [19.1]	306.2 [18.8]	270.2 [18.5]
外部委託契約	154.0 [14.8]	174.2 [15.4]	176.8 [17.2]	196.6 [19.1]	201.9 [19.5]	196.4 [19.4]	304.5 [24.7]	383.4 [25.2]	544.4 [30.9]	494.9 [30.3]	222.2 [15.2]
トレーニング (フェローシップ)	135.3 [13.0]	133.2 [11.7]	107.8 [10.5]	94.9 [9.2]	94.1 [9.1]	97.6 [9.6]	190.6 [15.5]	183.9 [12.1]	107.3 [6.1]	164.8 [10.1]	155.2 [10.6]
雑費	43.9 [4.2]	65.8 [5.8]	57.3 [5.6]	54.5 [5.3]	80.0 [7.7]	63.5 [6.3]	61.1 [5.0]	68.6 [4.5]	65.2 [3.7]	76.5 [4.7]	68.4 [4.7]
SPPD	—	—	—	11.7 [1.1]	9.3 [0.9]	12.4 [1.2]	11.9 [1.0]	11.2 [0.7]	12.1 [0.7]	14.6 [0.9]	18.0 [1.2]
STS	—	—	—	2.2 [0.2]	7.1 [0.7]	7.6 [0.7]	8.3 [0.7]	7.1 [0.5]	6.1 [0.3]	7.3 [0.4]	8.3 [0.6]
AOS (IPF-サブライン)	—	—	—	0.6 [0.1]	1.6 [0.2]	1.6 [0.2]	5.0 [0.4]	6.1 [0.4]	6.7 [0.4]	13.8 [0.8]	5.5 [0.4]
GCCC	9.7 [0.9]	10.3 [0.9]	12.4 [1.2]	12.5 [1.2]	7.0 [0.7]	6.6 [0.7]	7.0 [0.6]	5.6 [0.5]	4.1 [0.2]	3.3 [0.2]	4.5 [0.3]
合計	1,041.0 [100]	1,133.9 [100]	1,026.8 [100]	1,031.0 [100]	1,036.5 [100]	1,014.2 [100]	1,231.0 [100]	1,528.7 [100]	1,763.6 [100]	1,631.8 [100]	1,457.9 [100]

注:AOS:行政およびオペレーションサービス (Administration and Operational Service)
　　IPF:事業計画指標 (Indicative Planning Figure)
　　SPPD:政治的プログラム開発への支援 (Suport for Political Programme Development)
　　STS:技術サービスへの支援 (Support for Technical Service)
　　GCCC:相手国政府カウンターパート現金拠出 (Government Counterpart Cash Contribution)
出所:DP/1991/10/Add.2, DP/1992/12/Add.2, DP/1993/10/Add.2, DP/1994/10/Add.2, DP/1995/30/Add.2, DP/1996/18/Add.4, DP/1997/16/Add.5, DP/1998/17/Add.7, DP/1999/15/Add.2, DP/2000/23/Add.2, DP/2001/14/Add.3 より.

困問題,経済成長,ジェンダー,人権,グローバル化,人間の安全保障などの論点を扱っている.これらは,世界銀行の章での議論と同様に,国際レベルの議論の動向と,UNDPにおける議論の相互作用と見るべきである.現在,『人間開発報告書』および人間開発指数(HDI)関連指標は,『世界開発報告』と並んで参照されており,UNDPが発するメッセージの持つインパクトは極めて大きい.

「人間開発」を中核として,全世界を対象とした『人間開発報告書』に加え,UNDPは地域別・国別の人間開発報告書も作成している.2002年までに125近い国の報告が発行されており,これらは当該地域や対象国の開発に向けた政

表 3-9 プログラムの地域別支出状況

(単位:百万ドル,[ ]内は%表示による割合)

		1990	1991	1992	1993	1994	1995	1996	1997	1998	1999	2000
カントリー・プログラム/プロジェクト	アフリカ	314.3 [30.0]	343.0 [30.3]	289.2 [28.2]	241.8 [23.5]	183.0 [17.7]	178.9 [17.6]	242.5 [19.7]	286.8 [18.8]	258.2 [14.6]	234.5 [14.4]	167.5 [11.5]
	アラブ諸国	84.1 [8.0]	79.9 [7.0]	67.7 [6.6]	66.3 [6.4]	61.3 [5.9]	59.3 [5.8]	56.2 [4.6]	89.8 [5.9]	105.8 [6.0]	45.0 [2.8]	70.1 [4.8]
	アジア・太平洋	289.0 [27.6]	290.5 [25.6]	256.1 [24.9]	248.4 [24.1]	215.9 [24.1]	188.7 [18.6]	174.0 [14.1]	214.6 [14.0]	188.4 [10.7]	234.1 [14.3]	165.7 [11.4]
	ヨーロッパ・コモンウェルス諸国	11.7 [1.1]	9.9 [0.9]	7.9 [0.8]	9.6 [0.9]	12.4 [1.2]	19.7 [1.9]	36.7 [3.0]	53.5 [3.5]	68.4 [3.9]	76.4 [4.7]	89.5 [6.1]
	ラテンアメリカ・カリブ海	131.0 [12.5]	175.4 [15.5]	222.2 [21.6]	313.8 [30.4]	440.4 [42.5]	452.0 [44.6]	607.4 [49.3]	773.1 [50.6]	1026.4 [58.2]	921.2 [56.5]	861.5 [59.1]
	小計	830.1 [79.4]	898.8 [79.3]	843.1 [82.1]	879.7 [85.3]	912.9 [88.1]	898.5 [88.6]	1,116.7 [90.7]	1,417.9 [92.8]	1,648.1 [93.5]	1,511.2 [92.6]	1,354.3 [92.9]
国家間のプログラム/プロジェクト	地域	147.0 [14.0]	155.1 [13.7]	104.3 [10.2]	64.2 [6.2]	61.5 [5.9]	59.1 [5.8]	61.7 [5.0]	63.8 [4.2]	63.0 [3.6]	54.8 [3.4]	47.6 [3.3]
	地域間	37.6 [3.6]	46.5 [4.1]	40.9 [4.0]	41.8 [4.1]	34.8 [3.4]	28.8 [2.8]	28.3 [2.3]	16.6 [1.1]	13.2 [0.7]	13.1 [0.8]	11.9 [0.8]
	パレスチナ支援	4.4 [0.4]	4.0 [0.4]	6.5 [0.6]	3.7 [0.4]	2.8 [0.3]	—	—	—	—	—	—
	グローバル	17.2 [1.6]	19.3 [1.7]	19.6 [1.9]	29.1 [2.8]	17.6 [1.7]	21.2 [2.1]	17.4 [1.4]	24.7 [1.6]	35.2 [2.0]	49.4 [3.0]	39.7 [2.7]
	小計	206.2 [19.7]	224.8 [19.8]	171.3 [16.7]	138.8 [13.5]	116.7 [11.3]	109.0 [10.8]	107.3 [8.7]	105.2 [6.9]	111.4 [6.3]	117.3 [7.2]	99.2 [6.8]
合計		1,036.4 [99.1]	1,123.6 [99.1]	1,014.4 [98.8]	1,018.5 [98.8]	1,029.5 [99.3]	1,007.6 [99.3]	1,224.0 [99.4]	1,523.1 [99.6]	1,759.5 [99.8]	1,628.5 [99.8]	1,453.4 [99.7]
GCCC		9.7 [0.9]	10.3 [0.9]	12.4 [1.2]	12.5 [1.2]	6.9 [0.7]	6.6 [0.7]	7.0 [0.6]	5.6 [0.4]	4.1 [0.2]	3.3 [0.2]	4.5 [0.3]
総計		1,046.1 [100]	1,133.9 [100]	1,026.8 [100]	1,031.0 [100]	1,036.5 [100]	1,014.2 [100]	1,231.0 [100]	1,528.7 [100]	1,763.6 [100]	1,631.8 [100]	1,457.9 [100]

注:GCCC:相手国政府カウンターパート現金拠出(Government Counterpart Cash Contribution)
出所:DP/1991/10/Add.2, DP/1992/12/Add.2, DP/1993/10/Add.2, DP/1994/10/Add.2, DP/1995/30/Add.2, DP/1996/18/Add.4, DP/1997/16/Add.5, DP/1998/17/Add.7, DP/1999/15/Add.2, DP/2000/23/Add.2, DP/2001/14/Add.3 より.

策対話の基礎となるばかりでなく,将来 UNDP が援助可能な分野を特定する指針にもなり得る[30] [Jolly, 2003:4].

UNDPはさらに,1994年と99年の『人間開発報告書』の中で,人間中心の開発理解に基づいた「人間の安全保障」の考えを提唱したが,これも広く受け入れられている[UNDP, 1994, 1999].「人間開発」は「人間の安全保障」よりも広義の概念とされる.つまり,「人間開発」が目指す「人々の選択の幅を拡大する過程」で,その選択権を妨害されることなく自由に行使し,将来で

表 3-10 プログラムにおけるコストシェアリングの実績

			1990	1991	1992	1993	1994
コスト・シェアリングを引いた実績	カントリー・プログラム/プロジェクト	アフリカ	304.3	330.4	278.8	221.3	169.4
		アラブ諸国	64.0	57.6	51.1	47.4	44.9
		アジア・太平洋	268.1	264.8	233.1	218.2	191.7
		ヨーロッパ・コモンウェルス諸国	10.5	8.1	7.3	8.1	10.1
		ラテンアメリカ・カリブ海	72.3	70.0	72.5	65.4	36.1
		小計	719.2	730.1	642.9	560.3	452.2
	国家間のプログラム/プロジェクト	地域	139.2	144.9	92.5	54.9	53.5
		地域間	32.4	30.1	28.2	30.2	29.3
		パレスチナ支援	4.3	3.7	6.5	3.7	2.8
		グローバル	16.8	19.0	19.1	28.3	17.2
		小計	192.8	197.6	146.3	117.0	102.7
		合計	911.9	927.7	789.2	677.2	554.9
	GCCC*		9.7	10.3	12.4	12.5	6.9
		総計	921.6	938.0	801.6	689.7	561.9
被援助国によるコスト・シェアリング	カントリー・プログラム/プロジェクト	アフリカ	6.3	6.5	5.4	6.8	5.0
		アラブ諸国	17.4	18.7	12.9	15.7	15.1
		アジア・太平洋	16.6	12.4	16.6	20.2	17.3
		ヨーロッパ・コモンウェルス諸国	1.1	1.5	0.2	1.3	1.0
		ラテンアメリカ・カリブ海	58.7	74.6	113.7	209.5	374.2
		合計	100.2	114.6	148.7	253.5	412.6
	国家間のプログラム	地域	1.8	0.6	0.8	1.4	0.9
		地域間			1.9	0.3	0.4
		パレスチナ支援					
		グローバル					0.1
		合計	1.8	0.6	2.7	1.8	1.4
		総計	102.0	115.2	151.4	255.2	413.9
	コスト・シェアリング全体において占める割合		81.9%	58.8%	67.2%	74.8%	87.2%
第三者によるコスト・シェアリング	カントリー・プログラム/プロジェクト	アフリカ	3.7	6.1	5.1	13.7	8.5
		アラブ諸国	2.8	3.6	3.7	3.2	1.3
		アジア・太平洋	4.3	13.3	6.4	9.9	6.9
		ヨーロッパ・コモンウェルス諸国	0.1	0.3	0.4	0.2	1.2
		ラテンアメリカ・カリブ海	0.0	30.8	35.9	38.9	30.1
		合計	10.8	54.1	51.5	66.0	48.0
	国家間のプログラム/プロジェクト	地域	5.9	9.6	11.0	7.9	7.2
		地域間	5.2	16.4	10.8	11.3	5.0
		パレスチナ支援	0.2	0.3			
		グローバル	0.4	0.3	0.6	0.8	0.4
		合計	11.7	26.6	22.3	20.0	12.6
		総計	22.5	80.7	73.8	86.0	60.7
	コスト・シェアリング全体において占める割合		18.1%	41.2%	32.8%	25.2%	12.8%
コスト・シェアリング(被援助国+第三者)が全体に占める割合	カントリー・プログラム/プロジェクト	アフリカ	1.0%	1.1%	1.0%	2.0%	1.3%
		アラブ諸国	1.9%	2.0%	1.6%	1.8%	1.6%
		アジア・太平洋	2.0%	2.3%	2.2%	2.9%	2.3%
		ヨーロッパ・コモンウェルス諸国	0.1%	0.2%	0.1%	0.2%	0.2%
		ラテンアメリカ・カリブ海	5.6%	9.3%	14.6%	24.1%	39.0%
		合計	10.6%	14.9%	19.5%	31.0%	44.4%
	国家間のプログラム/プロジェクト	地域	0.7%	0.9%	1.1%	0.9%	0.8%
		地域間	0.5%	1.4%	1.2%	1.1%	0.5%
		パレスチナ支援	0.0%	0.0%	0.0%	0.0%	0.0%
		グローバル	0.0%	0.0%	0.1%	0.1%	0.0%
		合計	1.3%	2.4%	2.4%	2.1%	1.3%
		総計	11.9%	17.3%	21.9%	33.1%	45.8%

注：＊GCCC：相手国政府カウンターパート現金拠出（Government Counterpart Cash Contribu-
出所：DP/1991/10/Add.2, DP/1992/12/Add.2, DP/1993/10/Add.2, DP/1994/10/Add.2, DP/1995/30/Add.5, DP/1998/17/Add.7, DP/1999/15/Add.2, DP/2000/23/Add.2, DP/2001/14/Add. 3 より．

			(単位：百万ドル)		
1995	1996	1997	1998	1999	2000
159.5	216.1	270.5	229.7	190.0	132.7
32.5	31.3	55.5	45.2	19.8	26.6
170.1	152.6	183.0	155.8	141.5	128.9
15.6	26.4	34.2	39.7	38.8	21.8
35.6	44.9	39.6	43.5	21.1	18.2
413.2	471.3	582.7	514.8	411.3	328.1
52.0	49.6	55.0	56.1	50.1	40.3
18.6	20.1	12.6	8.3	9.0	7.0
—	—	—	—	—	—
20.1	16.0	22.0	26.5	42.0	28.9
90.7	85.7	89.6	91.0	101.2	76.2
1493.9	557.1	672.4	605.8	512.4	404.3
6.6	7.0	5.6	4.1	3.3	4.5
510.6	564.1	678.0	609.9	515.7	408.8
3.5	7.2	5.1	5.4	5.3	7.5
23.3	20.9	25.3	49.0	37.8	37.2
11.3	9.5	15.1	12.9	19.6	14.4
2.6	2.2	6.7	12.1	8.2	24.8
396.0	547.4	709.5	964.5	864.3	782.5
436.7	587.2	761.7	1043.8	935.1	866.4
1.1	3.3	1.2	−3.3	3.5	
1.0	0.3	0.2	0.7	0.1	
—	—	—	—	—	—
0.7	0.9	0.5	0.7	0.3	
2.9	4.5	1.9	−2.0	3.9	
439.6	591.6	763.6	1041.9	939.0	866.4
87.3%	88.7%	89.8%	90.3%	84.1%	82.6%
16.0	19.2	11.3	23.2	39.2	27.3
3.5	4.0	9.0	11.6	−12.6	6.3
7.3	11.9	16.5	19.7	73.0	22.4
1.5	8.1	12.6	16.6	29.4	42.9
20.4	15.1	24.0	18.4	35.8	60.8
48.6	58.2	73.4	89.5	164.8	159.7
5.9	8.8	7.6	10.2	1.2	7.3
9.2	7.8	3.8	4.2	4.0	5.0
—	—	—	—	—	—
0.4	0.5	2.2	8.0	7.1	10.8
15.4	17.1	13.7	22.4	12.3	23.0
64.1	75.3	87.1	111.8	177.1	182.7
12.7%	11.3%	10.2%	9.7%	15.9%	17.4%
1.9%	2.1%	1.1%	1.6%	2.7%	2.4%
2.6%	2.0%	2.2%	3.4%	1.5%	3.0%
1.8%	1.7%	2.1%	1.8%	5.7%	2.5%
0.4%	0.8%	1.3%	1.6%	2.3%	4.6%
41.1%	45.7%	48.0%	55.7%	55.2%	57.8%
47.9%	52.4%	54.6%	64.3%	67.4%	70.4%
0.7%	1.0%	0.6%	0.4%	0.3%	0.5%
1.0%	0.7%	0.3%	0.3%	0.2%	0.3%
0.0%	0.0%	0.0%	0.0%	0.0%	0.0%
0.1%	0.1%	0.2%	0.5%	0.5%	0.7%
1.8%	1.8%	1.0%	1.2%	1.0%	1.6%
49.7%	54.2%	55.6%	65.4%	68.4%	72.0%

tion).
Add.2, DP/1996/18/Add.4, 4, DP/1997/16/

も現在の選択の機会が失われない確信を持たせるのが，「人間の安全保障」であり，両者は関連しつつも独立しているとされる[31]。しかし，実際のところ，この安全保障理解は，人間開発の基本である A. センのエンタイトルメント（権原）の議論と通底しており，具体的活動における両者の扱われ方が興味深い。UNDP 全体の活動については，セクター別の部類がないために分析できなかったが，この点に関しては以下の日本のところで触れる。

3-3 アウトカム

(1) 目的達成度：UNDP による自己評価

アウトカムについては，世界銀行の場合と同様，UNDP 自体によるプロジェクト・プログラムを対象とした評価報告の検討および，グローバルな指標に依拠した分析を行う。UNDP 自体の評価としては，2-3 でも触れた，1999 年より発行されている『成果重視型年次報告書（ROAR）』と，それに依拠する形で2000年より発行されている評価報告書（Development Effectiveness: Review of Evaluate Evidence）がある。経年で追えるデータを拾うと，2001 年度の評価報告書から，表3-13 が得られる。これによれば，結果重視型マネジメント（Result-Based Management）導入後は，プロジェクトの効果が増大している[32]。

ROAR は，戦略的成果フレームワーク（SRF）において表3-14 で示した6つの目的を定め，それらがいかに達成されたのかを，アウ

表3-11 実施主体別にみた，プログラム実施の割合

(単位：%)

	1990	1991	1992	1993	1994	1995	1996	1997	1998	1999	2000
国際連合	11.25	10.34	8.32	5.98	4.75	3.30	2.59	2.33	2.56	−1.34	0.82
ILO	6.41	6.62	8.45	5.00	3.29	2.56	1.48	1.61	0.86	0.69	0.78
FAO	16.83	15.28	12.59	9.19	6.58	4.82	2.71	2.15	1.35	1.10	0.69
UNESCO	3.15	2.87	2.12	1.75	0.94	1.07	0.69	0.63	0.54	0.56	0.53
WHO	2.38	2.28	2.04	1.50	1.37	1.37	0.92	0.79	0.53	0.69	0.14
ICAO	3.10	2.73	2.45	1.75	3.27	4.05	2.96	2.66	1.36	1.45	1.46
WMO	1.61	1.38	1.19	0.71	0.26	0.16	0.10	0.07	0.10	0.11	0.25
IAEA	0.26	0.13	0.05	0.10	0.13	0.13	0.08	0.09	0.08	0.03	0.03
IMO	0.52	0.49	0.34	0.26	0.08	0.04	0.00	0.00	0.02	0.00	0.01
ITU	2.60	2.21	1.34	0.71	0.42	0.45	0.26	0.17	0.12	0.07	0.07
UNDP	11.59	15.49	16.91	16.24	13.18	0.11	0.02	0.90	0.98	1.39	1.44
UNOPS	−	−	−	−	−	13.54	13.23	12.27	11.66	13.07	10.60
UNIDO	9.02	6.72	5.56	4.17	2.62	2.01	1.54	0.92	0.48	0.41	0.33
UNCTAD	1.61	1.22	0.96	0.87	0.85	0.53	0.32	0.25	0.15	0.25	0.24
UPU	0.30	0.24	0.21	0.14	0.06	0.02	0.03	0.03	0.01	0.00	0.00
世界銀行	7.05	6.71	6.20	4.41	3.33	2.32	0.94	0.55	0.07	0.06	0.08
EBRD	0.00	0.00	0.00	0.04	0.07	0.02	0.00	0.00	0.00	0.00	0.00
AfDB	0.11	0.11	0.03	0.02	0.03	0.04	0.01	0.01	0.01	0.00	0.00
AsDB	1.09	0.81	0.72	0.48	0.46	0.21	0.00	0.01	0.00	0.01	0.00
AFESD	0.14	0.11	0.12	0.00	0.38	0.08	0.05	0.04	0.04	0.00	0.00
ECA	0.76	0.98	1.04	0.29	−0.18	0.03	0.06	0.03	0.02	0.03	0.06
ESCWA	0.00	0.01	0.03	0.01	0.01	0.01	0.01	0.01	0.03	0.04	0.05
ESCAP	0.74	0.94	0.45	0.11	0.25	0.15	0.20	0.11	0.02	0.01	0.04
ECLAC	0.18	0.12	0.09	0.08	0.05	0.04	0.02	0.01	0.05	0.03	0.04
UNV	1.34	1.39	1.60	1.42	0.97	1.00	0.82	0.61	0.37	0.03	0.18
国内実施	11.99	15.24	22.98	39.39	52.59	57.81	68.25	71.68	77.00	79.11	79.81
UNCHS	1.97	1.63	2.33	2.12	1.83	2.03	1.23	1.11	0.86	1.06	1.00
WIPO	0.27	0.22	0.12	0.14	0.19	0.15	0.05	0.03	0.01	0.01	0.01
WTO	0.25	0.24	0.24	0.16	0.18	0.18	0.12	0.09	0.05	0.05	0.05
ECE	0.05	0.05	0.01	0.01	0.01	0.04	0.07	0.00	0.01	0.01	0.00
ITC	1.65	1.39	0.85	0.50	0.47	0.35	0.23	0.18	0.13	0.09	0.06
IFC	0.76	0.91	0.91	0.81	0.57	0.34	0.08	0.04	0.02	0.01	0.01
IMF	0.12	0.24	0.51	0.46	0.18	0.37	0.32	0.22	0.12	0.13	0.12
UNITAR	0.00	0.00	0.00	0.00	0.14	0.01	0.00	0.00	0.00	0.01	0.00
NGO（DEVNET）	0.00	0.00	0.00	0.00	0.00	0.01	0.02	0.05	0.15	0.31	0.80
小計	99.07	99.09	98.79	987.88	99.32	99.35	99.43	99.63	99.77	99.80	99.69
GCCC*	0.93	0.91	1.21	1.21	0.68	0.65	0.57	0.37	0.23	0.20	0.31
合計	100.00	100.00	100.00	100.00	100.00	100.00	100.00	100.00	100.00	100.00	100.00
プログラム実績総額（百万ドル）	1046.0	1133.0	1026.8	1031.0	1036.5	1014.2	1231.0	1528.7	1763.6	1631.8	1457.9

注： * GCCC：相手国政府カウンターパート現金拠出　(Government Counterpart Cash Contribution)
出所：DP/1991/10/Add.2, DP/1992/12/Add.2, DP/1993/10/Add.2, DP/1994/10/Add.2, DP/1995/30/Add.2, DP/1996/18/Add.4, DP/1997/16/Add.5, DP/1998/17/Add.7, DP/1999/15/Add.2, DP/2000/23/Add.2, DP/2001/14/Add.3 より．

トプットとアウトカムに分けて見ていく形を取る[33]。これらと2-3で述べたUNDPの重点項目や表3-13の副題一覧を合わせて見ると，SRFの6つの目的は，UNDPの政策課題に対応していることが分かる．ROAR自体が新しい試みであり，現在は1999・2000・01年のデータのみが入手可能であることに加え，各年度の報告書を比較する際に，対応したデータが揃っていないことも多い．経年で全体の傾向を分析するには，実績の蓄積と報告形態の定着を待つ必要がある．01年の実績を扱う02年度版の基調としては，結果を重視する傾向が数値にも表れ始め，多年度資金計画フレームワーク（MYFF），SRFなどの改革の成果が反映されつつある点に加え，UNDPがこれら6つの目的に向

表3-12 『人間開発報告』の副題一覧

| 1990：人間開発の概念と測定 |
| 1991：人間開発の財政 |
| 1992：人間開発の地球的局面 |
| 1993：人びとの社会参加 |
| 1994：「人間の安全保障」の新しい側面 |
| 1995：ジェンダーと人間開発 |
| 1996：経済成長と人間開発 |
| 1997：貧困と人間開発 |
| 1998：消費パターンと人間開発 |
| 1999：グローバリゼーションと人間開発 |
| 2000：人権と人間開発 |
| 2001：新技術と人間開発 |
| 2002：ガバナンスと人間開発 |

表3-13 プロジェクトの目的達成状況

(単位：%)

	プロジェクト・デザインの質				プロジェクトの持続性				制度建設の傾向			
	とても良い	良い	十分	低い	無回答	有	部分的	無	無回答	顕著	十分	不十分	無回答
1987-1991	3	14	46	27	10	12	43	23	22	12	54	21	13
1992-1998	18	29	31	17	5	48	26	22	4	33	40	23	4
1999-2000	24	39	27	10	0	65	21	13	1	41	34	25	0

	プロジェクトの適切性				プロジェクトの効率性				プロジェクトの有効性			
	部分的	適切	不適切	無回答	部分的	効率的	非効率的	無回答	部分的	有効	無効	無回答
1992-1998	6	80	13	1	33	38	15	14	19	37	35	9
1999-2000	11	87	0	2	25	60	0	15	22	60	1	17

	ターゲット・グループへのインパクト				環境へのインパクト				ジェンダーへのインパクト			
	＋	0	−	無回答	＋	0	−	無回答	＋	0	−	無回答
1992-1998	70	9	2	19	24	40	0	36	30	40	3	27
1999-2000	98	2	0	0	47	53	0	0	37	61	2	0

出所：UNDP [2001], Ch.3 より．

表 3-14　戦略的成果フレームワーク（SRF）における目標

① 持続可能な人間開発に達成に向けた環境構築：ガバナンス
　ア）持続的かつ公平な成長を目指した選択肢を拡大するための，国家・地域・グローバルの各レベルにおける対話
　イ）政府機関の能力強化
　ウ）地方における参加型統治と，強力な地元共同体や制度に依拠した社会的結合の増大
　エ）効率的でアカウンタブルな公共部門
② 貧困削減に焦点を当てた，戦略的な社会経済政策
　ア）国家政策枠組みにおける人間的側面・所得面での貧困対策
　イ）貧困層の財産基盤の拡大と保護
③ 人間的貧困を削減するための環境的に持続可能な開発
　ア）貧困層の生計手段と安全を改善するための，持続可能な環境管理とエネルギー開発
　イ）環境的に持続可能な開発に向けて，貧困層に有益な，地域レベル・グローバルレベルでの道具立て
④ 女性の地位の向上と，ジェンダー間の平等化の促進
　ア）すべてのレベルで，決定過程におけるジェンダー間の平等化
　イ）グローバルな方針の執行を通じた女性の地位の向上
⑤ 特別な開発状況
　ア）プログラム・カントリーにおける災害のリスク削減
　イ）危機が生起している国における，紛争予防・平和構築・持続可能な復興と移行
⑥ UNDPによる国際連合への支援の供与
　ア）グローバルな開発アジェンダの加速的進展
　イ）開発に向けた，協働的で，有効かつ効率的なオペレーション活動

けて果たす役割が（潜在的であれ）大きい点を指摘している［UNDP, 2002a］．参考までに，2000年および01年全体の傾向を示した指標を表3-15で示しておく．

　ROARは，評価の基準や手続きを明らかにした点で，評価できる．また，厳格な評価手続きに従っていると強調している．しかし，外部の手によって評価されていない以上，やはり自己評価であることには変わりない．評価の指標も各事務所からの報告の集積であり，個別のケースを追えば，「持続可能な人間開発」自体が多義的な解釈が可能なため，現地で実践に転換させる際にかなり混乱が生じているとの指摘もある［Nicholls, 1999］．したがって，この概念を中心に据えた評価は，解釈の幅が大きく，客観性にも疑問が生じやすいのではないか．同時に，アウトカムの定義自体が，どちらかと言えば限りなくアウトプットに近いものである．そこで，以下，国際的な開発指標を用いてアウトカムを分析していく．

表 3-15　ROAR に見る達成度

目標番号		2000 年				回答率
		アウトカム		アウトプット[*1]		
		正の変化	変化なし	完全又は部分的に達成	達成されず	
① 全体		54	46	92	8	98
下位目標	ア)	45	55	62	38	
	イ)	58	42	83[*3]		
	ウ)	61	39	88	12	
	エ)	58	42	83[*3]		
② 全体		60	40	68	32	90
下位目標	ア)	—	—	—	—	
	イ)	60	40	70	30	
③ 全体		64	36	64	36	87
下位目標	ア)	65	35	—	—	
	イ)	61	39	—	—	
④ 全体		77	23	74	26	77
下位目標	ア)	—	—	—	—	
	イ)	—	—	—	—	
⑤ 全体		53	47	69	31	40
下位目標	ア)	—	—	—	—	
	イ)	—	—	—	—	
⑥ 全体		54	46	57	43	92
下位目標	ア)	44	56	55	45	
	イ)	59	41	53	47	

目標番号	下位目標	細目	2001 年			
			アウトカム		アウトプット[*1]	
			正の変化	変化なし	完全又は部分的に達成	達成されず
①	ア)	細目なし（下位目標のみ）	64	36	54	46
	イ)	細目なし（下位目標のみ）	58	42	63[*3]	
	ウ)	細目なし（下位目標のみ）	60	40	78	22
	エ)	細目なし（下位目標のみ）	58	42	68	32
②	ア)	細目なし（下位目標のみ）	78	22	90	10
	イ)	細目なし（下位目標のみ）	78	22	90	10

目標番号	下位目標	細目	2001年 アウトカム 正の変化	2001年 アウトカム 変化無し	2001年 アウトプット[*1] 完全又は部分的に達成	2001年 アウトプット[*1] 達成されず
③	ア)	国家政策・法制度・規制枠組整備	71[*2]	29[*2]	85	15
		制度的枠組整備[*2]	65	35	77	23
		モニタリングと評価	73	27	96	4
	イ)	地域協力と協調	67	33	77	23
		国際的な決定への参加に向けた能力開発	64	36	83	17
④	ア)	細目なし（下位目標のみ）	82	18	95	5
	イ)	細目なし（下位目標のみ）	75	25	62	38
⑤	ア)	細目なし（下位目標のみ）	28	72	83	17
	イ)	細目なし（下位目標のみ）	72	28	92	8
⑥[*2]	ア)	MDGs達成に向けたRC制度下のリーダーシップ	44	56	79	21
	イ)	RC制度を通じた調整と協働	51	49	80	20
		現地事務所のない国連機関への支援	50	50	85	15

注：目標の①～⑥，ア)～エ)は，表3-14の①～⑥，ア)～エ)に対応．
*1 必要に応じて，weak targetで調整した値を採用．weak targetとは，各項目の諸般の事情を考慮して，達成されるべき最低限の基準を設けたもの．この基準を満たしているかどうかまで考慮することで，過大評価を防ぐのが目的とされる(DP/2001/14/Add.1, p.8)．
*2 の値は，グラフから判断したもの
*3 の値は，完全に達成された割合のみのもの．達成されなかった割合は不明なので空欄としておく．
出所：2000年度と2001年度のROARによる．

（2） グローバルな指標に依拠した検証

UNDPもまた，ミレニアム開発目標（MDGs）を基本目標として掲げている．2002年度の『人間開発報告書』では，MDGsに向けた各国の状況をチェックリスト形式で示している．達成度を計測する指標については，UNDPのホームページから国際連合の統計部門のデータ・ベースにアクセスして入手することになるが[34]，このデータからは世界全体あるいは地域別の傾向は把握できない．各専門機関による合同の報告書も出ているが[35]，表3-16に概略を示した通り，各機関の指標を寄せ集めた形をとり，時期・地域の分類や各国のグループ化の基準も統一されていないため，一貫した比較は困難である．同時に，指標数の多さに反映される開発の多面性と，関与アクターの多元性が分かる．

全体の傾向としては，世界銀行の章でMDGsに沿った指標を用いた分析と，この合同報告書の結論が重なる点も多い．したがって以下はUNDP独自の指

表3-16　各専門機関の合同報告書の概要

目標*	指標	1990年代の傾向	出所
貧困・飢饉の撲滅	1日1ドル以下で生活する人口	東アジア・南アジアの改善，中東欧は悪化．サハラ以南アフリカは変化なし．人口規模が最大なのは南アジア．以下，サハラ以南アフリカ，東アジアと続く．	世界銀行
	カロリー摂取が必要量に満たない人口	東アジア・南西アジアが最も改善．サハラ以南アフリカと南・中央アジアは，人口比で見ると変化はないが，実数で見ると増大．年間約0.4%の減少だが，MDGs達成のためには0.6%を目指す必要．	FAO
	栄養不良児（体重・5歳以下）人口	東アジアが最も改善（人口比で見て半減）．南西アジアの改善も顕著．ラテンアメリカ・カリブ海はもともと少なかったが，さらに減少．南・中央アジアは対象人口の約50%，サハラ以南アフリカは3分の1が栄養不良．全体として，農村部の方が都市部よりも50%ほど栄養不良児の割合が高い．	UNICEF
初等教育の完全普及	初等教育の実質就学率	全体として緩やかに上昇．1998年の時点で，サハラ以南アフリカの実績が最も低く，中央・東アフリカで57%，南西アフリカで63%となっている．	UNESCO
	第5学年を修了した児童の割合	全世界の約40%の国のデータのみ入手可能．また，「生存に必要な程度」の教育を目安にしているため，指標の定義自体も困難．データの不備により，地域間比較は困難．	UNESCO
	識字率（15～24歳人口対象）	1990年代を通じて，世界全体で，84%から87%に．2015年には91%に達する見込み．ただし，97%の東アジア・オセアニアから，68%の南アジアまで，地域差は大きい．	UNESCO
ジェンダー間の平等・女性のエンパワーメント	初等教育における就学率の男女比	途上国全体では，就学率は男子：女子で1：0.87（1998年）．南・中央アジアは改善傾向にあるが，0.79で最下位．サハラ以南アフリカは伸び悩み，また，各国間の格差も大きい．東南アジアは90年の0.94から98年の0.91に悪化．最も格差が少ないのが0.95のラテンアメリカ・カリブ海．	UNESCO
	中等教育における就学率の男女比	途上国全体では，就学率は男子：女子で1：0.82（1998年）．オセアニアと，特にラテンアメリカ・カリブ海では，男子より女子の方が高い就学率．南・中央アジアと西アジアは98年でも0.80以下．	UNESCO
	高等教育における就学率の男女比	途上国全体では，就学率は男子：女子で1：0.75（1998年）．特に格差が大きいのが，東アジア，南・中央アジア，サハラ以南アフリカとオセアニア．逆に，南西アジア，西アジア，ラテンアメリカでは，男子よりも女子の方が高い就学率．	UNESCO

目標*	指標	1990年代の傾向	出所
ジェンダー間の平等・女性のエンパワーメント	識字率（15〜24歳人口対象）の男女格差	世界全体で見て，非識字人口における女性の割合は1990年が63%（1億6,000万人），2000年が61%（8,600万人）であり，非識字率は低下しているが，男女格差は依然存在．特に南アジア，サハラ以南アフリカ，西アジアにおける格差が大きい．	UNESCO
	非農業活動における有給雇用への，女性のアクセス	69カ国についてデータ入手可能．全体的に，女性のシェア増大が著しい．女性が占める割合について，東アジアは約40%．各国間の格差が大きいのが，ラテンアメリカ・カリブ海（35〜50%），アフリカ（11〜40%），中東・北アフリカ（10〜48%）．	ILO
	政治的決定への女性のアクセス（国会議員に占める女性の割合）	世界全体で見ても平等達成にはほど遠い．2002年では，39%が女性議員である北欧が最高位で，以下，北欧を除く欧州のOSCE諸国（15%），アメリカ（16%），アジア（15%），サハラ以南アフリカ（13%），太平洋（13%），アラブ諸国（4%）となっている．ただし，サハラ以南アフリカと太平洋は，1990年はそれぞれ9%と5%であり，向上が著しい．	IPU
子供の死亡の削減	5歳以下の死亡率	世界全体では1990年の93から，2000年の83に減少．最も高いのがサハラ以南アフリカで（1990年が176，2000年が171），次いで南・中央アジア（1990年が125，2000年が96）．サハラ以南アフリカが最も成果が低く，HIV/エイズの蔓延も一因とされる．世界全体における5歳以下の乳幼児死亡人口の約半分が同地域におけるものであり，MDGs達成は，同地域の今後にかかっている．	国連人口局（UNICEF・WHO・世界銀行から）
	麻疹の予防接種	北アフリカ，ラテンアメリカ・カリブ海，東アジアは約90%の普及率（1999年）．ただし，90年と比較すると，前2地域が向上しているのに対し，後者は悪化．サハラ以南アフリカの低下も顕著で，南・中央アジアとともに，99年時点で，予防接種が有効であるために必要とされる60%に満たない．	UNICEF
妊産婦の健康の改善	妊婦死亡率	1995年時点で，途上国全体では10万人中440人．サハラ以南アフリカが最も高く（同1,100人），南・中央アジア（同410人），南西アジア（同300人）が続く．前2地域はMDGsの達成は困難と予測される．ただし，保健制度が確立されていない国が多く，正確なデータの入手は困難．	WHO UNICEF
	専門家の立ち会いによる出産の割合	途上国全体で，1990年の42%から2000年の53%に改善．ただし，サハラ以南アフリカでは40%前後で伸び悩んだまま．西アジアも実績が低い．東アジア，東南アジア，北アフリカの改善は著しく，妊婦の約3分の2がアクセス確保．ただし，専門家の定義には解釈の余地がある．また，出産前後のケアも考慮する必要．	WHO UNICEF

目標*	指標	1990年代の傾向	出所
HIV/エイズ・マラリアなどの疾病の蔓延防止	HIV/エイズの感染率（15歳から24歳まで）	一般に，この年代の女子が感染に晒される危険性が高く，特にサハラ以南アフリカでは8.4%に及び（1999年，男子は4.2%），そのうち約3分の2が15歳から19歳である．	UNAIDS
	HIV/エイズの予防手段の普及	避妊による予防の普及は，1990年の57%から2000年の67%に改善されていると推測される．避妊が最も効果的だが，制度的な裏づけと，女性が生殖の権利を選択できる状況にないと機能しない．HIV/エイズに関する知識不足が著しいため（たとえば，サハラ以南アフリカでは，10代の約半数が外観からは判別できない病気であることを知らない），この点に関するデータが今後の調査対象に．	UNAIDS UNFPA UNICEF WHO
	HIV/エイズによって孤児となったこどもの人口	1994年から98年までの間に，10歳から14歳の就学人口における，非孤児に対する孤児の割合は，調査対象国間でも格差があり，アフリカが35%から88%，アジアが78%から93%，ラテンアメリカ・カリブ海が76%から84%となっている．	同上
	マラリアの罹患率と，マラリアを原因とする死亡率	全世界で最大5億人の罹患者数が推測されており，毎年最低でも100万人がマラリアで死亡しているとされる．2000年では，0歳から4歳の乳幼児10万人あたり，途上国全体で166人が死亡．圧倒的に多いのがサハラ以南アフリカの791人で，北アフリカの47人，西アジアの26人と続く．	WHO UNICEF
	マラリアの予防	最も感染者の多いアフリカを中心に，ベッド用防虫ネットの普及に力点．24ヵ国の調査の中で21ヵ国において，ネットを使用している5歳以下の乳幼児は5%に満たないとされる．また，マラリアと診断された場合の処置も不完全．対策としてRoll Back Malariaプログラム（本書第8章参照）実施．	WHO UNICEF
	結核の罹患率と，結核を原因とする死亡率	罹病率は，2000年で途上国全体において10万人中147人．南西アジアの239人を筆頭に，サハラ以南アフリカの223人，オセアニアの217人，南・中央アジアの196人と続く．死亡率は，途上国全体で33人．サハラ以南アフリカの62人が最も多く，南西アジアの49人，オセアニアの42人，南・中央アジアの40人となっている．	WHO
	結核の予防	DOTSと呼ばれる一連の予防プログラムを，2000年の時点で148ヵ国にて実施中．目標とされる実施成功率は85%だが，1999年においては平均して80%である．実際の治癒率はもっと低く，薬に対する耐性ができてしまっている地域では死亡率も高い．	WHO

目標*	指標	1990年代の傾向	出所
持続可能な環境づくり	森林に覆われた面積	2000年において，全世界の森林面積は39億haで，その47%が熱帯雨林．1990年から2000年の間に，世界全体で毎年1,460万haの森林が消失するとともに，森林部で520万haが増加．熱帯雨林は毎年1,420万ha消失し（一方で190万ha増加），砂漠化の原因の97%を構成する．	FAO
	保護区域の面積	全世界における自然保護区域面積の割合は，1990年の7.5%（10億ha）から9.5%（10億2,800万ha）へ増加．	UNEP WCMC
	エネルギーの使用	1990年と99年を比較して，低所得国・上位中所得国は，15%エネルギー効率を改善．下位中所得国は購買力平価（PPP）で測った単位あたりGNPを生産するために必要なエネルギーを30%削減．高所得国は，エネルギー効率を20%改善．ただし，低所得国はPPPで1,000ドルのGNPを算出するのに325kgの石油が必要であり，高所得国よりも26%も多い．なお，商業目的のエネルギー使用量のデータしかないため，途上国において重要な非商業目的の使用量を扱えない点で限界あり．	世界銀行
	二酸化炭素排出量	世界全体で見て，1990年の60億9,600万メートルトンから，年1.01%の増加率で98年の66億800万メートルトンに．90年から99年は，移行経済諸国において41%の減少，北米・日本・西欧・オセアニアで7%の増加．途上国は，90年の20億1,000万メートルトンから30%増の27億5,600万メートルトンに増加．	UNFCCC
	オゾン層破壊物質—CFCs使用量	1986年の世界全体のCFCs使用量は潜在的に110万トンのオゾンを破壊(110万ODPトン)．モントリオール議定書に基づき，2000年には世界全体で14万6,000 ODPトンに減少．先進国での使用量は90万ODPトンから96年以後は2万4,000 ODPトン前後に減少．途上国の使用量は，95年以後やや減少するものの，12万5,000～13万ODPトンレベルであまり変わらない．ブラジル，中国，韓国の3国で途上国130カ国による使用量の50%を占める．	UNEP
	屋内の空気汚染（調理・暖房用固形燃料が原因）	2000年で，世界全体で150万人が屋内の空気汚染で死亡．固形燃料に依存する途上国において，特に女性とこどもにとってリスクは高い．90年代を通じて，途上国では人口の75%近くが固形燃料を利用．2000年は，サハラ以南アフリカとアジアでは人口の80%，北アフリカ・中東では40%が利用．ラテンアメリカ・カリブ海のデータは入手不可能．	WHO

目標*	指標	1990年代の傾向	出所
持続可能な環境づくり	安全な飲み水へのアクセス人口（全人口比）	世界全体では，1990年の77%から2000年の82%に改善．最も改善したのが南・中央アジアで，72%から85%に．オセアニアが最も低く，サハラ以南アフリカ，東アジア，東南アジアと続く．サハラ以南アフリカの場合は，改善状況も伸び悩んでいる．一般に都市部よりも農村部の方が改善速度は大きいが，依然として都市よりも劣悪な状況にある．	UNICEF WHO
	都市部における，改善された下水設備へのアクセス人口（全人口比）	世界全体で1990年の81%から2000年の85%に改善．最も低いのが東アジアと南・中央アジアであるが，両地域は改善も著しく，それぞれ56%から70%，52%から70%となっている．ただし，データの入手が困難なので，見積もりであり，正確性には疑問が残るとされる．	UNICEF WHO
	スラムにおける，安全な土地の権利へのアクセス	1993年の時点で，世界全体で24億5,400人が都市に居住し，そのうち約30%が安全が保障されていない居住環境にあるとされる．途上国全体で，都市人口の38%がスラムに居住し，特にアフリカでは56%に達するとされる．	UN-HABITAT
グローバルな開発パートナーシップの構築	ODA	ドナー全体のODAの減少．1990年と2000年を比べると，ドナーの国民総所得（GNI）に占めるODAの割合は，全体で，0.33%から0.22%へ減少．低所得国へのODAは0.1%にも満たず，近年は，0.05%に近い．アンタイド率は約60%から80%台に改善．基本的社会サービスが占める割合は，95-96年の約8%から，1999-2000年の約14%に．ただし，95年の社会開発サミットで掲げられた20%には至っていない．やはり90年と2000年で比べた陸封諸国や小さな島国への配慮は，GNIに占める割合で見るとそれぞれ13.3%から6.6%，5.3%から2.1%に悪化．	DAC, OECD
	関税非課税品目へのアクセス	全輸入量に占める関税非課税品目が増大し，途上国全体で1996年は47%，2000年は61%に（武器を除く）．低所得国でも，63%から72%に増大．	WTO
	繊維・衣料品に対する平均関税率の低下	繊維の場合，途上国で生産したものにかかる関税率が1996年の6.8%から2000年の5.8%へ低下．低所得国でも，5.4%から4.4%へ低下．衣料も，途上国全体で10.6%から9.8%へ，低所得国で8.0%から7.8%へ微減．	UNCTAD
	先進国による自国農業に対する保護・援助の低下	GNPに対する支援の割合（Total Support Estimates: TSE）は，先進国全体で，1990年の1.9%から2000年の1.3%へ微減．TSEが高いのは，日本とEU．	OECD
	債務状況	重債務貧困国（HIPC）イニシアティブの実施（本書第2章参照）．	IMF 世界銀行

目標*	指標	1990年代の傾向	出所
グローバルな開発パートナーシップの構築	若年層の失業率	1999年の時点で，世界全体で，全失業者数の41%にあたる6,600万人が若年層であり，これは95年から見て800万人増加しており，状況は悪化している．若年層の失業率は大抵の場合，成人失業率よりも高い．95年以降の情報が入手可能な途上国60カ国中，若年層の失業率が15%以上となっているのが41カ国，20%以上は34カ国である．	ILO
	男女別に見た若年層の失業率	情報が入手可能な97カ国で見ると（途上国・先進国合わせて），61カ国で女性の失業率の方が高い．特に，エクアドル，ガイアナ，スリナム，スペイン，イタリア，アルバニア，マケドニア，エジプト，パキスタンなどは，女性の失業率が男性よりも10%以上も高い．	ILO
	必須薬品へのアクセス人口（全人口比）	1990年代後半において，途上国の人口の65%が必須薬品へのアクセスを有する．南・中央アジアの44%とサハラ以南アフリカの47%が最下位レベルで，ラテンアメリカ・カリブ海が64%，それ以外の地域は70%台から80%台である．	WHO
	国別に見た，必須薬品へのアクセスレベル	途上国では，1987年と99年を比較すると，アクセスが低レベルの国は41カ国から28カ国へ減少し，中レベルの国は36カ国から59カ国に増加，高レベルの国は14カ国から25カ国に増加，極めて高レベルの国は16カ国から25カ国に増加．一方で，サハラ以南アフリカと南・中央アフリカでは，人口の50%がアクセスを欠く．また，アクセスのない人口全体の80%が低所得国に住む．	WHO
	HIV/エイズ関係の薬品へのアクセス	官民の協力の結果，過去2年間で抗レトロウィルス（ARV）の価格は95%の減少を見せる．10種類の抗レトロウィルス合成物がWHOの必須薬品のモデルリストに入る．	WHO
	情報伝達技術へのアクセス	途上国において，1990年と2001年を比較して，100人あたりの人数で見ると，電話回線・携帯電話利用者は，2.4人から16.8人へ，パーソナル・コンピュータ利用者は0.3人から2.4人へ，インターネット利用者は0人から2.8人へ増加．しかし，先進国はそれぞれ37.8人から96.3人へ，8.5人から32.5人へ，0.41人から30.3人へ増加しており，依然格差は大きい．	ITU

注：*ミレニアム開発目標（MDGs）と対応．
出所：筆者による作成．

標を中心に見る．

　まず，人間開発指数（HDI）の動向を見る．HDIは出生時平均寿命，識学率と就学率，1人当たりGDPや購買力をもとに算出される．表3-17に示したよ

表 3-17 人間開発指数（HDI）の変遷

	1992	1993	1994	1995	1997	1998	1999	2000
サハラ以南・アフリカ	0.39	0.38	0.38	0.39	0.46	0.46	0.46	0.47
アラブ諸国	0.64	0.63	0.64	0.64	0.63	0.64	0.65	0.65
南アジア	0.45	0.44	0.46	0.46	0.54	0.56	0.56	0.57
東アジア	0.62	0.63	0.65	0.68	0.71	0.72	―	―
東南アジア・太平洋	0.65	0.65	0.67	0.68	0.7	0.69	―	―
東アジア・太平洋	―	―	―	―	―	―	0.72	0.73
ラテンアメリカ・カリブ海	0.82	0.82	0.83	0.83	0.76	0.76	0.76	0.77
後開発途上国	0.34	0.33	0.34	0.34	0.43	0.44	0.44	0.45
途上国全体	0.57	0.56	0.58	0.59	0.64	0.64	0.65	0.65
東欧・CIS 諸国	―	0.77	0.76	0.76	0.75	0.78	0.77	0.78
先進国	0.92	0.91	0.91	0.91	0.92	0.89	0.90	0.91
全世界	0.76	0.75	0.76	0.77	0.71	0.71	0.72	0.72

出所：各年度の『人間開発報告書』より．

表 3-18 ジェンダー開発指数（GDI）の変遷

	1993	1994	1995	1997	1998
サハラ以南・アフリカ	0.37	0.37	0.38	0.45	0.46
アラブ諸国	0.51	0.54	0.56	0.61	0.61
南アジア	0.41	0.41	0.43	0.53	0.54
東アジア	0.61	0.63	0.67	―	―
東南アジア・太平洋	0.62	0.64	0.67	―	―
東アジア・太平洋	―	―	―	0.71	0.71
ラテンアメリカ・カリブ海	0.72	0.73	0.76	0.75	0.75
後開発途上国	0.32	0.32	0.33	0.42	0.43
途上国全体	0.53	0.56	0.56	0.63	0.63
東欧・CIS 諸国	―	0.75	0.74	0.75	0.77
先進国	0.87	0.86	0.89	0.92	0.89
全世界	0.60	0.64	0.74	0.70	0.71

出所：各年度の『人間開発報告書』より．

うに，1996年度のデータが欠如しているのは，98年に1度指標の見直しを行った際の，方法論の変更が背景にあると思われる[36]．したがって，経年での比較はかなり困難であるが，明らかなことは，サハラ以南アフリカと南アジアの停滞と，途上国・先進国間の格差の固定化であろう．特に，南アジアは，経済成長自体は堅調な傾向にあると世界銀行の章で指摘したが，社会的側面を考慮すると，世界的に見て後塵を拝しているのがよく分かる．

次いで，ジェンダー開発指数（Gender Development Index：GDI）を見る（表3-18）．ジェンダー別に指標を脱集積化して提示することは，ジェンダー間の格差を国際的な課題として議論の俎上に載せることに貢献した．GDI はこの脱集積化した指標のうち，HDI と同様の変数を用いて計測される[37]．世界全体での傾向が分かるデータは 98 年までである上に，ここでも 96 年が欠如して断絶があるため，経年での分析は困難である．しかし，やはりサハラ以南アフリカと南アジアの低さ，先進国と途上国の格差が目立つ．さらに，HDI とGDI の差は，ジェンダー間の格差を示しており，全体でも女性の地位の低さが分かるが，特にアラブ諸国の実績が低いことが指摘できる．

3-4 考 察

以下，上記のような UNDP の取り組みとその実績について，適宜世界銀行と比較する形で考察していく．

UNDP が多大な知的貢献をしたことは疑いない．ブレトン・ウッズ機関に対する，「人間開発」に基づく批判と代替案の提示は，今日に至る開発潮流の1 支柱となっている．しかし，「人間の安全保障」などは示唆に富む概念であるが，理論から実践への変換過程を看過すると，概念が独り歩きする恐れがある．この点，セクター別実績が分からないのは，UNDP の活動を分析する上で大きな制約となる．

アウトプットについては，まず，MYFF―SRF―ROAR と連なる，予算配分・計画立案・評価のサイクルをトータルに改革する動き[38]がある．財政のスリム・ダウンと人員削減，結果志向という目標に照らして，実際に成果が数字になって表れているものが多い．地域別に見ても，コスト・シェアリング分を除けばアジアとアフリカという，貧困問題の重点地域への資金の流れが確認できた．セクター別の割合が分からないので，「人間開発」以下の，UNDP が掲げる 6 大分野[39]への資金供与状況は不明である．しかし，成果重視型年次報告書（ROAR）の記述を見る限り，かなり目的志向の手続きが定着しつつあるように思われる．その一方で，加盟国からの拠出金は頭打ち傾向にあり，コスト・シェアリングの比重が高くなるなど，課題である財政基盤の強化には繋がっていない．事実，多年度資金計画フレームワーク（MYFF）の見通しでも，

2002-03年の収入は下方修正されている[40]．

　現地化の動きは，国内実施の増大に端的に表れている．常駐事務所の配属人数も，80％に及ぶ．ただし，国際専門家の問題は解決方向にあると思われるが，その他の現地での問題点——2-2で挙げた点——の多くは残ったままである［Klingebiel, 1999］．常駐調整官制度についても，制度運営は常駐調整官（RC）個々人の能力に依拠する点が多く，成果は一律ではない．さらに，緊急時において，国際連合の政治局（Department of Political Affairs：DPA）など，関連機関との間で指揮系統が混乱する危険性が懸念されている[41]［大平，1998：146-147］．その一方でUNDPの常駐代表（RR）がRCになるという制度は維持しながらも，RRに任命する際に，出向の形で外部から有能な人材を確保する方法も採用されている[42]［秋月，2000：89］．

　世界銀行・UNDPともに，現場が重要なのは言うまでもない．双方とも組織の分権化を進めているが，世界銀行については，スタッフのデータが入手できないため，具体的な動きが把握しにくい．ただ，世界銀行においては，総裁以下の知的部門と，現地事務所を中心とする活動部門との関係を見ると，結局は現場が操作可能性や有用性によって活動内容・方法を決定している側面が強いように思われる．UNDPは，分権化によって現場の能力・権限強化が進められているが，これが本部の政策担当部門との関係で，世界銀行に見られる緊張関係をもたらすことはないのであろうか．今回明らかになった情報では両機関を比較することはできないが，組織構造による比較分析は今後の課題として重要である．双方とも，現場では従来の方式が維持され，問題も依然残っていることが指摘されており，オペレーション自体の改革が困難なことが窺える．

　UNDPの制度改革については，以上から，かなり具体化されていることが分かる．しかし，世界銀行の場合と同様に，国際公益の観点からそれ以上の評価を行うのは困難である．まずアウトカムについては，UNDP独自のグローバルな指標で見ると，データそのものの限界もあって，あまり変化を把握することはできなかった．その中でなお，依然と続く南北格差の存在や，サハラ以南アフリカと南アジア（ジェンダーについてはさらにアラブ諸国を含む）の停滞が，国際社会の抱える問題の大きさを浮き彫りにする．

　現状に対してのUNDPによる関与については，寄与度が把握できない以上，

判断が困難となる[43]．なお，アウトカムにおいて，被援助国の役割が大きくなることは，世界銀行のところでも触れた．UNDPの場合，MYFF―SRF―ROARという新たな枠組みにおいても，コンディショナリティー（融資条件）は導入していない．コンディショナリティーはドナー側の発言力を増大させる上，ドナーによる強要という形で被援助国に不信の念を抱かせることも多い［Jolly, 2003：2］ことを考慮すると，世界銀行と比べると，被援助国の主体性を尊重するような関係を構築しやすい素地があるのではなかろうか．

目標達成で見れば，UNDP（を含む国連関係機関）は多くの予想に反して成功している点も多いとする見解や，UNDPの方が世界銀行よりも単位便益当たりのコストが低いとする見解もある（*Ibid.*）．ただし，この見解について

表3-19　日本による UNDP への拠出

			1990	1991	1992	1993	1994	1995
一般財源（対 UNDP）			86.7[*1]	90.0[*2]	91.7[*3]	96.1	100.1	105.1
国連総会によって設立された基金			2.9	2.0	3.9	2.0	5.3	5.0
その他のリソース・財源	費用分担	：対 UNDP	1.2	−0.4	2.3	2.4	2.5	2.1
		：対その他の機関	0.5	0.5	−0.5	0.0	0.0	1.8
	トラストファンド		3.1	4.6	5.5	17.7	46.9	20.3
	管理サービス取り決め（Management Service Arrangement）		—	—	—	0.0	1.6	1.8
	予算外（Extrabudgetary）		—	—	—	—	—	0.5
	特別活動（Special Activities）		—	—	—	—	—	—
	小計		4.8	4.7	7.3	20.1	51.0	26.5
合計			94.4	96.7	102.9	118.2	156.4	136.6
コア・リソースが占める割合[*4]			91.8%	93.1%	89.1%	81.3%	64.0%	77.0%
ドナー全体の拠出金に占める割合			8.2%	8.2%	8.2%	10.9%	13.1%	11.9%
ドナー間における日本の順位			6位	5位	5位	3位	1位	2位

注：＊1　DP/1991/47/Add., 1 p. 6 では，96.7 であるが，外務省によると 86.7 であるので，外務省の数務省経済協力局国際機関課からの回答より）．
　　＊2, ＊3　DP/1992/38/Add.1/Annex., p. 5, DP/1993/44/Add.1, p. 5 では，1991 年の値が 0，1992 と 1991 年が 90，1992 年が 91.7 なので，外務省の数値に従った．
　　＊4　外務省の説明から，外務省も一般財源をコア・リソースに分類していることが分かる．ノン・と思われるが，UNDP［2002b］が示すノン・コア・リソースの数値と一致しない．ここでは他 Review of Financial Situation の統計箇所に掲載されている数値を残しておく．
出所：DP/1991/47/Add.1, DP/1992/38/Add.1/Annex., DP/1993/44/Add.1, DP/1994/34/Add.1, DP/24/Add.1, DP/1998/29/Add.1, DP/1999/32/Add.1, DP/2000/29/Add.1, DP/2001/22/Add.1 より．

は，有償と無償の違い，技術援助とそれ以外の援助形態との関係など，考慮すべき点も多い．実際に検証するには，データの統一化に加え，プロジェクト・プログラムに関しては評価方法の標準化が必要である．今回の分析では，世界銀行・UNDPともに，適切なデータの不足によってアウトカムの把握が困難である上に，個別プロジェクト・プログラムについては効果の向上を指摘しているが，自己評価にとどまっているため，両者を比較することはできない．ここでも，データと手続き面での整備が急務となる．この点と関連して，既述の各機関による合同報告書自体が，データの不備を自覚し，適切な内容と使い勝手の良さを備えたデータ・ベースの構築に向けた第一歩と位置づけられているが，この動きは維持・推進されるべきものであろう．

4. 国益の観点からの評価

4-1 インプット

(1) 財政的資源

日本からの拠出実績は表 3-19 の通りである[44]．全体的に見て，UNDP への拠出総額が減少する中で，日本の拠出額は常にトップクラスとなっている．1990 年代後半には，コア・リソースの比重が低下しているが，裏を返せば，ノン・コア・リソースの比重も増大していることになる．その一方で各年での変動幅もある．ノン・コア・リソースの中には，日本が使途を指定できるものもあり，各年での実績の変動は，逆に，特定の対象に選別的に拠出しているとも解釈できる．

ノン・コア・リソースの地域別配分状況については，2000 年のデータが入手可能である．アラブ諸国が最も多く，全体の約

（単位：百万ドル）

	1996	1997	1998	1999	2000
	110.1	99.3	79.9	80.0	100.0
	4.8	4.8	10.0	6.6	5.7
	35.1	5.5	15.2	54.3	15.6
	0.3	—	—	—	—
	48.6	37.9	32.8	40.9	30.8
	1.8	0.0	1.7	26.8	42.0
	0.3	—	—	—	—
	—	0.0	0.0	0.0	1.3
	86.1	43.4	49.7	122.0	89.7
	201.0	147.5	139.5	208.6	195.5
	54.8%	67.3%	57.3%	38.3%	51.2%
	16.4%	14.3%	13.3%	19.5%	18.8%
	1位	1位	2位	2位	1位

値に従った（2002 年 12 月，質問に対する外務省による回答）．年の値が 181.7 となっている．外務省による

コア・リソースは，一般財源以外が含まれるのドナーと比較するので，各年度の Annual 1995/50/Add.1, DP/1996/28/Add.1, DP/1997/

43%を占めているが、中東和平プロセスへの進展に向けた援助が中心となっているためである[45][UNDP, 2002b：20]。

日本は執行理事会のメンバーであるが、ここでの議決はコンセンサス方式によるため、拠出額が投票権に反映される制度的な担保はない。また、確かに拠

表3-20 日本が拠出している主要基金・プログラム（2002年10月現在までの累積）

（単位：百万ドル）

設立年度	名称	項目	額
各種基金への拠出			
1999	国連人間の安全保障基金（国連内に設置）	タジキスタン和平プロセス支援 学校の改修（コソボ） 旱魃対策（インド） 地域活性化プロジェクト（東ティモール）	0.6 2.6 1.0 5.0
1996	日本UNDP人造り基金	南―南協力*	22.5
1995	日本女性と開発（WID）基金	ジェンダーと開発	15.0
1971	UNV信託基金（UNDPが管理）		27.5

テーマ別に見た拠出			
テーマ	活動内容	額	備考
民主的ガバナンス	総選挙支援（インドネシア） 民主化支援に向けた放送局再建（コソボ）	34.4 14.0	1999年 2000年
貧困削減	貧困層向けの融資プロジェクト（カンボジア）	0.2	日本WID基金からの拠出
危機予防と復興支援	パレスチナ支援プログラム 復興開発（東ティモール） ボスニア・ヘルツェゴビナ関連プロジェクト 平和構築（ルワンダ） 復興開発支援（アフガニスタン） 地雷除去のための能力構築・選挙支援（カンボジア） 再統合支援（ハイチ）	200.0 46.7 30.0 22.0 19.4 14.7 2.6	
エネルギーと環境	キャパシティ21への拠出	30.6	過去10年にわたる拠出の累積
開発のための情報・通信技術	開発のためのICT信託基金 Y2K対策 SIDネット	5.0 5.0 0.3	2001年10月設立 1999年 日本UNDP人造り基金からの拠出

注：*合計38プロジェクト実施。うち、TICAD枠組内での実施プロジェクト数は17。
出所：UNDP[2002b]より。

出額に比例した発言力の保持という傾向は認められるが，必ずしもそうとは言い切れない[46]．したがって，日本の見解がどのように反映されるのかは，日本が如何に議論に参加していくのかにかかっている．

　日本が具体的にどのようなプログラムに拠出しているのかについては，表3-20の一覧表に纏めてある［UNDP, 2002b］．なお，これは経年ではなく，基金の設立年度以降の累積実績であること，主要プログラムの例示であり，すべてをカバーしているわけではない点を断っておく．UNDPの重点項目と対応しながら，テーマ別に，幅広く拠出している．規模の大きさでは，紛争防止・再建を目的としたパレスチナ支援が目立つ．また，南一南協力はかねてから日本が進めてきたものであり，UNDPにおいても展開させようとしている[47]．

　第1章でも触れている通り，国連の人間の安全保障基金は，1999年に日本政府が設立し，2002年現在，日本は累計1億7,000万ドルを拠出している．人間の安全保障に取り組むプロジェクトであれば，すべての国連機関が同基金の活用を要請することが可能であり，UNDP内に設置されたものではない．UNDPは同基金を活用しており，主要なプロジェクトの総計は920万ドルに及ぶ．支援活動の内容が，「人間の安全保障」と結びつくことは理解できるが，和平プロセス支援から教育セクターへの一般的な援助――紛争地域における活動ではあれ――まで，対象となる活動は広範に及ぶ．人間の安全保障は多面的であるため，これは当然の結果ではあるが，事後的に「人間の安全保障」と分類することも可能であり，都合のよいラベルとなりかねない．また，実践面における「人間開発」と「人間の安全保障」の境界線も曖昧に思われる．

(2) 人的資源

　表3-21は，日本人スタッフの数を示している．拠出額に対する絶対数の少なさは周知の事実であるが，それでも1993年の35名から2002年の61名へ，約2倍に増えている．これはジュニア・プロフェッショナル・オフィサー（Junior Professional Officer : JPO）の採用増加による面が大きく，UNDP全体が人員削減を励行している中ではかなり伸びている．グレード的には政策決定の中枢を担う，P-4レベル以上の数は依然として少ないが，若手がキャリアを積むなかで，今後はP-4レベルも出てくるであろうとの見通しがある[48]．

表 3-21　日本人スタッフの数

(単位：人)

	D(幹部職)以上		P(専門職)		GS(一般職)		その他		JPO		総計	
	総数	女性	総数	女性	総数	女性	総数	女性	総数	女性	総数	女性
1993	3	—	20	—	2	—	—	—	10	—	35	—
1994	5	—	16	—	2	—	—	—	10	—	33	—
1995	3	—	15	—	2	—	—	—	9	—	29	—
1996	4	—	16	—	2	—	0	—	13	—	35	—
1997	5	—	14	—	2	—	0	—	15	—	36	—
1998	6	—	16	—	2	—	0	—	17	—	41	—
1999	6	—	18	—	2	—	8	—	25	—	59	—
2000	6	—	13	—	3	—	10	—	25	—	57	—
2001	6	3	14	6	2	1	8	6	28	21	58	37
2002	6	1	24	12	2	2	6	5	23	19	61	39

出所：外務省総合外交政策局，国際社会協力部，国連行政課，国際機関人事センターへの請求資料より．

(3) 国内組織体制

UNDPと日本国内の組織体制との関係については，日本が執行理事会のメンバーである点が重要である．これは国としてのポストであり，外務省が担当する．日本は理事会には毎回出席するが，各議題に向けた対処方針は外務省国際機構課の担当官1名が中心となって作成し，議題により省内他課との協議・調整を行っている．UNDPに対する拠出金はすべて外務省予算であることから，他省庁との協議は行われていないが，カントリー・プログラムに関しては国際協力機構（Japan International Cooperation Agency：JICA）にもコメントを依頼する[49]．

出向ポストについては，外務省とJICAからのものがある．2002年12月現在の外務省のポストは，本部の資金・戦略的パートナーシップ局特別顧問および，東京事務所の次席ポストであり[50]，JICAのポストは，アジア・太平洋局次長，資金・渉外局である[51]．

4-2　成　果
(1) 外交政策・活動

外交政策については，国際連合システムの開発活動の中心としてUNDPを

捉えれば，世界銀行の章でも指摘した，多国間援助特有のメリットに着目できる．すなわち，UNDPは，日本にとって，ドナーとしての影響力の増大とともに，実践面での効率性・有効性を維持・向上させるルートとして機能し得る．この観点からは，ノン・コア・リソースの活用は，日本にとっては機動的な資源活用のルートとなり得る．もちろん，上で指摘した南一南協力のように，日本が開発政策を国際的に提言する場としても機能し得る．

また，外交政策としての政府開発援助（ODA）という側面を捉えれば，UNDPに積極的に関わることによって，広義には国際協調を重視する対外的メッセージの強調にも繋がる．特定の分野では，いわゆる国連外交の窓口の1つとしてUNDPを活用し，国際連合システムにおける日本の存在感を提示することも考えられる．双方とも，これからの国際秩序に対して，日本が関与する方向性を考える際に，重要な手掛かりとなろう．

なお，世界銀行と比較すると，オペレーションの規模と財政基盤の違いから，世界銀行よりもUNDPにおいて，日本が占める役割は相対的に大きいと考えられる．また，担当省庁がUNDPは外務省，世界銀行は財務省という違いを反映してなのか，世界銀行に対する政策は，日本の国内経済政策・通商政策にも及ぶ形で開発理論から政策論までが展開されているが，UNDPに対しては，「開発」を巡る専門的な政策論よりも，外交の手段としてのODA，その一部である対UNDP関係として議論が進められる面が強い．ここから，外交目的と国際公益が対立した場合のバランスの取り方が問われてくる．

(2) 国際的決定への参加

国際的な開発理解の提示や，取り組むべきアジェンダの設定にいかに関与するのかによって，その国の発言力が大きく左右される点は，UNDPとの関係においても同様である．

日本の場合，ミレニアム開発目標（MDGs）の定式化と関連して，UNDPおよびUNDPに付随するネットワークを活用することで，日本を発信地とする国際的な合意の形成に寄与した例が挙げられる．1993年10月，日本は，アフリカ地域の貧困問題に対して協議すべく，UNDPを含む国際機関やアフリカのためのグローバル連合とともに，アフリカ開発会議（Tokyo International

Conference on African Development: TICAD) を東京で開催した．同会議の「東京宣言」は，自助努力の促進と，国際社会による取り組みの強化を謳い，96年5月の開発援助委員会（Development Assistance Committee: DAC）の新開発戦略[52]へと継承された[53]．この継承過程において，新開発戦略の定式化に向けて，日本は経済協力開発機構（Organization for Economic Cooperation and Development: OECD）に積極的に働きかけていたが，DACによる草稿は不適切なものであった．そこで，UNDPの人間開発報告事務所が非公式な形で，より具体的な提言を準備し，それが最終的に新開発戦略に帰結した［Jolly，2003：4］．当初は，新開発戦略はOECD・DAC関連で用いられる指標と見なされていたが，やがて国際連合および国連事務総長の関心を呼び，最終的には2000年のミレニアムサミットで採用されたMDGsの中核となった（*Ibid.*）．

(3) 国内政策の活性化・正当化

UNDPの場合も，世界銀行ほど明確ではないにせよ，分権化やグローバル化における経済運営の議論などは，国際的な潮流として日本の政策議論にインパクトを与えていると思われる．ただし，「持続可能な人間開発」の観点が，日本の国内政策，具体的には社会保障の側面などで引用されるのかどうかは疑問が残る．確かに，国際的な意味での「開発」を日本国内の問題として捉える姿勢は少ないであろう．しかし，「人々が，自らのニーズをより良く満たすことができるよう，彼/彼女の能力と選択肢を拡大するプロセス」という定義に立ち戻れば，国内政策の指針となる余地はある．「人間の安全保障」に至っては，途上国と先進国の別なく該当する概念とされている．したがって，具体的に何を意味するのかという問題はあるものの，これらの概念が，現在の日本における個々人の生活と，国際社会とを直接に結びつけ，国内政策と外交政策とリンクさせる糸口として機能する可能性はある．

(4) 手段的価値

日本の国際開発政策については，世界銀行の場合と同様，UNDPとの関係を通じて，能力面および活動の「質」の面において，国際開発政策の進展を促すことが可能であろう．人材育成と情報収集は，国際性を伴った現場で行うの

が最も効果が上がる．特に，UNDPにおけるジュニア・プロフェッショナル・オフィサー（JPO）の増加にも表れている通り，まだキャリアが浅い人材にとって，UNDPは比較的採用されやすい国際機関であろう．実際問題として，大学院修士号取得レベルの専門性を有していても，それだけで中核的な仕事を担えるわけでない．多くの場合，プログラム・オフィサーといった形で，常駐事務所の行政面を担当してキャリアを積み，次へのステップ・アップ——別の国際機関やNGOへの就職なり，博士号取得のための大学院進学なり——を図る．この点，UNDPは常駐事務所が多く，かつ，「調整」を組織の任務とする以上，行政面の仕事が多いため，格好の窓口となり得る．

4-3 考　察

以上から，UNDPの場合もまた，国益実現の手段として，日本が能動的に活用する余地は大きい．しかし，「国益」と国際公益の対立がここでも考えられる．すでに世界銀行のところで指摘した問題に加え，ノン・コア・リソースの戦略的活用などは，両刃の剣となり得る．すなわち，日本が独自の問題関心・利害関心でノン・コア・リソースへの拠出金を増やす場合，それがUNDPの財政的な自律性を損ない，対象国のニーズよりも日本の利益が優先されたプロジェクトを強要する可能性を含んでいる．

相手の視点を軽視する姿勢が，国益・国際公益双方に反する危険性を孕む極端なケースとして，政治の道具としてODAが汚職の対象となる場合についても触れておく．汚職とODAは，マルコス疑惑以来，広く流布したイメージであろうが，近年もまた，鈴木宗男元国会議員を巡ってそのイメージが強まっている．汚職の場合，現地の開発を損ない，国際公益に反するのみならず，相手国における日本のイメージ・評価までをも悪化させ，国益に反することも考えられる．もちろん，多国間援助であるUNDP経由の援助の場合は，2国間の場合よりも個人の裁量の余地は狭いが，関連団体・組織の意向も含めて，汚職を誘引する可能性は依然として存在する．

いずれにせよ，対UNDP政策は，外交の手段としてのODA論として扱われやすいため，安易な「国益」論や，拠出額のみで「国際公益」を説く姿勢には，常に批判的な目を向ける必要がある．

5. おわりに

　本章の分析を通じて，国際公益および国益の観点から，UNDP の活動を評価すると，以下のように纏められる．

　国際公益の観点からは，UNDP が進める改革自体は，一定の効果を上げていると判断できる．しかし，手続き面・制度面の整備が一段落しつつある中で，改革がもたらす結果については，制度の運用面に焦点を当てた研究が求められている．

　指標に基づく評価については，世界銀行の場合に続いて，評価することの困難さが改めて確認された．アウトプットについては，セクター別の経年データの不在や，改革に伴うデータの断絶による経年分析の困難性といった，指標自体が整備されていない問題がある．現状の正しい認識には，統一性のとれたデータ・ベースの構築が求められる．アウトカムについても同様で，地域等を基準とした集積化の可能性や，経年分析の可能性から判断して，MDGs の指標に加え，人間開発指数（HDI）やジェンダー開発指数（GDI）といった UNDP 自前の指標も，データの充実が求められる．また，やはり寄与度の問題から，具体的なプロジェクトやプログラムの直接の結果を評価した場合以外は，UNDP の活動の効果は把握しにくい．

　特に，UNDP にとどまらず，国際開発体制に関連するアクター全体にとって，MDGs を巡る指標の整備は急務である．MDGs の重要性は広く認められており，世界銀行の章で指摘した通り，国際社会が共通の目的に向かって開発活動を展開する可能性を示唆する[54]．MDGs の形で重点領域を設定することで，多様なアプローチが生まれる可能性もある [Jolly, 2003：7]．これらの可能性を現実化するためにも，各機関による合同報告書のような活動を進めていくべきである．

　世界銀行の章でも述べたが，アウトカムの動向が被援助国自身の対応と不可分である以上，UNDP もまた，被援助国との関係の中で，自己の役割を定義する必要がある．人間を中心に置く UNDP の開発理解は，開発の主体，具体的には途上国の人々の視点で開発活動を行うことに繋がるため，重要な認識枠

組みとなり得る．もちろん，すでに見たように，人間開発・人間の安全保障は広範な内容を含むがゆえに，具体化の際に混乱が生じる危険性や，勝手の良いラベルとして乱用される危険性がある．多面的な側面のそれぞれの間で矛盾が生じないとも限らない［Jolly, 2003：7］．UNDPがこれらのメリット・デメリットにいかに対応していくのかが，今後の課題であろう．

　日本の国益の観点からは，UNDPは国益追求に向けた，潜在的に有用なルートである．同じ開発分野の国際機関とはいえ，世界銀行の場合と比較しても，国連外交との密接な関係，UNDP経由での，国連ネットワークを活用した国際的な決定への参加，人材育成の格好の窓口など，明らかにUNDP独自の性質を伴ったルートである．しかし，UNDPにおける，日本の相対的な役割の大きさ，外交の手段としての性格の強さなどから，国益と国際公益の間にある緊張関係には，常に自覚的でなければならない．結局，ここでも，求められるのは日本の政策立案・執行能力の向上であり，UNDPとの関係も，それを実現する方向で活用することが重要となろう．

　この点と関連して，日本による，世界銀行とUNDPの対応の違いをどう判断すべきかという問題がある．関連づける政策分野や，「開発」に関する専門性の度合といった差異は，世界銀行とUNDPの相違に由来するとの解釈も可能である．しかし，開発潮流における両機関の役割を鑑みるに，規模の差はあるが，両機関とも知的側面を含めて国際開発を支える主要機関であることから，専門性に差をつける根拠は薄い．したがって，どちらかといえば，日本の国内体制に由来する方が大きいように思われる．国益を追求する際，同一分野における活用ルートの選択肢は多い方が有利ではあろうが，その選択肢間の対応の違いに，国内行政構造の反映以上の根拠はあるのだろうか．外務省と財務省との接点の少なさもまた，疑問に拍車をかける．現状を維持するのか，何らかの変更を加えるのか，後者の場合はどのような観点から変更するのかといった問題に取り組む必要があるのではないか．

注
1) UNDPは経済社会理事会に報告書を提出することが求められている．経済社会理事会はさらに，その報告を総会に送る．

2) 年次総会・定例会合については2002年12月，質問に対する外務省経済協力局国際機関課からの回答より．地域別内訳は，アフリカ（8カ国），アジア・太平洋（7カ国），ラテンアメリカ（5カ国），東欧諸国（4カ国），西欧その他（12カ国）となっている．http://www.org/execbrd/memberseng.htm より．
3) 2003年4月，問い合わせに対するUNDP東京事務所からの回答より．
4) 国連総会における「開発の社会的側面」を巡るUNDPの役割の大きさについては，広野良吉氏の指摘による．
5) 持続可能性の概念を人間開発に導入した意義については，大平［1997］参照．
6) 詳しくはUNDP/1994/39参照．
7) 134カ国が「人々を開発の中心に位置づける」とした．
8) ベーシック・ヒューマン・ニーズ（Basic Human Needs: BHN）アプローチなど，貧困問題や社会セクターでの対応を扱った先行理論・アプローチと共通する点も多い．
9) UNDP以下の国際連合グループのアプローチと，世界銀行のアプローチを対比させる形で，第2次世界大戦以後の国際開発論の歴史的展開を扱ったものに，稲田［2000］がある．
10) 近年の国際開発の潮流については，世界銀行の章と合わせて，下村他［2001］等参照．
11) ①個々人の知識・技術の向上，②特定組織における諸活動の改善，③多様な集団や制度の間の調整を主眼とした，構造の改善，といった3つのレベルに分けられる［Weiter in Klingebiel, 1999: 39］．
12) この点についての包括的な研究は，Berg［1993］が知られている．
13) ある研究によると，国際専門家にかかる費用は，技術援助全体の70～80%に及ぶ［Bossuyt et al., 1995: 11］．
14) http://www.undp.org/ より．
15) DP/1996/3, Annex.
16) DP/1996/1, pp. 24-30. 具体的には，国別のプロジェクト・プログラム，地域間の活動，グローバルな活動，特別プログラムや評価活動，国連システムへのサービス，常駐調整官（Resident Coordinator: RC）に振り分けられる．国別のプロジェクト・プログラムが55%，それ以外の活動があわせて45%となっている．コア・リソースの説明については，注24参照．
17) 2003年4月，問い合わせに対するUNDP東京事務所からの回答より．
18) 2003年4月，問い合わせに対するUNDP東京事務所からの回答より．
19) 98/23 Executive Board Decisions. 詳しい内容は，DP/1999/CRP.4参照．
20) UNDP［N/A］"UNDP Results Framework: Overview" 参照．また，SRFについては，DP/1999/30も参照．
21) 2000年には，政策局の40%にあたるポストを常駐事務所に移管することが決定された（DP/2000/23, p. 9）．また，専門家の紹介と技術関係・プログラム関係の情報へのアクセス，一連のプロジェクトサイクルの技術支援，情報の共有とネットワーク化，UNDPによる過去の適切な事例の記録と普及といった活動に向けたファシリテ

ィーもある(UNDP Subregional Resource Facilities：SURF)．常駐代表(RR)のプロジェクト承認権限の上限は，従来は1件につき70万ドルだったが，戦略的管理と分権化を促進するために，1992年12月に100万ドルにまで引き上げられた［大平，1997：147］．
22) 人道援助の調整を現地で行う権限については，A/RES/48/209参照．
23) 以下，各表における日本語の表記については，基本的にUNDPの東京事務所に問い合わせて得られた対訳を活用している．対訳のないものは筆者が訳し，( )内に英語表記を残してある．表の値は，以下，値のないものは空欄，項目がないものは「－」で示すことにする．
24) 使途が定められておらず，UNDPが自由に使える資金をコア・リソース，そうでないものをノン・コア・リソースとするのが一般的である．しかし，これはいわば広義の分類であり，UNDPにとっては，コア・リソースとは，狭義にはドナーからの任意拠出金を指す（2003年4月，問い合わせに対するUNDP東京事務所からの回答より）．ここでは，表3-1の予算割当て概算，表3-2の一般財源・資金を広義のコア・リソースとして分類している．これらのほとんどは任意拠出金であることから，大勢に影響はないと判断したためである．なお，コスト・シェアリングを独立に扱う必要上，表3-3ではノン・コア・リソースの表記は用いていない．表3-3の出所は，表3-1，表3-2と同様である．
25) 広野良吉氏からのコメントもこの考えを支持する（2002年11月29日，質問に対する回答より）．
26) 1996-97年度の数値は，新分類（表3-6）に基づく．
27) 1996-97年度以降の新分類では，旧分類の「UNDPの中心的活動」にほぼ対応していると思われる，「プログラム・サポート」の割合で見ている．
28) 1996-97年度以降の新分類では，旧分類の「常設」にほぼ対応していると思われる，「一般財源」で見ている．
29) UNDP東京事務所に問合わせたが，該当するセクター別のデータはないとのことである．UNDPの業務が，世界銀行の場合と違い，通常のセクターには分類しにくいものが多いことや，セクターの分類自体が頻繁に変更されることも，経年でデータを整理することが困難な一因であるとされる（2003年4月，問い合わせに対するUNDP東京事務所からの回答より）．
30) 国別の人間開発報告は，http://hdr.undp.org/reports/default.cfm参照．
31) 「人間の安全保障」については，栗栖［1997］，多賀［2000］，勝俣編［2001］等参照．
32) 指標化は，各地域の常駐事務所の報告書に依拠している．詳しい説明はUNDP［2001］, Annex. I参照．
33) 評価方法については，DP/2000/23/Add.1, Annex 1. 参照．
34) http://unstats.un.org/unsd/mi/mi_goals.asp参照．国別のデータ一覧となっている．
35) http://unstats.un.org/unsd/mi/mdg_report.pdf参照．

36) 基本的な人間開発指数（HDI）の理論的な説明は，Anand and Sen［1994］参照．新たな指標については，UNDP［1999］, pp. 127-133 参照．
37) 人間開発指数（HDI）との違いは女性と男性の達成度の差に合わせて，寿命，教育達成度，所得における国別平均達成度を調節している点である．詳しい説明は，UNDP［1995］のテクニカル・ノート（pp. 125-135）参照．
38) 2-3 参照．MYFF（多年度資金計画フレームワーク）—SRF（戦略的成果フレームワーク）—ROAR（成果重視型年次報告書）．
39) 同じく 2-3 参照．
40) DP/2001/25 参照．
41) その他，関連機関としては，人道問題調整事務所(Office for the Coordination of Humanitarian Affairs：OCHA)が挙げられよう．
42) 広野良吉氏によるコメント（2002年11月29日，問い合わせに対する回答より）．
43) 第2章の注50でも触れたように，データ・ベースの違いから，厳密な比較はできないが，ここでも OECD の DAC のデータと併記したものを記しておく．活動規模の違いから，世界銀行の場合以上に，他のアクターを考慮する必要があろう．

〈参考表〉途上国への資金の流れ　　　　　　　　　　　　　　　　　（単位：百万ドル）

	1990	1991	1992	1993	1994	1995
公的・民間資金全体(総支出額ベース)＊1	835829.1	929583.7	1007302.2	1217536.1	1392844.0	1155904.2
ドナー全体(総支出額ベース)＊2	63646.6	74720.3	73627.3	70087.1	70962.5	72218.2
UNDP 実績＊3	1043.2	1133.9	1026.8	1031.0	1036.5	1014.2

	1996	1997	1998	1999	2000
公的・民間資金全体(総支出額ベース)＊1	964536.9	919702.3	855952.9	620513.9	554104.6
ドナー全体（総支出額ベース）＊2	69351.3	61530.8	64462.5	65727.2	65579.9
UNDP 実績＊3	1231.0	1528.7	1763.6	1631.8	1457.9

＊1・＊2：http://www.oecd.org/dataoecd/50/17/5037721.htm より．
＊3：本章の表3-4 のプログラム歳出より．

44) 新旧の分類を調整するために，以下のような対応関係で分類してある．

表 3-19 の項目	旧分類	新分類	コア/ノン・コア
一般財源（対 UNDP）	I．任意拠出のうち，UNDP	I．一般財源	コア・リソース
国連総会によって設立された基金	I．任意拠出のうち，UNDP 以外のも の：SMF/LDCs, UNCDF, UNF-STD, UNIFEM, UNRFNRE, UNSO, UNV, UNDP Energy Account（エネルギー口座），UNDP Study Programme（研究プログラム）	III．総会によって設立された基金	ノン・コア・リソース
その他のリソース・財源	II．Special Purpose Contributions（特別拠出金）	II．その他の財源・資金	ノン・コア・リソース

45) 表3-19での説明の通り，この値が依拠するUNDP［2002b］のノン・コア・リソースの額は，DP/2001/22/Add.1の表7に記された，日本による2000年の拠出総額から一般財源の額を引いたものではない．地域別の配分を伝えるデータが他にないため，傾向を押さえる必要上，UNDP［2002b］のデータを使うことにする．具体的数値は，総計5,000万ドルの内，アラブ諸国が2,140万ドル，地域間が840万ドル，アフリカが630万ドル，欧州・CISが550万ドル，地球規模が380万ドル，アジア・太平洋が360万ドル，ラテンアメリカ・カリブ海が100万ドルとなっている．
46) 広野良吉氏によるコメント（2002年11月29日，問い合わせに対する回答より）．
47) 広野良吉氏によるコメント（2002年11月29日，問い合わせに対する回答より）．
48) 広野良吉氏によるコメント（2002年11月29日，問い合わせに対する回答より）．
49) 2002年12月，質問に対する外務省経済協力局国際機関課からの回答より．
50) 2002年12月，質問に対する外務省経済協力局国際機関課からの回答より．なお，東京事務所においては，以前は所長ポストが確保されていた．
51) 2002年12月，問い合わせに対するJICAからの回答より．
52) DAC［1996］参照．
53) ただし，このTICADがどれだけ内実を伴ったものであったかについては疑問の声も聞かれる［Morikawa, 1997］．
54) ただし，ミレニアム開発目標に該当しないような問題に対して，無関心になる危険性について気をつける必要があろう．また，8項目にも及ぶミレニアム開発目標に向けて具体的活動を行う際，各項目間の優先順位が争点になる可能性も考えられる．

参考文献

秋月弘子［2000］「開発業務活動における国連開発計画(UNDP)の課題と展望」日本国際連合学会編『21世紀における国連システムの役割と展望』国際書院，第5章．

稲田十一［2000］「国際開発援助の歴史的展開」稲田十一・大橋英夫・狐崎知己・室井義男『国際開発の地域比較：アジア・アフリカ・ラテンアメリカの経験』中央経済社，第1章．

大平剛［1997］「『持続可能な発展』と国連開発計画(UNDP)の開発戦略の変化―アジェンダ21で規定されたUNDPの役割に関連して―」『国際開発研究フォーラム』第7巻，137-152ページ．

大平剛［1998］「国連の新たな開発援助戦略とその実施における問題点」『国際開発フォーラム』第10巻，135-150ページ．

勝俣誠編［2001］『グローバル化と人間の安全保障：行動する市民社会』日本経済評論社．

栗栖薫子［1998］「人間の安全保障」『国際政治』第117号，85-102ページ．

下村恭民・辻一人・稲田十一・深川由紀子［2001］『国際協力：その新しい潮流』有斐閣．

多賀千賀子 [2000]『ODAと人間の安全保障：環境と開発』有斐閣.
二宮正人 [1999]「開発分野の国際機構」横田洋三編『国際機構入門』国際書院，第5章.
Anand, Sudhir and Amartya K. Sen [1994] *Human Development Index: Methodology and Measurement*, Human Development Report Office Occasional Papers No. 12, New York: UNDP.
Berg, Elliot [1993] *Rethinking Technical Cooperation*, New York: UNDP.
Bossuyt, Jean, Geert Laporte and Francois van Hoek [1995] *New Avenues for Technical Cooperation in Africa; Improving the Record in terms of Capacity Building*, ECDPM Policy Management Report No. 2, Maastricht: European Centre for Development Policy Management.
DAC [1996] *Shaping the 21st Century : A Contribution of Development Cooperation*, Paris : OECD.
Fukuda-Paar, Sakiko [1995] "Redefining Technical Cooperation: Challenge for the UN or Let's Dump the 'Technical Cooperation' Mandate", *IDS Bulletin*, Vol. 26, No. 4, pp. 64-67.
Gore, Charles [2000] "The Rise and Fall of Washington Consensus as a Paradigm for Developing Countries," *World Development*, Vol. 28, No. 5, pp. 789-804.
Jolly, Richard [2003] "Some Points and Principles for Evaluating the Development Performance of Different Internal Organisations."
Klingebiel, Stephan [1999] *Effectiveness and Reform of the United Nations Development Programme* (UNDP), London: Frank Cass, published in association with the German Development Institute, Berlin.
Nicholls, Lilly [1999] "Birds of a Feather? : UNDP and ActionAid Implementation of Sustainable Human Development," *Development in Practice*, Vol. 9, No. 4. (Reprinted in Eade, Deborah (eds.) [2000] *Development, NGOs, and Civil Society*, Oxford: Oxfam GB, pp. 156-174.)
Morikawa, Jun [1997] *Japan and Africa: Big Business and Diplomacy*, London: C. Hurst & Co.
ODI (Overseas Development Institute) [1994] *Aid in Transition*, ODI Briefing Paper, London: ODI.
Ul Haq, Mahbub [1998] *Reflections on Human Development: Expanded Edition*, Oxford: Oxford University Press.
UNDP [1994] *Human Development Report 1994: New Dimensions of Human Security*, New York: UNDP.
UNDP [1995] *Human Development Report 1995: Gender and Human Development*, New York: UNDP.
UNDP [1999] *Human Development Report 1999: Globalization with a Human Face*,

New York: UNDP.
UNDP [2001] *Development Effectiveness: Review of Evaluative Evidence*, New York: UNDP.
UNDP [2002a] *Result-Oriented Annual Report 2001*, New York: UNDP.
UNDP [2002b] *UNDP-Japan Partnership*, New York: UNDP.

第4章
国連難民高等弁務官事務所（UNHCR）

古 川 浩 司

1. はじめに

　本章では，難民に関する様々な活動を行う国連難民高等弁務官事務所（United Nations High Commissioner for Refugees：UNHCR）を対象に分析と評価の試みを行う．国際機関の業務運営評価の対象としてUNHCRは以下の点で興味深い対象であるといえる．第1に，冷戦終結後の地域紛争の激化により，その活動量が大きく増加している．第2に，活動の質も変化しており，従来の難民保護中心の活動から難民発生防止のための活動も志向するようになっている．第3に，援助対象者や難民数の減少等，主要活動は比較的明示的目標を立てやすい．よって，定量的分析の試みは，その活動を評価するうえで，有益であると思われる．第4に，「難民の保護・増加防止」という組織の管轄設定のため，子供に対する活動を行う国連児童基金（UNICEF）や食糧援助の実施を管轄する世界食糧計画（WFP）と交錯している．この他，緒方貞子氏が日本人として高等弁務官ポストに就いていたという点も興味深い．

2. 組織・活動内容の概要とその特質

　UNHCRは，連合国救済復興機関（United Nations Relief and Rehabilitation Administration：UNRRA）と国際難民機関（International Refugee Organization：IRO）をその前身とし，1949年に国連総会により創設が決定された国連の補助機関である．

難民のために組織化された国際的努力は，1921年に国際連盟が最初の高等弁務官を任命した時に始まった．最初の高等弁務官であるフリチョフ・ナンセンは，ロシア難民のみに特別の責任を負っていた［Loescher, 2001: 24］．また，1933年にはヒトラーの権力継承によるユダヤ人難民の流出に対して，ジェームズ・マクドナルドがドイツからの難民のための高等弁務官に任命された［Ibid.: 30-31］．その後，1943年11月に，UNRRAが設立され，1944年から1945年にかけて何百万もの避難民への一時的な援助を与えた［Ibid.: 35］．しかし，UNRRA基金の70％とそのリーダーシップの多くを提供した米国が，東側ブロックの帰還政策と復興事業がソ連の政治的コントロールを強化するのに役立っていると感じて，1946年末にさらなる援助と組織の存続を拒否した．その場で東側ブロックの頑強な反対に直面して設立されたのがIROであった［Ibid.: 37-38］．IROは1947年7月に，国連の一時的で特別な任務を持つ機関として設立され，1950年6月30日までの3年間で事業を終えるものとされた．IROの活動は帰還から再定住に重点が移行されたため，東欧諸国の批判を招いた一方，米国は活動資金の3分の2弱を負担させることに幻滅感を募らせていた［国連高等弁務官事務所編, 2001: 16-17］．そのため，UNHCRの設立の際は，東側が交渉をボイコットした他，その機関の目的を限定することを主張する米国と強力で多目的にすることを主張する西ヨーロッパ諸国などの間で対立があったが，結局は妥協により，1949年12月にUNHCRの創設が決定された［同上: 18-19］．

　機関としてのUNHCRは当初，1951年から3年間の存続期間の予定で設置され，その後累次の総会決議により5年毎に更新されていたが，2003年の第58回国連総会決議により無期限延長された．

　UNHCRの長である高等弁務官の目的は，その権限の範囲内にある難民に対して，国連の権威の下に国際的保護を与え，これら難民の自発的帰還または新しい国家社会への統合によって難民問題の恒久的解決を図るため，法的・物的両面での保護・支援を行うことである．なお，ここでいう難民とは，①第2次世界大戦前に成立したロシア人，アルメニア人，ドイツ人難民等の保護およびIRO憲章によって難民とされる者，および，②人種，宗教，国籍もしくは政治的意見を理由として迫害を受けるという十分に理由のある恐れのために国

籍国外にあり，かつ以前の常居所国の外にあって，同国に帰ることが不可能であるか，またはこのような恐れもしくは個人的便宜以外の理由のために帰ることを望まない者と規定される．したがって，経済的理由だけで移動してきた人は難民に該当しないし，国連パレスチナ難民救済事業機関（United Nations Relief and Works Agency for Palestine Refugees in the Near East：UNRWA）の援助対象たるパレスチナ難民も該当しない．一方で，高等弁務官の保護・支援対象の範囲は総会決議によって拡張されており，上述の定義に該当する難民（国外に逃れた人々）だけでなく，住みなれた地を追われながらも自国内にとどまり，難民と同様の生活を余儀なくされている国内避難民（internally displaced person：IDP）も支援の対象としている［同上：226-227］．

UNHCRの特質としては，①現場志向，②基本戦略の変化に伴う活動範囲の拡大，③緒方前高等弁務官の下での発展，④ルッベルス現高等弁務官による改革などがあげられる．

第1の現場志向とは，全体の8割以上が現地で働いているということである．しかも，UNHCRの長期的人事政策においては，本部から紛争地域へのローテーションが義務となっている．これには不利な面（国連システムで最も高い離婚率）もあるが，援助対象者に提供される質の高いサービスと危機状態に直接精通していることはより重要である［Weiss, 2002］．さらに，1990年代には少なくとも400の非政府組織である実施パートナーを有していたことも指摘できる［*Ibid.*］．これらのことから，UNHCRが現地，すなわち難民のいる最前線で主導的に活動しているといえる．

第2に，基本戦略の変化に伴う活動範囲の拡大とは，従来の「事後対応型」，「庇護国中心」，そして「難民を重視」するという基本戦略が，「事前対応型」，「出身国中心」，「包括的な対応」に変化したことに伴い［二宮，2002：35-36］，活動範囲が拡大したことを意味する．具体的には先述した点，すなわち，これまで保護対象とされてきた難民に加え，国内避難民も対象とされるようになっていることや，難民の再発生を防止する観点から，開発支援のフォローも行うようになっているということなどがあげられる[1]．

第3に，緒方前高等弁務官の下での発展とは，第2の基本戦略の変化に伴う活動範囲の拡大とも関連するが，1990年代にUNHCRはその活動規模も内容

も大きく変化してきたということである．その一方で，難民の危機に対応するための人道的活動の増大がほとんどの国における伝統的な保護と庇護メカニズムの弱化を同時に引き起こしていることも指摘されるところである［Loescher, 2001 : 15-16］．

　第4に，ルード・ルッベルス現高等弁務官による改革とは，2001年にすべての活動の見直しを行い，より効率性を高めることで，予算と人員の規模を削減している最近の動きを指す［ルッベルス，2002 : 13］．これは先述した活動範囲の拡大による伝統的な活動の弱化と関連していると思われる．

3. 国際公益の観点からの評価

3-1 インプット
(1) 財政的資源

　UNHCRは，一定の割合を分担金に依存する他の国際機関と異なり，ほんの一部が国連通常予算から拠出されているのを除き，各国からの自発的な任意拠出金に依存している．これは，そもそも難民問題が恒久化することを想定してUNHCRが設置されていなかったことによるものと考えられる．しかし，後述するように，近年においては，資金不足により，適切かつ予測可能な資金拠出の確保がUNHCRの主要な関心事項となっている［同上 : 13］．

　任意拠出金は，政府，欧州委員会，その他の政府間組織，国連システム，NGOなどから捻出されている．なお，2001年においては，政府が全体の約89%，欧州委員会が全体の約8%，NGOなどが約3%となっている．任意拠出金の推移を見ると，1990年は約5.6億ドルであったのが，1992年には倍以上の約11.8億ドルまで急速に増大し，その後1998年に約7.6億ドルまで減少し，その後増減を繰り返し，2001年には約7.8億ドルとなっている（表4-1）．これに伴い，総予算規模も1995年は約14.7億ドルであったのが，2001年には約9.0億ドルに，繰越金も約3.2億ドルから約0.7億ドルまでそれぞれ減少している（表4-2）．なお，2001年の大口拠出国は表4-3のとおりである．

　一方，歳出は1990年の約5.6億ドルから，1993年に約13.3億ドルまで増大した後，減少傾向となり，2001年は約8.0ドルとなっている（表4-4）．なお，

表 4-1　任意拠出金（ドナー別）

(単位：百万米ドル，以下四捨五入)

	1990	1991	1992	1993	1994	1995
政府	498.4	745.6	924.3	920.9	793.4	752.3
欧州委員会	—	—	226.2	159.5	234.4	233.0
政府間組織	64.3	122.6	—	—	0.4	3.2
国連システム	0.9	1.2	1.6	8.4	12.7	0.7
NGOなど	3.6	19.4	29.4	40.2	28.9	15.6
合計	567.3	888.9	1,181.6	1,129.1	1,069.8	1,004.8
	1996	1997	1998	1999	2000	2001
政府	809.8	679.9	667.2	783.1	647.3	689.7
欧州委員会	147.4	117.3	90.6	94.2	40.9	65.7
政府間組織	—	0.1	—	1.1	0.1	0.5
国連システム	0.3	0.5	0.0	0.5	2.0	3.0
NGOなど	12.4	8.8	11.2	32.7	15.0	20.4
合計	969.9	806.6	769.1	911.6	705.3	779.2

出所：国連文書（A/46/12, A/47/12, A/48/12, A/49/12, A/50/12, A/51/12, A/52/12, A/53/12, A/54/12, A/55/12, A/56/12, A/57/12）をもとに作成。

表 4-2　UNHCR予算（歳入・歳出）

(単位：百万米ドル，以下四捨五入)

	1995	1996	1997	1998	1999	2000	2001
任意拠出金	996.4	962.1	788.8	769.1	911.6	705.3	779.2
前年度繰越	318.3	296.2	212.8	140.6	138.1	93.8	67.7
国連通常予算	27.9	25.3	22.1	23.3	23.3	19.6	20.4
その他	124.5	98.5	109.8	76.6	58.0	50.5	32.1
歳入合計	1,467.1	1,382.1	1,133.6	1,009.6	1,131.1	869.1	899.5

出所：国連文書（A/AC.96/900, A/AC.96/916, A/AC.96/932, A/AC.96/950, A/AC.96/964）をもとに作成。

　1993年以降，任意拠出金に関しては歳出超過となっている（表4-5）。そのため，UNHCRは深刻な資金不足（2000年は8,900万ドル（執行委員会で承認された予算全体の9％））に陥っており，マンデートとされている難民等の保護・支援に深刻な影響が及んでいる［外務省総合外交政策局国際社会協力部編，2002：228］。
　かつて予算体系は，一般プログラムと特別プログラムに分類されていたが，表4-5が示すように，任意拠出金が特別プログラムに集中していたことから，

2000年より年次プログラム，ジュニア・プロフェッショナル・オフィサー（JPO），補正プログラムで構成される統一予算に再編された．この背景には，各国が自国の優先順位の高い事業に資金を拠出できる特別プログラムに資金を集中的に出す傾向にあったことがあげられる．また，この変更に伴い，国レベルより細かいイヤマーク（用途の特定）は避けることが望ましいとする決議も採択されている[2)]．

また，ドナー別にプログラム別の拠

表4-3　UNHCR主要拠出国一覧（2001年）

（単位：千ドル）

国名	拠出率	拠出額
米国	31.40	244,708
日本	13.73	91,429
EC	8.47	66,039
オランダ	7.43	57,912
スウェーデン	5.34	41,585
ノルウェー	4.88	38,053
デンマーク	4.79	37,329
英国	4.64	36,142
ドイツ	3.75	29,234
イタリア	3.26	25,421
その他	14.41	112,289

出所：外務省『ODA白書2002年版』．

表4-4　UNHCR予算（歳出）

（単位：百万米ドル，以下四捨五入）

	1990	1991	1992	1993	1994
一般プログラム	331.3	370.0	382.1	392.4	390.7
特別プログラム	212.7	492.6	689.8	914.6	776.1
国連通常予算	19.9	20.4	21.2	20.5	23.6
合計	563.9	882.9	1,093.1	1,327.6	1,190.4
	1995	1996	1997	1998	1999
一般プログラム	405.1	423.5	385.1	348.4	362.7
特別プログラム	737.9	720.5	588.0	492.1	658.9
国連通常予算	[27.9]	[25.3]	[22.1]	[23.3]	[23.2]
合計	1,142.9	1,144.0	973.1	840.5	1,021.6
	2000	2001			
年次プログラム	707.6	677.6			
補正プログラム	67.2	95.8			
国連通常予算	[19.6]	20.4			
JPO	[7.1]	7.1			
合計	774.8	801.0			

注：[　]内数字は合計に含まれない．
出所：国連文書（A/46/12, A/47/12, A/48/12, A/49/12, A/50/12, A/51/12, A/52/12, A/53/12, A/54/12, A/55/12, A/56/12, A/57/12）をもとに作成．

表 4-5 UNHCR 任意拠出金（プログラム別）

(単位：百万米ドル，以下四捨五入)

	1990	1991	1992	1993	1994	1995
一般プログラム	352.6	374.1	353.6	310.9	329.1	335.2
特別プログラム	214.7	514.8	828.0	818.2	740.7	669.6
合計	567.3	888.9	1,181.6	1,129.1	1,069.8	1,004.8
(参考)歳出予算計	544.0	862.6	1,071.9	1,307.0	1,166.8	1,143.0
	1996	1997	1998	1999	2000	2001
一般・年次プログラム	350.6	320.5	327.5	326.9	640.2	634.8
特別・補正プログラム	619.3	486.1	441.6	584.7	57.9	135.3
JPO	—	—	—	—	7.3	9.2
合計	969.9	806.6	769.1	911.6	705.3	779.2
(参考)歳出予算計	1,144.0	973.1	840.5	1,021.6	781.9	780.5

注：1990-99年は，一般プログラム・特別プログラム，2000-01年は，年次プログラム・補正プログラム．歳出予算計には国連通常予算は含まないが，JPOは含む．
出所：国連文書（A/46/12, A/47/12, A/48/12, A/49/12, A/50/12, A/51/12, A/52/12, A/53/12, A/54/12, A/55/12, A/56/12, A/57/12）をもとに作成．

表 4-6 ドナー別任意拠出金（プログラム別）

(単位：％)

	1990	1991	1992	1993	1994	1995	1996	1997	1998	1999	2000	2001
政府	64	46	35	31	39	42	41	46	48	41	91	81
	36	54	65	69	61	58	59	54	52	59	1	1
											8	18
欧州委員会	—	—	10	15	7	7	9	4	1	5	88	92
	—	—	90	85	93	93	91	96	99	95	0	0
											12	8
NGO など	62	16	8	6	9	16	19	32	42	9	94	57
	38	84	92	94	91	84	81	68	58	91	0	0
											6	43
合計	62	42	30	28	31	33	36	40	43	36	91	82
	38	58	70	72	69	67	64	60	57	64	1	1
											8	17

注：1990-99年，（上段：一般プログラム下段：特別プログラム），2000-01年，（上段：年次プログラム，中段：JPO，下段：補正プログラム）．
出所：国連文書（A/46/12, A/47/12, A/48/12, A/49/12, A/50/12, A/51/12, A/52/12, A/53/12, A/54/12, A/55/12, A/56/12, A/57/12）をもとに作成．

表 4-7 UNHCR 職員の総数・等級別分類

	本部				グローバルプログラム				現地				合計				
	専門職	一般職	合計	%	専門職	一般職	合計	%	専門職	一般職	合計	%	合計	専門職	%	一般職	%
1990			589	25							1,788	75	2,377				
1991			527	24							1,629	76	2,156				
1992	243	350	593	25					506	1,290	1,796	75	2,389	749	31	1,640	69
1993	281	404	685	21					736	1,819	2,555	79	3,240	1,017	31	2,223	69
1994	331	453	784	17					953	2,837	3,790	83	4,574	1,284	28	3,290	72
1995	369	474	843	17					982	3,197	4,179	83	5,022	1,351	27	3,671	73
1996	370	468	838	15					1,034	3,542	4,576	85	5,414	1,404	26	4,010	74
1997	358	457	815	16					961	3,462	4,423	84	5,238	1,319	25	3,919	75
1998	337	394	731	15					891	3,146	4,037	85	4,769	1,228	26	3,541	74
1999	329	365	694	15					927	2,984	3,911	85	4,605	1,256	27	3,349	73
2000	324	358	682	14	12	8	20	0	909	3,296	4,205	85	4,907	1,245	25	3,662	75
2001	325	356	681	14	25	11	36	1	855	3,204	4,059	85	4,776	1,205	25	3,571	75
2002	344	363	707	16	25	11	36	1	787	2,878	3,665	83	4,408	1,156	26	3,252	74

注:1) 各年7月1日現在(92年,93年は1月1日現在).
　　2) ここでの専門職には,P(専門職レベル)のほかに,管理職であるD(幹部レベル)および事務職長などを含めたものである.
出所:国連文書(A/AC.96/813, A/AC.96/824, A/AC.96/845, A/AC.96/865, A/AC.96/884, A/AC.96/900, A/AC.96/916, A/AC.96/932, A/AC.96/950, A/AC.96/964)をもとに作成.

出を見ると,予算規模の拡大とともに特別プログラムの割合が増大していることと,欧州委員会の拠出が特別プログラムに偏向していたことが指摘できる(表 4-6).なお,一般プログラム・特別プログラムあるいは年次プログラム・補正プログラムの割合の歳入・歳出における相違は長期的にはほとんどない.

(2) 人 的 資 源

職員数に関しては,1991年は2,156人であったのが,1996年には5,414人まで2倍以上に増加し,その後は減少傾向となり,2002年は4,408人となっている.また,1994年以降は,本部と現地の職員数の割合はほぼ15:85,また専門職と一般(事務)職の割合は1:3となっている(表 4-7)[3].

3-2 アウトプット
(1) プログラム別活動

プログラム活動は,タイプ別には,①緊急援助,②保護と扶助,③自発的本

表 4-8 UNHCR 援助活動別支出

(単位：千ドル，カッコ内は％)

	1990	1991	1992	1993	1994
緊急援助	9,715.9 (2)	238,283.5 (27)	377,592.6 (35)	93,459.2 (7)	273,390.0 (23)
保護と扶助	281,449.3 (50)	336,016.9 (38)	306,043.4 (28)	850,586.2 (65)	536,779.8 (45)
自発的本国帰還	63,830.5 (11)	134,119.2 (15)	228,597.5 (21)	190,554.1 (14)	173,022.1 (15)
現地定住	101,815.8 (18)	70,236.2 (8)	75,716.5 (7)	97,699.7 (7)	111,248.8 (9)
再定住	17,438.8 (3)	17,708.9 (2)	14,672.6 (1)	11,503.6 (1)	8,148.3 (1)
管理支援*	89,611.7 (16)	86,573.4 (10)	90,435.7 (8)	83,759.4 (6)	87,797.8 (7)
合計	563,862.0 (100)	882,938.1 (100)	1,093,058.3 (100)	1,327,562.2 (100)	1,190,386.8 (100)

	1995	1996	1997	1998	1999
緊急援助	41,260.9 (4)	77,626.7 (7)	10,384.7 (1)	27,121.8 (3)	193,915.4 (19)
保護と扶助	696,242.1 (60)	644,615.4 (56)	475,530.9 (50)	305,861.1 (36)	416,237.1 (40)
自発的本国帰還	191,879.1 (17)	196,026.4 (17)	282,594.2 (29)	253,354.0 (30)	167,865.9 (16)
現地定住	126,441.8 (11)	136,844.1 (12)	119,112 (12)	167,560.9 (20)	149,975.3 (15)
再定住	7,201.6 (1)	5,768.8 (1)	3,512.7 (0)	4,529.7 (1)	5,819.2 (1)
管理支援	79,915.4 (7)	83,075.0 (7)	81,931.8 (8)	82,083.6 (10)	87,799.1 (9)
合計	1,142,940.9 (100)	1,143,956.4 (100)	973,066.3 (100)	840,511.1 (100)	1,021,612.0 (100)

	2000	2001
緊急援助	61,688.3 (8)	65,477.8 (8)
保護と扶助	277,508.6 (36)	256,924.2 (32)
自発的本国帰還	123,065.8 (16)	118,454.5 (15)
現地定住	95,924.1 (12)	105,150.3 (13)
再定住	3,178.3 (0)	4,595.8 (1)
事業支援	178,442.7 (23)	188,025.5 (23)
運営管理	34,952.9 (5)	62,331.4 (8)
合計	774,760.7 (100)	800,959.5 (100)

注：＊1990-1993：事業支援と管理．
出所：国連文書（A/46/12, A/47/12, A/48/12, A/49/12, A/50/12, A/51/12, A/52/12, A/53/12, A/54/12, A/55/12, A/56/12, A/57/12）をもとに作成．

国帰還，④現地定住，⑤再定住，⑥事業支援，⑦運営管理に分類される（1999年以前は①～⑤と管理支援）（表4-8）．1990-2001年では，これらのうち，最も割合が高いのは保護と扶助で，1993年に全体の65％を占めた後，1995年から1997年までは全体の50％を超えていたが，その後は30～40％台となっている．なお，2001年は多い順に，保護と扶助（32％），自発的本国帰還（15％），現地定住（13％）となっている．

表 4-9 UNHCR 地域局別支出

(単位：百万ドル，以下四捨五入)

	1997	1998	1999	2000	2001
中央アジア，南西アジア，北アフリカ，中東	78.2	76.8	76.1	73.5	105.5
西部，中央アフリカ	195.4	189.9	85.1	77.0	85.2
アフリカ大湖地域，東部，角	203.1	113.7	185.9	175.2	185.9
南アフリカ	30.9	24.9	21.2	32.8	35.5
アメリカ	34.8	30.4	26.4	24.6	22.6
アジア太平洋	62.2	51.3	78.2	75.5	52.3
ヨーロッパ	77.7	72.7	74.9	74.8	59.7
南東ヨーロッパ*	176.4	166.9	362.3	154.0	112.1
他のプログラムと本部	114.5	114.0	111.4	87.5	79.9
計	973.1	840.6	1021.5	774.8	738.7

注：＊1997-99：旧ユーゴスラビア．
出所：国連文書（A/AC.96/900, A/AC.96/916, A/AC.96/932, A/AC.96/950, A/AC.96/964）をもとに作成．

(2) 地域別活動

地域局別（1997-2001年）では，①中央アジア，南西アジア，北部アフリカと中東，②西部・中央アフリカ，③アフリカの大湖・東部・角地域，④南部アフリカ，⑤アメリカ，⑥アジア太平洋，⑦ヨーロッパ，⑧南東ヨーロッパと分類される．表4-9によれば，1999年は南東ヨーロッパが36％と突出しているのを除いて，毎年アフリカが約40～50％，欧州が約20～30％となっている．

この他，難民の地位に関する条約（難民条約：1951年採択，1954年発効），難民の地位に関する議定書（1967年採択・発効）や執行委員会の決議もアウトプットとして考えられる．

3-3 アウトカム

(1) UNHCR の援助対象者数

UNHCR の援助対象者数は表4-10のとおりである．UNHCR 援助対象者数とは，先述したように，全難民のうち，国連パレスチナ難民救済事業機関（UNRWA）が担当するパレスチナ難民を除く一方で，国連事務総長や国連総会の要請によって，保護・援助するように求められたある特定の集団に属する人々（紛争の被害を受けた人々，旧ソ連市民でありソ連邦の崩壊後に独立した

表 4-10　UNHCR の援助対象者数

(単位：百万人，以下四捨五入，各年 1 月 1 日現在)

1990	1991	1992	1993	1994	1995	1996	1997	1998	1999	2000	2001	2002
14.9	17.2	17.0	19.0	23.0	27.4	26.1	22.7	22.4	21.5	22.3	21.1	19.8

出所：「数字で見る UNHCR の活動(2001 年・2002 年)」(UNHCR Japan ホームページ) をもとに作成．

表 4-11　UNHCR の援助対象者数（地域局別）

(単位：人，カッコ内は％)

	1997	1998	1999	2000	2001
中央アジア，南西アジア，北アフリカ，中東	4,280,305 (22)	4,223,751 (21)	4,233,807 (21)	5,805,735 (27)	6,342,858 (33)
西部，中央アフリカ	1,931,836 (10)	2,449,712 (12)	1,955,960 (10)	1,569,677 (7)	888,878 (4)
アフリカ大湖地域，東部，角	3,446,495 (17)	3,001,550 (15)	2,984,704 (15)	3,654,454 (17)	2,424,512 (12)
南アフリカ	264,361 (1)	241,841 (1)	290,507 (1)	603,782 (3)	602,323 (3)
アメリカ	1,268,216 (6)	1,195,908 (6)	1,156,263 (6)	1,627,254 (7)	1,852,207 (9)
アジア太平洋	1,214,458 (6)	1,573,428 (8)	1,823,439 (9)	1,763,144 (8)	1,662,166 (8)
ヨーロッパ	5,579,746 (29)	5,087,121 (27)	5,365,524 (25)	5,079,336 (23)	4,403,429 (23)
南東ヨーロッパ	1,755,685 (9)	2,054,247 (10)	2,692,776 (13)	1,696,860 (8)	1,584,593 (8)
その他 (Various/unknown)	−	110 (0)	212 (0)	8 (0)	22 (0)
計	19,741,102 (100)	19,827,668 (100)	20,503,192 (100)	21,800,250 (100)	19,760,988 (100)

出所：UNHCR, *Statistical Yearbook 2001* をもとに作成．

新国家の国籍を取得できなかった無国籍者，そして推定 560 万人の国内避難民など）を含めた数である[4]．

　表 4-6 を詳しく見ると，1990 年に約 1,490 万人であったのが，1996 年に約 2,610 万人にまで増加した後，減少傾向になり，2002 年 1 月現在，約 1,980 万人となっている．なお，その内訳は，難民 1,210 万人，帰還民 46 万人，庇護希望者 94 万人，国内避難民 630 万人である[5]．

　また，地域局別（1997-2001 年）では，アフリカ（南部アフリカを除く）やヨーロッパでは減少傾向にあるのに対し，中央アジア，南西アジア，北部アフリカと中東やアメリカでは増加傾向である（表 4-11）．

(2) 難民数の動向

　難民人口に関しては，表 4-12 のとおりである．全体的に 1992 年以降減少傾

向にあるが，中央アジア，南西アジア，北部アフリカと中東やアメリカの割合が増加しているのが目立つ．また，庇護地域別と出身地域別とを比較すると，難民が欧州に移動していることがわかる．次に，自発的本国帰還民数については，年によって大幅に増減を繰り返している（表4-13）．そして，第三国定住者数に関しては，1992-98年まで減少傾向で，2000年に急増した後，01年に減少している（表4-14）．この他，庇護地域別と出身地域別で比較すると，これも難民と同様に欧州への移住が行われていることがわかる．

(3) 条約の締約国数，規範の浸透等

規範の浸透として，まず先述した条約による効果が考えられるが，条約締約国数は，2004年2月現在，難民条約142カ国，難民の地位に関する議定書141カ国となっている[6]．この他，「国際保護に関するグローバル協議（Global Consultation on International Protection）」による保護の質の向上や条約や執行委員会決議なども考えられる．国際保護に関するグローバル協議とは，2000年末から開始され，難民条約と同議定書による国際保護の枠組を再活性化し，各国の協力と責任分担のもとに人道的課題に取り組めるように，世界中の国々や国際機関，NGO，学者，難民の代表が参加している協議で，今後，「保護の課題（Agenda for Protection）」が策定される予定である［ルッベルス，2002：13］．また，質の向上の具体例としては，せっかく難民が帰国しても帰国した地域の社会基盤が十分でなく，定住が進まない結果，難民問題が解決しないことがあることから，定住を促す開発支援を重視することなどがあげられる[7]．

この他，1954年と1981年にノーベル平和賞を受賞したことも指標として考えられる［Weiss, 2002］．

3-4 考　察

UNHCRの活動を国際公益の観点から考察すると，まず1990年代前半に予算が大幅に増大したのに伴い，活動内容も多様化したが，その後伸び悩んでいることから，その活動内容が見直されているということを指摘できる．そして，その見直しの方向性をめぐって異なる立場がある．1つは，あまり活動範囲を広げず，事業の精選化を進めるべきであるという立場で，現高等弁務官の

表 4-12 難民人口

庇護地域	1992	1993	1994	1995
中央アジア,南西アジア,北アフリカ,中東	6,366,530 (37)	4,593,669 (28)	3,930,642 (25)	3,811,985 (26)
西部,中央アフリカ	950,533 (5)	1,532,287 (9)	1,524,363 (10)	1,465,559 (10)
アフリカ大湖・東部・角地域	2,768,255 (16)	3,339,512 (21)	4,578,110 (29)	4,024,228 (26)
南アフリカ	1,505,981 (8)	1,266,343 (8)	338,890 (2)	246,577 (2)
アメリカ	1,646,865 (9)	931,604 (6)	926,671 (6)	869,277 (6)
アジア太平洋	1,051,987 (6)	1,034,508 (6)	948,668 (6)	915,476 (6)
ヨーロッパ	2,534,881 (14)	2,781,576 (17)	2,803,553 (18)	2,664,335 (18)
南東ヨーロッパ	954,430 (5)	800,563 (5)	652,191 (4)	863,115 (6)
その他 (Various/unknown)	19,011 (0)	―	―	―
計	17,798,472 (100)	16,280,062 (100)	15,703,088 (100)	14,860,552 (100)

出身地域	1992	1993	1994	1995
中央アジア,南西アジア,北アフリカ,中東	6,441,979 (37)	4,664,823 (29)	4,057,668 (26)	3,924,991 (27)
西部,中央アフリカ	960,086 (5)	1,673,025 (10)	1,694,361 (11)	1,401,718 (9)
アフリカ大湖・東部・角地域	2,628,988 (15)	3,077,780 (19)	4,464,381 (28)	3,783,196 (25)
南アフリカ	1,757,277 (10)	1,507,306 (9)	518,814 (3)	372,955 (3)
アメリカ	172,343 (1)	156,556 (1)	168,496 (1)	155,964 (1)
アジア太平洋	1,235,256 (7)	1,250,103 (8)	1,209,150 (8)	1,227,481 (8)
ヨーロッパ	768,952 (4)	873,060 (5)	876,123 (6)	716,364 (5)
南東ヨーロッパ	700,506 (4)	835,009 (5)	912,682 (6)	1,120,131 (8)
無国籍	34,204 (0)	28,591 (0)	27,927 (0)	26,139 (0)
その他 (Various/unknown)	3,098,882 (17)	2,213,809 (14)	1,773,486 (11)	2,131,613 (14)
計	17,798,472 (100)	16,280,062 (100)	15,703,088 (100)	14,860,552 (100)

出所:UNHCR, *Statistical Yearbook 2001* をもとに作成.

「UNHCR は仕事の質で支援を得る」[ルッベルス, 2002:13] という言葉に象徴される.もう1つは,国連の緊急事態への取り組みを UNHCR に一括し,「戦争被害者のための国連人道組織」を設立するという立場である [Weiss, 2002][8].この見方は UNHCR の権限を拡大・強化させ,国際人道機関を主導させることを意味する.これらの立場の相違は,たとえば,国内避難民の扱いに現れている.すなわち,後者の立場を主張する Weiss 氏は,ルッベルス現高等弁務官は,緒方前高等弁務官より国内避難民の扱いに対して消極的であると批判している[9].

次に,定量的分析から言えることは,単に援助対象者や難民が増加したからといって,その原因をそのまま UNHCR の責任に帰するべきではないという

（地域局別）

（単位：人，カッコ内は％）

1996	1997	1998	1999	2000	2001
3,735,614 (28)	3,605,193 (29)	3,560,645 (31)	3,482,861 (31)	4,367,774 (35)	4,811,587 (39)
1,431,493 (11)	1,020,167 (9)	972,261 (9)	971,126 (8)	844,817 (7)	570,099 (5)
2,541,364 (19)	2,089,767 (17)	1,992,573 (17)	2,120,761 (18)	2,273,495 (19)	2,157,498 (18)
168,219 (1)	185,797 (2)	197,058 (2)	247,591 (2)	318,205 (3)	365,397 (3)
833,880 (6)	772,241 (6)	718,906 (6)	705,986 (6)	673,064 (6)	682,454 (6)
911,074 (7)	934,118 (8)	910,474 (8)	1,027,763 (9)	983,342 (8)	938,818 (8)
2,957,179 (22)	2,696,417 (23)	2,482,650 (22)	2,449,169 (21)	2,047,221 (17)	2,044,467 (17)
738,624 (6)	662,454 (6)	595,096 (5)	620,411 (5)	554,553 (5)	459,579 (4)
―	―	―	―	―	―
13,317,447 (100)	11,966,154 (100)	11,429,663 (100)	11,625,668 (100)	12,062,471 (100)	12,029,899 (100)

1996	1997	1998	1999	2000	2001
4,081,537 (30)	4,018,390 (33)	3,906,934 (34)	3,769,412 (32)	4,617,850 (38)	5,085,960 (43)
1,350,666 (10)	938,072 (8)	880,361 (8)	885,066 (8)	767,612 (6)	540,442 (4)
2,648,266 (20)	2,225,760 (19)	2,137,889 (19)	2,348,545 (20)	2,535,758 (21)	2,419,965 (20)
284,901 (2)	301,852 (3)	321,881 (3)	354,807 (3)	436,678 (4)	473,570 (4)
148,427 (1)	139,819 (1)	125,069 (1)	112,154 (1)	84,161 (1)	85,502 (1)
1,178,426 (9)	1,161,779 (10)	1,083,873 (9)	1,185,920 (10)	1,120,063 (9)	1,064,052 (9)
760,672 (6)	771,206 (6)	807,324 (7)	645,144 (6)	442,412 (4)	437,493 (4)
1,403,667 (11)	1,298,654 (11)	1,072,953 (9)	1,126,770 (10)	990,704 (8)	897,175 (7)
23,659 (0)	23,278 (0)	7,061 (0)	14,502 (0)	10,395 (0)	9,894 (0)
1,437,226 (11)	1,087,344 (9)	1,086,318 (10)	1,183,348 (10)	1,056,838 (9)	1,015,846 (8)
13,317,447 (100)	11,966,154 (100)	11,429,663 (100)	11,625,668 (100)	12,062,471 (100)	12,029,899 (100)

ことである．確かに，最近UNHCRは紛争を予防する総合的アプローチを採用しているが，これはあくまで紛争後のものであり，これから起きるすべての紛争を予防するものではないからである．その一方で，援助対象者の数の減少がそのままUNHCRの功績と認めるにも問題がある．というのも，UNHCRが支援の対象とする難民は政治的に決定されている面もあり，恣意性が働いていることにも留意する必要があるからである．国内避難民は一義的に国内問題であり，当該国政府が自国民を保護する責任がまず強調されなければならない．しかしながら，同政府がその義務を果たし得ないような状況においては，国際社会が介入し，同政府が義務を果たせるよう支援するか，一時的に同政府に代わり国民を保護することとなる．UNHCRが国内避難民支援に関わるか否か

表 4-13　出身地域別に見た自発的帰還民（地域局別）

(単位：千人)

	1992	1993	1994	1995	1996	1997	1998	1999	2000	2001
中央アジア，南西アジア，北アフリカ，中東	1,597.9	3.0	351.4	368.6	252.2	129.9	146.5	288.2	299.4	30.7
西部，中央アフリカ	104.4	27.0	132.3	138.0	91.8	66.9	468.6	120.7	86.9	101.1
アフリカ大湖地域，東部，角	159.7	138.8	1,593.2	353.7	1,553.3	496.6	197.9	149.9	158.2	152.6
南アフリカ	245.9	606.6	806.3	172.6	2.3	54.1	21.9	21.3	8.5	13.1
アメリカ	17.2	9.9	10.1	11.1	7.3	3.7	4.2	2.2	0.7	0.2
アジア太平洋	70.6	75.1	112.2	85.2	49.2	35.3	21.1	166.2	50.7	18.5
ヨーロッパ	−	0.0	30.0	43.5	0.2	1.2	2.2	0.8	0.5	0.1
南東ヨーロッパ	43.4	0.0	0.2	0.8	104.7	138.9	154.0	849.5	162.5	146.2
その他 (Various/unknown)	3.9	0.7	1.2	0.2	15.8	−	0.1	0.2	0.0	0.0
計	2,243.1	861.1	3,037.0	1,173.7	2,076.6	926.6	1,016.4	1,599.1	767.5	462.4

出所：UNHCR, *Statistical Yearbook 2001* をもとに作成．

は，国連事務総長のオーソライゼーション（授権），当該国政府からの同意の取りつけなど数々の条件を基に決定されるため，たとえば，コロンビアやチェチェン，スリランカなどの国内避難民に対してはUNHCRが支援活動を行っているが，アチェには数十万もの国内避難民がいるにもかかわらず，活動を行っていない[10]．以上のことから，評価する際は，こうした背景に留意しながら必要がある．

　なお，上記で述べた指標の他，2002年に難民の庇護国の声に留意し，各国の面積やGDPに比して難民の庇護にどのくらい貢献しているかという観点から指標化の試みが行われたが，パキスタンが1位となった一方で，日本が大変低い（40数番目）といった問題等が指摘されたため，今後，指標等の改善が行われていくようである[11]．

4. 国益の観点からの評価

4-1　インプット

(1) 財政的資源

　財政的資源に関しては，まず日本政府からのUNHCRの拠出金が考えられ

表 4-14　UNHCR 保護下での第三国定住（地域局別）

(単位：人)

庇護地域	1992	1993	1994	1995	1996	1997	1998	1999	2000	2001
中央アジア，南西アジア，北アフリカ，中東	3,693	5,039	6,038	6,679	6,110	8,283	6,332	7,754	13,787	10,501
西部，中央アフリカ	351	323	454	121	171	936	1,591	3,688	3,252	2,073
アフリカ大湖地域，東部，角	5,429	6,564	5,274	7,471	2,077	5,308	4,856	9,573	11,522	8,173
南部アフリカ	126	67	15	75	135	180	100	43	400	224
アメリカ	382	301	97	17	14	166	95	34	44	46
アジア太平洋	20,838	14,337	12,910	5,242	3,916	2,037	1,255	1,607	2,625	2,698
ヨーロッパ	3,948	−	3,098	2,201	1,668	1,631	1,737	1,942	2,578	3,316
南東ヨーロッパ	262	−	11	9,517	6,712	4,604	5,226	4,106	5,308	2,263
計	35,029	26,631	27,897	31,323	20,803	23,145	21,192	28,747	39,516	29,294

出身地域	1992	1993	1994	1995	1996	1997	1998	1999	2000	2001
中央アジア，南西アジア，北アフリカ，中東	7,595	5,486	8,584	8,689	7,778	10,151	7,309	7,591	13,250	12,871
西部，中央アフリカ	267	271	380	62	142	735	1,422	3,559	2,142	1,951
アフリカ大湖地域，東部，角	5,717	6,437	5,240	7,502	2,496	5,874	6,678	11,784	17,334	10,876
南アフリカ	41	11	1	13	13	134	37	14	14	57
アメリカ	409	196	79	15	3	5	11	24	24	9
アジア太平洋	20,072	13,425	12,541	4,711	3,550	1,454	417	722	1,291	1,099
ヨーロッパ	16	−	132	1	−	8	38	3	2	40
南東ヨーロッパ	192	1	495	9,992	6,741	4,618	5,214	4,108	5,299	2,238
その他（Various/unknown）	720	804	445	338	80	166	66	942	160	153
計	35,029	26,631	27,897	31,323	20,803	23,145	21,192	28,747	39,516	29,294

出所：UNHCR, *Statistical Yearbook 2001* をもとに作成．

表 4-15　日本の UNHCR への任意拠出金・拠出率

(単位：任意拠出金は千万ドル，以下四捨五入・拠出率は％)

	1990	1991	1992	1993	1994	1995	1996	1997	1998	1999	2000
任意拠出金	5.26	11.22	11.92	11.97	12.10	12.07	13.10	11.57	10.85	13.68	10.02
拠出率	9.37	12.92	10.45	11.12	11.73	12.22	13.78	14.83	14.28	15.01	14.20

出所：外務省『ODA 白書』をもとに作成．

る（表 4-15, 16）．現在，日本の UNHCR の拠出率は，米国に次いで第 2 位であるが，拠出率は 14.20％（2000 年）で，国連の分担率よりは低い．また，1993 年から 99 年までは約 1.1〜1.4 億ドルと 1 億ドル以上拠出していたが，2000 年は 1 億ドルを割り，01 年には約 9,000 万ドルにとどまっている．なお，

表 4-16　日本の UNHCR への任意拠出金の内訳

(単位：ドル，カッコ内は％)

	1990	1991	1992	1993	1994
一般プログラム	31,219,442 (61)	31,422,568 (28)	30,020,247 (25)	32,600,000 (27)	22,850,000 (18)
特別プログラム	19,805,318 (39)	81,047,471 (72)	89,603,567 (75)	87,140,681 (73)	97,906,550 (81)
合計	51,024,760 (100)	112,470,039 (100)	119,623,814 (100)	119,740,681 (100)	120,756,550 (100)
	1995	1996	1997	1998	1999
一般プログラム	25,705,250 (21)	29,151,100 (22)	29,130,000 (23)	29,207,840 (27)	27,130,000 (20)
特別プログラム	95,009,559 (79)	101,797,682 (78)	97,638,609 (77)	78,577,578 (73)	111,128,632 (80)
合計	120,714,809 (100)	130,948,782 (100)	126,768,609 (100)	10,778,518 (100)	138,258,632 (100)

	2000	2001
年次プログラム	90,057,241 (91)	75,450,506 (83)
JPO	1,357,185 (1)	1,012,402 (1)
補正プログラム	8,355,011 (8)	14,401,405 (16)
合計	99,769,437 (100)	90,864,323 (100)

出所：国連文書（A/46/12, A/47/12, A/48/12, A/49/12, A/50/12, A/51/12, A/52/12, A/53/12, A/54/12, A/55/12, A/56/12, A/57/12）をもとに作成．

　補助金総覧によれば，1990 年度が約 83.0 億円，95 年度が約 102.9 億円，99 年度が約 110.7 億円，2000 年度が約 95.1 億円，01 年度が約 87.9 億円，02 年度が約 90.3 億円となっている．

　この他，企業や NGO・NPO，そして個人などからの寄付金もある．なお，2002 年 7 月 1 日現在では，日本の民間からの寄付は世界一であり，日本国連 HCR 協会・トヨタ自動車株式会社・真如苑財団などから約 178 万ドルが拠出されている［A/AC.96/964］．

(2) 人 的 資 源

　UNHCR で働く日本人職員は，表 4-17 のとおりである．この表に見られるように，日本人職員数は伸び悩んでいるが，全体の人数が減少しているので，見方によっては安定しているとも言える．しかし，専門職以上において全体に占める割合は 2002 年でも約 4％ にすぎない．なお，幹部レベルのキャリアパターンは，別の機関・会社などでの経験のある人がそのポストに就いている例が多い．

表 4-17　UNHCR の日本人職員数

	1993	1994	1995	1996	1997	1998	1999	2000	2001	2002
D(幹部職)以上	2	2	2	2	2	1	2	3	3	3
P(専門職)	25	28	35	33	35	38	40	37	44	46
GS(一般職)	6	7	8	6	8	7	6	6	7	8
その他					1	2	2	2	2	2
JPO	13	17	10	7	7	13	17	16	9	7
職員合計	46	54	55	49	53	61	67	64	65	66

出所：外務省国際機関人事センターへの請求資料をもとに作成．

(3) 国内組織体制

国内組織体制として，まず政府でUNHCRと関係のある省庁として，外務省と法務省があげられる．まず外務省では総合外交政策局国際社会協力部人権人道課人道支援室（担当者1名)[12]，在ジュネーブ日本政府代表部（担当書記官1名)[13]があげられる．また，法務省では入国管理局総務課難民認定室が個別に対応している[14]．

次に，政治家関係では，UNHCR国会議員連盟が，現状では初等教育しか与えられない難民に中等・高等教育を与えるために2000年に「難民教育基金」が緒方前高等弁務官により創設されたのを契機に，01年に設立され，認定制度に関する勉強会やNGOとの意見交換等を行っている[15]．

その他，NGO・NPOとしては，日本国連HCR協会や難民NGOなどがある．このうち，日本国連HCR協会は，より広く難民問題をアピールするためには民間からの寄付を募る窓口を担う日本の法人組織が必要であるとの判断から，2000年に設立された特定非営利活動（NPO）法人である[16]．

4-2　成　果
(1) 外交政策への貢献

第1に，難民の減少およびその発生防止による日本およびその利害地域の安定があげられる．難民増加による利害地域の不安定化は，資源供給の多くを輸入に頼る日本にとってはマイナスであると考えると，UNHCRを通じて，彼らを帰還させることは重要だからである．

第2に，庇護国の負担の分担という側面も考えられる．ただし，UNHCR

によれば，その領域内で庇護している難民の数を国内総生産（GDP），人口，領土面積で比較すると，日本は，世界150カ国中，対GDP比が136位，対人口比が125位，1,000km²あたりで90位と世界でも低レベルに位置している[17]．

この他，2国間支援が行いにくいところで国際組織を通じて支援を行うという意味での2国間外交の補完も貢献として考えられる．

(2) 国際的な決定への参加

国際的な決定への参加，すなわち，難民分野での役割としては，執行委員会，常設委員会，そして事務所内での決定参加を通じた難民問題の解決があげられる．その具体例としてはアフガニスタン難民・避難民支援をはじめ多くの例があげられる．

(3) 国内政策（論議）の刺激・正当化

国内政策論議への建設的な刺激としては，難民政策への議論の喚起（日本の難民政策の国際的意義の確認）と難民問題への国民の関心の高まりなどが考えられる．なお，UNHCRは，2001年が難民条約採択50周年であることを契機として，50年間における難民をめぐる情勢の変化を踏まえ，難民条約の枠組みを振り返り，かつ活性化させることを目的とした協議プロセス「国際保護に関するグローバル協議」を提唱し，2000年から02年にかけて，第1部会（政治レベル：閣僚級会合），第2部会（学識者会合）および第3部会（実務レベル：執行委プロセス）のそれぞれで広範な議論を行っている[18]．

(4) 手段的価値

手段的価値としては，緒方貞子氏が初の女性かつ東アジア出身者として高等弁務官ポストに就いた意義や難民分野での人材育成などがあげられる．

このうち，緒方氏が高等弁務官ポストに就いた意義としては，国内的にはUNHCRの知名度を高めたこと，そして対外的には国際社会における日本のプレゼンスを高めたことが指摘される[19]．また，難民分野での人材育成の具体例として，人間の安全保障基金により東京に設立されたアジア・太平洋地域人道支援センター（eセンター）での人道支援スタッフのトレーニングがある．

このセンター設立の背景には，UNHCR の予算を使って日本の NGO に活躍してもらうことで「顔の見える援助」をアピールすることや，未熟な日本の NGO を育てて UNHCR とともに活躍させることで，UNHCR への日本政府の資金提供の継続を期待するという狙いがあったとされる［原田，2001：97-98］[20]。なお，この事業は 2003 年までの予算となっており，今後の継続のための資金が懸案となっている[21]。

4-3 考　　察

　UNHCR を日本の国益の観点から考察すると，他の国際機関と同様，まず拠出率に比して全職員数に占める日本人の割合が低いことがあげられる．この原因として UNHCR は現地での勤務が多いことを嫌う人が相対的に多いことが考えられる．しかし，国連や国連教育科学文化機関（UNESCO）と比べてその比は顕著ではなく，総人数が減っている中でその数が減っていないことや，庇護国としての負担（難民の受け入れ）をあまりしていないことを考えると，現在の財政的負担はむしろ妥当であるということもできる．

　これに関連して，UNHCR の場で議論されることはないとはいえ，出入国管理政策との整合性に言及する必要があると思われる．というのも，先述したように，UNHCR への日本の貢献には，庇護国の負担の分担という側面も考えられるからである．日本の難民受け入れは，1970 年代後半のインドシナ難民の受け入れに端を発するが，81 年の難民条約，82 年の難民の地位に関する議定書加入後も，他の欧米先進国と比べて，難民申請件数は 1 桁もしくは 2 桁，難民認定件数も 2 桁もしくは 3 桁少ないレベルで推移している［高橋，2002：51-54］[22]。この背景として，歴史的に移民も外国人単純労働者も受け入れていないこともあり，いまだそのような枠組みと基盤が十分に整っていないため，最終的な定住先として日本を希望する人間が少ないとの事情によるところが大きいことが考えられている［同上：53］．しかし，最近では，難民制度が議論されると同時に，外務省の担当者からも，「第三国定住」の制度（第 1 次庇護国に滞在している難民を UNHCR 等の仲介により，第三国が定住者として受け入れる制度）により難民受け入れを検討すべきという意見が聞かれる［同上：59］[23]。

この他，緒方貞子氏が高等弁務官になったことにより，アフガニスタン復興支援会議や人間の安全保障をめぐる議論における日本のイニシアティブが可能になったことも指摘できる．これらはいわば日本の得意分野であることから，1990年代の日本はUNHCRを通じてその外交政策をうまく進めたとも考えられる[24]．

5. おわりに

　以上のように，UNHCRは冷戦後の地域紛争の激化に伴い，緒方前国連難民高等弁務官の下で活動内容を拡大させ，従来の難民保護のみを中心としたものから，紛争防止のための開発も含めた総合的なアプローチに変容させたが，その後の任意拠出金の伸び悩みにより，ルッベルス現国連難民高等弁務官の下で活動内容が見直されつつある．ただし，その方向性をめぐって異なる意見が見られることは指摘したとおりである．したがって，どちらが国際公益にとって有益であるかをさらに検討する必要があるであろう．

　日本にとって，UNHCRを通じた貢献は，そのプレゼンスを高める上で，非常に有益であったと思われる．しかし，全く問題がないわけではない．既に述べたように，出入国管理政策や移民問題の観点から，いかにUNHCRへの協力を位置づけるべきか，さらなる人材活用による国際社会におけるプレゼンスの増大といった課題もある．このように，難民問題およびそれに対するアプローチが複雑かつ多様化していることから，より広い国益の観点から，UNHCRとの関係を考えていく必要もあるのではないであろうか．

注
1) 開発支援のフォローとしては，すでに「人間の安全保障基金」を利用して，ルワンダとボスニアでパイロットプロジェクトが開始されている地域のコミュニティを基礎とする「共存」プロジェクトがある［緒方，2002：161］．
2) 2002年11月，2003年2月，外務省総合政策局国際社会協力部人道支援室ヒアリング．
3) UNHCRでは，専門職以上をインターナショナル・スタッフ，それ以外をローカル・スタッフと区別している（2002年12月，外務省総合政策局国際社会協力部人道

支援室ヒアリング).
4) 「数字で見る UNHCR の活動（2002 年）」UNHCR Japan ホームページ (http://www.unhcr.or.jp/ref_unhcr/statistics/activity_02.html).
5) 同上.
6) UNHCR ホームページ (http://www.unhcr.ch).
7) 2002 年 11 月, 外務省総合政策局国際社会協力部人道支援室ヒアリング.
8) 実際, 1997 年のコフィ・アナン事務総長による改革の中で, UNHCR が国際人道機関の主導権を握る改革が実現する可能性があったが, 現在の権力分散型のシステムの方が少しでも中央集権化したシステムよりも好ましいという国連児童基金 (UNICEF), 世界食糧計画 (WFP), 国連開発計画 (UNDP) などの抵抗により, 失敗してしまったという [Weiss, 2002].
9) 2002 年 12 月, Thomas Weiss 氏からの電子メールによる回答.
10) 2002 年 11 月, 外務省総合政策局国際社会協力部人道支援室ヒアリング.
11) 同上.
12) 同上.
13) 2003 年 2 月, 外務省総合政策局国際社会協力部人道支援室ヒアリング.
14) 2002 年 12 月, 法務省入国管理局総務課難民認定室ヒアリング.
15) 2002 年 12 月, 外務省総合政策局国際社会協力部人道支援室ヒアリング.
16) 「協会の概要」日本国連 HCR 協会ホームページ (http://www.japanforunhcr.org/kyokai.html)
17) 「日本の難民保護」UNHCR Japan ホームページ (http://www.unhcr.or.jp/protect/hogo_japan.html).
18) 2003 年 3 月, 外務省総合政策局国際社会協力部人道支援室ヒアリング.
19) 2002 年 12 月, 外務省総合政策局国際社会協力部人道支援室ヒアリング.
20) e センターが設立された 2000 年は, 200 万ドル以上の UNHCR の契約のうち, 8 件は日本の NGO であったとされるが [原田, 2001：98], UNHCR 日本・韓国地域事務所によれば, 2002 年は 0 件であったという.
21) 2002 年 11 月, 外務省総合政策局国際社会協力部人道支援室ヒアリング.
22) 2001 年の日本の難民申請件数, 難民認定数は, 353 件, 26 名であるのに対し, 米国は 59,460 件, 28,300 名, ドイツは 118,300 件, 22,720 名, カナダは 44,040 件, 13,340 名, 英国は 71,690 件, 19,100 名, フランスは 47,290 件, 9,700 名, イタリアは 9,620 件, 2,100 名となっている. 「日本の難民保護」UNHCR Japan ホームページ (http://www.unhcr.or.jp/protect/hogo_japan.html).
23) その一方で, グローバリゼーションの進展により, 不法移民と難民の混在の問題はますます深刻化しており, これまで比較的寛容な立場で多くの難民を受け入れてきた欧米諸国においても不法移民対策強化の観点より, 難民受け入れの手続きを厳格化するという動きが出てきている. また, 2001 年においても難民認定申請の約 24.6％ (370 件中 91 件) が申請を乱用したケースであることから (参議院外交防衛委員会に

おける 2002 年 6 月 11 日の中尾巧法務省入国管理局長答弁），安易な制度変更は不法移民問題を助長する恐れがあるという指摘もある［高橋，2002：54］．

24) 1990 年代の日本は，日本から高等弁務官に選出された緒方貞子氏を日本政府や外務省が全面的なサポートしながら，およそ 10 年間に，2 つの地域紛争（カンボジア・アフガニスタン）に関する和平構築に関わり，さらに復興支援会議を主催した点を踏まえ，人道援助外交の世界では「勝ち取った 10 年」と表現してもよいほど，外交フロンティアを切り拓いたという評価がある［竹田，2002：23-25］．

参考文献

緒方貞子［2002］『私の仕事』草思社．
外務省総合外交政策局国際社会協力部編［2002］『国際機関総覧 2002 年版』日本国際問題研究所．
国連難民高等弁務官事務所編［2001］『世界難民白書 2000』時事通信社．
高橋恒一［2002］「難民問題に対する日本の取り組み」『国際問題』12 月号，46-59 頁．
竹田いさみ［2002］「「勝ち取った 10 年」日本の人道援助外交」『外交フォーラム』4 月号，23-29 頁．
二宮正人［2002］「1990 年代における UNHCR 基本的戦略の変化と難民問題」『国際人権』第 13 号，35-39 頁．
原田勝広［2001］『「こころざし」は国境を越えて』日本経済新聞社．
ルッペルス，ルード［2002］「UNHCR は仕事の質で支援を得る」『外交フォーラム』4 月号，12-13 頁．
Loescher, Gil［2001］*The UNHCR and World Politics: A Perilous Path*, Oxford University Press.
Weiss, Thomas［2002］"Should Lead the International Humanitarian Enterprise, paper prepared for the NIRA International Organization Project."

第5章

国連児童基金 (UNICEF)

城 山 英 明

1. はじめに

　本章では，子供に関する様々な活動を行う国連児童基金 (United Nations International Children Emergency Fund : UNICEF : ユニセフ) を対象に分析と評価の試みを行う．国際機関の業務運営評価の対象としてユニセフは大変興味深い対象であるといえる．第1に，「子供」に関する活動という支持の得やすいシンボリックな目標を持っている．第2に，そのような支持の得やすい目標を背景に，特に資金調達において様々な具体的組織的工夫を行ってきた．ユニセフカードの販売による直接的収入の確保，主要ドナー国における国内委員会の設置と国内委員会を通した資金調達活動等がその例である．第3に，これまでは乳幼児5歳以下死亡率の削減等比較的明示的目標の立てやすい保健分野の業務活動を主要活動としてきた．これは，寄与率の確定は困難であるものの，比較的評価になじむ活動といえる．第4に，「子供」（プラス母親）という対象集団に即した組織の管轄設定のため，様々な他の国際機関の活動領域と交錯することとなる．具体的には子供等に対する保健活動・教育活動は主要領域であるが，これらは保健活動を管轄する世界保健機関 (WHO)，教育活動を管轄する国連教育科学文化機関 (UNESCO : ユネスコ) の活動と交錯する．また，難民における子供の比率は高く，子供の難民を対象とした活動は国連難民高等弁務官事務所 (UNHCR) の活動と交錯する．さらに，近年は，子供の人権に焦点を当てる傾向があり，その結果国連の人権関係機関の活動とも交錯するようになっている．

2. 組織・活動内容の概要とその特質

　ユニセフは，第2次世界大戦中に設立された連合国救済復興機関（United Nations Relief and Rehabilitation Administration：UNRRA）を前身として，1946年に設立された．UNRRAは戦争で荒廃したヨーロッパ，アジアの諸国に食料，衣料，医薬品等の緊急救援支援を行うことを目的とする時限付き組織として43年に設立された．45年と46年の間に，UNRRAは15,000人の国際職員と35,000人の現地職員を抱え，支援の総額は40億ドルに上った．しかし，資金提供の70％以上を米国が提供しているのに援助対象地域が旧ソ連影響下の東欧地域であったこともあり，46年にはUNRRAは廃止されることになった．しかし，国際連盟保健機関の中心であったポーランド人のラッジマン（Ludwik W. Rajchman）はUNRRAの廃止に反対し，基金の残余を子供の支援のために使うことを主張し，イギリスの支持を得た．その結果，46年12月の国連総会はユニセフの設立を承認した（執行委員会議長にはラッジマンが就任した）．これはUNRRAの子供分野での後継組織であるとともに，その役割範囲を拡大するものであった［Beigbeder, 2001：8-11］．事務局長には米国の支持を得るために，米国人である必要があり，モーリス・ペイト（Maurice Pate）が就任した．ペイトは就任する際に，日本，フィンランド，オーストリア，イタリア，ドイツ等の旧敵国の子供たちも対象に入れることを条件とした［Beigbeder, 2001：12］．

　ユニセフは当初暫定機関であり，1950年に継続すべきか否かが論じられた．そのプロセスでは，各々の管轄領域を侵食されかねないWHO，国際労働機関（ILO），ユネスコ等の専門機関はユニセフの継続に反対した．また，米国も国内政治財政的理由や数人の政府高官のラッジマンへの反感等により，継続に反対した．しかし，ユーゴスラビア等の強い支持により，53年に再度検討することとなった．そして3年後の53年には国連総会は全員一致でユニセフの常設化を決定した［Beigbeder, 2001：13-16］．

　ユニセフの活動の重点は時代とともに変遷してきた．当初はヨーロッパや中国の救援活動が中心であったが，その後新しく独立した開発途上国等に展開す

るとともに，予防接種等の伝染病対策の比重が高まっていった．1950年代末には予算の半分はマラリア等の感染症対策費用であった．

1960年代には開発問題との連携を増し，教育，女性，水，衛生といった領域にも活動を拡大し，70年代初頭には柔軟な国別アプローチも採用するようになった．受入国は5年ごとにシステマティックな分析に基づいて各国の子供のニーズを確定し，それに基づいて国別計画が策定された［Jolly, 2003：2］．78年にはWHOと共同でアルマアタにおいて国際会議を開催し，プライマリー・ヘルス・ケアを重視する新しい保健政策を掲げるアルマアタ宣言を採択した．プライマリー・ヘルス・ケアとは，教育，食糧供給，安全な水の十分な供給，母子保健，感染症予防接種，伝染病予防，共通な疾病への適切な対処，基本的医薬品の提供という8つの要素を組み合わせた統合的方法である．79年には国際児童年とされ，子供の課題に関する関心が広く惹起された．

1980年に第3代事務局長に就任したジェームズ・グラント（James Grant）の下，当時毎年1,500万人いた5歳以下の乳幼児死亡を半減させるという「子供の生存と開発の革命」が82年12月に開始された．87年には，WHOの反対を乗り越えて，医薬品提供の対価を得ることによってプライマリー・ヘルス・ケアの財源とするというバマコ・イニシアティブ（The Bamako Initiative）も実行された．さらに，89年には「子供の権利条約」も採択され，続いて90年には世界子供サミットが開催された．世界子供サミットにおいては，大胆な定量的目標を含む子供のための「2000年の目標」が採択された（この結果は最終的には2002年の国連子供特別総会においてレビューされ，新たに「子供にふさわしい世界」という文書が採択され，その中で再度目標値が設定された［A/RES/S-27/2］）．また，国連開発計画（UNDP），ロックフェラー財団，世界銀行，WHOとともにワクチンの改良を目指す子供のためのワクチン・イニシアティブ（Children's Vaccine Initiative：CVI）も開始された．

その後，1995年に就任したキャロル・ベラミー（Carol Bellamy）の下では，子供の権利アプローチが重視されるとともに，人員削減や様々なマネジメント改革が試みられている［Beigbeder, 2001：20-41, 186-189］．

以上のような展開を遂げてきたユニセフは以下のような組織特質をもっている．第1に，現場での業務（operation）の実施を重視するという性格をもって

いる．保健分野の活動におけるWHOとの関係については，歴史的には緊張関係もあったが，基本的にはWHOが主に政策を担い，ユニセフが主に実施を担うという形である程度の分業関係が成立している．また，グリーティングカード・オペレーションに象徴的に見られるように，ファンドレイジングについても，国際機関の中でも例外的に，人的資源を投入し組織的に行ってきた（最近ではグリーティングカードは停滞し，企業にユニセフのロゴの使用を認める代わりに寄付を求めるといった仕掛けが収入を上げているようである）．第2に，業務を実施するに際しては，特にグラント事務局長の下において，ターゲットを限定した上で定量的目標を設定し追及するという垂直的アプローチをとってきた．その点で統合的プライマリー・ヘルス・ケアを重視するWHOの水平的アプローチとは衝突することもあった．第3に，主要なドナー国に国内委員会を設置し（計37カ国），それらが財源調達等の民間セクターとのパートナーシップにおいても大きな役割を果たしてきた．国内委員会の設置というのはユネスコの場合にも見られるが，国内委員会が財源調達も担うというのはユニセフ独自である．国内委員会は，また，意識啓発活動においても大きな役割を担っている．

しかし，現場業務を重視するという第1の側面については，特に現事務局長の下で権利を重視したアプローチをとる中で，若干性格が異なりつつあり，報告とそのモニタリングといった人権国際機関的行動様式を求められる側面もあるようである．

3. 国際公益の観点からの評価

3-1 インプット

(1) 財政的資源

1993年以降のユニセフの収入の内訳は表5-1のとおりである．特徴・傾向としては以下の点を指摘することができる．第1に，予算額は年8.66～11.38億ドル（1993-2000年）であり，年度ごとの変動はあるものの平和維持活動（PKO）等に比べて比較的安定している（1997年にかけて多少減ったがその後増加している）．このうち，使途の限定されない一般予算の総額は1998-2000

表 5-1　UNICEF の収入

(単位：百万米ドル)

収入	政府拠出 (一般予算)	政府拠出 (補充資金)	国内委員会 (一般予算)	国内委員会 (補充資金)	その他 (一般予算)	その他 (補充資金)	合計
1993	355	233	277				866
1994	361	297	148	121	8	48	957
1995	353	307	174	126	10	35	1,010
1996	364	242	194	112	6	40	944
1997	357	230	150	90	11	34	901
1998	343	265	235	111	16	26	965
1999	343	349	264	140	17	51	1,118
2000	342	375	242	135	10	10	1,138

注：UNICEF, *Annual Report*, UNICEF, および『ユニセフ年次報告』各年度版（1994 から 2001 年）より作成．

年にかけては年約 6 億ドル程度である．第 2 に，民間の国内委員会からの収入が大きい．1994-2000 年における国内委員会からの収入比率は約 27％ から約 36％ となっている．なお，国内委員会の収入は 1987 年から 96 年で約 3 倍になっているが，政府からの収入は 1.5 倍弱にとどまる［E/ICEF/1998/11：4］．第 3 に，使途の限定のない一般予算の傾向としては，政府が拠出する一般予算は停滞もしくは漸減の傾向にあるのに対して，国内委員会が拠出する一般予算は増加する傾向にある．

また，各国政府からの一般予算に対する拠出状況は表 5-2 の通りである．ノルウェー，スウェーデン，デンマークといった北欧諸国，オランダの拠出が多いのが特徴的である．他方，表 5-3 から明らかなように，国内委員会からの拠出分を足すと状況は一変する．国内委員会に関しては日本，ドイツ，イタリアといった第 2 次世界大戦の敗戦国からの拠出が多い．特に，国内委員会からの拠出に関し

表 5-2　UNICEF 一般予算に対する主要各国拠出状況(1999年)

(単位：％，千ドル)

国　名	拠出率	拠出額
米国	30.58	105,000
ノルウェー	10.49	36,021
スウェーデン	9.59	32,932
デンマーク	7.64	26,223
オランダ	7.37	25,316
日本	7.35	25,229
英国	6.12	21,016
フィンランド	3.28	11,272
スイス	3.26	11,191
カナダ	2.60	8,940
その他	11.72	40,178
総　計	100.0	343,318

出所：『国際機関総覧』2002 年版より作成．

表 5-3 各国からの一般予算拠出状況
　　　 （政府および国内委員会：2000年）

（単位：千ドル）

	政府	国内委員会	総計
米国	109,758	9,463	119,221
日本	25,596	66,332	91,928
オランダ	31,744	24,928	56,672
ノルウェー	34,510	835	35,345
イタリア	11,621	21,352	32,973
英国	24,638	8,093	32,731
ドイツ	3,870	28,620	32,490
スウェーデン	29,748	1,305	31,053
フランス	6,631	18,156	24,787
デンマーク	22,456	625	23,081
スイス	9,551	7,103	16,654
スペイン	1,606	12,923	14,529
フィンランド	10,480	2,101	12,581

出所：E/ICEF/2002/4 (Part II)：54.

ては日本が圧倒的に大きく，この分を足すと日本が米国に次ぐ拠出国ということになる．

予算・計画管理制度はかなり精密に組み立てられている．1990年代には4年ごとの中期計画（Medium-term plan）が立てられ，それが2年ごとにレビューされるとともに，ローリングプランとして修正されてきた．1998-2001年の中期計画においては初めて財源調達目標値も記入された［E/ICEF/1998/13］．また，2002-05年計画からは中期戦略計画（Medium-term strategic plan）となり内容もより明確に目的やその達成状況測定のための指標を書き込むようになっている．

表 5-4 UNICEF 職員

	本部				その他				プロジェクト			
	専門職	一般職	合計	全体での割合	専門職	一般職	合計	全体での割合	専門職	一般職	合計	全体での割合
1992	291	369	660	16	104	175	279	7	799	2,396	3,195	77
93	411	537	948	21	563	1,730	2,293	51	274	946	1,220	27
94	409	536	945	21	556	1,746	2,302	52	318	901	1,219	27
95	385	531	916	21	544	1,769	2,313	52	322	917	1,239	28
96	386	534	920	20	474	1,750	2,224	49	371	978	1,349	30
97	338	363	701	15	120	194	314	7	889	2,921	3,810	79
98	361	350	711	15	119	214	333	7	858	2,904	3,762	78
99	421	348	769	16	127	256	383	8	873	2,722	3,595	76
2000	452	333	785	18	139	149	288	6	943	2,462	3,405	76

出所：CEB/2002/HLCM/3, CEB/2001/HLCM/4, ACC/2000/PER/R.10, ACC/1999/PER/R.10, ACC/1996/PER/R.10, ACC/1995/PER/R.20, ACC/1994/PER/R.13, ACC/1993/PER/R.16.

(2) 人的資源

ユニセフの職員構成は表5-4のようになっている．以下の特徴を指摘することができる．第1に，任期付採用と思われるプロジェクト職員の比率が大変高い．表5-4では1993-96年に常勤の地域ポストが増えているが，97年以降は再度プロジェクト職員のカテゴリーが増加している．第2に，国別アプローチを担保するように，総スタッフ数における本部比率は低くなっている．2000年の場合，専門職員の総数は1,534人（全体4,478人）であるが，そのうち，本部，その他，プロジェクトは452：139：934（2000年プロフェッショナル）となっている．その他スタッフとプロジェクトスタッフが現場であることを考えると，本部の比率は，約29%である．

また，ユニセフの事務局長に関しては，アメリカとヨーロッパとの争いがあった．これまでのところ，米国が多くを拠出していた連合国復興救済機関（UNRRA）の後継組織という側面，米国政府が政府からの拠出のトップドナーであるということもあり，米国が代々事務局長を出してきた．しかし，近年，北欧等を中心にヨーロッパからの拠出も増える中で（表5-2参照），ヨーロッパ側も事務局長を出そうと動いた．具体的には1980年，95年の事務局長選出に際しては，最終的には米国の候補者が当選したものの，ヨーロッパもそのポストを争った．80年の際にはスウェーデンが候補を出し，95年の際にはフィンランド人，ベルギー人，イギリス人が候補に上った［Beigbeder, 2001：29, 37-38］．

3-2 アウトプット

ユニセフの事業分野別活動量は，表5-5の事業分野別支出比率より推測することができる（緊急援助は1990年代に増大しており約20%を占めているが，1993-95年，97-99年はデータが取れていない．したがって，これらの年の各分野の比率については仮に緊急援助20%程度を仮定すると各々比率を2割程度減るものと考える必要がある）．傾向としては以下の点を指摘することができる．

（割合は%）

合計		
専門職	一般職	合計
1,194	2,940	4,134
1,248	3,213	4,461
1,283	3,183	4,466
1,251	3,217	4,468
1,231	3,262	4,493
1,347	3,478	4,825
1,338	3,468	4,806
1,421	3,326	4,747
1,534	2,944	4,478

ACC/1998/PER/R.9,

表5-5 UNICEF事業分野別支出比率

	子供の保健	水と衛生	子供の栄養	地域社会や家庭向けの子供への諸サービス	学校内外での教育	計画立案とプロジェクト支援	緊急援助	計
1986	36	18	5	5	10	16	10	100
1987	39	18	6	7	10	13	7	100
1988	40	17	6	7	9	13	8	100
1989	40	15	6	7	7	15	10	100
1990	43	14	5	7	10	13	8	100
1991	34	12	5	7	8	15	19	100
1992	31	11	4	7	10	15	22	100
1993	36	16	7	11	10	20	N/A	100
1994	32	15	8	11	13	20	N/A	100
1995	36	13	7	10	13	21	N/A	100
1996	27	10	4	10	10	18	21	100
1997	33	11	6	12	14	24	N/A	100
1998	32	11	6	13	14	24	N/A	100
1999	33	9	6	14	16	22	N/A	100
2000	40	18	12	9	8	7	6	100

注：ただし，各支出分野の項目の名称は若干，年によって変化がある．
出所：UNICEF, *Annual Report*, UNICEF, および『ユニセフ年次報告』各年度版（1991年〜2001年）より作成．

　第1に，「子供の保健」の比率は約30〜40％で最も高い比率を維持している．予防接種等の直接的保健活動が少なくとも1980年代中葉以降は一貫して重点であったことがわかる．第2に，90年代は緊急プロジェクト，プロジェクト支援等の比率がかなり高くなっている．この時期には，内戦等の勃発に伴い，様々な緊急プロジェクト等が各国からの目的限定の補充的資金も利用して行われていたことが推測される．第3に，教育関連支出の比率は一貫して約10％程度である．統合的プライマリー・ヘルス・ケアにおいては教育は重要な要素であるが，これがあまり肥大化することはなかったということであろう．保健分野におけるWHOとの分業関係に比べて，教育分野でのユネスコとの関係に関しては，しばしば紛争もあったことが指摘されるが，ユニセフが教育に過度に進出することはなかったようである．第4に，水と衛生に関しては1986-88年にかけては17〜18％であったものが，その後10％程度まで低下したが，2000年には再度18％に上昇している．近年では水問題は重要な要素のようで

ある．

3-3　アウトカム
(1)　パフォーマンス指標の改善：保健・教育

　ユニセフの活動の大きな部分は子供の生存条件を向上させるための具体的業務活動であった．そのため，比較的パフォーマンス指標を特定することが可能である．以下，試論的にそのようなパフォーマンス指標を検討してみる．ただし，パフォーマンス指標の変化は，ユニセフの活動のほか，WHOやユネスコのような関連国際機関，援助受入国政府他様々な主体の活動の相互作用の結果であり，ユニセフの活動の寄与度を推定することはきわめて困難であるということは断っておきたい．

❶ 保健活動1：5歳未満乳幼児死亡率低下

　前述のように1990年には世界子供サミットが開催され，その場で大胆な定量的目標を含む子供のための「2000年の目標」が採択された．その中で，5歳未満児死亡率については，1990年から2000年で死亡率を3分の1引き下げるという目標が設定された．しかし，現実は，表5-6に見られるように，1,000人あたりの平均死亡率は93人から83人に減少しただけであり（10％強の減少），目標値は達成できなかった［日本ユニセフ協会，2002a：2］．ただ，達成の度合いには地域差が存在する．たとえば，サハラ以南アフリカ地域では遅れているが，ラテンアメリカ地域は達成しており，アジア地域もいいパフォーマンスを示している．

　この結果は，2002年の国連子供特別総会においてレビューされ，新たに「子供にふさわしい世界」という文書が採択された．その中で，10年前よりも乳幼児死亡数が300万人減少した点は評価したうえで，2015年までに5歳未満児死亡率をさらに3分の1に引き下げるという目標値が再度設定された［A/RES/S-27/2］．

❷ 保健活動2：ポリオ根絶

　1988年にWHOの第41回世界保健総会は，「2000年までに地球上からポリオを根絶する」という目標を採択した［ユニセフ駐日事務所・日本ユニセフ協会，1999：27］．そして，90年に開催された世界子供サミットにおいて採択さ

表5-6　5歳未満児死亡率（U 5 MR: Under 5 Mortality Rate）

（単位：人/千人，%）

	5歳未満児死亡率			年間平均低下率	
	1960	1990	2000	1960-90	1990-2000
サハラ以南アフリカ	254	181	175	1.1	0.3
中東と北アフリカ	250	80	64	3.8	2.2
南アジア	244	128	100	2.1	2.4
東アジアと太平洋諸国	212	58	44	4.3	2.7
ラテンアメリカとカリブ海諸国	153	53	37	3.5	3.7
CEE/CISとバルト海諸国	103	45	37	2.8	1.8
先進工業国	37	9	6	4.7	3.8
開発途上国	223	103	91	2.6	1.2
後発開発途上国	279	181	161	1.4	1.2
世　界	198	93	83	2.5	1.1

注：5歳未満児死亡率とは，出生時から満5歳に達する日までに死亡する確率で，出生1,000人あたりの死亡数で表す。
　　1990年の子供のための世界サミットで，1990年から2000年にかけて5歳未満児死亡率を3分の1引き下げるという目標が定められた。
出所：UNICEF, *The State of the World's Children*, UNICEF, 2002. ユニセフ，（財）日本ユニセフ協会広報室『世界子供白書2002』（財）日本ユニセフ協会，2002年。

表5-7　ポリオ発症数の推計

年	発症数	年	発症数	年	発症数
1988	344,900	1993	75,300	1998	10,900
1989	260,900	1994	72,500	1999	10,100
1900	233,600	1995	59,900	2000	3,500
1991	134,900	1996	32,800		
1992	137,700	1997	18,300		

注：ポリオの発症数は1988年から2000年までに99%減少した。
出所：UNICEF, *Progress since the World Summit for Children—a Statistical Review*, UNICEF, 2001. ユニセフ『統計で見る子供の10年（1990-2000）』（財）日本ユニセフ協会，2002年。

れた子供のための「2000年の目標」でも，「2000年までに世界からポリオをなくす」という目標が設定された［日本ユニセフ協会，2002a：46］。その後のポリオの発症数は，表5-7の通り，99%の減少と激減している。

この結果についても2002年の国連子供特別総会においてレビューされ，新たに採択された「子供にふさわしい世界」という文書の中に，「2005年までにポリオの世界的な根絶を確認する」という文言が組み込まれた［A/RES/S-27/2］。

❸ 水へのアクセス

1990年に開催された世界子供サミットにおいて採択された子供のための「2000年の目標」では，「世界のどこでも安全な飲み水が手に入るようにする」という目標が設定された［日本ユニセフ協会，2002a：8］。しかし，表5-8に見られるように，安全な水にアクセスできる人の比率は79%が82%へと3%上昇しただけであった．南アジアでは大きな改善が見られたが，特に安全な水へのアクセス比率が低いサハラ以南アフリカの改善率は4%にとどまった．

この結果についても2002年の国連子供特別総会においてレビューされた．新たに採択された文書「子供にふさわしい世界」の中では，目標期限を定めずに，「衛生設備および支払い可能かつ安全な水へアクセスできない世帯を少なくとも3分の1削減する」という多少は具体的な目標設定が再度行われた［A/RES/S-27/2］。

表5-8 安全な飲み水の普及率

(単位：%)

	1990	2000
サハラ以南のアフリカ	53	57
東アジア/太平洋諸国	71	76
南アジア	72	85
ラテンアメリカ/カリブ海諸国	82	86
中東/北アフリカ	82	87
CEE/CIS	N/A	91
先進工業国	100	100

注：1990年当時の2000年目標：すべての人が安全な飲料水を利用できるようにする．
　　結局，2000年時点では全体の動向としては3%増．新たに8億1,600万人が安全な飲料水を利用できるようになった．
　　1990年：79%（41億人）
　　2000年：82%（50億人）
出所：UNICEF, *Progress since the World Summit for CHildren—a Statistical Review*, UNICEF, 2001. ユニセフ『統計で見る子供の10年（1990-2000）』（財）日本ユニセフ協会，2002年．

❹ 教育活動：（女性の）識字率

子供の健康と母親の教育程度は関連しているとされる．世界子供サミット（1990年開催）において採択された子供のための「2000年の目標」では，「成人，とくに女性の非識字率を，最低でも1990年の半分に減らす」という目標が設定された．しかし，その後10年間で，非識字率は25%から20%に減少したが，人口増加等の要因もあり，非識字者の数は変わらなかった（うち女性の非識字者は約5億5,000万人）［日本ユニセフ協会，2002a：18-19］。

この結果についても2002年の国連子供特別総会においてレビューされた．新たに採択された文書「子供にふさわしい世界」の中では，高品質の教育の提供が大目標の1つとされ，具体的には2015年までに成人女性の識字率を少な

くとも50％改善することが目標とされた [A/RES/S-27/2].

(2) 定性的アウトカム：民間企業を含めた新規ワクチン開発の実験―失敗

ユニセフの主導の下で1980年代に進められた「子供の生存と開発の革命」（子供の死亡率低下や免疫プログラムの実施率に数値目標を掲げて取り組んだもの）の次のステップの構想の一部として，民間企業との協力の下で新規の改善されたワクチンを開発し，それを投与することで第三世界の子供の命を救うことを目的とする子供のためのワクチン・イニシアティブ (CVI) が，90年にユニセフ事務局長グラントやジョンズホプキンス大学のヘンダーソン (D.A. Henderson) 等のリーダーシップのもとで，世界保健機関 (WHO)，国連開発計画 (UNDP)，ロックフェラー財団，世界銀行の参加を得て設立された [Beigbeder, 2001 : 83-83]．その背景には，バイオテクノロジー革命を背景に，ロックフェラー財団の主催の下，ユニセフ，WHO，世界銀行，UNDP等が参加して開催されたベラジオ会議（84年，85年）等があった．CVIの目的は，既存ワクチン供与の促進だけではなく，複数の疾病に対応し，熱帯の高温でも安定的な新たなワクチンの研究開発が志向された点にあった．しかしCVIの開発にはいくつかの政治的緊張関係が内包されていた．第1に，ユニセフとWHOの競争対立関係があった．特にユニセフが「子供の革命」に乗り出してからは，「垂直的アプローチ」（特定の疾病に焦点を絞る）を重視するユニセフと「水平的アプローチ」（保健システム全体の改善を志向する）を重視するWHOとの間での緊張関係が存在した．従来はWHOの領域であった研究開発に関してWHOの枠外にCVIという枠組を構築したこと自体，WHOに対する他組織の疑念を示していた．第2に，製品開発重視の米国と現場での供与活動を重視する欧州の対立があった．この対立は従来現場での供与活動を重視してきたユニセフ内部での路線対立としても表面化した．第3に，ワクチンの研究開発の直接の担い手である民間の製薬企業等との関係が重要であったが，国際機関等の研究者はこのような協力に慣れていなかった．また，民間製薬企業の立場からは，ワクチン開発は巨額の投資を要するものであり，長期的な市場の不透明性，特許の不安定性，製造物責任の可能性を考えると，ワクチン開発投資は難しかった．以上のような緊張関係の展開の結果，最終的には，CVI

の側が1995年に「感染症発生の原因の多くはワクチンの失敗ではなくワクチン接種方法の問題である」という状況認識の下，製品開発から現場での供与方法の改善に再度突然舵を切ることによって，民間企業との協力は崩壊してしまった［Muraskin, 1998］．

3-4 考察：寄与度等

この人道分野に関しては相対的にアウトカムの測定が容易であり，アウトカムに対する寄与度も判断しやすいという面がある．特に垂直的アプローチに基づく指標のうちで，ポリオや天然痘の撲滅については，介入手法と結果との連関が明確であり，他の要因が作用しにくいこともあり，ユニセフの活動が寄与しているといえよう．ただし，その場合でも，同じく活動しているWHOや各受入国政府との寄与度分担の評価が問題となる．

ただし，垂直的アプローチのうちでも，幼児死亡率や水へのアクセスとなると，ターゲットは明確ではあるが，様々な要因が寄与するため評価は困難になる．

4. 国益の観点からの評価

4-1 インプット
(1) 財政的資源

表5-9はユニセフサイドの資料から作成した日本からユニセフへの様々な拠出の全体像に関する表である．これは一般予算への拠出のみならず，様々な目的限定の拠出も含むものである．特に政府拠出のうち，目的限定の補充的資金については，別の章で補助金総覧にもとづいて総計を推計した際には入っていなかったものである．以上の拠出全体の動向については，以下の点が注目される．

第1に，政府からの拠出のうち，目的を限定しない一般予算への拠出については約2,500万ドルから3,100万ドル程度で一定している．これは，表5-2からもわかるように，1999年の政府一般予算拠出では第6位にあたる．

第2に，政府からの拠出には，上述の一般予算への拠出の他に，目的限定の

表5-9 UNICEFへの日本からの拠出

(単位：ドル)

	政府拠出		民　間　拠　出				合計
	政府拠出 (一般予算)	政府拠出 (補充資金)	国内委員会 (一般予算)	国内委員会 (補充資金)	その他 (一般予算)	その他 (補充資金)	
1993	30,632,000	2,593,000	28,993,200(非政府拠出)・20,654,100(GCO)				82,872,300
94	28,430,000	6,380,000	24,942,426	7,663,086	18,163	111,244	67,544,919
95	29,430,000	9,799,592	29,427,589	9,869,428	84,129	36,603	78,647,341
96	30,930,000	6,870,000	34,260,710	8,844,788	35,730	19,321	80,960,459
97	28,000,000	3,030,000	35,518,695	7,010,689	15,242	0	73,574,626
98	25,533,000	13,214,876	68,371,560	8,117,942	76,123	15,666	115,329,167
99	25,298,891	39,479,350	58,006,798	16,283,298	57,020	15,000	139,140,357
2000	25,596,000	46,326,138	68,199,174	5,920,177	19,674	0	146,061,163

注：GCO (Greeting Card and Related Operations) は，ユニセフカードの販売収入等によるもの．
出所：UNICEF, *Annual Report*, UNICEF，および『ユニセフ年次報告』各年度版（1994から2001年）より作成．

補充的資金への拠出がある．その額は変動しているが，特に1998年以降急増していることが表5-9からわかる（94-96年にも小さな山がある）．この資金源の主要部分は，日本政府が97年に，特に開発途上国における子供の健康状態改善に積極的に貢献していくことを目的として政府開発援助（ODA）の一環として導入した「子供健康無償資金協力」制度であるようである．これは97年度に約27億7,000万円，98年度に56億円，99年には約52億円が提供された［ユニセフ駐日事務所・日本ユニセフ協会，1999：30-32］．この子供無償資金協力については，通常は2国間援助として途上国政府が実施する活動を支援するが，当該政府による実施体制が十分に確立されておらず，国際機関からの支援が必要不可欠になっている場合には，関係国際機関の計画したプロジェクトに資金を拠出することを通じて協力を行えることになっている（つまり，相手国政府による要請をバイパスできるということである）．これにより実施体制が十分に確立されていない国でも，国際機関による供与資機材の確実な配布および適切な使用を通じて協力の効果確保が可能であるとされる．このスキームに基づいたユニセフとの協力としては，97年のパキスタンに対するポリオ・ワクチンの全国一斉投与への支援をはじめとして，99年8月までに計15件があるという．具体的には98年度には，パキスタン，バングラデシュ，ガ

ーナおよびコートジボアールにおけるポリオ全国一斉投与を支援するため，ポリオ・ワクチンおよびそれを運ぶコールド・チェーン等の調達に必要な補充資金を日本が拠出した［ユニセフ駐日事務所・日本ユニセフ協会，1999：30, 33］．

その他の日本政府の補充資金への拠出としては，1994年以降アジア・アフリカ地域の女子基礎教育普及のためのプログラムへの毎年約100万ドルのプログラムがある．これは，ブータン，ミャンマー，カンボジア，モーリタニア，バングラデシュ，エチオピア，ベトナム，セネガルの教育事業等を支援した［ユニセフ駐日事務所・日本ユニセフ協会，1999：30］．また，97年以降，ルワンダやコソボなどに緊急無償を実施する際にユニセフのチャネルを利用した．ただ，現在は緊急無償については，資金をプールして必要なところに出せるようになっている[1]．

このような補充資金への拠出を加えた場合，たとえば2001年においては日本の政府総拠出は9,700万ドルであり，米国の2億1,600万ドルに次ぐ額となっている．日本に続く国としては，英国（7,400万ドル），オランダ（6,900万ドル）がある［E/ICEF/2002/4（Part II）：30］．

第3に，日本の国内委員会からの拠出は急増しつつあり，政府による一般予算拠出を大きく上回っている．そしてこの額は，表5-3に見られるように，国際的にも群を抜いてトップの額である．日本の国内委員会からの拠出についてのより詳細な円建てでの動向については，表5-10を参照していただきたい．これは，日本ユニセフ協会に寄せられる募金の75％にあたる．たとえば2001年度の日本ユニセフ協会の募金総額は約130億4,000万円であり，その内訳は個人募金75％，企業募金11％，学校募金4％，その他団体募金10％であった［日本ユニセフ協会，2002b：13］．特に個人向け募金方法の革新としては，1992年にはダイレクトメール募金，国内で眠っている大量の外国コインを収集するユニセフ外国コイン

表5-10 日本ユニセフ協会からUNICEFへの総拠出額（1992-2001年）

（単位：円）

年	拠出総額	年	拠出総額
1992	2,654,335,508	97	5,754,949,000
93	3,131,358,164	98	6,350,000,000
94	3,603,854,841	99	7,442,000,000
95	4,514,159,422	2000	8,922,000,000
96	5,000,599,856	01	10,351,000,000

出所：日本ユニセフ協会［2002b］．

募金，94年には毎月定額を口座から引き落とすマンスリー・プリッジ (Monthly Pledge) 募金を導入していた［ユニセフ駐日事務所・日本ユニセフ協会，1999：40］．

(2) 人的資源

表5-11 より日本人職員の動向に関しては以下の点を指摘することができる．第1に，2002年の時点で専門職以上の職員が37人であり，1993年の19人から大幅に増加している．ただし，P（専門職レベル）でも最高位のP-5は少なく，P-2，P-3，P-4が多い．これはユニセフはたたき上げで人材養成をする組織で中途採用が少ないゆえである．第2に，ジュニア・プロフェッショナル・オフィサー（JPO）についても特に97年以降急増しており，2002年時点で31人存在する．日本人にとっては国連難民高等弁務官事務所（UNHCR）ほど厳しい赴任地でないために希望も多いようである．また，定着率も高く，JPO経験の後，継続的にユニセフに雇用される者も多いようである[2]．

(3) 国内組織体制

外務省における担当部署は総合政策局国際社会協力部人権人道課（約20人の組織）であり，そのうち2人がユニセフ担当となっている．また，プロジェクトベースでは経済協力局の無償資金協力課，技術協力課，調査計画課も関与

表5-11 UNICEFの日本人職員数

	D(幹部職)	P(専門職)	GS(一般職)	その他	JPO	合計
1993	3	16	6	0	8	33
1994	1	15	7	0	8	31
1995	1	18	7	0	7	33
1996	1	20	7	2	7	37
1997	1	22	6	2	12	43
1998	0	24	6	2	13	45
1999	1	21	6	3	11	42
2000	2	24	6	3	14	49
2001	3	26	6	4	16	55
2002	3	29	5	5	20	62

出所：外務省総合外交政策局国際社会協力部資料より作成．

する．なお，世界保健機関（WHO）を担当する厚生労働省との調整は，重複活動領域においても WHO が政策レベル，ユニセフが実施業務レベルと分業しているため，国内においてはほとんどない[3]．

次に，民間レベルで活動する主体として日本ユニセフ協会が存在する．専務理事，事務局長ほか約30人の職員がいる．また，前述のようにこれは民間募金を担っている点で特殊な国内委員会である．日本ユニセフ協会は，第2次大戦直後のユニセフの支援に対して寄せられた礼状の整理のためのボランティア活動を契機として，ユニセフの活動への協力を行う任意団体として1950年2月に設立された（早くも52，53年には共同募金の一部をユニセフに寄贈した）．55年には外務省所管の財団法人となり，62年にはユニセフ協力募金への参加校が1万校を超え，70年にはユニセフ万博特別募金を実施し年間募金額が初めて1億円を超え，募金額は80年には約7億円に達した［ユニセフ駐日事務所・日本ユニセフ協会，1999：41-42］．そして，2001年には募金規模約130億円という巨大な団体となっている．

また，1988年8月には，ユニセフのグラント事務局長が日本ユニセフ協会橋本正専務理事の国会議員組織化の相談等に答える形で，超党派の衆参両院議員121名が参加する「ユニセフ議員連盟」が発足した［ユニセフ駐日事務所・日本ユニセフ協会，1999：15］．これは，90年代に日本ユニセフ協会の活動が飛躍的に拡大する重要な背景になったように思われる．

4-2 成　果
(1) 外交政策・活動への貢献

第1に，第2次世界大戦後のユニセフの支援に対する「恩返し」という側面が存在する．ユニセフは1949年以降，子供の栄養補給のための粉ミルク（学校給食等を通して子供に提供された），子供の衣類用の原綿，子供の衣類用の羊毛を日本に提供した．日本におけるユニセフの支援活動は62年まで続き，約150万人の子供が恩恵を受けた．その間の物資による援助を当時の日本国内の物価に換算すると1,800万ドル（65億円）に相当するという［ユニセフ駐日事務所・日本ユニセフ協会，1999：7-9］．それに対して，日本政府は50年から韓国の子供へのユニセフ緊急援助のための協力を始め，52年以降日本ユニ

セフ協会からユニセフへの寄贈も開始された．その後，国際児童年が組織された79年には，日本政府のユニセフ一般予算への拠出は前年比で80%増加し，民間からの寄付は約6倍に跳ね上がった．そして，80年代半ばにはユニセフに対する政府拠出，民間拠出のいずれにおいても世界の上位となった［ユニセフ駐日事務所・日本ユニセフ協会，1999：9-11］．

　第2に，日本政府の「子供健康無償資金協力」援助や，アフリカ等への緊急援助の担い手としてユニセフが実施主体となったことからもわかるように，日本政府の政策目的実現のためにユニセフと協力することが可能であった．

(2) 国際的決定への参加

　ユニセフの活動に参加し，それを支援することは，日本の外交政策目標である「人間の安全保障」という考えを国際的に発信するという側面がある．日本政府は「人間の安全保障」確保を日本の外交政策目的の1つに掲げているが，ユニセフの活動目的はそれに合致する側面が大きい．日本政府，ユニセフが中心となり「第2回子供の商業的性的搾取に反対する世界会議（横浜会議）」（第1回は1996年にストックホルムで開催された）を2001年12月に横浜で開催したのは，そのような政策目標の一致を示す1例だといわれる．

(3) 国内政策・論議の刺激・正当化

　第1に，ある意味ではユニセフは国連それ自体よりも国内的に著名な存在であり，ユニセフの活動の支援は国内的に国連関連活動の正当化を助けるという機能をもつ．

　第2に，最近ユニセフは「子供の権利」に活動の1つの焦点をおいており，その点では他の国際人権関係機関と日本との関係と同じく，ユニセフが国内的政策を正当化するという側面をもつ．1996年にストックホルムで開催された「第1回子供の商業的性的搾取に反対する世界会議」を契機に，国内で99年に「子ども買春・子どもポルノ処罰法」が制定されたのはその1例である［日本ユニセフ協会，2002b：6］．

(4) 手段的価値

第1に，人事の側面に関しては，国際的人材のトレーニングという機能を果たしている．近年JPOの採用数は急増し，また，その定着率も高い等のため，P-2からP-4レベルの日本人専門職員も増加している．

第2に，財務の側面に関しては，1995-97年のルワンダやコソボへの緊急無償を提供する際にユニセフのチャネルとして利用したことに見られるように，かつては要請主義をバイパスするチャネルとしてユニセフに対する補充資金拠出を利用するメリットがあった．しかし，現在は緊急無償については，要請主義を改め，資金をプールして必要なところに出せるようになっているため，ユニセフをチャネルとして使う必要はないようである．ただし，今日でも，97年に導入された「子供健康無償資金協力」制度におけるユニセフとの協力に見られるように，ユニセフの計画したプロジェクトに資金を拠出するという協力を行うことによって，実施体制が十分に確立されていない国でも，国際機関による供与資機材の確実な配布および適切な使用の能力を借用し，有効な協力支援が可能であるというメリットがある．

4-3 考　察

ユニセフの基本的目的が日本の外交目的と一致しているため，また，一定の組織的マネジメント能力ゆえに日本の無償案件等の実施も任せられることもあり，ユニセフの支援は日本の国益に合致している面が多いように思われる．さらに，戦後直後の支援に対する「恩返し」という面もこれを後押ししている．また，日本人若手国際公務員の育成という手段的側面でもユニセフは貢献している．

ただし，ユニセフへの日本の支援は政府よりも民間がはるかに多くなっている．その点で，国益といっても政府の戦略的戦術的利益ではなくユニセフのシンボル的正統性に基づく国民の支援という側面が強いことも留意しておく必要があるだろう．

5. おわりに

　以上のように，ユニセフは，「子供」というシンボル的正当性を持つ組織目的の提示と資金調達（ファンドレイジング）等に関する適切な実務的マネジメントの組み合わせにより，組織としての成長に成功してきたといえる．

　そして近年は，飢饉や紛争による個別の「子供の生存」問題から「子供の人権」問題一般へと活動のウィングを広げつつある．たしかに，組織運営としてはユニセフは国際機関の中でも稀有な成功例だと思われるが，これが本当に国際公益に実効的に貢献しているのかについては，より精査が必要であろう．特に，垂直的アプローチをとる中で，政治的に見えやすい目標にターゲットを当て，結果として活動のポートフォリオをゆがめている可能性がある．さらに，「成長産業」である「人権」領域へのユニセフの展開がどのような帰結をもたらすのかについても注視する必要があろう．

　また，日本の国内委員会からの拠出の急増と絶対的規模の大きさをどのように評価するのかについても議論がありうる．一方では，日本においてもNGOによる資金調達が可能であることを証明したといえるが，他方，国際的なお墨付きを得たNGOが資金を獲得してしまったため，結果として国内のNGOの資金調達が阻害されたという議論もある．

注
1)　外務省総合外交政策局国際社会協力部人権人道課からのヒアリング．
2)　同上．
3)　同上．

参考文献
外務省総合外交政策局・国際社会協力部編［2002］『国際機関総覧2002年版』日本国際問題研究所．
日本ユニセフ協会［2002a］『統計で見る子供の10年（1990-2000）』．
日本ユニセフ協会［2002b］『年次報告2001年』．
ユニセフ駐日事務所・日本ユニセフ協会［1999］『子供のためのパートナーシップ—日本とユニセフの協力の50年』．

Beigbeder, Yves [2001] *New Challenges for UNICEF*, Palgrave, New York.

Jolly, Richard [2003] "Some Points and Principles for Evaluating the Development Performance of Different International Organizations," paper prepared for the NIRA International Organization Project.

Muraskin, William [1998] *The Politics of International Health: The Children's Vaccine Initiative and the Struggle to Develop Vaccines for the Third World*, State University of New York Press, Albany.

第6章
国際連合（人権分野）

古 川 浩 司

1. はじめに

　本章では国際連合（以下国連）の人権分野を対象に，分析と評価を試みる．そもそも人権は国際社会の普遍的価値とされ，人権それ自体を明示的に否定する国は国際社会には存在しない．しかし，その内容に関しては，さまざまな解釈が存在しており，それらの是非を判断するのが国連の人権関係機関における1つの役割である．こうした背景により，国連の人権関係機関を定量的分析から評価する場合，それに適した統計資料を見つける困難とともに，どの解釈をもって（あるいは，何をもって）評価すべきかという点に関して大きな困難が伴う．また，国連の人権関係機関に基づく政策を評価すること自体，国際人権の正しい理解を阻害するという批判を免れ得ないかもしれない．しかしながら，人権という美名のもとに，非効率な政策が見過ごされつつある疑いがあることも事実である．たとえば，国連の人権予算はこの10年で大きく増加している一方で，近年激増している人権委員会の下にある作業部会，特別報告者のテーマ内容の中には重複していると思われるものもみられる．したがって，よりよい国際人権政策のためにも，これを聖域化せずに，コストやマネジメントの観点から考察する必要があるのではないだろうか．

　なお，本章では，国連の人権関係機関のうち，特に人権委員会（Commission on Human Rights：CHR），人権条約に基づく機関（条約体），国連人権高等弁務官事務所（Office of the United Nations High Commissioner for Human Rights：OHCHR）などを分析および評価の対象としたい．

2. 組織・活動内容の概要とその特質

　国連の人権関係機関の特質としては，その多元性があげられる．すなわち，①主に政府代表から構成される機関，②主に個人専門家から構成される機関，そして③事務局機能を有する機関がある[1]．

　第1に，主に政府代表から構成される機関として，総会（特に社会・人道・文化に関する第3委員会），安全保障理事会，国際司法裁判所，経済社会理事会といった国連の主要機関と，経済社会理事会の機能委員会である人権委員会，女性の地位委員会，犯罪防止・刑事司法委員会などがあげられる．

　第2に，主に個人専門家から構成される機関として，人権委員会の補助機関により設置された人権の促進および保護に関する小委員会（以下，人権小委員会）と，人権条約の実施措置規定に基づき設置された組織である条約体などをあげることができる．条約体には，人種差別撤廃条約に基づき設立された人種差別撤廃委員会（Committee on the Elimination of Racial Discrimination：CERD），社会権規約（経済的，社会的及び文化的権利に関する国際規約：以下，A規約）に基づくA規約人権委員会（Committee on Economics, Social and Cultural Rights：CESCR），自由権規約（市民的及び政治的権利に関する国際規約：以下，B規約）に基づくB規約人権委員会（Human Rights Committee：HRC），拷問等禁止条約に基づく拷問禁止委員会（Committee against Torture：CAT），児童（子ども）の権利条約に基づく児童の権利委員会（Committee on the Rights of the Child：CRC），女子差別撤廃条約に基づく女子差別撤廃委員会（Committee on the Elimination of Discrimination against Women：CEDAW）などがある[2]．このほか，1967年の経済社会理事会決議1235手続きに基づき設立された作業部会や特別報告者などもここに含まれる．

　第3に，事務局機能を有する機関として，1993年世界人権会議の勧告を受けて国連総会決議48/141により設置された人権弁務官を長とするOHCHRがあげられる．

　このように，国連の人権関係機関は，政府代表，個人専門家，そして国連職員により構成されているという点で，多様な観点から，国際社会の人権向上に

促進しているといえる．

3. 国際公益の観点からの評価

3-1 インプット
(1) 財政的資源

　国連人権高等弁務官事務所（OHCHR）の予算は，国連通常予算の1.54％に過ぎないとされる[3]．しかし，1992-93年予算では総額約3,100万ドルであったのが，2002-03年予算では，概算とはいえ，約1.05億ドルに達し，ここ10年で3倍以上に増加している（表6-1）．

　これらのうち，通常予算の伸びは，約2,400万ドル（1992-93年予算）から約4,200万ドルで，約2倍弱にとどまるのに対し，予算外資金（任意拠出金）の伸びは，約700万ドルから約6,300万ドルで，約9倍の伸びとなっている．この背景として，もともと予算が少なかったという指摘もある[4]．また，1990年代後半には人権センターが各地に作られ，拷問等禁止条約等人権諸条約の締結国が増す等，人権に対する関心が高まったことも背景として考えられる[5]．

　なお，OHCHRが公表した『年次アピール2002（Annual Appeal 2002）』によれば，1995年以降の自発的拠出金は表6-2のとおりである．その内訳を見ると，2001年は米国が最大の拠出国となっており，その他の国も欧州諸国が占めている（表6-3）．なお，非欧米諸国では，日本は812,000ドルで第12位，韓国が190,680ドルで第20位（民間ドナーも含めると第21位）となっている．

　このように，人権関連の予算は，各国の任意拠出金によるところが大きいが，

表6-1　国連（人権分野）予算（歳入）

（単位：千米ドル）

	1992-93	1994-95	1996-97	1998-99	2000-01	2002-03
通常予算	23,983.8	39,959.5	44,136.0	42,297.1	39,067.7	42,060.3
予算外資金	7,022.0	24,374.0	36,478.1	34,547.2	43,319.6	62,947.3
合計	31,005.8	64,333.5	80,614.1	76,844.3	82,387.3	105,007.6

注：1992-93～1998-99は支出，2000-01は承認（任意拠出金は概算），2002-03は概算をもとに作成．
出所：国連文書（A/50/6 (Sect. 21)，A/52/6 (Sect. 22)，A/54/6(Sect. 22)，A/56/6(Sect. 22)）をもとに作成

表6-2 自発的拠出金

(単位:百万米ドル)

	1995	1996	1997	1998	1999	2000	2001
自発的拠出金	15.0	25.0	24.6	37.4	26.9	41.8	34.7

出所:OHCHR, *Annual Appeal 2002*, p.12, and *Annual Appeal 2003*, p.13.

表6-3 自発的拠出金の大口拠出国(2001年)

(約束額,単位:米ドル)

国 名	拠出金	国 名	拠出金
米国	8,000,000	デンマーク	1,994,246
英国	4,015,023	フィンランド	1,739,309
EC	3,361,324	アイルランド	1,603,456
スウェーデン	2,616,529	オランダ	1,285,868
ノルウェー	2,556,002	イタリア	1,193,677

出所:OHCHR, *Annual Report 2001*, p.17.

公平・中立であることが前提である[6]。

(2) 人的資源

職員数に関しては,ここ10年で増減があったとはいえ,106人から224人の2倍に増加している.また,1992-93年には106人中94人(専門職以上63人中57人,一般事務職43人中37人)が通常予算で賄われていたが,その後,多少の増減があったとはいえ,2002-03年には224人中163人(専門職以上147人中103人,一般事務職77人中60人)にとどまり,その割合が低下している(表6-4).

3-2 アウトプット
(1) 人権関係条約数

外務省総合外交政策局国際社会協力部人権人道課によると,2004年2月現在,国連が作成した主要な人権条約は27である(表6-5).

表 6-4 国連職員（人権分野）の総

カテゴリー	設置ポスト 通常予算						一時 通常予算					
	1992-93	1994-95	1996-97	1998-99	2000-01	2002-03	1992-93	1994-95	1996-97	1998-99	2000-01	2002-03
専門職以上												
USG			1	1	1	1		1				
ASG	1	1	1	1	1	1						
D-2	1	1		1	1	1						
D-1	3	4	5	3	3	5		1	1			
P-5	7	8	10	13	15	13		4	3			
P-4/3	29	55	55	56	61	65	6	9	9			
P-2/1	10	15	15	14	14	17						
小計	51	84	87	89	96	103	6	15	13			
一般事務職												
長レベル			1	1	2	2						
その他のレベル	31	53	54	51	50	58	6	6	4			
小計	31	53	55	52	52	60	6	6	4			
合計	82	137	142	141	148	163	12	21	17			

出所：国連文書（A/48/6（Sect. 21），A/50/6（Sect. 21），A/52/6（Sect. 22），A/54/6（Sect. 22），

(2) 人権委員会の議長声明・決定・決議数

人権委員会の議長声明・決定・決議数は，多少の増減はあるが，毎年100前後で推移している（表6-6）．ただし，それらの内容に関しては別の検討が必要であろう．というのも，そもそもあまり意味のない内容のものもありうるからである．他方，近年の特徴として，第57回（2001年）人権委員会では，前回（26回）と比べて，48回の投票が行われたという事実が示すように，投票による決定が増加していることがあげられる［泉，2002：104］．

(3) 作業部会・特別報告者数

作業部会・特別報告者（独立専門家・特別代表）とは，1967年の経済社会理事会決議1235に基づく公開審議・調査手続き（1235手続き）に伴い，人権委員会の下に設置される機関である．1235手続きのもとには，特定国の大規模人権侵害事態（政府によって意図的組織的に引き起こされる人権侵害）に対

数・等級別分類

ポスト 予算外資金						合　計					
1992-93	1994-95	1996-97	1998-99	2000-01	2002-03	1992-93	1994-95	1996-97	1998-99	2000-01	2002-03
							1	1	1	1	1
						1	1	1	1	1	1
						1	1		1	1	1
			1			3	5	6	4	3	5
1		3	3	1	3	8	12	16	16	16	16
3		22	22	6	7	38	64	86	78	67	72
2	1	17	19	18	34	12	16	21	33	32	51
6	1	42	45	25	44	63	100	142	134	121	147
								1	1	2	2
	5	6	6	8	17	43	64	64	57	58	75
6	5	6	6	8	17	43	64	65	58	60	77
12	6	48	51	33	61	106	164	207	192	181	224

A/56/6(Sect. 22)）をもとに作成.

する取り組みである国別手続きと，対象国を特定せず一定種類の重大な人権侵害の事例を扱うテーマ別手続きとがある［阿部他，2002：74］．2002年現在，テーマ別25，国別13の計38が設置されているが，特に2000年から2001年にかけて8つ増加していることが注目される（表6-7）．

(4) 条約体の会議回数

条約体の総会議回数と締約国報告書審査のための会議回数は表6-8のとおりである．締約国報告書審査とは，締約国が条約に規定された人権尊重・確保の義務をどのように履行しているかについて，定期的な報告書を自ら作成して条約機関に提出し，それを条約体が審査するものである［阿部他，2002：83］．総会議回数も報告書審査のための会議回数も総じて増加傾向にあるが，特に総会議回数についてA規約人権委員会が1994年より30から60に，女子差別撤廃委員会が97年より30から60に，児童の権利委員会が93年から60，そし

表6-5 国連が中心となって作成した人権関係諸条約（2004年

	名　　称	採択年月日
1	経済的，社会的及び文化的権利に関する国際規約	1966.12.16
2	市民的及び政治的権利に関する国際規約	1966.12.16
3	市民的及び政治的権利に関する国際規約の選択議定書*	1966.12.16
4	市民的及び政治的権利に関する国際規約の第2選択議定書(死刑廃止)*	1989.12.15
5	あらゆる形態の人種差別の撤廃に関する国際条約	1965.12.21
6	アパルトヘイト犯罪の禁止及び処罰に関する国際条約*	1973.11.30
7	スポーツ分野における反アパルトヘイト国際条約*	1985.12.10
8	女子に対するあらゆる形態の差別の撤廃に関する条約	1979.12.18
9	女子に対するあらゆる形態の差別の撤廃に関する条約の選択議定書*	1999.10. 6
10	集団殺害罪の防止及び処罰に関する条約*	1948.12. 9
11	戦争犯罪及び人道に対する罪に対する時効不適用に関する条約*	1968.11.26
12	奴隷改正条約**	
	(1) 1926年の奴隷条約*	1926. 9.25
	1926年の奴隷条約を改正する議定書*	1953.12. 7
	(2) 1926年の奴隷条約の改正条約**	1953.12. 7
13	奴隷制度，奴隷取引並びに奴隷制度に類似する制度及び慣行の廃止に関する補足条約*	1956. 9. 7
14	人身売買及び他人の売春からの搾取の禁止に関する条約	1949.12. 2
15	難民の地位に関する条約	1951. 7.28
16	難民の地位に関する議定書	1967. 1.31
17	無国籍の削減に関する条約*	1961. 8.30
18	無国籍者の地位に関する条約*	1954. 9.28
19	既婚婦人の国籍に関する条約*	1957. 1.19
20	婦人の参政権に関する条約	1953. 3.31
21	婚姻の同意，最低年齢及び登録に関する条約*	1962.11. 7
22	拷問及び他の残虐な，非人道的な又は品位を傷つける取扱い又は刑罰に関する条約	1984.12.10
23	拷問及び他の残虐な，非人道的な又は品位を傷つける取扱い又は刑罰に関する選択議定書	2002.12.18
24	児童の権利に関する条約	1989.11.20
25	武力紛争における児童の関与に関する児童の権利に関する条約の選択議定書*	2000. 5.25
26	児童売買，児童買春及び児童ポルノに関する児童の権利に関する条約の選択議定書*	2000. 5.25
27	全ての移住労働者及びその家族の権利保護に関する条約*	1990.12.18

注：　*仮称．
　　　**「1926年の奴隷条約を改正する議定書」により改正された「1926年の奴隷条約」が「1926年の奴隷
　　　　(1)改正条約の締結と，(2)奴隷条約の締結及び改正議定書の受諾との2つがある．
　　　***国連ホームページ上に締約国数の記載のないもの．
出所：外務省ホームページ．

て94年から90に増加しているのに伴い，報告書審査のための会議回数も増加傾向にあるのが目立っている．

2月12日現在)

発効年月日	締約国数	日本が締結している条約(締結年月日)
1976. 1. 3	148	○(1979. 6.21)
1976. 3.23	151	○(1979. 6.21)
1976. 3.23	104	
1991. 7.11	52	
1969. 1. 4	169	○(1995.12.15)
1976. 7.18	101	
1988. 4. 3	58	
1981. 9. 3	175	○(1985. 6.25)
2000.12.22	60	
1951. 1.12	135	
1970.11.11	48	
1927. 3. 9	—***	
1953.12. 7	59	
1955. 7. 7	95	
1957. 4.30	119	
1951. 7.25	76	○(1958. 5. 1)
1954. 4.22	142	○(1981.10. 3)
1967.10. 4	141	○(1982. 1. 1)
1975.12.13	27	
1960. 6. 6	55	
1958. 8.11	72	
1954. 7. 7	116	○(1955. 7.13)
1964.12. 9	51	
1987. 6.26	134	○(1999. 6.29)
未発効	3(批准国)	
1990. 9. 2	192	○(1994. 4.22)
2002. 2.12	69	署名(2002. 5.10)
2002. 1.18	71	署名(2002. 5.10)
2003. 7. 1	25	

条約の改正条約」である．締約国となる方法には，

3-3 アウトカム

(1) 国連人権関係条約締約国数・批准状況

各条約の締約国数はすでに紹介した表6-5の通りである．また，表6-9はそれらのうち，主要な8条約・議定書の1991年から2000年までの批准国数の推移を示している．

このうち，表6-9に関して言えば，ここ10年でどの条約の締約国数も増加しているが，特に1991年と2000年とを比較すると，市民的および政治的権利に関する国際規約の第2選択議定書（死刑廃止：CCPR-OP2）の締約国数が10カ国から44カ国に増加しているのが目立つ．このほか，拷問等禁止条約や児童の権利条約の締約国数も2倍近く増加している．

(2) 国連人権関係条約の実質的指標

国連人権関係条約の実質的指標としては，それぞれの条約に関係する国際統計指標が考えられる．そこで以下，条約体を有する条約のうち，A規約，B規約，女子差別撤廃条約，児童の権利条約を見ていくことにする．

まず，A規約関連の指標としては，表6-10～11にある出生児平均余命，1人あたりの実質国内総生産（GDP）のほか，成人識字率，初・中・高等教育総就学率をはじめ，国連教育科学文化機関（UNESCO），国連児童基金（UNICEF），国際労働機関（ILO）などが提示する指標があげられる．これら

表6-6　人権委員会の議長声明・決定・決議数

	1992	1993	1994	1995	1996	1997	1998	1999	2000	2001	2002
議長声明							3	4	4	3	3
決定	19	16	12	15	14	26	12	13	13	19	18
決議	83	98	97	93	85	78	84	82	87	82	92
計	102	114	109	108	99	104	99	99	104	104	113

出所：OHCHRホームページ，UNBISNET（国連ダグ・ハマーショルド図書館）ホームページをもとに作成．

は，全体に増加傾向にありながら，先進国が途上国と比べて高い傾向にある．しかし，これらの指標が開発問題と関係しているため，これらの数値が低いことのみをもって人権が守られていない，あるいはA規約およびそれに関係する国際機関の効果がないと言うことは公平でない[7]．

次に，B規約に関しては，フリーダム・ハウス（Freedom House）により毎年出版されている *Freedom in the World*（世界の自由度）の各国の自由の評価（Freedom Rating）が指標としてあげられる．この指標は，政治的権利（自由選挙，野党の存在など）と市民的自由（表現および信条の自由，結社と組織の権利，法及び人権の規則，個人の自律性と経済権）のチェックリストに基づき，各国の自由を高い順に1から7まで評価している［Gastil, 2002：722-728］．なお，ここ10年の国別および人口別の推移は表6-12, 13のとおりである．

それらの表が示すように，国別でも人口別でも，「Free（自由）」の国が増加し，「Not Free（自由でない）」の国が減少していることがわかる．なお，1999年に「Free」の人口が激増しているのは，インドが「Partly Free（一部自由）」から「Free」に移行したからである［Gastil, 2002：8］．

女子差別撤廃条約に関しては，男女別出生児平均余命，男女別成人識字率，男女別初・中・高等教育総就学率，男女別稼働所得割合（1人当たりのGDP）・国会での議席数に占める女性の割合などが考えられる（表6-14〜18）．これらのうち，平均余命については女性が男性を上回っているが，総就学率は，値こそ高くなっているが，特に途上国において女性が男性を下回っている．そして，稼働所得割合と国会での議席数に占める女性の割合は低いままである．

表 6-7　作業部会・特別報告者（独立専門家・特別代表）

テーマ	委託者	設置年
強制的または非自発的失踪	作業部会	1980
超法規的，略式または恣意的処刑	特別報告者	1982
拷問および他の残虐な，非人道的なまたは品位を傷つける取り扱いまたは刑罰	特別報告者	1985
宗教または信条の自由	特別報告者	1986
傭兵の使用	特別報告者	1987
児童の売買，児童の買春および児童のポルノグラフィティ	特別報告者	1990
恣意的拘禁	作業部会	1991
国内避難民	事務総長代理	1992
現代的形態の人種主義，人種差別および外国人排斥	特別報告者	1993
言論および表現の自由	特別報告者	1993
裁判官および法律家の独立	特別報告者	1994
女性に対する暴力，その原因および結果	特別報告者	1994
有害危険物および廃棄物の不法移動および投棄の逆効果	特別報告者	1995
発展の権利	独立専門家	1998
教育の権利	特別報告者	1998
極貧	独立専門家	1998
移民の人権	特別報告者	1999
十分な住宅供給	特別報告者	2000
人権擁護者	特別代表	2000
食糧への権利	特別報告者	2000
構造調整政策および対外債務	独立専門家	2000
A規約選択議定書案の問題の検討	独立専門家	2001
人々の強制的または非自発的失踪からの保護のための既存の国際犯罪および人権枠組の検討	独立専門家	2001
先住民の人権と基本的自由の状況	特別報告者	2001
最も高度に利用可能な水準の身体的および精神的健康の享受の権利	特別報告者	2002

国	委託者	設置年
アフガニスタン	特別報告者	1984
イラン	特別代表	1984
イラク	特別報告者	1991
ミャンマー	特別報告者	1992
カンボジア	特別代表	1993
スーダン	特別報告者	1993
パレスチナ	特別報告者	1993
ソマリア	独立専門家	1993
コンゴ民主共和国	特別報告者	1994
ブルンジ	特別報告者	1995
ハイチ	独立専門家	1995
赤道ギニア	特別代表	1999
ボスニア・ヘルツェゴビナとユーゴスラビア	特別代表	2001

出所：OHCHR, *Annual Appeal 2003*, pp. 111-112.

表 6-8　条約体の会議回数

	1991	1992	1993	1994	1995	1996	1997	1998	1999	2000
(総回数)										
人種差別撤廃委員会(CERD)	60	20	60	60	60	60	60	60	70	70
B規約人権委員会(HRC)	90	90	90	100	90	90	90	90	90	90
A規約人権委員会(CESCR)	30	30	30	60	60	60	60	60	60	60
女子差別撤廃委員会(CEDAW)	20	20	30	30	30	30	60	60	60	60
拷問禁止委員会(CAT)	40	40	40	40	40	40	40	50	50	50
児童の権利委員会(CRC)	30	20	60	90	90	90	90	90	90	90
(報告書審査)										
人種差別撤廃委員会(CERD)	30	14	35	41	26	36	45	38	48	52
B規約人権委員会(HRC)	49	45	50	52	46	25	39	37	32	42
A規約人権委員会(CESCR)	17	19	15	37	36	45	42	39	46	42
女子差別撤廃委員会(CEDAW)	12	11	19	18	14	17	29	31	32	37
拷問禁止委員会(CAT)	14	21	24	21	20	22	28	33	36	32
児童の権利委員会(CRC)	0	0	34	37	52	54	52	40	42	53

出所：A.F. Bayefsky, *Universality at the Crossroads*, Annex 1 (bayefsky.com) をもとに作成.

表 6-9　人権関係主要8条約・議定書の締約国数の推移

	1991	1992	1993	1994	1995	1996	1997	1998	1999	2000
A規約(CESCR)	103	117	127	131	133	135	137	139	142	143
B規約(CCPR)	99	114	125	129	132	136	140	142	144	147
B規約選択議定書(CCPR-OP1)	59	66	74	80	87	89	92	93	95	98
B規約第2選択議定書(CCPR-OP2)	10	12	19	26	29	29	31	35	41	44
人種差別撤廃条約(CERD)	129	132	137	142	146	148	150	153	155	156
女子差別撤廃条約(CEDAW)	109	119	130	138	151	154	161	163	165	166
拷問等禁止条約(CAT)	64	71	79	86	93	101	104	111	118	123
児童の権利条約(CRC)	106	126	154	168	185	188	191	191	191	191

出所：A.F. Bayefsky, *Universality at the Crossroads*, Annex 1 (bayefsky.com) をもとに作成.

表 6-10　出生時平均余命

	1992	1993	1994	1995	1997	1998	1999
開発途上国	61.5	61.5	61.8	62.2	64.4	64.7	64.5
後発途上国	50.9	51.0	50.4	51.2	51.7	51.9	51.7
東欧・CIS	—	—	—	—	68.6	68.9	68.5
先進国	76.1	74.3	74.1	74.2	77.7	76.4	76.6
世界	62.8	63.0	63.2	63.6	66.7	66.9	66.7

出所：UNDP, *Human Development Report*（『人間開発報告書』）をもとに作成.

表6-11 1人当たりの実質GDP

	1992	1993	1994	1995	1997	1998	1999
開発途上国	2,591	2,696	2,904	3,068	3,240	3,270	3,530
後発途上国	935	898	965	1,008	992	1,064	1,170
東欧・CIS	—	—	—	—	4,243	6,200	6,290
先進国	15,291	15,136	15,986	16,337	23,741	20,357	22,020
世界	5,410	5,428	5,798	5,990	6,332	6,526	6,980

注：先進国（OECD：1998-）．
出所：UNDP, *Human Development Report*（『人間開発報告書』）をもとに作成．

表6-12 各国の自由の評価（国別）

	1992	1993	1994	1995	1996	1997	1998	1999	2000	2001	2002
Free（自由）	76	75	72	76	76	79	80	88	85	86	85
Partly Free（一部自由）	65	73	63	61	62	59	58	53	60	58	59
Not Free（自由でない）	42	39	55	54	53	53	53	50	47	48	48

出所：*Freedom in the World*（1991-92〜2001-02）をもとに作成．

他方，国連が発行した『世界の女性 2000』では，女子差別撤廃条約の実施状況として，条約当事国は，「①女性の地位向上のための全国的な行動計画を策定し強化した，②公的政策を調整する女性問題担当長官のポストを新設したり，女性問題のための省を設立したり，既存の省にジェンダー問題担当部署を設置したりした，③少女や女性に対する政策や事業計画の効果を監視するための統計を作成した，④性別に基づく差別を受けずに人権を享受することを保障する条項を憲法に追加した，⑤女性の経済的，社会的，市民的，そして政治的権利を保障する法律を採択した，⑥女性に対する暴力に関連して，法律の改正や政策の変更を行った」とされているが［国際連合，2001：228］，それらに関する指標もその効果を測るものとしてあげられよう．

最後に，児童の権利条約に関しては，国連教育科学文化機関（UNESCO：高等教育分野を除く）や国連児童基金（UNICEF）などが提示する指標が考えられる（具体的な指標に関しては，UNESCO，UNICEFの章を参照）．

(3) 法規範の実質的浸透

条約による法規範の浸透の具体例としては，人種差別撤廃条約が南アフリカ

表6-13 各国の自由度(人口別)

	1992	1993	1994	1995	1996	1997	1998
Free(自由)	1,359.3	1,352.2	1,046.2	1,119.7	1,114.5	1,250.3	1,266.0
Partly Free(一部自由)	2,306.6	2,403.3	2,224.4	2,243.4	2,365.8	2,260.1	2,281.9
Not Free(自由でない)	1,708.2	1,690.4	2,234.6	2,243.9	2,221.2	2,260.6	2,284.6
世界人口	5,374.2	5,446.0	5,505.2	5,607.0	5,701.5	5,771.0	5,832.5

出所：*Freedom in the World 2001-2002*, p.8.

表6-14 男女別出生時平均余命

(単位：%)

		1993	1994	1995	1997	1998
開発途上国	女性	62.9	63.5	63.6	66.1	66.4
	男性	60.3	60.6	60.7	63.0	63.2
後発開発途上国	女性	52.1	51.2	52.3	52.6	52.9
	男性	50.0	49.1	50.0	50.8	51.2
東欧・CIS	女性	—	—	—	73.7	73.8
	男性	—	—	—	63.8	64.1
先進国	女性	78.6	77.8	77.9	80.9	79.6
	男性	71.2	70.2	70.4	74.5	73.2
世界全体	女性	64.6	65.4	65.3	68.9	69.1
	男性	61.4	61.8	61.9	64.7	64.9

出所：UNDP, *Human Development Report*(『人間開発報告書』)をもとに作成．

表6-15 男女別成人識字率

(単位：%)

		1993	1994	1995	1997	1998
開発途上国	女性	59.8	60.3	61.7	62.9	64.5
	男性	77.6	78.4	78.8	80.0	80.3
後発開発途上国	女性	36.1	34.7	39.3	38.1	41.0
	男性	57.5	56.6	59.2	58.8	61.4
東欧・CIS	女性	—	—	—	98.4	98.2
	男性	—	—	—	98.8	99.1
先進国	女性	98.5	98.5	98.5	98.6	96.7
	男性	98.7	98.5	98.8	98.9	98.2
世界全体	女性	69.6	70.8	71.4	71.1	73.1
	男性	82.5	83.5	83.7	84.3	84.6

出所：UNDP, *Human Development Report*(『人間開発報告書』)をもとに作成．

(単位：百万人)

	1999	2000	2001	2002
	2,354.0	2,324.9	2,465.2	2,500.7
	1,570.6	1,529.0	1,435.8	1,462.9
	1,984.1	2,122.4	2,157.5	2,167.1
	5,908.7	5,976.3	6,058.5	6,130.7

表 6-16　男女別初・中・高等教育総就学率

(単位：%)

		1993	1994	1995	1997
開発途上国	女性	50.6	51.6	53.0	55
	男性	59.7	60.3	58.9	63
後発開発途上国	女性	29.5	30.7	30.9	32
	男性	40.1	40.0	40.3	42
東欧・CIS	女性	—	—	—	78
	男性	—	—	—	74
先進国	女性	84.3	83.9	84.0	86
	男性	81.8	81.5	81.6	86
世界全体	女性	55.6	57.1	58.0	60
	男性	63.0	63.9	62.5	67

出所：UNDP, *Human Development Report* (『人間開発報告書』) をもとに作成.

表 6-17　男女別稼働所得割合(1 人当たり実質 GDP：1997-98)

(単位：% (1993-95)、ドル (1997-98))

		1993	1994	1995	1997	1998
開発途上国	女性	31.0	31.7	32.4	2,088	2,169
	男性	69.0	68.4	67.6	4,374	4,334
後発開発途上国	女性	32.8	33.1	34.3	731	771
	男性	67.2	67.2	65.7	1,258	1,356
東欧・CIS	女性	—	—	—	3,314	4,807
	男性	—	—	—	5,226	7,726
先進国	女性	63.0	37.7	38.0	17,660	14,165
	男性	69.0	62.4	62.0	30,050	26,743
世界全体	女性	32.4	33.3	33.7	4,523	4,435
	男性	67.6	69.9	66.3	8,103	8,587

出所：UNDP, *Human Development Report* (『人間開発報告書』) をもとに作成.

表 6-18　国会での議席数に占める女性の割合

(単位：%)

	1995.6	1997.1	1997.12	1999.2	2000.2
開発途上国	10.8	12.7	8.6	10.0	13.6
東欧・CIS	—	—	—	9.1	8.4
先進国	14.5	13.6	15.3	19.0	15.1
世界全体	12.2	12.9	11.8	12.0	13.6

出所：UNDP, *Human Development Report* (『人間開発報告書』) をもとに作成.

におけるアパルトヘイト廃止に向けた国際社会の協調を促進したことが顕著な例としてあげられるが，顕著でないものも含めると，枚挙にいとまがないと思われる．

3-4 考　　察

　国連（人権分野）の国際社会に対する寄与度を考察すると，以下の点が特に注目される．

　まず実質的な指標に関して言えば，B規約に関する指標は比較的わかりやすいものとして提起できる．また，女子差別撤廃条約に関しては，北京行動綱領において，各国政府が，ジェンダー統計の計画を強化し，あらゆる分野の統計の調整，監視，連結を保証し，様々な領域の統計を統合した結果を作成するための担当官を任命することを求めている［国際連合, 2001：xxiii］．このように，寄与度が明確になりやすい人権関係条約もあるが，その他の人権関係条約に関しては何をもって評価すべきかという点でさらなる困難に直面する．たとえば，A規約は，さまざまな人権領域にまたがるものであると同時に，それに基づく発展の権利の主張に象徴されるように，人権とは別の問題（開発問題）にも関連するようになることで，実質的な寄与度の考察をより困難にしている．また，人種差別撤廃条約や拷問等禁止条約のように，指標化することが条約違反を是認するような場合は，そのような統計資料を見つけることすら困難であろう．したがって，現状で寄与度を考察する際は，個別事例の社会に対する影響力をどのように測るかという問題が残るとはいえ，実質的な定量化をするよりもむしろ個別事例をもとに，法規範の浸透の観点からその効果を判断する方が現実的かつ望ましい方法であるかもしれない．

　このように，人権関係条約およびそれに関連する組織の実質的効果の測定が困難であることは否めない．しかしながら，そのような困難さが，作業部会，特別報告者をはじめとする国連の人権関係機関の増加による組織の肥大化をチェックする機能を麻痺させている可能性のあることも指摘できる[8]．たとえば，先住民問題に関しては，人権小委員会の先住民作業部会，経済社会理事会決議1235に基づく先住民の人権と基本的自由の状況に関する特別報告者，そして経済社会理事会の諮問機関として設立された先住民常設フォーラムの3つが存

在し，2002年7月の先住民作業部会では，その解散について議論された[9]．これに対し，2002年7月の人権小委員会の先住民作業部会で，常設フォーラムの先住民族専門家のミリラニ・トラスク氏は，作業部会は先住民族の人権と基本的自由の促進および保護に関する最近の進展状況を検討し，先住民族の権利の分野における基準を設定するために設置された一方，常設フォーラムは国連経済社会理事会に対し，先住民族問題について助言を行い，先住民族に関する情報を流し，そして国連機関の作業を調整するために作られた機関であると発言している[10]．しかし，組織の肥大化が財政を圧迫していることを考えると，合理化を進めるべきであるという意見も理にかなっていると思われる．この点は，近年，社会権関連の特別報告者が数多く設置されていることにも当てはまる．もっとも，それまでの自由権偏重の批判に応じて，社会権分野の重要なテーマが新規に加えられているという評価もある［阿部他，2002：176］．しかし，同時に人権関係の組織の合理化の議論が人権を重要視していない等の反発を招くことから，合理化の議論がなかなか進みにくいという指摘もある[11]．いわば人権分野は「聖域」とされているのであり，この聖域にメスが入れられるかどうかということがこれからの大きな課題となると思われる．

また，条約の加入は人権の向上にとって不可欠な要素であるが，条約に加入するだけで人権が向上するわけではない．この問題に関しては，そもそも締約国が報告書を提出しないことも問題とされるが［阿部他，2002：135］，表6-19が示すように，現在でも未審議の報告書の数が増大していることを考えると，締約国数がさらに増大し，かつ報告書の提出される数が増大することに伴

表6-19 未審議の報告書の数

	1991	1992	1993	1994	1995	1996	1997	1998	1999
CERD	8	10	16	18	18	16	22	27	21
CCPR	17	15	13	17	19	25	26	27	29
CESCR	9	10	11	13	15	23	27	25	23
CEDAW	38	41	39	36	33	41	37	44	49
CAT	3	7	4	4	4	14	10	17	10
CRC	—	13	19	29	32	35	38	58	61

出所：A.F. Bayefsky, *Universality at the Crossroads*, Annex 1 (bayefsky.com) をもとに作成．

う未審議の報告書の数のさらなる増加は大いに予想されうる．

実際，B規約人権委員会（HRC）の会期は設立当初から年3回，3週間ずつで変わらないが，B規約とその選択議定書の締約国数は，1991年にはそれぞれ99カ国，59カ国であったのが，2004年2月現在では，151カ国，104カ国となっている．この解決策としては，委員会の会期を延ばす，短い時間の中で効率よく問題をこなすなどの方法が考えられる［岡本，2002：70］．しかし，前者は財政問題，後者は審査の形骸化の恐れとつながることを考えると，国連の人権関係機関全体での報告制度の位置づけを考え直す必要があるかもしれない．

4. 国益の観点からの評価

4-1 インプット
(1) 財政的資源

財政的資源に関しては，日本政府からの国連への拠出金（通常予算分担金・任意拠出金）のほか，民間募金やNGOの活動費が考えられる．このうち，任意拠出金（国連人権問題基金）は，『補助金総覧』によれば，1990年度が約2,900万円，95年度が約1億600万円，99年度が約9,700万円，2000年度が約8,500万円，01年度が約8,700万円，そして02年度が約7,100万円となっている．

(2) 人的資源

人的資源に関しては，国連の人権関係機関に関わる日本人職員は4～5名であるが，特に外務省からの派遣はない[12]．また，個人の資格で参加している人権小委員会や条約体の委員（横田洋三人権小委員会委員，斎賀富美子女子差別撤廃委員会委員）もここに含まれる．

(3) 国内組織体制

日本政府において国連の人権フォーラムを担当する機関として，外務省総合外交政策局国際社会協力部人権人道課（課長以下8名：うち直接の担当者3

名），在ニューヨーク国連日本政府代表部（公使以下5名）や在ジュネーブ日本政府代表部（公使以下5名）[13]のほか，内閣府男女共同参画局，法務省，厚生労働省，文部科学省，総務省，警察庁などがあげられる[14]．

また，人権に関する政治家のネットワークとしては，死刑廃止議員連盟，国連人権活動協力議員連盟，アムネスティ議員連盟等があるが，これらの団体への所属如何にかかわりなく，人権は大きな関心事項となっている[15]．その具体例としては，日本政府がHRCに第4回報告書を提出した際，国会議員有志が「自由権規約第4回日本政府報告書審議に関する国会議員と政府，NGOの三者合同フォローアップ会議」を主催し，国会議員14人（＋代理秘書派遣11人），政府，NGO代表30人が参加したことや，国会質問や国会質問主意書の提出などがあげられる［岡本，2002：67］．

このほか，NGO・NPOとしては，ヒューマンライツ大阪，「反差別国際運動」日本委員会，部落解放・人権研究所，アムネスティ・インターナショナル日本，国際人権NGOネットワーク，国際女性の地位協会などがあげられる．

4-2　成　　果
(1)　外交政策への貢献

外交政策への貢献の具体例として，特にアジア地域における人権意識の向上が日本の近隣地域の安定を促進する1要因となることがまず考えられる．また，最近の北朝鮮拉致事件との関連で，国連総会の第3委員会で「拉致」という文言を含む強制的失踪決議が採択されるなど，国際社会において本件問題が重大な人権侵害であるとの問題意識が共有されたことがあげられる[16]．

(2)　国際的な決定への参加

国際的な決定への参加としては，人権という普遍的価値の決定に参加するという点で，人権委員会（日本は1982年以来継続してメンバー国）および第3委員会での審議，条約体の報告制度などに参加することが考えられる．先述したように，人権委員会決議は投票によるものが増加していることから，日本も，例えば2001年においては，「発展の権利」決議案（途上国提出）には米国とともに反対（圧倒的賛成多数で採択），「死刑問題」決議案（EU提出）には米国

とともに反対(賛成27,反対18,棄権7により採択),「対中人権決議案に対するノーアクション動議」(中国提出)には反対(賛成23,反対17,棄権12,白票1で可決),対キューバ人権決議案(チェコが主提案国)には賛成(賛成22,反対10,棄権10により採択),チェチェンの状況に関する決議案(EU提出)に対しては先進国で唯一棄権(賛成22,反対12,棄権19で採択),対イラン人権決議案(EU提案)には西側とともに賛成(賛成21,反対17,棄権15で採択)といった投票を行っている［泉,2002:105-106］．このように,国連人権委員会での審議が政治化する傾向は否定できないことから[17],その決定が日本の国益に反しないようにするためにも審議に参加することが,これからさらに重要になると思われる．

(3) 国内政策(論議)の刺激・正当化

国内政策論議の刺激の具体例として,国際人権条約の国内的実施および国内での実効性に関する議論の喚起と国際的な人権問題への国民の関心の高まりがあげられる．

このうち,前者に関連するものとして,国内裁判での人権条約の直接適用および間接適用がある．直接適用とは,立法や行政などによる行為(作為または不作為)国際法規範との両立性を判断し,それに基づいて法律や行政処分を無効・取消しとしたり,個人の請求を認める方法で,間接適用とは,憲法その他の国内法を解釈,適用する際の指針として,あるいはその解釈・判断を補強するものとして,国際人権法を援用する方法をいう［阿部他,2002:30］．なお,直接適用の具体例として外国人被告人の通訳費用に関する1993年の東京高裁判決,および逮捕された在日韓国人が国家賠償を請求した事件に関する94年の大阪高裁判決などが,間接適用の具体例として97年の二風谷ダム事件札幌地裁判決,および99年の外国人入店拒否事件静岡地裁浜松支部判決などがあげられる［同上:33-39］．しかし,同時に,直接適用にしろ間接適用にしろ,全般的にみて,日本の裁判所が国際人権法の活用に対して消極的であることも指摘されている［同上:39］．この他,人権擁護法案をはじめとする人権関連法および人権関連法案に対する国際人権からの評価も考えられる．

また,後者に関しては,先述した拉致問題のような政府の政策を後押しする

ようなものから，逆に人権小委員会の 1998 年報告書の付属文書で被害者の補償と加害者処罰を行うためのメカニズム設置の必要性を勧告され国内でも政府の対応が批判された「慰安婦」問題までさまざまな事例があげられる．

さらに，国内政策の正当化の具体例としては，国際人権条約の国内的実施（国内法体系への組み入れ）があげられる．具体的には，① 国際人権規約批准（1979 年）による公共住宅関係法の「国籍制限」撤廃，公立小中学校の外国籍児童の受入れ義務化，② 女子差別撤廃条約批准（1985 年）による国籍法改正（父系血統主義から父母両系血統主義），男女雇用機会均等法，育児休業法，男女共同参画法制定，③ 障害者の権利に関する宣言（1975 年），国連障害者の 10 年（1983-1992 年）による障害者基本法，ハートビル法の制定，障害者雇用促進法の一部改正，④ 高齢者のための国連原則（1991 年）によるハートビル法，交通バリアフリー法の制定，高齢者雇用促進法の一部改正などがある．このほか，法制化までには至っていないが「人権教育のための国連 10 年」に関する国内行動計画，男女共同参画グローバル政策対話なども人権政策の国際的意義の確認としてあげられる．

(4) 手段的価値

手段的価値としては，国際人権分野での人材育成，具体的には，各委員会や条約体における専門家の交流が考えられる．ただし，他の分野と同じように，特に個人資格で委員として参加している人権小委員会や条約体の場合は，必ずしも国益に沿ったものとはならないことを付け加えておきたい．

4-3 考　察

日本の国益の観点から，国連の人権関係機関を考察した場合，まず人権がその建前とは裏腹に政治問題化していることから，その国益を維持・向上させるためにも，国際的な議論の場に積極的に参加する必要性があることを指摘できる．先述したように，それは，日本にとって有利な材料になることもあるし，逆に攻撃される材料となりうる．そうした中でこれまでの日本政府はむしろ後者を重視するがゆえに，前者をいわばないがしろにしてきたように思える．確かに，マイノリティ，女性などの人権において，日本は他の先進国と比べて進

表 6-20　日本のジェンダー・エンパワーメント測定（GEM）

	1993	1994	1995	1997	1998	1999	2000
GEM	0.445	0.465	0.472	0.494	0.49	0.52	0.527
順位	37	34	38	38	41	31	32
（参考）HDI 順位	3	7	8	4	9	9	9

注：ジェンダー・エンパワーメント測定（GEM）は、①政治参加と意思決定（女性の国会議席数が占める割合）、②経済参加と意思決定（女性の議員・高官・管理職が占める割合、女性の専門職・技術職が占める割合）、③経済力（男性に対する女性推定勤労所得比）、の3つを指標化して求める。
出所：1996 年度版以降の UNDP『人間開発報告書』の巻末にあるテクニカル・ノート。

んでいるわけではない．例えば，女性の人権指標の1つであるジェンダー・エンパワーメント測定（GEM）では，人間開発指数（HDI）は上位10位以内に入っているのに対し，30位から40位前後に終始している（表6-20）．
　しかし，だからといって，他の先進国はあらゆる人権において全く問題がないわけではない．たとえば，米国は，条約体を有する6条約のうち，3条約（B規約，人種差別撤廃条約，拷問等禁止条約）しか加入していないし，その3条約においても多くの留保条項（B規約全53条中9条，人種差別禁止条約全25条中6条，拷問等禁止条約全33条中9条）を付して批准している．いわば人権政策をめぐって対立していると思われがちの中国と同じパターンの対応をしているのである［上村，2001：306-307］．他方，フリーダムハウスによれば，日本は台湾とともにアジアではもっとも高く評価（1.5）されており，日本がこれまで以上に人権を外交カードとして用いる余地は大いにあると思われる．したがって，外交カードとしての正当性を高めるためにも，少なくとも採択された国際人権法の国内法化を可能な限り進めていくことは必要不可欠となるであろう．このことは同時に，国内政策の正当化としての側面も有していることも忘れてはならない．
　このように，国際人権というグローバル・スタンダードの行方を監視すると同時に，採択された法規範を可能な限り世界に先駆けて遵守し，それを外交カードにすることこそ日本が国連の人権関係機関に資源を提供する意義であると考える．

5. おわりに

　これまで見てきたように，国際人権の定量的分析は基本的に評価が困難である．しかし，それがゆえに，人権関係機関に関する予算が「聖域化」され，膨張し続けている疑いがあることも事実である．したがって，新たに設置されている機関が真に必要なのかどうかを検証するためにもこのような実質的な指標を用いた分析が必要であろう．そのためにも，統計資料を作成する際に，もっとNGO・NPOを活用すべきである．たとえば，NGOであるフリーダムハウスにより作成された指標は，その評価に恣意性が全くないとは言えないが，非常に良い指標を提供している．もともと，人権分野においては国連の人権関係機関よりもNGO・NPOが表立って取り上げられることが多い[18]．他方，人権に関する統計資料を国連人権機関が単独で収集していくことは困難であることから，組織の有効性を測るためにそれらをより活用することが必要であろう．そうすれば，もし本当に人権関係の資金が足りない場合でも，加盟国やドナーを説得しやすくなるはずである．

　一方，日本の国益の観点から，国連の人権関係機関を考えた場合，先述したように，人権問題は，その本来の性格とは裏腹に政治問題化し，南北対立の舞台にもなっている面もあるため，その決定に参画していくことは不可欠なことに加え，その決定が国内政策の正当化にもつながったことも指摘できる．しかし，これらはむしろ受身的な政策で，もっと自国の国際人権状況に自信を持ち，時には人権を国益実現のための外交カードとしてもっと用いてもいいのではないか．というのも，先述したように，確かに日本の人権政策にも弱点がないわけではないが，それは他の人権先進国でも同じことであり，日本だけがそうした問題点に卑屈になる必要はないと考えるからである．そのためにも，政府，NGO，一部の国会議員，マスコミなどにとどまっている国際人権に対する認知度を，NGOや市民社会と協調しながら一般社会のレベルに広めるべきであろう[19]．そして，人権先進国としてアジア，ひいては世界をリードしていくことが求められているのではないであろうか．

注

1) 他に，法的根拠（①国連憲章に基づく機関：総会，安全保障理事会，国際司法裁判所，経済社会理事会，人権委員会，女性の地位委員会，犯罪防止・刑事司法委員会，人権小委員会など，②人権条約に基づく機関：条約体）による分類もある［阿部他，2002：71-80］．
2) このほか，まだ 2003 年 7 月に発効した「全ての移住労働者及びその家族の権利保護に関する条約」も監視機関を有している．
3) 「人権高等弁務官が第三委員会で演説（OHCHR プレスリリース：2002 年 11 月 4 日）」（財）人権教育啓発促進センターホームページ（http://www.jinken.or.jp/jouhou/unhchrpr/20021104000002.html））．
4) 2002 年 12 月，Thomas Weiss 氏からの電子メールによる回答．
5) 外務省総合外交政策局国際社会協力部人権人道課ヒアリング．
6) 同上．
7) 同上．
8) 一方，特別報告者がきわめて低コストながら非常に大きな影響力を行使してきたとの指摘もある．Weiss 氏はそうした観点から，次の 6 点（①特別報告者の説明責任と自主性を改善するために，各国政府がその選考過程をよりわかりやすく，透明性のあるものになるよう支援すること，②特別報告者の完全な独立性が保たれること，③マンデートが執行される対象地域出身の特別報告者を選考しないこと，④特別報告者はそのマンデートに含まれる加盟国からの受け入れを保証されること，⑤特別報告者として，独立した幹部や学者を利用する可能性を検討すること，⑥西側諸国は，特別報告者の独立発表にあてられる時間を拡大するよう推し進めること．）を提言している［Weiss, 2002］．
9) リアノン・モルガン「先住民作業部会（第 20 期，2002 年 7 月 22～26 日）報告（要約）」（反差別国際運動ホームページ：http://www.imadr.org/japan/index.html）．
10) 同上．
11) 外務省総合外交政策局国際社会協力部人権人道課ヒアリング．
12) 同上．
13) 同上．
14) このように，現状では特に担当者を置かず個別に対応する省庁が多いことから，政府内部の責任体制を明確にし，説明責任を高めるために，各省庁ごとに担当者を置くべきであるという意見もある［岡本，2002：70］．
15) 外務省総合外交政策局国際社会協力部人権人道課ヒアリング．
16) 同上．
17) 同上．
18) たとえば，OHCHR のカントリーレポートに比して，アムネスティ・インターナショナルやヒューマン・ライツ・ウォッチの多くのカントリーレポートが新聞で取り

あげられているという指摘がある（2002年12月，Thomas Weiss 氏からのメールによる回答）．
19) なお，これを実現する方策として，HRC の会期を日本で開くことが考えられる［岡本，2002：70］．国連の人権関係機関の財政状況を考えると，おそらく日本の任意拠出金により開催されるであろうし，また日本にとって不利な点も指摘されることがあるであろうが，そうした点も含めて長期的に見れば，人権先進国としての絶好のアピールとなると思われる．

参考文献

阿部浩己・今井直・藤本俊明［2002］『国際人権法（第2版）』日本評論社．
泉裕泰［2002］「第57回国連人権委員会の動きと今後の課題」『国際人権』第13号，104-106頁．
上村英明［2001］「グローバル化時代と国際人権法の歴史的役割―先住民族・民族的少数者の「人間の安全保障」」勝俣誠編著『グローバル化と人間の安全保障―行動する市民社会』日本経済評論社，295-317頁．
岡本雅享［2002］「人権条約の報告審査制度―HRC，CERD の日本政府報告書審査にみる三アクター（委員会，政府，NGO）の到達点と課題」『国際人権』第13号，65-72頁．
国際連合原著（財団法人日本統計協会訳）［2001］『世界の女性 2000：動向と統計』財団法人日本統計協会．
Gastil, Raymond D. [2002] *Freedom in the World 2001-2002*, Freedom House, New York.
Weiss, Thomas [2002] "The High Value and Low Cost of Special Rapporteurs, paper prepared for the NIRA International Organization Project."

第7章
国際電気通信連合（ITU）

城 山 英 明

1. はじめに

　本章では，国際電気通信に関する業務を扱う国際電気通信連合（International Telecommunication Union : ITU）の活動を対象に，分析と評価の試みを行う．国際機関の業務運営強化の対象として，ITU は以下の点で興味深い対象であるといえる．第1に，ITU は1865年に設立された，最も歴史のある多国間国際機関である．時代時代の様々な批判にさらされつつもいかにして歴史を生き抜いてきたのかというのは興味深い分析対象である．第2に，電気通信の分野は近年特に技術革新の速度の速い世界である．このような急激な環境変化に国際機関がいかに対応しうるのか，またどのような問題があるのかを検証する上でも興味深い対象である．第3に，技術革新にも連動して，電気通信の分野においては従来の政府主導に変わり民間主導の様々な動きが急激に広まりつつある．民営化というもう1つの環境変動の下での対応を見るうえでも興味深い．第4に，98年以来日本人の事務総局長を出している．そのことの意味を評価する上でも興味深い対象である．

2. 組織・活動内容の概要とその特質

　ITU は，常設事務局を伴った行政連合を担い手とするセクター別国際機関の中で最も長い歴史を持つ．ITU の前身である国際電信連合（International Telegraph Union）は，一般郵便連合よりも早く1865年に設立された．その後

の歴史を通して，徐々に組織編成が展開し，さまざまな調整の基本的方法が試みられてきた．コミュニケーションという分野は，恣意的にさまざまな活動を分断し国民国家という単位に収斂させた諸主権国家体制においても，国際的取扱いが不可避な領域であった．しかし，技術的機能的活動分野であるゆえに協力が常に容易であったというわけではない．通信は通信主権，ひいては国の安全保障にかかわる話でもあり，しばしば国家間対立を惹起した．

　国際電信連合が国際電信規制を担当したのに対し，国際無線規制については1906年に国際無線電信連合（International Radio-telegraph Union）が設立された（国際無線電信連合は国際電信連合と事務局を共用したものの，別個に組織化された）．さらに，国際電話に関しては24年に長距離電話に関する国際諮問委員会（International Consultative Committee for Long-distance Telephony：フランス語での略称はCCI）が成立，展開してきた．国際電話規制は形式的には国際電信連合の管轄下にあったが，実質的に規制が展開したのは別個に組織化されたCCIのもとであった．CCIは設立後まもなく公式的には国際電信連合のもとに入ったが，実質的自律性は維持された．その後，国際電信連合と国際無線電信連合の合併により，32年に国際電気通信連合（ITU）が設立された．ただし，電信，無線，電話といった分野間の自律性が大きいという「連邦的構造（federal structure）」は維持された．その克服はしばしば課題とされたが，基本的には維持された．第2次大戦後のアトランティックシティー条約下でも，各部門の自律性は高く，60年代の単一事務局の設立や全権会議の強化による分野間統合強化の試みにもかかわらず，「連邦的構造」は維持された．そして，89年のハイレベル委員会の報告（これは電気通信の専門家ではなく民間のマネジメントの専門家によりまとめられたという［Helman, 2002］）を契機として，92年には全面的組織再編成に行われたが，その中でも「3セクター」制として各分野の自律性はむしろ強化され，現在においては，無線通信セクター（ITU-R），電気通信標準化セクター（ITU-T），開発セクター（ITU-D）の自律的構造として残っている［城山，1997］．

　以上のような歴史的経緯で展開してきたITUは2つの組織的特徴を持っているといえる．第1に，国際通信規制は国際電信規制，国際無線通信規制，国際電話規制という諸分野の複合体であったため，組織的には前述の「連邦的構

造」と規定される複雑な構造が，長い間の批判にもかかわらず今日まで生き残ってきた．その意味では，ITU はアドホックな目的ごとの組織化（＝機能的アプローチ）を特徴とする，国際組織構造全体の縮図であったといえる．現在においても，無線通信セクター（ITU-R），電気通信標準化セクター（ITU-T），開発セクター（ITU-D）の局長が，各々会議によって選挙で選ばれるというのは，他の国際組織にはない珍しい特色である（通常局長は事務局長の任命人事である）．第 2 に，ITU は政府間機関であるが，ITU やその機関である国際諮問委員会（現在のセクター別組織）においては，非政府組織（NGO）が歴史的に大きな役割を果たしてきた．国際電信連合では，1871 年のローマ会議以降私企業の参加が認められ，国際諮問委員会では，認められた事業者（ROA），学術工業団体（SIO）という資格で，財源負担まで担い，活発な提案活動等を行ってきた．これは，政府間国際組織としては，きわめて異例である．このような NGO の参加が認められてきた理由の 1 つは，電気通信事業の主体が欧州大陸では国であったのに対し，アメリカでは民間事業者であったことであった．この NGO 参加という伝統は，現在，セクターメンバーとしてより明示化され，民間主体とのパートナーシップが強調されている．

　しかし，1990 年代の技術革新等に十分対応できていないのではないかという観点から，このような伝統は，現在，再検討，再定義の対象となっている．98 年ミネアポリス全権会議での決議に基づいて，99 年には理事会により ITU 改革ワーキンググループが設置された．民間の参加の拡大，標準策定手続の迅速化，途上国に対する支援，政策・規制的課題の重視，連邦的性格に対する事務総局長の権限強化等が論じられ，その成果は順次実現されつつある．

3. 国際公益の観点からの評価

3-1 インプット
（1） 財政的資源
　ITU の収入と支出は表 7-1，表 7-2 のようになっている．特色として以下の点を指摘できる．第 1 に，予算規模は年間約 1 億 5,000 万～1 億 9,000 万スイスフランでほぼ横ばいであり，絶対額としても国際機関としてはそれほど大き

表7-1 ITUの収入

(単位：千スイスフラン)

	国	ITU-R メンバー	ITU-T メンバー	ITU-D メンバー	セクター メンバー計	その他	計
1994	119,959	6,157	10,828	1,197	18,182	10,471	148,612
1995	125,028	6,820	11,791	1,598	20,209	13,434	158,671
1996	122,093	6,880	11,495	1,728	20,104	22,637	164,834
1997	122,857	7,282	12,052	1,802	21,135	6,171	150,163
1998	120,786	7,677	13,182	1,917	22,778	45,699	189,263
1999	120,766	6,921	11,185	1,775	19,881	18,403	159,050
2000	112,901	6,903	11,820	1,797	20,520	31,071	164,492
2001	112,901	6,903	11,820	1,797	20,520	34,708	168,129

注：2000, 2001年については，biennal budget of the ITU for 2000-2001 ITU Council C 99/95-E による．
1999年については，biennal budget of the ITU for 1998-1999 ITU Council C 97/103-E による．
ITU-R（無線通信セクター），ITU-T（電気通信標準化セクター），ITU-D（開発セクター）
出所：Report on the activities of the International Telecommunication Union (ITU) 各年版（1994～98）による．

表7-2 ITUの支出

(単位：千スイスフラン)

	事務総局	ITU-R	ITU-T	ITU-D	計
1995	63,571	34,888	17,926	26,823	143,210
1996	68,775	29,452	15,898	31,083	145,210
1997	69,822	39,669	16,057	28,098	153,645
1998	90,661	29,098	9,477	28,060	157,298
1999	93,105	31,158	10,582	28,286	163,131
2000	88,271	34,149	15,186	31,880	169,486
2001	88,027	29,327	14,212	31,569	163,135

注：2000, 2001年については，biennal budget of the ITU for 2000-2001 ITU Council C 99/95-E による．
1999年については，biennal budget of the ITU for 1998-1999 ITU Council C 97/103-E による．
ITU-R（無線通信セクター），ITU-T（電気通信標準化セクター），ITU-D（開発セクター）
出所：Report on the activities of the International Telecommunication Union (ITU) 各年版（1995～98）による．

なものではない．第2に，民間のセクターメンバーからも分担金を得ている．その全収入に占める比率はほぼ一定である（約12%程度）．ただし，民間セクターからの収入の比率はセクターごとに異なり，電気通信標準化セクターで特に高い．たとえば，2001年の場合，電気通信標準化セクターの支出に占める電気通信標準化セクター民間メンバーからの収入の比率は7割以上となる．

(2) 人的資源

ITUの職員数は表7-3のようになっている．

特色としては以下の点を指摘できる．第1に，専門職員は269～287人のレベルで安定しており，一般事務等を入れて全体で700人程度である．国連の専門機関の中では小規模なものである．第2に，表7-2の支出額と表7-3の職員数を対比してみると，電気通信標準化セクターと開発セクターでは支出額あたりの職員数が少ないのに対して，無線セクターと事務総局においては支出額あたりの職員数が多い．第3に，ITUにおいては事務総局長，事務次長，および3セクター局長が全権会議における選挙で選出されるのであるが，2002年のマラケシュ全権会議の結果，事務総局長日本人，無線局長ロシア人，電気通信標準化局長中国人，開発局長マリ人となっており，北米西欧諸国の出身者が皆無という状況になっている（全権会議以前は無線局長はカナダ人であった）．このように事務総局ベースではアングロサクソンの影は薄い（イギリスは理事会選挙にも落選した）．

(3) 各国・各セクターからの参加

ITUの活動は，ITU事務局によって成り立つのではなく，各国・各セクターからの参加により可能になる．たとえば，電気通信標準化セクターの場合，2001年時点で168加盟国のほか165事業者（ROA），267学術工業団体（SIO）等がメンバーであった．そして，93-96年の会期においては延べ15,000人の登録参加者があり，97-2000年の会期には16,000人に増大した．また，15の研究委員会の議長のうち14の委員会議長はセクターメンバーからであった[Zhao, 2001]．

特に標準化活動は，これらの参加者が自発的に様々な提案を行うことによっ

表7-3 ITU職員数

	事務総局	TSB	BR	BDT	計
1993					
選挙職	2	1	6	1	10
幹部職(D-1)	7	1	5	7	20
専門職(P)	117	16	63	53	249
上記計	126	18	74	61	279
その他	295	24	76	45	440
総計	421	42	150	106	719
1994					
選挙職	2	1	6	1	10
幹部職(D-1)	8	2	5	6	21
専門職(P)	112	16	62	53	243
上記計	122	19	73	60	274
その他	297	26	71	44	438
総計	419	45	144	104	712
1995					
選挙職	2	1	1	1	5
幹部職(D-1)	10	2	5	6	23
専門職(P)	113	14	64	50	241
上記計	125	17	70	57	269
その他	296	25	68	44	433
総計	0	42	138	101	702
1996					
選挙職	2	1	1	1	5
幹部職(D-1)	8	2	5	3	18
専門職(P)	117	14	64	50	241
上記計	127	17	68	52	264
その他	291	28	72	44	435
総計	418	45	140	96	699
1997					
選挙職	2	1	1	1	5
幹部職(D-1)	7	2	4	4	17
専門職(P)	121	14	67	50	252
上記計	130	17	72	55	274
その他	303	28	72	40	443
総計	433	45	144	95	717

	事務総局	TSB	BR	BDT	計
1998					
選挙職	2	1	1	1	5
幹部職(D-2)	3	1	1	1	6
幹部職(D-1)	6		3	5	14
専門職(P)	126	16	69	51	262
上記計	137	18	74	58	287
その他	302	27	75	46	450
総計	439	45	149	104	737

注：短期契約のスタッフ，プロジェクトごとの人員は除く．
電気通信標準化セクター（TSB），無線通信セクター（BR），開発セクター（BDT）．
出所：ITU, "Report on the activities of the International Telecommunication Union (ITU)," ITU 各年版 (1992～98年) より作成．

表7-4 ITU-T における寄書総数の推移

	通常寄書	遅延寄書	寄書総数
1992	240	1,784	2,041
1993	322	491	813
1994	477	502	979
1995	585	1,706	2,291
1996	400	1,446	1,846
1997	417	2,001	2,418
1998	393	1,573	1,966

出所：表7-3に同じ．

て成立する．その提案文書である寄書（contribution）数の電気通信標準化セクターにおける推移は表7-4 に見られるように年間 800～2,400 件程度である．

3-2 アウトプット
(1) 勧 告 等

勧告等承認された文書数の推移は表7-5 のとおりである．1994年くらいまでは年度ごとの変動が激しいが，その後は年間約300件から400件程度で安定している．これは従来，通常4年の研究委員会の会期の最後に集中的に勧告を採択していたが，現在は会期末を待たずに採択する手続が整備されてきたことによる．

ITU の標準策定をめぐっては，その採択のスピードが遅く，技術革新等の変化についていけないことが指摘されてきた．しかし，各国採択のプロセスは徐々に改善されてきた．1980 年には「勧告の暫定的承認のための迅速な手続」が決定され，88 年には例外的に研究委員会での全員一致での決定後各国の郵便投票で勧告が決定できることとなり，93 年には 89～93 年の会期では例外と位置づけられた郵便投票による勧告承認手続が通常の承認方法と位置づけられ，

96年には郵便投票を研究委員会による勧告案確定後に行い，研究委員会で最終承認することとなり，さらに期間は短縮された．

しかし，その体制でも，承認には研究委員会会合の開催（約9カ月ごと）が必要であり，また，郵便投票も含め意思決定に参画できるのは主管庁＝政府だけであるという問題があった．そこで，研究委員会の開催を必要としない勧告採択の方法，民間セクターメンバーが意見表明する機会の設定，電子的手段を活用する代替的承認手続きが検討されるにいたった［日本ITU協会，2001a：2-17］．

結果として現在の平均標準策定期間は3年程度であるがこれを1年半程度にしようとしている．ただこの改革の方向に対して，日本と欧州は支持しているが，ITUが形骸化することで民間フォーラム等を通じて事実上の影響力を行使しうるアメリカは慎重な姿勢を維持している．

表7-5 承認された勧告（normative）数とその他の文書(non-normative)を含む総文書数

年	承認された勧告	承認された文書合計
1988	1,626	1,757
1989	0	0
1990	34	34
1991	87	90
1992	270	270
1993	520	534
1994	94	108
1995	233	284
1996	367	418
1997	214	293
1998	194	269
1999	216	294
2000	299	403
2001	189	293
2002*	115	161

注：＊2002年については8月末時点．
出所：ITU-T作成資料．

(2) 技術協力

表7-2によると，部門別の支出については，無線セクター，電気通信標準化セクターの支出がやや減る傾向にある一方で，開発セクターおよび事務総局の支出は漸増している．このうち，開発セクターの漸増は途上国をメンバーとする公的組織として技術協力部門の重要性が相対的上昇しつつあるゆえであると思われる．

(3) 政策・規制分野での活動

純粋技術基準領域においては地域標準化機関，民間フォーラム等の役割も大きくなる中で，政府が関与するITUにとって重要な領域として政策・規制分野が浮上しつつある．この分野に関しても，ITUは具体的活動を開始しつつ

ある．日本が提案主体となり1994年の京都全権会議において採択された第2決議に基づいて，世界電気通信政策フォーラム（World Telecommunication Policy Forum）が設置された．96年には衛星を用いた地球規模の移動通信システム（Global Mobile Personal Communications by Satellite：GMPCS）に関する第1回世界電気通信政策フォーラムが開催され，98年には通信サービス貿易に関して第2回世界電気通信政策フォーラムが開催され，2001年にはインターネット（Internet Protocol：IP）電話に関して第3回世界電気通信政策フォーラムが開催された．また，このような政策分野等の活動の支援組織として，事務総局内に戦略・政策ユニット（Strategy and Policy Unit：SPU）が設置されている．

さらに，現在，1998年ミネアポリス全権会議における第73決議を契機として，国連の傘の下でITUが主導して世界情報社会サミットを2003年ジュネーブと05年チュニスで開催することとなっている．この準備過程においては，様々な市民社会組織等の参加も呼びかけている．

3-3 アウトカム
(1) 通信利用

通信利用量の指標として通信機器の数を取り，地域毎に1994年と99年の比較をすると表7-6のようになる．これより以下のことがいえる．第1に，94年から99年の増加率をみてみると，固定電話が1.5倍弱，移動電話が8.85倍，インターネットが15.04倍であり，新しいメディアの増加率が高いことが分かる．第2に，所得レベル別に見てみるといずれにおいても低所得国が1番高く，この数字の限りはデジタルディバイド（情報格差）が拡大しているということはない．また，伸び率には地域差も見られる．固定電話では日本以外のアジアが最も伸び，アフリカも6割以上伸びている．移動電話ではアフリカが最も高い伸びを示し，日本以外のアジアが肉薄している．インターネットでは，米国，カナダを除いたアメリカ地域が最も高い伸び率を示し，日本，日本以外のアジアがそれに次いでいる．

しかし，このような通信利用の伸びは民間市場の拡大によるのであり，これに対するITUの寄与度を確定することはきわめて困難である．むしろ，ITU

表7-6 通信機器数―インターネットホスト，固定電話，移動電話

インターネットホスト数（単位：千台）	1994	%	1999	%	比率
世界	4,786	100	71,983	100	15.04
日本	97	2	2,637	3.7	27.19
アジア(日本を除く)	70	1.5	1,836	2.6	26.3
オセアニア	192	4	1,362	1.9	7.09
アフリカ	27	0.6	185	0.3	6.74
EU	869	18.2	8,490	11.8	9.77
ヨーロッパ(EUを除く)	145	3	1,482	2.1	10.23
米国・カナダ	3,366	70.3	54,846	76.2	16.29
アメリカ地域(米国・カナダを除く)	20	0.4	1,146	1.6	57.01
低所得国	1	0.684	69	0.1	100.28
低位中所得国	15	0.3	496	0.7	33.49
高位中所得国	97	2	2,275	3.2	23.44
高所得国	4,674	97.7	69,144	96.1	14.79
固定電話数（単位：百万台）					
世界	643	100	904	100	1.41
日本	61	9.49	71	7.85	1.16
アジア(日本を除く)	110	17.11	243	26.88	2.21
オセアニア	11	1.71	12	1.33	1.09
アフリカ	11	1.71	18	1.99	1.64
EU	176	27.37	202	22.35	1.15
ヨーロッパ(EUを除く)	65	10.11	89	9.85	1.37
米国・カナダ	171	26.59	203	22.46	1.19
アメリカ地域(米国・カナダを除く)	39	6.07	65	7.19	1.67
低所得国	23	3.58	49	5.41	2.13
低位中所得国	108	16.80	227	25.08	2.10
高位中所得国	70	10.89	109	12.04	1.56
高所得国	442	68.74	520	57.46	1.18
合計	643	100.00	905	100.00	1.41
移動電話数（単位：千台）					
世界	55,297	100	489,455	100	8.85
日本	4,331	7.8	56,846	11.6	13.13
アジア(日本を除く)	6,066	11	112,499	23	18.55
オセアニア	1,461	2.6	7,932	1.6	5.43
アフリカ	398	0.7	7,535	1.5	18.94
EU	13,682	24.7	150,581	30.8	11.01
ヨーロッパ(EUを除く)	1,282	2.3	20,632	4.2	16.1
米国・カナダ	26,000	47	92,923	19	3.57
アメリカ地域(米国・カナダを除く)	2,078	3.8	40,507	8.3	19.49
低所得国	165	0.3	6,428	1.3	38.89
低位中所得国	3,013	5.4	69,991	14.3	23.23
高位中所得国	4,013	7.3	76,456	15.6	19.05
高所得国	48,106	87	336,579	68.8	7
合計	55,297	100	489,454	100	8.85

注：比率は1994年から99年の伸び倍率。
出所：日本ITU協会編『ワールドテレコムビジュアルデータブック2002』日本ITU協会，2002年より作成．

の活動の政策環境を構成するものと見たほうがいいのかもしれない．

(2) 民間とのパートナーシップ

　通信のような技術革新の急激な分野においては特に民間とのパートナーシップが重要である．歴史的経緯もありITUにおいては民間主体の参加は当初から確保されていたが，その実質的役割はさらに高まりつつある．民間セクターメンバーからは政府と同等の権限をという主張もあり，標準化プロセスにおける民間セクターの発言をより制度化するような試みも見られる．また，前述の1996年世界電気通信フォーラム後，GMPCSに関して覚書（Memorandum of Understanding）が作成されたが，これには政府とともに民間企業が署名した［Helman, 2002］．また，表7-1にみられるように，収入のほぼ一定比率（約12％）を民間＝セクターメンバーからの収入に依存しており，表7-4，表7-5にみられるように一定の寄書数，勧告数を維持できていること自体，民間セクターの一定の支持を得ている証と見ることができる

　また，民間企業等がより主導的役割を担いつつ，地域標準化機関や民間フォーラムといった新たな標準化の場ができつつあるが，これらとの協調の試みも具体的に試みられつつある．地域標準化機関としては米国においてATT分割後T1委員会が設立され，日本では1985年に電信電話技術委員会（Telecommunication Technology Committee：TTC）が設立され，欧州ではEC委員会の主導の下，88年にETSI（European Telecommunications Standards Institute）が設立された［城山，1997：203］．それに対応して，その後まもなく，当時のITUの標準化機関（CCITT）はフレデリックブル会合を開催し，ITUと地域標準化機関との情報共有等を取り決めた［城山，1997：207］．また，その後ITUとETSIとの間では，2002年に正規の覚書（Memorandum of Understanding）が作成された[1]．そして，01年12月には，ITU電気通信標準化セクターと様々な民間フォーラム等の標準作成組織の代表との間で非公式フォーラムサミットが開催され，情報交換等が決められた[2]．

　ただ，以下で述べるインターネットに関する民間組織であるIETF（Internet Engineering Task Force）と比べた場合，若い人をもっと動員して連れてこないと組織として衰退するのではといった危惧も出ているようである［安田他，

2002:48]．

(3) インターネットの領域における活動

　インターネットに関しては，研究者がその初期の主たる担い手だったこともあり，インターネット・コミュニティーと呼ばれる自律的な専門家の諸組織が大きな役割を担った．たとえば，研究者，ネットワーク・デザイナー，オペレーター等によって組織されたIETFが技術関連文書の作成等を行ってきた［城山，2002:55］．それに対し，当初ITUはインターネットに消極的であったが，1996年6月には電気通信標準化セクター（ITU-T）の第13研究委員会がインターネット通信規約プロジェクトを立ち上げ，98年9月にはITUはIETFと協力協定を結ぶ．そして，第13研究委員会はIPサービス品質目標値に関する勧告を作成し，また，第2研究委員会はIETFと連携してIP網に関する番号計画を検討した［日本ITU協会，2001a:2-15］．

　インターネットにおいて重要なドメイン・ネーム・システム（Domain Name System：DNS）の管理に関しても，インターネット・コミュニティーは重要な役割を果たしてきた．紆余曲折の後，アメリカ政府によって1998年6月に『白書（White Paper）』が出され，それに基づいてドメイン・ネーム・システム管理を担う民間非営利組織として，98年10月にカリフォルニア法人であるICANN（Internet Corporation for the Assignment of Names and Numbers）が設立された．ICANNについては，その外部においても，その役割の大きさゆえに，様々な改革議論が行われている．その中で，ITUは，次のような議論をして自らの役割を模索している．第1に，歴史的に通信に関して公私パートナーシップを発展させてきた点でITUはユニークであり，そのような資産を利用してITUは，ICANNが広範な意見，特に途上国も含めて政府の意見を組み込むに際して支援することができる．第2に，具体的には，政府間国際機関が使うドメイン・ネームである"int"の管理については，ITUは国際的に合意された管理原則・手続きを策定することで貢献することができる．この提案の背景には世界保健機関（WHO）が"health"というドメイン・ネームを申請したのに対して，ICANNが拒否したという事件（その背景には製薬業界の反対があったとされる）があり，政府間国際組織との関係でドメイン・ネ

ームの調整原則が問題になっていたという背景があると思われる［城山，2002：55-56, 65-55］．

　伝統的には通信事業者間の料金取り決めに関しては，電気通信事業者の場合は一定の公的関与があった．現在のITUの標準化セクター（ITU-T）の第3研究委員会においては，地域によって関与の程度は異なるものの，国際通信の料金原則や料金積算の方法に関して勧告を行ってきた．しかし，一方，電子商取引において使われるインターネットに関しては，インターネット・サービス・プロバイダー（Internet Service Provider：ISP）間の料金取り決めやインフラ建設の際のコスト分担に関して公的関与はなく，事業者間の料金取り決めについては，すべては市場に任されてきた．そのため，ほぼすべての相互接続をピアリング（Peering：相互に料金を課さずに相互接続を認めるもの）によって行っている先行ISPである主に北米のティアワン（Tier 1）ISPのグループと，ティアワンISP等に対する相互接続をトランジット（transit：相互接続を相手方に料金等を支払って行うもの）等によって行わなくてはならない地域的な新興ISP（ティアワンISPの所在地までのインフラの建設コストを払わなくてはならない場合もある）のグループとの間に，実質上バーゲニング力の差による構造的格差が生じているという議論があった（特にオーストラリアは不公正な料金取り決めになっているという議論を行い，米国の連邦通信委員会（FCC）等は市場は機能しているとして，そのような問題の存在を否定した）．そのような議論を受けて，2000年10月のITUの世界電気通信標準化総会（World Telecommunications Standardization Assembly：WTSA）においても，インターネット事業者間の料金補償の原則に関する勧告（D.50）が採択され，"possible need for compensation between them for the value of elements such as traffic flow, number of routes, geographic coverage and cost of international transmission amongst them" をインターネット・サービス・プロバイダー（ISP）が考慮することを求めた［城山，2002：57-59］．

3-4　考察：寄与度等

　ITUの活動の最終的なアウトプットとしては通信量の伸びが考えられる．この通信量の伸びについては近年大きな伸びが見られ，かつかならずしもデジ

タルディバイド（情報格差）が起こっているだけではなく，低所得国においても通信量が相対的には伸びていることが確認された．しかし，これとITUの活動を直接つなげることはなかなか困難である．むしろ，これらの通信量の動向はITUの政策環境を構成すると考えたほうがいいかもしれない．ただ，低所得国の通信量伸びについては，ITUの技術援助や，途上国の通信事業者に精算の結果資金が流入することの多いITUの国際通信料金枠組（通常発展途上国から先進国への通信量よりも逆向きの通信量の方が多いため，特に単位計算料金が高い場合，精算の結果相当の資金が途上国に流入する）が寄与している面があると思われる．しかし，この点の突っ込んだ分析にもよりデータが必要である．

他方，定性的なアウトプットとしてITUはインターネットの領域等においてそれなりに民間とのパートナーシップを実現し，固有の役割を探索しつつある．ITUの標準化機能が，地域標準化機関や民間標準化機関との競争の中で危機感を持って見られてきた中で，一定の存在感を示したといえるのではないだろうか．

4. 国益の観点からの評価

4-1 インプット

(1) 財政的資源

日本政府の予算分担は，分担金ユニット30単位（315,000スイスフラン×30単位＝945万スイスフラン）であり，日本円では2002年分担金は約6億7,000万円であった（補助金総覧2002年度）．30単位出しているのは米国，フランス，ドイツといった諸国であり，国連本体に比べて均一的分担であるとともに，ITU総予算に占める比率は8％強と相対的に低い．その他，拠出金を約1億円程度出しており，その主要な対象は，世界電気通信政策フォーラムと関係する政策課題関連課題への取り組み（事務総局戦略・政策ユニット（SPU）における担当者の出向経費を含む）およびデジタルディバイド関係の取り組みである[3]．この拠出金はITUの政策課題への取り組みという日本政府の主張および日本からの内海事務総局長の政策を支援するものといえる．

表 7-7　日本から参加しているセクターメンバー数

		R (無線)	T (標準化)	D (開発)	累計	団体数
セクター・メンバー	ROA	9	9	5	23	16
	SIO	15	20	6	41	27
	その他	0	0	1	1	1
	計	24	29	12	65	—
アソシエート	ROA	0	1	0	1	1
	SIO	2	3	0	5	5
	計	2	4	0	6	—
					計	50

注：セクターメンバーの分担単位額は1単位あたり63,000スイスフラン．（国は315,000スイスフラン）
出所：(財) 日本ITU協会主催のITUビジネスセミナー（2002年）資料より．

他方，日本から参加しているセクターメンバーは，表7-7の通りである．セクターメンバー累計65団体であり，全体で37.5単位分（63,000スイスフラン×37.5単位＝236万2,500スイスフラン）を負担している．これは金額的には，全セクターメンバーからの収入約2,000万スイスフランの12％程度にあたり，政府分担金における日本政府の分担比率よりも全体として高い．

(2) 人的資源

1998年以降日本は事務総局長を出している．また，それに伴い，ITUの専門職員も増え，2002年時点では総計7人になっている（事務局専門職員約280人程度に占める比率は約2.5％）．うち，1人は内海事務総局長の秘書，1人は政策等を扱う戦略・政策ユニット（SPU）担当の出向者である．2002年2月以降はさらに世界情報社会サミットの担当者としてもう1人出向している[4]．また，事務総局職員のうち2人はKDDI出身者である．

(3) 国内の組織体制および国内からの参加

日本国内でITUを担当するのは総務省である．その中で，ITUの全般的窓口は総合通信基盤局国際部国際政策課国際機関室（室長以下約10名）であるが，実質面については無線通信の活動については総合通信基盤局電波部，電気

表7-8 ITU日本人職員

	幹部職(D)	専門職(P)	一般職(GS)	その他(OTHER)	JPO	合計
1993	1	4	0	0	0	5
1994	1	4	0	0	0	5
1995	1	4	0	0	0	5
1996	1	4	0	0	0	5
1997	1	4	0	0	0	5
1998	0	4	0	0	0	4
1999	0	4	0	0	0	4
2000	1	5	0	0	0	6
2001	1	6	0	0	1	8
2002	1	6	0	0	0	7

出所：外務省総合外交政策局国際社会協力部資料より作成.

通信標準策定活動に関しては情報通信政策局通信規格課が担当することになっている．また，ITUの国内活動（電気通信標準化セクター（ITU-T），無線通信セクター（ITU-R）各分野等の研究会の開催等）を支援する団体として財団法人日本ITU協会が存在する．

前述のように，ITUの活動においては各国からの参加者の役割が大きい．たとえば，研究委員会の運営に大きな役割を果たす研究委員会議長，副議長は各国から出ている．電気通信標準化分野では計15の研究委員会があるが，そのうち1人の議長，6人の副議長（副議長の総数は55人）を日本から出している．また，ITU-Rについては8つの研究委員会において，1人の議長，3人の副議長（副議長の総数は30人）を出している［日本ITU協会，2001b：173, 243］．日本人の比率は議長で約9％，副議長で約11％に上っており，事務総局職員に比べて比率はかなり高い．ちなみに日本からの議長，副議長はすべて企業からの参加者である．

また，参加者全般については，ITU-Tに関して表7-9のようなデータがある．日本の政府からの参加者は63人であるが（米国，中国等と比べてかなり少ない），NTTから188人（通信事業者部門で第1位），KDDIから69人，NECから47人，富士通から42人，沖電気から32人が参加していることが分かる．日本の場合，民間企業からの参加者が多いわけである．しかし，経済不況の中でこのような日本企業からの参加がどの程度維持できるのかについて

表7-9 ITU-Tにおける各メンバーの参加者数：1998-2000年

国		ROA		SIO	
米国	342	NTT	188	Lucent	224
中国	232	FT	184	Ericsson	152
ドイツ	187	BT	148	Siemens	153
フランス	106	DT	134	Nortel	142
ロシア	99	ATT	77	Alcatel	116
イギリス	95	KDDI	69	CSELT	69
カナダ	63	Telecom Italia	65	NEC	47
日本	63	Swisscom	65	Nokia	46
インド	62	KT	59	Fujitsu	42
ウクライナ	58	Telenor	58	Telecordia	36
イタリア	56	Royal KPN	58	Motorola	35
シリア	53	Telia	46	OKI	32
韓国	50	Telekom Austria	37	ETRI	32
合計	1,466	合計	1,188	合計	1,126

注：ROA（認められた事業者），SIO（学術工業団体）．
出所：Zhao［2001：11］．

は，難しい点もあるようである．日本企業の場合，ビジネスに直結する標準化には関心を持つものの，ITUや公共にとって重要な標準化への関与は躊躇しがちである．また，社内で標準化活動参加者が認知評価される仕組み（政府も感謝状を出す等で間接的に貢献できる）を作らないと企業からの参加は難しくなりつつあるといった指摘もなされている［安田，2002：42-43］．現に，日本からの参加者，寄書数は以前に比べて減少しているのではないかという指摘もある．

4-2 成　果
(1) 外交政策・活動への貢献

たしかに，日本にとって都合のよい国際標準を策定できれば，それは日本にとっての利益になるという面がある．たとえばファックスに関する国際技術標準は大部分日本の技術であった（ただし，この場合はモデム技術の一部に不注意で欧米メーカーの特許部分が入ってしまい結果としてかなり損をすることになったようである［安田他，2001：41］）．また，1980年代以降NHKと日本政府がハイビジョンに関して国際標準獲得を狙ったのにもそのような側面があ

る．しかし，結果としてNHKのハイビジョン技術の国際標準化は必ずしもうまくいかなかった．つまり，現在では1国のみの技術の国際標準化というものはかなり難しく，国際標準を狙うのであれば国際的連携の下で狙う必要が出てきている．また，国内においても企業間の利益が異なるということが大いにありうる．現に，第3世代移動体通信をめぐっては，NTTとKDDIは異なった国際的連合に参加した．

したがって，個別の標準に関して日本の国益への貢献というものを主張するのは難しいが，一般的な枠組としてITUという枠組の維持が日本の国益に合致しているという側面がある．第1に，米国等は市場での事実上の標準で影響力の確保を図る利益があるのに対して（したがって前述のようにITUの標準プロセス迅速化等のITU改革にはむしろ慎重である），日本や欧州の場合，ITUという制度的枠組の下に米国等を引き込むことによって利益を得るという側面がある．第2に，ITUの標準化プロセスが公的ステップを踏み時間がかかるというのは日本にとって必ずしも悪いことではない．ネット上の議論だけで迅速に決める民間のフォーラム活動のような標準設定の場合，誰を入れて誰を入れないかという選択の基準が不透明であり，また，外国語での迅速な議論は結果として日本人が十分にフォローしないうちにものが決まるということにつながりうる．

なお，インターネット・サービス・プロバイダー間での料金補償の公平性を求めた前述のインターネット事業者間の料金補償の原則に関する勧告（D.50）のITUにおける採択などは，当時の日本の利益に合致していた（市場志向の米国のFCC等は批判的であったと思われる）という側面がある（現在の日本政府の立場は変わっているようである）．

(2) 国際的決定への参加

上記のように，ITUの標準化プロセスに参加することは日本の政策上も意味があるという構造になっている．

また，日本はITUが政策的発信をする上での支援というものも行っている．日本の拠出金支出により，ITUの政策課題への取り組み（従来の技術標準，料金勧告のみへの関与からの脱却）を支援するというのは，単にITUにとっ

て重要な組織課題を支援するというだけではなく，日本政府の主張（京都全権会議で世界電気通信政策フォーラムの設立を主導したのは日本政府であった）および日本からの内海事務総局長の政策の国際的浸透を支援するものでもあったといえる．

(3) 国内政策・論議の刺激・正当化

国内の通信規制については，過去20年の間に，規制緩和の方向での大きな変化があった．この政策転換に際しては，しばしば国際的政策潮流が正当化として使われた．しかし，このような政策的潮流を主張する際に主として参照されたのは，経済協力開発機構（OECD）や世界貿易機関（WTO）といった貿易関係機関であり，むしろITUの参照はそのようなサービス貿易自由化一辺倒を牽制するサイドからであったようにも思われる．ただし，ITU自身も，前述の標準化プロセスでの民間主体の役割の増大に見られるように，民間化の流れには取り残されないように対応していった．そのため，ITU関連条約等の批准に際しては，一部の議員からは，民間の役割が大きく政府の規制が効かないのではないかといった問題意識に基づくと思われる質疑が行われた（151回国会衆議院外務委員会2001年4月4日議事録共産党赤嶺政賢議員発言）．

(4) 手段的価値

1998年以降日本は事務総局長を出している．また，それに伴い，ITUの専門職員も増え，2002年時点では総計7人になっている．ただ，前述の外交への貢献という観点と交錯させて言えば，これをどう評価するかという問題がある．事務総局長選挙の際には電気通信標準化局長に日本の企業人が立候補するという話もあったが最終的には標準化局長の立候補は降りて事務総局長に立つようになったようである．実質を担う電気通信標準化局長を取ったほうがよかったという議論もなしうる．しかし，伝統的に欧州色の強かったITUという組織において，日本政府自身のイニシアティブでもあるITU改革やITUの政策課題への関与を主張する内海氏を事務総局長とし，それを支援することはそれなりの意味があったのではないかと思われる．

また，表7-9における日本企業のITU-Tへの参加者の多さに見られるよう

に，ITUへの参加には日本企業の技術者等に国際的経験を積ませるという人材養成効果があったと思われる．しかし，この機能は，前述のように社内で必ずしも認識されているものではなく，維持するためには企業・政府の国際的標準化活動評価のための意識的努力が要請されるようである．

なお，ITUにおいてはジュニア・プロフェッショナル・オフィサー（JPO）は過去1名のみである．ITUのような技術的機関においてはJPOの経験を契機に国際機関での職を目指すというキャリアパターンは難しいのではないかと思われる．

4-3 考　　察

以上のように，米国を中心とする市場におけるデファクトスタンダード路線への対抗という意味で，WTOによるサービス貿易としての通信自由化への一定のカウンターバランスとして，ITUの標準化機能や政策論議機能を活性化することは日本の国益に合致する面があったといえる．また，民間技術者の国際的経験確保にも重要であった．

ただし，通信の世界においては国益というのは必ずしも明確ではなく，企業の利益と国の利益というのはしばしば乖離する．そのような点で，日本企業の中にも事実上の標準路線を目指す者はあると思われるのであり，制度的標準化路線が国益であると直接的に言うには若干の留保が必要である．

5. おわりに

ITUは通信事業あるいはその標準化が民間化する中で，それなりに自己革新を行い自己の役割を見出してきたといえる．しかし，インターネット等の領域を含めて今後ともこの役割を持続できるのかどうかについては注視する必要がある．

また，1990年代は日本はITU内の諸作業におけるプレゼンスをそれなりにあげてきたように思われるが，近年は中国からの参加者や貢献が急増しているようである．このような中で日本の役割をどう再定義するのかも大きな課題であろう．つまり，ITU内における非欧米勢力という役割においては中国の役

割が日本を超えつつある．他方，ITU を日本と中国というアジア太平洋地域における主要通信大国間における調整の場として利用するという可能性も開けつつある．

注
1) http://www.itu.int/ITU-T/tsb-director/mou/mou_itu_etsi.html
2) http://www.itu.int/ITU-T/tsb-director/forum/index.html
3) 2002 年 11 月，総務省総合通信基盤局国際機関室ヒアリング．
4) 同上．

参考文献
城山英明［1997］『国際行政の構造』東京大学出版会．
城山英明［2002］「電子社会構築への「ガバナンス」」中里実・石黒一憲編『電子社会と法システム』新世社．
日本 ITU 協会編［2001a］『第 29 回 ITU ビジネスセミナーテキスト』．
日本 ITU 協会編［2001b］『第 29 回 ITU ビジネスセミナー資料』．
安田晴彦他［2002］「ITU の現状と将来への展望」『ITU ジャーナル』32 巻 4 号．
Helman, Gerald B. [2002] "United Nations Reform: The ITU as a Successful Example," paper prepared for the NIRA International Organization Project.
Zhao, Houlin [2001] "ITU-T's Current Situation and Its Future" (Working Group on ITU Reform Document 128-E).

第8章
世界保健機関（WHO）

城 山 英 明

1. はじめに

　本章では，保健に関する様々な活動を行う世界保健機関（World Health Organization : WHO）を対象に，分析と評価の試みを行う．WHOは以下の点で興味深い対象であるといえる．第1に，WHOが対象とする国際保健衛生協力というのは，国際電気通信等と並んで歴史のある国際機関の活動分野である．第2に，WHOにおいても感染症対策等を中心に支持の得やすい人道的目的を掲げることができる．しかし，しばしばそのような直接的人道的目的と保健政策上重要な課題とはギャップが生じることがありうる．第3に，WHOは歴史的に分権的性格の強い組織であり，このような組織のマネジメントは固有の課題を持っていたといえる．第4に，1988年から98年にかけて日本人が事務局長ポストを占めていたという意味でも興味深い．

2. 組織・活動内容の概要とその特質

　WHOは，1946年にニューヨークで開催された国際保健会議が採択した世界保健機関憲章（1948年発効）によって設立された．しかし，国際保健衛生協力の分野は，電気通信の分野同様に歴史のある分野であり，WHO設立に先立って様々な組織化が先行していた．
　19世紀には，交通手段の発達に伴い，コレラ，チフス等の伝染病が貿易ルートや巡礼ルートを通ってヨーロッパに侵入していた．そのため，地域レベル

では，特に伝染経路でありまた技術的能力の不足していた地域において，国際的対応がいち早くみられた．具体的には国際衛生理事会 (international sanitary council) が，1838年にコンスタンチノープルに，40年にタンジールに，81年にアレクサンドリアに設立された．一般的国際的レベルでも，19世紀の中頃以降，「国際衛生会議の時代」と呼ばれるように多くの試みが行われた．第1回国際衛生会議は51年にパリで開かれ，地中海沿岸国および利害関係国の計12カ国が参加して伝染病の予防問題を審議し，52年には条約が締結された．しかし，これは実効的なものではなく，最初に実質的合意を得たのは，92年のベネチア会議においてであった．これは，中東からのコレラにスエズ運河で対処するという特定目的のためのものであり，14カ国がここで締結された条約を批准した．この時期合意が達成された背景には，医学，細菌学の発展により伝染経路が理論的に解明されたことがあった．その後，1903年のパリ会議において，各種衛生諸条約がまとめられてペスト，コレラ，黄熱の防止に関する一般条約となり，ヨーロッパの20カ国の他にペルシャ，エジプト，ブラジル，米国が参加した．その際，規則を常に最新の状況に合わせて改定し，また，最新の情報を保つ必要から，常設的事務局の設置が議論され，07年のローマ協定で公衆衛生国際事務局 (International Health Office) がパリに設置された．しかし，この常設事務局設置でも地域レベルが先行し，02年に南北アメリカ諸国によって汎米衛生事務局 (Pan American Sanitary Bureau) がワシントンにすでに設立されていた［城山，1997：31-34］．

　第1次世界大戦後，初めての分野横断的一般的国際組織として，国際連盟が成立した．一般的国際組織である国際連盟と，公衆衛生国際事務局，国際電信連合等の既存の事務局 (bureau)，委員会 (commission) との関係については，連盟規約第24条において，各機関との合意を条件に各機関を国際連盟の指揮 (direction) 下におくことが規定された．しかし，多くの事務局，委員会は国際連盟と協定を結んでその指揮下に入ることはなかった．他方，国際連盟は自らのもとに多くの専門機関 (Technical Organization) を設立し，そのプログラム，予算を連盟理事会のコントロールのもとにおいた．そのような専門機関として，財政・経済機関 (Finance and Economic Organization)，通信・通過機関 (Communication and Transit Organization)，知的協力に関する委員会 (Committee on Intellectual Cooperation）とともに，保健機関（Health Organization）が設立された．当初は，保健機関と公衆衛生国際事務局との間等で，国際連盟と既存の事務局との管轄境界紛争が度々起こった．しかし，徐々に個々に協定を結ぶというかたちで，分業関係，協力関係が形成されていった．たとえば，保健機関と公衆衛生国際事務局の間では 1923 年以降密接な協力関係が形成され，また，保健機関と汎米衛生事務局の間でも協力関係が構築された［城山，1997：56-57；Siddiqi, 1995：60-61］．

　また，第 2 次世界大戦中の 1943 年には，食料，保健関係等の緊急救援支援を行う機関として連合国復興救済機関（UNRRA）が設立された．そのような中で，45 年のサンフランシスコで開催された国際連合憲章設立会議において，国際連合憲章の目的の中に「保健」が挿入されるとともに，ブラジルおよび中国の提案で保健に関する常設機関の設立が宣言された．それを受けて，46 年 2 月の第 1 回社会経済理事会においてこの機関の設立が可決され，46 年 3-4 月のパリでの準備会合を経て 46 年 6-7 月のニューヨークにおける国際保健会議において，世界保健機関（WHO）が設立された．この過程を通して，公衆衛生国際事務局は廃止されその事務は WHO へ移行することが決定され，暫定機関として保健機能も担っていた UNRRA については子供を対象としたユニセフ（UNICEF：この執行議会議長は国際連盟保健機関の長のラッジマン（Ludwik W. Rajchman）であった）と展開することとなった［Siddiqi, 1995：56-59］．

　以上のような経緯で成立した WHO は 2 つの大きな組織的特色・課題を抱えることとなった．第 1 に，WHO は分権的組織であった．汎米衛生事務局は自律性が強く，最終的には WHO の下の地域事務局となったが，プログラム運営上，人事上（地域事務局長は選挙によって選ばれる）の高い自律性を維持した．その背景には当時の巨大拠出国である米国の意向への配慮もあった．また，国際衛生理事会の存在したアレクサンドリアも東地中海地域事務局へと展開していった．その後も，WHO の組織運営においては本部と地域事務局の関係は主要な争点であった．ただし，ブルントラント事務局長の下では，従来に比べて再集権化の傾向があったといわれる．

　第 2 に，WHO においては特定の課題に重点をおいて全世界的な対応を行う

「垂直的」アプローチと，各地域における現場の保健，経済，社会の様々な課題の相互関連に焦点を当てる「水平的」アプローチが，時代の課題に応じて使い分けられてきた．当初は，分権的組織においていかに普遍性を演出するのかという課題もあり，1955年に開始された「マラリア撲滅プログラム」に見られるように，「垂直的」アプローチがとられてきた．しかし，60年代末にはプログラムとしてもこのアプローチの失敗が明らかになり「マラリア・コントロール・プログラム」に転換するとともに，一般的アプローチとしても，プライマリー・ヘルス・ケアといった「水平的」アプローチがとられるようになってきた［Siddiqi, 1995 : 126, 166, 190］．78年にはユニセフと共同でアルマアタにおいて国際会議を開催し，プライマリー・ヘルス・ケアを重視する新しい保健政策を掲げるアルマアタ宣言を採択した．ただし，その後は，「子供の生存」等の名の下に「垂直的アプローチ」を重視するユニセフと対立する傾向もあった．また，WHO自身，「天然痘撲滅」，「ポリオ撲滅」といったプログラムにおいては「垂直的」アプローチは持続しており，近年はHIV/エイズ，タバコへの注目，マラリアへの再注目（Roll Back Malaria Program : RBM）にみられるように「垂直的」アプローチが再強化されている傾向がある．

3. 国際公益の観点からの評価

3-1 インプット
(1) 財政的資源

予算の全体的傾向としては以下の点を指摘することができる（表8-1）．第1に，通常予算は1996-97年までは漸増してきたが，その後名目ゼロ成長（842,654千ドル/2年）で固定されている．他方，予算外資金は増加傾向にある．94-95年から96-97年にかけて1億5,000万ドル程度減少しているが，これは96年1月よりそれまでWHOの予算外資金であったエイズに関する一般プログラム（General Program on AIDS : GPA）が国連共同エイズ計画（UNAIDS）として独立してWHOの枠外に出たからである．しかし，その後も予算外資金は通常予算よりも多いレベルを維持し，2002-03年度の予算においては予算外資金が1,380,000千ドル/2年が予定されており，固定されている

表8-1 WHO の収入(通常予算・予算外資金, 1994-95〜2000-01年)

(単位:千米ドル,それ未満は切り捨て)

	通常予算	予算外資金	合　計
1990-91	653,740		
1992-93	734,936		
1994-95	822,101	1,149,198	1,971,299
1996-97	842,654	993,720	1,836,374
1998-99	842,654	804,503	1,647,157
2000-01	842,654	958,200	1,800,854

出所:WHO, Proposed Programme Budget 各年度版 (1990-91〜2000-01) より作成.

通常予算の1.5倍以上となっている(WHO, Proposed Programme and Budget 2002-2003).

　第2に,予算外資金は大きく,統合された保健増進自主基金(Voluntary Fund for Health Promotion)とその他の信託基金に分かれている.しかし,保健増進自主基金も,外見上は統合されているものの,その中で使途が自由なのは一部であり,残りは天然痘,医療調査,水提供,マラリア,予防注射に関する拡大プログラム(Expanded Programme on Immunization:EPI)等の目的別の特別基金に分けられている[WHA 29.31].さらに,この目的レベル以上に使途を指定しているものも多い.2000-01年の決算によると,保健増進自主基金の総額は1,079,680,708ドル,その他の信託基金の総額は142,121,269ドルで,計1,221,801,977ドルとなっている[A/55/25 Add.1:11].この予算外資金の決算額は予算額を上回っている.

　第3に,WHOも加盟国政府以外からの資金を予算外資金として得ている.2000-01年決算によると,加盟国からの予算外資金が総計758,003,780ドル,その他の民間組織・自治体等からの予算外資金の総額が463,798,197ドルであり,予算外資金の4割弱程度,全体の予算の2割5分弱等程度を民間組織等からの資金調達で補っているということになる.なお,民間資金等のうち大きいのは(国連関係機関は除く),UNICEF米国委員会(198,325,904ドル),ロータリー・インターナショナル(61,808,714ドル),神戸グループ(兵庫県,神戸商工会議所,神戸製鋼:13,132,691ドル),日本財団(12,165,100ドル),ビ

ル・メリンダ・ゲイツ財団（11,000,000 ドル）といったところである［A/55/25 Add. 1 : 5-10］.

まず，表 8-2 からは，WHO の分権的性格を反映して，予算収入の半分以上が地域事務所に配分されていることがわかる．

また，前述のように一般的には通常予算が名目ゼロ成長の中で予算外資金の重要性が高まっているが，予算外資金への依存度は地域によって異なる．表 8-2 からは，アメリカ地域においては予算外資金への依存度が高いが，その他の地域，特に東南アジア，東地中海，西太平洋地域において，通常予算への依存度が高いのが分かる（アフリカ地域も通常予算への依存は大きいが，相対的には大きな予算外資金を得ている）．その結果，総額においても米国が最大となっている．これは，汎米衛生事務局編入以来の WHO の分権的構造が影響しているように思われる．

表 8-2 WHO の地域別収入（通常予算・予算外資金，1996-97～1998-99 年）

（単位：千米ドル）

	通常予算	％	予算外資金	％	合計	％
1996-97						
アフリカ地域	154,310	18.31	56,901	5.73	211,211	11.5
アメリカ地域	79,794	9.47	232,640	23.41	312,434	17.01
東南アジア地域	96,220	11.42	78,078	7.86	174,298	9.49
ヨーロッパ地域	50,837	6.03	25,564	2.57	76,401	4.16
東地中海地域	86,258	10.24	9,175	0.92	95,433	5.2
西太平洋地域	76,709	9.1	13,514	1.36	90,223	4.91
グローバル・地域間	298,526	35.43	577,848	58.15	876,374	47.73
合計	842,654	100.00	993,720	100.00	1,836,374	100.00
1998-99						
アフリカ地域	157,413	18.68	66,447	6.94	223,860	12.43
アメリカ地域	82,686	9.81	222,311	23.2	304,997	16.94
東南アジア地域	99,251	11.78	15,811	1.65	115,062	6.39
ヨーロッパ地域	49,823	5.91	36,037	3.76	85,860	4.77
東地中海地域	90,249	10.71	6,905	0.72	97,154	5.4
西太平洋地域	80,279	9.53	17,127	1.79	97,406	5.41
グローバル・地域間	282,953	33.58	593,453	61.94	876,406	48.67
合計	842,654	100.00	958,091	100.00	1,800,745	100.00

出所：WHO, Proposed Programme Budget 各年度版（1990-91～2000-01）より作成．

なお，1998年以降，地域配分の計算において国連開発計画（UNDP）の人間開発指数（Human Development Index : HDI）を指標として使うようになっている[1]．その結果，アフリカ地域の伸び率が上がる一方で比較的HDIがいい西太平洋地域は割を食っているようである．このアフリカ重視というのはブルントラント事務局長下での政策の一般的方向とも合致している．

また，世界・地域間プログラムにおいても予算外資金への依存度が高い（通常予算の倍以上）ことがわかる．WHOは，基本的には分権的構造の下で，予算外資金を使いながらグローバルな集権的プログラムを実施していたということであると思われる．

表8-3からわかるように，予算外資金への依存状況は分野によっても異なる．一般的計画・管理や保健システムの組織・管理は通常予算に依存しているのに対して，感染症のコントロール等は予算外資金に依存している．たとえば，1998-99年予算では，保健システムの組織・管理については，通常予算77,858千ドル，予算外資金27,414千ドルなのに対して，特定感染症の撲滅については，通常予算12,578千ドル，予算外資金69,261千ドルとなっている．

2002-03年プログラム予算書に書かれた2000-01年決算値を用いて，さらに詳細に分野別に通常予算，予算外資金への依存度を見ると次のようになっている（表8-4）．マラリア対策（通常予算6,436千ドル，予算外資金76,000千ドル），結核対策（通常予算1,682千ドル，予算外資金17,000千ドル），感染症予防・撲滅・抑制（通常予算22,831千ドル，予算外資金149,000千ドル），感染症調査・医薬品開発（通常予算4,802千ドル，予算外資金80,500千ドル），HIV/エイズ（通常予算6,972千ドル，予算外資金48,500千ドル）については，予算外資金の比率が圧倒的に多くなっている．他方，精神衛生と薬物乱用（通常予算8,708千ドル，予算外資金9,500千ドル）については通常予算と予算外資金が比較的均衡しており，非感染症の監視，予防，管理（通常予算11,974千ドル，予算外資金3,500千ドル）については通常予算の方が多くなっている．

(2) 人的資源

WHOの職員構成は表8-5のようになっている．2000年時点で，職員数は

表 8-3　WHO 支出内訳 (1994-99 年)

		通常予算			予算外資金		
		1994-95	1996-97	1998-99	1994-95	1996-97	1998-99
1.1	管理機構	13,127	19,457	19,282	1,964	2,935	2,468
	小計：歳出予算セクション 1	13,127	19,457	19,282	1,964	2,935	2,468
2.1	一般プログラム開発・管理	67,493	77,730	69,996	23,030	27,973	27,584
2.2	保険・サービス・公共政策	29,510	19,443	14,932	7,117	26,260	26,084
2.3	国家保健政策とプログラム開発・管理	97,750	95,600	101,093	162,599	127,212	112,257
2.4	生物医学・医療の情報と動向	75,381	66,282	69,597	24,161	25,590	18,868
	小計：歳出予算セクション 2	270,134	259,055	255,618	216,907	207,035	184,793
3.1	保健システムの組織と管理	53,513	74,723	77,858	49,354	43,655	27,414
3.2	保健関連人的資源	70,127	58,369	57,255	19,888	20,440	10,859
3.3	必須医薬品	14,262	13,980	13,925	18,833	22,794	21,930
3.4	ケアと保健技術の質	21,820	23,786	21,386	5,968	3,797	3,723
	小計：歳出予算セクション 3	159,722	170,858	170,424	94,043	90,686	63,926
4.1	生殖，家族，地域医療と人口問題	23,287	30,017	31,768	99,903	90,544	77,675
4.2	健康な生活と精神衛生	28,694	33,669	33,457	19,827	17,498	16,380
4.3	栄養，食料の確保と安全	15,416	18,985	18,271	13,921	29,667	27,881
4.4	環境衛生	43,425	49,525	49,996	54,413	48,929	46,904
	小計：歳出予算セクション 4	110,822	132,196	133,492	188,064	186,638	168,840
5.1	特定感染症の撲滅	5,889	6,339	12,578	23,448	79,247	69,261
5.2	その他の感染症の抑制	87,739	99,304	105,545	462,195	407,665	353,652
5.3	非感染症の抑制	17,716	16,461	17,021	54,395	56,244	50,235
	小計：歳出予算セクション 5	111,344	122,104	135,144	540,038	543,156	473,148
6.1	人員	16,535	16,322	16,498	8,114	6,686	8,679
6.2	一般管理	104,456	95,512	86,007	20,287	29,709	33,358
6.3	予算と財政	28,455	27,150	26,189	17,466	20,333	22,879
	小計：歳出予算セクション 6	149,446	138,984	128,694	45,867	56,722	64,916
	合計	814,595	842,654	842,654	1,086,883	1,087,172	958,091

出所：WHO, Proposed Programme Budget 1998-99 より作成．

専門職1,518人，全体で3,831人であり，専門職の職員における本部，その他（地域事務所），プロジェクトの比率は，653：516：349となっている．プロジェクト職員も多くの場合地域の現場に張りついていると考えられるので，地域の比率は6割以上となる．この地域の比率は一般職を入れるとさらに高くなる．

この地域比率の高さもWHOの分権的性格を反映していると思われる．

また，これまでの事務局長は，クリスホルム氏 (Chisholm，カナダ：1948-53年)，カンドウ氏 (Candau，ブラジル：1953-73年)，マーラー氏 (Mahler，デンマーク：1973-88年)，中嶋氏 (日本：1988-1998年)，ブルントランド氏 (Brundtland，ノルウェー：1998-2003年) であり，北欧出身者が2人と多い．

3-2 アウトプット
(1) 全体的ポートフォリオ

WHOの事業分野別活動量は，表8-6の分野別支出比率から推測することができる．基本的特色としては以下の点を指摘することができる．

第1に，感染症対策の比率は，2000-01年で約2割5分弱であり，かなり大きな比率を占めているのに対して，非感染症対策の比率は，増えてはいるが，約1％強と大変低い．高齢化が進むなかで，先進国を中心に慢性の非感染症の重要性が高まっているにもかかわらず，WHOの重点は伝統的に政治的注目も浴びやすい感染症対策におかれていることがわかる．

第2に，保健システムと地域医療の比率は，約1割強程度であり，それほど高くはない．プライマリー・ヘルス・ケア等の水平的アプローチを展開する上では保健システムと地域医療は重要な要素であるが，それほど活動量としての比率は増えていないことがわかる．

表 8-4　分野別のリソース配分（2000-01 年）

(単位：千米ドル)

	通常予算	予算外資金	合計
感染症の監視	14,226	41,500	55,726
感染症の感染予防，撲滅と抑制	22,831	149,000	171,831
感染症の調査と医薬品開発	4,802	80,500	85,302
マラリア	6,436	76,000	82,436
結　核	1,682	17,000	18,682
非感染症の監視，予防，管理	11,974	3,500	15,474
タバコ	3,496	12,500	15,996
精神衛生と薬物乱用	8,708	9,500	18,208
HIV/エイズ	6,972	48,500	55,472

出所：WHO, Proposed Programme and Budget 2002-2003 より作成．

表 8-5　WHO 職員数

	本部				その他（地域事務所）				プロジェクト				合計		
	専門職	一般職	合計	%	専門職	一般職	合計	%	専門職	一般職	合計	%	専門職	一般職	合計
1992	614	855	1,469	31	498	1,528	2,026	43	476	708	1,184	25	1,588	3,091	4,679
1993	627	835	1,462	33	498	1,586	2,084	46	477	466	943	21	1,602	2,887	4,489
1994	631	813	1,444	33	499	1,545	2,044	47	448	445	893	20	1,578	2,803	4,381
1995	614	790	1,404	33	472	1,546	2,018	47	434	431	865	20	1,520	2,767	4,287
1996	534	674	1,208	31	483	1,511	1,994	51	335	371	706	18	1,352	2,556	3,908
1997	585	717	1,302	33	464	1,458	1,922	48	383	371	754	19	1,432	2,546	3,978
1998	609	729	1,338	34	467	1,439	1,906	48	344	347	691	18	1,420	2,515	3,935
1999	644	727	1,371	35	459	1,391	1,050	47	355	321	676	17	1,458	2,439	3,697
2000	653	670	1,323	35	516	1,348	1,864	49	349	295	644	17	1,518	2,313	3,831

注：％は，全体に占める割合．
出所：CEB/2002/HLCM/3, CEB/2001/HLCM/4, ACC/2000/PER/R. 10, ACC/1999/PER/R. 10, ACC/1998/PER/R. 9, ACC/1996/PER/R. 10, ACC/1995/PER/R. 20, ACC/1994/PER/R. 13, ACC/1993/PER/R. 16.

(2)　個別的アウトプット

❶　垂直的アプローチにおけるアウトプット：ポリオ・ワクチン投与

　WHO における主たる活動領域である感染症対策においては，ワクチンの投与というのが一般的な政策手段である．たとえばポリオ対策においては3度ワクチンを投与することが必要とされるが，ポリオ・ワクチンの3度接種カバー率は図 8-1 のとおりである．1990 年以降，カバー率は約 8 割でほぼ一定であるが，これはほぼ必要なカバー率を達成しているとされる．

(カバー率%)

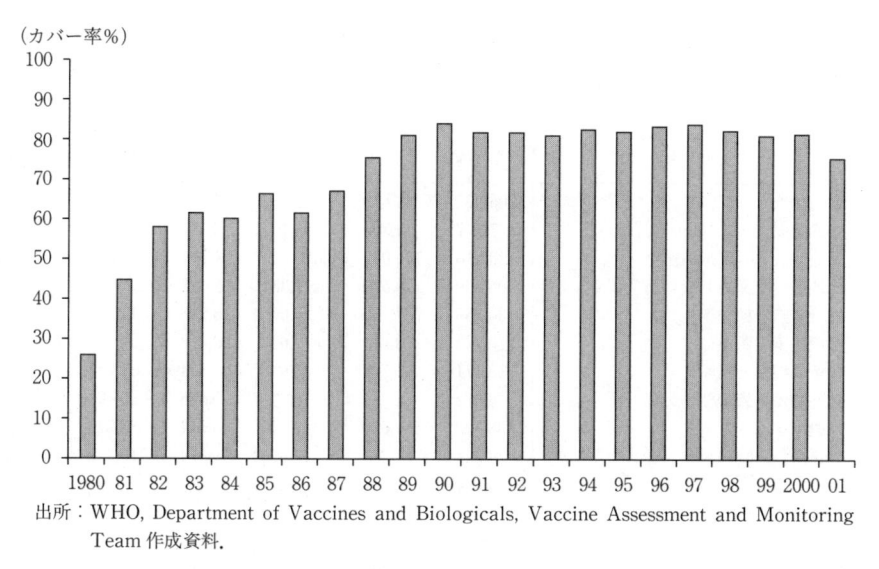

出所：WHO, Department of Vaccines and Biologicals, Vaccine Assessment and Monitoring Team 作成資料.

図 8-1　世界の幼児に対するポリオ・ワクチン 3 度接種状況（1980-2001 年）

❷ 水平的アプローチにおけるアウトプット：保健増進

　保健システムの改善のような横断的課題については，基本的に会議を重ねてその重要性を認識していくというプロセスがとられてきた[2]．1986 年には第 1 回保健増進国際会議がオタワで開催され，オタワ憲章が採択された．その中では，保健増進は「人々の健康に対するコントロールを増大させ，それらを改善することを可能にするプロセス」と定義され，優先的行動分野として，健全な公共政策の構築，支援的環境条件の創造（健康な学校・職場・都市等），コミュニティー行動の強化，個人的技術の向上，保健サービスの再検討があげられた．続いて，88 年のアデレイド（Adelaide）会議では，経済政策，社会政策，保健政策を連携させる必要が強調され，女性の健康改善，食料・栄養，タバコ・アルコール，支援的環境条件の構築が優先活動分野とされた．また，91 年のサンズバール（Sundsvall）の会議では，健康と物理的環境の連関が重視され，後者の中には教育，食料・栄養，家族・近隣，職場，交通，社会的支援・介護が含まれた．そして，97 年にはジャカルタ会議が開催され，これまでの保健増進会議のインパクトの総括をするとともに，今後の革新的戦略について

表8-6 WHOジュネーブ本部支出内訳（10分野）1998-2001年

	合　　計			通常予算		
	1998-99	2000-01	変化率(%)	1998-99	2000-01	変化率(%)
感染症	206,872	283,823	37.2	27,346	31,923	16.74
非感染症	7,207	14,305	98.49	5,005	10,305	105.89
保健システムと地域医療	120,116	145,022	20.73	21,274	21,622	1.64
持続可能な発展と環境衛生	106,899	119,539	11.82	22,082	22,139	0.26
社会変動と精神衛生	30,255	37,719	24.67	8,996	11,219	24.71
医療技術と医薬品	110,423	118,840	7.62	19,552	21,040	7.61
政策の根拠と情報	33,171	47,744	43.93	25,804	31,744	23.02
対外関係と管理機構	28,972	32,821	13.29	27,676	30,421	9.92
一般マネジメント	138,122	119,610	-13.4	105,344	83,210	-21.01
事務局長，地域事務局長，独立部局	28,324	22,832	-19.39	19,874	15,432	-22.35
合　　計	810,361	942,255	16.28	282,953	279,055	-1.38
WHOジュネーブ地域・国レベルの支出内訳（10分野）1998-2001年　（単位：千米ドル）						
感染症	120,591	155,168	28.67	17,967	20,304	13.01
非感染症	4,074	4,783	17.40	3,470	4,533	30.63
保健システムと地域医療	57,952	51,824	-10.57	39,086	38,012	-2.75
持続可能な発展と環境衛生	46,777	39,258	-16.07	28,286	26,617	-5.90
社会変動と精神衛生	10,546	10,973	4.05	8,672	9,962	14.88
医療技術と医薬品	20,817	17,471	-16.07	11,311	12,042	6.46
政策の根拠と情報	32,570	27,793	-14.67	30,310	27,333	-9.82
対外関係と管理機構	28,916	26,836	-7.19	22,962	19,788	-13.82
一般マネジメント	80,304	75,918	-5.46	62,330	61,071	-2.02
事務局長，地域事務局長，独立部局	14,629	12,326	-15.74	13,477	12,154	-9.82
小　　計	417,176	422,350	1.24	237,871	231,816	-2.55
国別計画(country programmes)	419,620	436,249	3.96	321,830	331,783	3.09
合　　計	836,796	858,599	2.61	559,701	563,599	0.70

出所：WHO, Proposed Programme Budget 2000-2001 より作成．

の議論を行った．ジャカルタ宣言においては，保健に対する責任の増進，保健増進のための投資増加，保健のためのパートナーシップの拡大，コミュニティーの能力増進と個人のエンパワーメント，保健増進のためのインフラの確保がWHOの重点分野であるとした．また，この宣言を受けて，WHOが保健増進のために政府・民間の境界を越えてグローバルなパートナーシップを主導するとともに，各加盟国にジャカルタ宣言の実施と根拠に基づいた保健増進政策を

	(単位:千米ドル)	
	予算外資金	
1998-99	2001-01	変化率(%)
179,526	251,900	40.31
2,202	4,000	81.65
98,842	123,400	24.85
84,817	97,400	14.84
21,259	26,500	24.65
90,871	97,800	7.63
7,367	16,000	117.18
1,296	2,400	85.19
32,778	36,400	11.05
8,450	7,400	−12.43
527,408	663,200	25.75
102,624	134,864	31.42
604	250	−58.61
18,866	13,812	−26.79
18,491	12,641	−31.64
1,874	1,011	−46.05
9,506	5,429	−16.07
2,260	460	−79.65
5,954	7,048	18.37
17,974	14,847	−17.40
1,152	172	−85.07
179,305	190,534	6.26
97,790	104,466	6.83
277,095	295,000	6.46

求めるという決議が，WHOの世界保健総会で採択された［WHA 51.12］．

以上のように保健システム改善に関しては国際会議を通した意識啓発と政策アイディア・情報の交換が行われてきたが，情報システムの構築等のほかにはなかなか有効な直接的政策手段がなかった．そこで，1つの試みとして，2000年の世界保健報告においては，加盟国の保健システムを一定の基準に基づいて評価し，ランキングする，それを公表することで改善競争を刺激するという試みを行った．しかし，人口や平均余命といった客観的指標をとるのとは異なり，制度システムに関する指標を作成する作業であるため，基準の取り方や1次元的なランキングの適否をめぐって様々な批判がなされたようである．

❸ タバコ条約

タバコによる健康被害という問題は食生活・生活習慣と疾病との関連を問う問題といえ，その点では水平的アプローチに係る問題であるといえる．ただし，食生活・生活習慣のうち喫煙というごく一部の局面にのみ特化するのであれば垂直的アプローチとしての性格を強く持つこととなる．近年はこの垂直的アプローチの側面が強く出てきているように思われる．

具体的には，タバコに関しては，1999年の世界保健総会の決議［WHA 52.18］によりすべての加盟国に開放された政府間交渉機関が設立され，2000年以降，タバコ会社が様々な異論を述べるなかで，タバコ・コントロールに関するWHO枠組条約と関連議定書の検討が進められている［A/54/13］．

3-3 アウトカム
(1) はじめに

WHOの活動のうち，感染症の撲滅のような垂直的アプローチの対象については，具体的業務活動であり，比較的パフォーマンス指標を特定することが容易である．ただし，このような場合でも，パフォーマンス指標の変化は，WHOの活動のほか，ユニセフやユネスコのような関連国際機関，2国間援助国，援助受入国政府，受入国内民間組織ほか様々な主体の活動の相互作用の結果であり，WHOの活動の寄与度を推定することはきわめて困難であるということは断っておきたい．なお，この部分に関する指標のいくつかはユニセフの活動のアウトカムを検討する際の指標と重なってくる．

他方，水平的アプローチの対象に関しては，パフォーマンス指標の設定はなかなか困難であり，定性的判断を行わなくてはならない場合が多い．また，垂直的アプローチの対象の場合と同様，WHOの活動の寄与率の評価も困難である．前述のように，WHOは1978年にユニセフと共同でアルマアタにおいて国際会議を開催し，プライマリー・ヘルス・ケアを重視する新しい保健政策を掲げるアルマアタ宣言を採択した．それと前後して，77年の世界保健総会は「2000年までにすべての人の健康確保 (health for all by the year 2000)」という目標設定を行った．この確保すべき健康のレベルについては，「社会的経済的に生産的生活を送ることを可能にするレベルの健康 (a level of health that will permit them to lead a socially and economically productive life)」[WHO, Global Strategy for Health for All, 1979] と定義されたが，曖昧なものであった．

(2) 垂直的アプローチにおけるアウトカム
❶ マラリア

前述のように，分権的組織性格の強いWHOにおいていかに普遍性を演出するのかという課題もあり，1955年に「マラリア撲滅プログラム」が開始された [Siddiqi, 1995:124]．具体的には，55-69年にかけて，DDT等の殺虫剤を用いて「世界マラリア撲滅キャンペーン (Global Malaria Eradication Campaign)」が行われた．主たる対象地域は亜熱帯アジア，ラテンアメリカであり，アフリカではエチオピア，南アフリカ，ジンバブエが対象とされた．一時期確

かにマラリアは減少したものの，60年代末から70年代にかけてマラリアは再燃し，最終的には垂直的撲滅アプローチの失敗が明らかになった[3]．そして，より水平的なコントロール・アプローチが模索されることとなった［Siddiqi, 1995：126, 166］．

その後，1992年にWHOによりマラリア・コンロール大臣会合が開催され，その場で世界マラリア・コントロール戦略が採択された．この戦略の焦点は撲滅ではなくコントロールであった．その後，97年には世界の90％以上の感染地域でこの新戦略が実施されるようになった．さらに，98年5月にはマラリアに対する新たな対抗措置が打ち出され，ロールバック・マラリア・プログラム（RBM）へと展開していった．RBMは正式には98年10月にWHO，世界銀行，ユニセフ，UNDPを設立パートナーとして設立された［A/INF. DOC/6］．現状では，毎年3〜5億件のマラリアが発病しており，毎日3,000人以上（主にサハラ以南の5歳以下の子供）が死んでいるという［A/INF. DOC/6］．

そして，現在，WHOは「2010年までにマラリアの負荷を半分に削減する」という目標を掲げている［WHO, Proposed Programme and Budget 2002-2003：24］．

❷ 天然痘撲滅[4]

垂直的アプローチによって成功した最初の例が天然痘撲滅プログラムである．天然痘撲滅プログラムは1953年にクリスホルム（Chisholm）事務局長により世界保健総会にはじめに提案された．しかし，その時は，複雑な問題であるということで却下された（しかし，より複雑な問題であるマラリアには政治的関心もあり関与を決定した）．その後，58年に決議が採択され，目標年次は示されないものの，各国に80％の予防接種カバーを目標に，天然痘撲滅のキャンペーンを求めることとなった．その後も，WHO内部における扱いは相対的に小さく，59-66年においても予算の0.6％のみを使用しただけであった（マラリア対策との資源競争下にあった）．その結果，63年においても，発生44カ国中14カ国でキャンペーンを実施するのみであり，22カ国は紙上のみでの実施，8カ国は無作為であった．

その後，1960年代の後半にマラリア撲滅プログラムの失敗が明らかになる中で，65年にはWHO内に独立の天然痘撲滅部門が設立され，67年に「天然

痘集中撲滅プログラム（Intensified Small Eradication Programme）」が開始され，資源の集中投入が図られることとなった．その結果，感染国は，67年には31カ国であったのが，70年には17カ国，73年には6カ国，76年にはエチオピアのみになり，77年に撲滅を達成した．

❸ ポ リ オ[5]

1977年に天然痘撲滅を達成した後，次に撲滅のターゲットになったのはポリオであった．88年にWHOの第41回世界保健総会は，「2000年までに地球上からポリオを根絶する」という目標を採択した．その後，WHOの指導の下，予防接種の投与，特に各国での一斉投与等を行い，ポリオの発症数は，表8-7の通り，99％の減少と激減している．当初の目標の2000年には撲滅を達成することはできなかったが，05年には撲滅するという目標が再設定されている．また，すでに，1994年には南北アメリカでポリオ撲滅を達成し，2000年には西太平洋地域もポリオ撲滅を達成している．西太平洋地域におけるポリオ撲滅に関しては，中国政府が柔軟に対応したことが大きかった．つまり，予防接種を行うにはすべての子供を対象にする必要があるが，その際中国の一人っ子政策の建前に厳格に固執すると一部の子供にしか予防接種がいきわたらない恐れがあったが，WHO西太平洋地域事務局等による中国の説得が実を結んだようである．

また，この予防接種のプロセスでは，WHOだけではなく，ユニセフ等の国際機関，また，後述のように国際協力事業団（JICA：現国際協力機構）のような2国間援助機関も貢献した．

表8-7　ポリオ発症数の推計

年	発症数	年	発症数	年	発症数
1988	344,900	1993	75,300	1998	10,900
1989	260,900	1994	72,500	1999	10,100
1900	233,600	1995	59,900	2000	3,500
1991	134,900	1996	32,800		
1992	137,700	1997	18,500		

注：ポリオの発症数は1988年から2000年までに99％減少した．
出所：UNICEF, *Progress since the World Summit for Children—a Statistical Review*, UNICEF, 2001．ユニセフ『統計で見る子供の10年（1990-2000）』（財）日本ユニセフ協会，2002年．

表8-8 HIV/エイズ推定感染者数

	1990	2000
先進工業諸国	1,300,000	1,500,000
中東・北アフリカ	100,000	4,000,000
東ヨーロッパ・中央アジア	5,000	700,000
サハラ以南アフリカ	7,000,000	25,300,000
南・東アジア	550,000	6,400,000
ラテンアメリカ・カリブ諸国	830,000	1,800,000
合　計	9,785,000	39,700,000

出所：UNICEF, *The State of the World's Children*, UNICEF, 2002. ユニセフ，日本ユニセフ協会広報室『世界子供白書2002』（財）日本ユニセフ協会，2002年．

❹ エイズ感染数

　エイズは，表8-8に見られるように，現在急激に感染が拡大している．そのような状況に対して，WHOは，当初，エイズに関する一般プログラム（General Program on AIDS：GPA）を予算外資金のプログラムとして設立し対応した．GPAは，その後独立し，国連共同エイズ計画（UNAIDS）へと統合されたが，WHO本体においては現在でもワクチン開発等のエイズ対応のプログラムが行われている．しかし，その成果は，表8-8の患者数の拡大に見られるようにいまだ十分な成果を示してはいない（拡大を抑制したとは言えるかもしれないが実証はなかなか困難である）．

❺ 結　核

　結核も再度重要性を増している問題である．結核への対応としては，近年，直接監視下短期化学療法（Direct Observed Treatment, Short-course：DOTS，結核の患者に目の前の監視下で薬を飲ませるプログラム）という方法が有用だとされており，1999年の時点では126カ国で実施されて，全患者の24％がDOTSで対応されている［WHO, Proposed Programme and Budget 2002-2003：28］．しかし，従来は政治的な理由もあり大国での対応が難しいようである．したがって，現在のところ指標として目に見えるパフォーマンスは必ずしもないが，今後効果をあげてくると思われている．現在WHOは，症例の70％の検出，85％の治療成功という世界目標を2005年までに各国が達成できるようにし，10年までには結核に伴う死者等の負荷を半減させるという目標を設定

表8-9 5歳未満児死亡率（Under 5 Mortality Rate: U 5 MR）

	五歳未満児死亡率			年間平均低下率（%）	
	1960	1990	2000	1960-90	1990-2000
サハラ以南アフリカ	254	181	175	1.1	0.3
中東と北アフリカ	250	80	64	3.8	2.2
南アジア	244	128	100	2.1	2.4
東アジアと太平洋諸国	212	58	44	4.3	2.7
ラテンアメリカとカリブ海諸国	153	53	37	3.5	3.7
CEE/CISとバルト海諸国	103	45	37	2.8	1.8
先進工業国	37	9	6	4.7	3.8
開発途上国	223	103	91	2.6	1.2
後発開発途上国	279	181	161	1.4	1.2
世界	198	93	83	2.5	1.1

注：5歳未満児死亡率の定義：出生時から満5歳に達する日までに死亡する確率．出生1,000人あたりの死亡数で表す．
　　なお，1990年の子供のための世界サミットで，1990年から2000年にかけて5歳未満児死亡率を3分の1引き下げるという目標が定められた．
出所：UNICEF, *The State of the World's Children*, UNICEF: 2002. ユニセフ，（財）日本ユニセフ協会広報室『世界子供白書 2002』（財）日本ユニセフ協会，2002年．

している［WHO, Proposed Programme and Budget 2002-2003: 28］．

❻ 5歳未満児死亡率

WHOは1995年に5歳未満の子供の病気に対して有効な方法として統合的マネジメントをとると決議した［WHA 48.12］．具体的には，ユニセフやユネスコと協力して，「実効的学校保健のための資源の集中」といったプログラムを実施している．そして，2015年までに5歳未満の子供死亡率を3分の1に削減するという定量的目標を掲げている［WHO, Proposed Programme and Budget 2002-2003: 48］．

5歳未満の子供死亡率の状況は表8-9のとおりである．1990年代をとおして減少してきてはいるが，ユニセフが90年子供のための世界サミットで設定した目標値（1990年から2000年で死亡率3分の1引き下げ）には大きく到達せず（平均93人/1,000人から83人/1,000人へと約10%強改善），地域差も大きかった（ラテンアメリカ，アジアはかなり改善しているが，サハラ以南アフリカの改善が大変遅い）．

なお，5歳未満児死亡率削減は，垂直的アプローチの例としてあげたが，死

亡率削減は様々な疾病の削減と連関すること，経済的衛生的条件等の環境条件が大きく影響することを考えると，水平的アプローチ的側面も持っているといえる．

(3) 水平的アプローチにおけるアウトカム

WHO は 1978 年にユニセフと共同でアルマアタ宣言を採択し，77 年の世界保健総会は「2000 年までにすべての人の健康確保」という目標設定を行い，確保すべき健康のレベルを「社会的経済的に生産的生活を送ることを可能にするレベルの健康」[WHO, Global Strategy for Health for All, 1979] と定義した．

その 20 年後に WHO はこの「すべての人の健康確保 (health for all)」の政策のレビューを行い，『21 世紀におけるすべての人の健康確保 (Health for all in the twenty-first century)』という報告書を作成した．その中では，「2000 年までにすべての人の健康確保 (health for all by the year 2000 : HFA)」という政策目標に関して次のような評価をしている．① HFA の実施に対する政治的コミットメントが不十分．② プライマリー・ヘルス・ケアへのアクセスの公平性確保に失敗．③ 女性の地位が継続的に低かった．④ 社会経済的発展の遅延．⑤ 保健のための分野横断的行動が困難であった．⑥ 人的資源のアンバランスな配分と不十分な支援．⑦ 保健増進活動が不十分であった．⑧ 汚染，食品安全，安全な水供給，衛生の欠如．⑨ 急速な人口学的疫学的変化．⑨ 高コスト技術の不適切な利用とそれへの不適切な資源配分．⑩ 自然災害および人災．これらのうち，プライマリー・ヘルス・ケアへのアクセスの公平性確保の失敗（これは高所得者と低所得者の死亡原因の差異等から類推される），社会経済的発展の遅延，汚染・食品安全・安全な水供給・衛生の欠如等はある程度定量的評価が可能であるが，他についてはかなり定性的評価になると思われる．

3-4　考察：寄与度等

この保健分野に関しては相対的にアウトカムの測定が容易であり，また，アウトカムに対する寄与度も判断しやすいという面がある．特に垂直的アプローチに基づく指標のうちでも，ポリオや天然痘の撲滅については，介入手法と結果との連関が明確であり，他の要因が作用しにくいこともあり，WHO の活動

が寄与しているといえよう．ただし，その場合でも，同じく活動しているユニセフや各受入国政府との寄与度分担の評価が問題となる．また，マラリアやエイズ対策のように現状では十分効果をあげているとは思えないものもある．

垂直的アプローチのうちでも，幼児死亡率や水へのアクセスとなると，ターゲットは明確ではあるが，様々な要因が寄与するため評価は困難になる．さらに，水平的アプローチの目標である保健システムの改善になるとその側面が強くなる．特に後者の場合，システムに関するアウトカム指標を明示すること自体がかなり困難である．

4. 国益の観点からの評価

4-1 インプット
(1) 財政的資源

表8-10，表8-11，表8-12より，以下の点を指摘することができる．

第1に，通常予算における日本の分担率は20%程度であり，最近は日本円で約90億円程度毎年支払っている．

第2に，予算外資金への拠出金は表8-11によると毎年20億円程度であるが，表8-12では2000-01年で約1,800万ドルとなっている．おそらく，1年分が会計年度のずれにより表8-12には参入されていないのではないかと思われる．しかし，2年分で約40億円としても，巨大な拠出を行っている英国，オランダ，米国に比べればはるかに小さく，おそらくノルウェーよりも小さいと思われる．

第3に，以上のように日本の場合，WHO全体では通常予算よりも予算外資

表8-10 日本よりWHOへの分担金・拠出金支出

(単位：百万円)

WHO	機関区分	交付対象	種別	1990年度	1995年度	1999年度	2000年度	2001年度	2002年度
厚生労働省	国連	世界保健機関	分担金	4,818	4,801	9,355	8,835	8,925	9,016
厚生労働省	国連	同上	拠出金	1,264	2,258	2,444	2,442	2,351	1,885

出所：『補助金総覧』各年度版より作成．

表8-11 WHOにおける主要国分担比率

	2000-01年 WHO分担率（％）	2000年 国連分担率（％）
米　国	25.0	25.0
日　本	20.2	20.6
ドイツ	9.7	9.9
フランス	6.4	6.5
イタリア	5.4	5.4
イギリス	5.0	5.1
カナダ	2.7	2.7
スペイン	2.6	2.6
オランダ	1.6	1.6
オーストラリア	1.5	1.5

出所：WHO資料（A 52/20）より抜粋．

金が大きいことを考えると，国際的平均に比べると通常予算の拠出に比べて予算外資金の拠出が小さいということになるが，他方，日本の2国間援助をWHOのプログラムを連携させる試みを行っている．個別プログラムでは，ポリオ撲滅に関するワクチン投与や研修，ワクチン品質管理研修，結核対策の研修等について国際協力事業団（JICA：現国際協力機構）とWHOの連携が図られてきた[6]．特に，JICAとWHO西太平洋地域事務局とは，プログラム計画運営に関する実質的問題を協議する年に1

表8-12 WHOにおける主要国拠出金（2000-2001年）

（単位：ドル）

イギリス	190,057,815
オランダ	169,147,558
米　国	147,920,099
ノルウェー	48,124,080
イタリア	36,178,641
カナダ	30,312,509
デンマーク	23,674,461
スウェーデン	20,004,935
オーストラリア	19,008,976
日　本	17,924,985
スイス	13,357,776

出所：A 55/25 Add.1 より作成．

回の定期協議が始まり，また，JICAのスタッフが継続的に西太平洋地域事務局に派遣されている．また，西太平洋地域におけるポリオ根絶計画においては，中国でWHOと密接に連携したプロジェクト方式技術協力やWHOの支援要請に従った全国一斉投与活動に対する経口ポリオ・ワクチン，コールドチェーン機材のタイムリーな供与，ベトナムやカンボジアへの全国一斉投与活動に関する専門家派遣等を行った[7]．日本の場合は2国間プログラムにおいても保健衛生は主たる分野であるため，WHOへの予算外資金協力を行うというよりは，

表 8-13 日本の政府以外からの拠出（2000-01年）

(単位：ドル)

神戸グループ（兵庫県，神戸商工会議所，神戸製鋼）	13,132,691
日本財団	12,165,100

出所：A 55/25 Add. 1 より作成．

表 8-14 日本財団から WHO への支援（1994-2001年）

(単位：千円)

	ハンセン病制圧治らい薬購入	ハンセン病制圧・天然痘・熱帯病・失明予防等
1994	991,000	396,400
1995	998,500	392,600
1996	1,158,600	470,400
1997	1,199,800	479,920
1998	1,246,000	493,960
1999	（以下ブルリー・アスラー対策）	673,740
2000	34,434	707,630
2001	73,248	632,158

出所：日本財団資料より作成．

JICA の 2 国間プログラムで行っているのだと思われる．また，WHO については厚生労働省予算，JICA については外務省予算という点でも異なると思われる（この点外務省予算であるユニセフの場合と異なる）．

前述のように，加盟国である国の政府以外の主体も WHO の予算外資金に対して拠出をしている．日本からの拠出の主要なものは表 8-13 の通りである．

総体として日本の民間組織等からの WHO への拠出は絶対額としては特に大きくはないが（ただし日本の国の拠出金の額の実質半分以上はあり，相対的には大きい），上記の 2 つは単体としては大きな WHO への拠出主体となっている．このうち，神戸グループは WHO 神戸センター（パートナーシップを基本とした健康開発のための国際的学際的調査研究を行っている）を支援しており，日本財団は下記の表 8-14 のような活動を支援している．

(2) 人的資源

WHO の日本人職員は表 8-15 の通りである．専門職以上の職員（D, P）は，現在 44 人である（1994 年の 43 人から若干減り，97 年に 37 人となったが，そ

の後増え44人）である．専門職以上の職員に占める比率は約2.9％である．専門的分野であるためかジュニア・プロフェッショナル・オフィサー（JPO）も少ない．なお，1988-98年までは中嶋宏氏が本部事務局長であり，また，98年以降は尾身茂自治医大教授が西太平洋地域事務局長となっている．

　このうち，厚生労働省からの出向者はおよそ10人前後であるようである．他は医者，研究者で，保健医療のバックグラウンドを持ち，若干国内の現場を経験した後に国際保健の現場を経験し，志望する場合が多いと思われる．

(3) 国内組織体制

　国内対応の正式の窓口は外務省であるが，厚生労働省においては大臣官房国際課が実質的にWHOの活動に関わる様々な部局との連絡窓口となっている．国際課は旧労働省，旧厚生省の国際部門が合わさったので大きくなっており約50人の職員がいる．そのうち，WHOを担当しているのは4～5人であるようである（ただしほかの案件も担当する）．

　ユニセフを担当する外務省の人権人道課との日常的調整はほとんどないようである．ただ，最近のタバコ規制の動きについては様々な関係省庁等との調整が必要になっているようだ．

表8-15　WHOの日本人職員数

	D (幹部職)	P (専門職)	GS (一般職)	OTHER (その他)	JPO	合　計
1993	5	34	3	2	5	49
1994	5	38	2	2	3	50
1995	5	33	2	2	4	46
1996	6	33	2	0	4	45
1997	6	31	2	1	3	43
1998	5	34	11	0	4	54
1999	4	34	12	0	3	53
2000	5	38	12	0	3	58
2001	4	38	4	0	2	48
2002	5	39	2	0	5	51

出所：外務省総合外交政策局国際社会協力部資料より作成．

4-2 成　果
(1) 外交政策・活動への貢献
　第1に，近隣の西太平洋地域のポリオ，結核，インフルエンザといった感染症は簡単に日本に伝播してしまうので，地域の感染症対策は直接的に国益となる．ただし，感染症の中でもマラリアの重要性は西太平洋地域の場合小さいが，特に近年結核問題の重要性は高まっている．
　第2に，人間の安全保障といった非軍事的安全保障を重視する日本の外交政策にとってもWHOの活動領域は重要な政策領域であると思われる．

(2) 国際的決定への参加
　WHOによる様々な規範策定活動の関与による利益がある．水，食品安全等様々な衛生基準，あるいは最近のタバコ規制のように日本の利益にもかかわる様々な基準等の規範が設定されており，これらに関与することは日本にとって重要である．

(3) 国内政策・論議の刺激・正当化
　前述の水や食品の衛生基準，あるいはダイオキシンの基準等に関して，WHOの基準はしばしば国内の基準にとって重要な参照資料となる．国内の基準に反対する論拠にWHO基準を使うこともあれば，外国の基準の適用の主張に対して国内の基準を弁護する際にWHOの基準を用いる場合もある．

(4) 手段的価値
　WHOにおける様々な規範策定活動に関与するためには，WHO内部のアジェンダ・セッティングを早くから把握しておく必要がある．そのためには，課長 (P-5) 以上の幹部級に日本人職員がいることは意味がある．
　他方，WHOはJPOの数も少なく，近年日本人職員が急激に増えているわけでもない．したがって，日本人の国際的人材養成という点からは特に重要な役割を果たしているとは思われない．

4-3 考　　察

　日本の近隣地域における感染症の展開の防止，国際的規範設定への関与という面では，WHOの活動は実質的な日本の国益に合致していたといえる．

　他方，人材養成という意味では，WHOの世界は医者の世界であり，若手を組織的に送り込める世界でもないために，必ずしも十分な役割を果たせているわけではない．また，WHOは日本人が事務局長になった最初の大きな国際機関でもあるが，外交戦略的にはそれも必ずしも十分使えなかったようである．それが医者という専門的な領域ゆえに戦略的考慮が少なかったからなのか，北欧諸国等に自分の領域をとられたという意識が強かったからなのかはさらに分析してみる価値があろう．後者の点では緒方貞子国連難民高等弁務官の下でのUNHCRの体制との比較が興味深い．また，WHOの新事務局長は欧米の候補に勝った韓国人であり，その下での運用も関心がもたれる．

5.　おわりに

　WHOは伝統的には分権的，また，水平的アプローチが強かったが，最近のブルントラント事務局長体制の下では，集権的，垂直的アプローチの側面がやや重視されていたようである．マラリアへの再注目や，タバコへのアプローチにそれが見てとれる．確かにこれは資金調達上は有用なアプローチであり，実際にWHOの予算外資金収入は通常予算がゼロ成長の中で伸びているが，これがWHO本来のミッションにとって適切なのか否かはより検討する必要があろう．

　より基本的な点として，WHOの性格に関して，今後は以下の点を検討することが期待される．第1に，WHOにおいては医者という自律的専門家集団が事務局の主要な構成員となっている．これが，WHOの組織運営にどのような影響を与えているのかというのは興味が持たれる．第2に，WHOの活動は，先進国を含めた全世界を対象とする保健衛生国際基準の策定という活動と途上国における保健衛生にかかわる援助活動という2つの側面がある．このある意味では異質な2つの種類の活動をどうバランスをとっていくのかという課題がある．第3に，WHOの活動のある部分については，企業活動との関係が重要

な論点になる．具体的には，新薬承認の基準やワクチンの開発については，製薬企業との関係をどのように設定するのかが課題となる．エイズ等の薬について，製薬企業の知的財産権を尊重すべきか，知的財産権を制約しても（その場合，製薬企業のインセンティブをそぐことで長期的には新薬開発を遅らせる可能性がある）開発途上国における安価な薬の伝播を重視すべきか，という現在の議論はそのような課題の一断面である．

注
1) 2002年11月，厚生労働省大臣官房国際課ヒアリング．
2) WHO, "Health Promotion: milestones on the road to a global alliance" (http://www.who.int/inf-fs/en/fact 171.html).
3) WHO, "Disease Prevention and Control" (http://www.aho.int/archives/who 50/en/prevention.htm).
4) "Fifty Years of the World Health Organization in the Western Pacific Region Chapter 27. Smallpox" (http://www.wpro.who.int/public/policy/50 TH/Ch_27.html).
5) "Polio Eradiation: Background" (http://www.polioeradiation.org/all/background/strategies).
6) JICAホームページ (http://www.jica.go.jp/jicapark/frontier/0112/10.html, http://www.jica.go.jp/jicapark/jocvnews/0301/03.html, http://www.jica.go.jp/branch/osic/japanese/fback 07/f_4.html, http://www.jica.go.jp/activities/report/kenkyu/97_25/07_02.html).
7) http://www.jica.go.jp/jicapark/frontier/0106/02_d.html

参考文献
城山英明 [1997] 『国際行政の構造』東京大学出版会．
Siddiqi, Javed [1995] *World Health and World Politics*, London: Hurst & Company.

第9章
国連教育科学文化機関 (UNESCO)

古 川 浩 司

1. はじめに

　本章では，教育，科学，文化，情報コミュニケーションに関する様々な活動を行う国連教育科学文化機関（United nations Educational, Scientific and Cultural Organization：ユネスコ）を対象に分析と評価の試みを行う．国際機関の業務運営評価の対象としてユネスコは以下の点で興味深い．第1に，「平和の文化」という支持の得やすい目標を掲げながら，その抽象性もあってか，定量的分析が困難な事業が多い．第2に，本来ユネスコのような機能的な国際機関は非政治的であると言われているにもかかわらず，特に冷戦時代は組織運営における政治化が問題となった．1980年代半ばの米国や英国などの脱退がその例である．第3に，松浦晃一郎氏がアジア初の事務局長になったことで，これまで西洋偏重であったユネスコが変容した．と同時に，松浦氏が日本人として事務局長ポストに就いたという意味でも興味深い国際機関であるといえる．

2. 組織・活動内容の概要とその特質

　ユネスコは，教育，科学，文化および情報コミュニケーションを通じて，国家間の協力を促進することによって世界の平和と安全に寄与することを目的として，1946年に設立された国連専門機関の1つで，2003年10月現在，190カ国が加盟している[1]．

　ユネスコの前身は，1922年に発足した国際知的協力委員会である．同委員

会は国際連盟への諮問機関として設けられ，個人的資格で参加する学識者10余名で構成された．なお，国際連盟事務局で，この知的協力委員会の事務を担当したのが連盟事務局次長であった新渡戸稲造氏である．その後，1925年に主として初等中等教育の情報交換と調査研究のため，ジュネーブに国際教育局(IBE)が，1926年に国際知的協力委員会の実働部隊として，パリに国際知的協力機関が設置された．こうした動きは第2次世界大戦の勃発により一時中断するが，1942年の連合国文部大臣会議，1945年のユネスコ設立会議を経て，46年にユネスコ憲章が発効し，ユネスコが誕生することになった［野口，1996：21-29］．

　ユネスコの理念は，ユネスコ憲章前文の「戦争は人の心の中で生まれるものであるから，人の心の中に平和のとりでを築かなければならない」という一文に如実に表されている．そして，憲章第1条1項は，この機関の目的として，「国際連合が世界の諸国民に対して，人種，性，言語または宗教の差別なく確認している正義，法の支配，人権および基本的自由に対する普遍的な尊重を助長するために教育，科学および文化を通じて諸国民の間の協力を促進することによって，平和および安全に貢献すること」を規定している．この規定を一言でいえば，「平和の文化」ということになるが，その格調高い言葉とは裏腹に，曖昧であるがゆえに，具体的な活動内容が理解されにくいということがユネスコの第1の特質である．

　第2の特質として，冷戦時代において，一部の加盟国がユネスコを政治的に利用しようとしたことにより，政治的な側面ばかりが強調されたということがあげられる．特に1984年の米国，1985年の英国，シンガポールの脱退は，その真の脱退理由がどうであるかは別として，ユネスコが政治化しているという評判を高めることになった点は否めなかったと思われる．米国は1983年に脱退通告をし，翌年脱退したのであるが，その理由として，ユネスコが「その扱うほとんどすべての課題を政治化してきたこと」，「自由社会，特に自由市場や自由な報道という基本的制度に対する敵意を表してきたこと」，「際限なく予算を膨張させてきたこと」をあげている［野口，1996：80］．なお，政治化の根拠として，平和・軍縮をめぐる対立とアラブ・イスラエルの対立が，自由社会に対する敵意を表している根拠として，新世界情報コミュニケーション秩序の

樹立を求める動きと，新しい人権概念としての諸人民の権利が考えられている [野口，1996：84-90]．その後，冷戦の終焉をはじめとする国際情勢の変化により，1997年に英国は復帰したが，同時に米国の復帰は実現しなかったため，平和を希求するというユネスコの目的に照らしても，普遍性を確保するためにも米国の復帰は不可欠であると指摘された[2]．しかし，その米国も2002年9月12日の国連総会で，ブッシュ大統領が「人間の尊厳への私たちのコミットメントのシンボルとして，米国はユネスコへ復帰する．この機関（ユネスコ）は改革がなされたので，米国は，人権と寛容の精神と学ぶことを促進するユネスコの任務に全面的に参加する」と演説し，ユネスコに復帰する意図を表明し[3]，2003年10月にユネスコに復帰した．

第3に，松浦晃一郎氏がアジア初の事務局長になったことで，これまで西洋偏重であったユネスコに東洋の視点がより大きく取り入れられる契機となったことがあげられる．具体的には，これまで世界遺産として西洋的価値に基づく石の文化や有形文化財しか認められていなかったが，木（木造建築）や無形文化財が認められるようになったことで文化の多様性が実現した[4]．無形文化財に関しては，1998年の第154回執行委員会で「人類の口承及び無形遺産の傑作の宣言」規約が採択され，2001年にパリのユネスコ本部において，第1回目の宣言式典が行われ，日本の「能楽」を含む19件が「人類の口承および無形遺産の傑作」として宣言されている[5]．

第4に，松浦事務局長の下で現在行われている改革もまたその特質としてあげることができる．具体的には，先述した幹部ポストの実員と現員のずれの解消のほか，事業改革としての事業の精選化，人事・機構改革としての特別顧問制度の廃止，人事の透明化と職員の若返り，そして，分権化としての地域事務所の統廃合（70から50へ）を行っている[外務省・文部科学省，2001：79-80]．

このほか，教育分野の国際機関として，ユネスコは国連児童基金（UNICEF：ユニセフ）や国連開発計画（UNDP），世界銀行，国連人口基金（UNFPA）などと重複する事業分野もあるが，最近のアフガニスタン支援では，ユネスコとユニセフの話し合いにより，ユニセフは初等教育，ユネスコは中・高等教育という棲み分けが行われた[6]．

3. 国際公益の観点からの評価

3-1 インプット
(1) 財政的資源

ユネスコの分担金・予算外資金に関しては，1992-93年予算では総額約7.20億ドル（うち通常予算約4.45億ドル，予算外資金約2.75億ドル）であったのが，2002-03年予算では総額約8.78億ドル（うち通常予算約5.44億ドル，予算外資金3.20億ドル）と10年前と比べると増加している．しかしながら，通常予算は1998-99年度から3期連続して名目ゼロ成長である．また，予算外資金に関しても近年は微増にとどまっている（表9-1）．

次に，事業予算の半分が予算外資金（任意拠出金）に依存していることがあげられる．これは他の多くの国際機関と同様に，通常予算が人件費により圧迫されているからである．したがって，肝心なプログラムは他の機関や加盟国政府の自発的拠出金に頼らざるを得ない状況になっている（表9-2）．

なお，この予算規模は日本の国立大学では群馬大学に匹敵するもので，東京大学や京都大学と比べて著しく少ないという点で，使用される予算は限られている．その一方で，ユネスコの活動分野は広いことが，松浦事務局長の下での

表9-1　ユネスコ予算（歳入）

(単位：億ドル)

	1992-93	94-95	96-97	98-99	2000-01	02-03
総　計	7.20	7.30	8.26	8.09	8.61	8.78
通常予算	4.45	4.55	5.18	5.44	5.44	5.44
予算外資金	2.75	2.75	3.08	2.65	3.16	3.20
国連開発計画	0.65	0.41	0.41	0.40	0.40	0.40
他の国連機関	0.41	0.28	0.31	0.27	0.24	0.48
そ の 他	1.70	2.06	2.36	1.98	2.52	2.32

注：100万ドル以下四捨五入．
　　2002-03年度の総計には自己財政資金（14,194,100ドル）を含む．
　　総計＝通常予算＋予算外資金，予算外資金＝国連開発計画＋他の国連機関＋その他
出所：UNESCO文書（C 26/5・C 27/5・C 28/5・C 29/5・C 30/5・C 31/5）をもとに作成．

表 9-2　ユネスコ予算（歳出）

(単位：ドル)

	1992-93	94-95	96-97	98-99	2000-01		2002-03
(合　計)							
第Ⅰ部	31,583,000	34,265,900	39,656,600	39,258,400	38,682,100	第Ⅰ部	33,152,200
第Ⅱ部	473,478,700	526,773,500	611,249,100	604,672,250	650,371,000	第Ⅱ部	619,756,300
第Ⅲ部	95,271,500	73,152,300	69,770,700	59,115,100	61,289,500	第Ⅲ部	221,496,300
第Ⅳ部	39,073,400	43,099,500	49,325,800	53,186,700	57,164,000	第Ⅳ部	13,690,850
第Ⅴ部	32,547,300	34,161,600	38,290,800	38,162,000	32,824,300	予備費	1,500,000
第Ⅵ部	1,348,400	1,501,400	1,802,300	1,896,900	6,679,200	減少分	−11,034,300
第Ⅶ部	18,215,700	18,640,000	15,704,000	12,897,600	13,690,850		
第Ⅷ部	29,561,000						
その他		290,000	290,000				
予備費	−1,500,000	−1,500,000					
合計	719,579,000	730,384,200	826,089,300	809,288,950	860,700,950	合計	878,561,350
(通常予算)							
第Ⅰ部	30,707,000	33,251,800	38,713,600	38,361,400	37,123,900	第Ⅰ部	32,471,200
第Ⅱ部	229,136,700	270,493,000	320,190,800	354,353,550	350,130,300	第Ⅱ部	305,740,500
第Ⅲ部	72,972,500	64,222,500	63,880,500	55,283,200	55,832,500	第Ⅲ部	201,999,000
第Ⅳ部	35,452,400	38,670,900	44,127,700	47,896,200	52,341,900	第Ⅳ部	13,690,850
第Ⅴ部	28,810,300	30,073,400	33,919,500	33,863,400	28,748,300	予備費	1,500,000
第Ⅵ部	1,348,400	1,348,400	1,618,900	1,711,900	6,499,500	減少分	−11,034,300
第Ⅶ部	18,215,700	18,640,000	15,704,000	12,897,600	13,690,850		
第Ⅷ部	29,561,000						
その他		290,000	290,000				
予備費	−1,500,000	−1,500,000					
合計	444,704,000	455,490,000	518,445,000	544,367,250	544,367,250	合計	544,367,250
(予算外資金)							
第Ⅰ部	876,000	1,014,100	943,000	997,000	1,558,200	第Ⅰ部	661,000
第Ⅱ部	244,342,000	256,280,500	291,058,300	250,318,700	300,240,700	第Ⅱ部	310,058,500
第Ⅲ部	22,299,000	8,929,800	5,890,200	3,831,900	5,457,000	第Ⅲ部	9,280,500
第Ⅳ部	3,621,000	4,428,600	5,198,100	5,290,500	4,822,100		
第Ⅴ部	3,737,000	4,088,200	4,371,300	4,298,600	4,076,000		
第Ⅵ部		153,000	183,400	185,000	179,700		
合計	274,875,000	274,894,200	307,644,300	264,921,700	316,333,700	合計	320,000,000

注：1992-2001 年の歳出項目は以下の通り．
　　　第Ⅰ部　一般政策および運営（総会，執行委員会，事務局関係，国連システムへの参加費）
　　　第Ⅱ部　事業計画の実施
　　　第Ⅲ部　事業実施支援（対外関係，予算外財源関係，通訳・翻訳・文書関係）
　　　第Ⅳ部　運営管理（事務局全体の行政部門費）
　　　第Ⅴ部　施設維持・警備
　　　第Ⅵ部　本部庁舎改修費（1998～1999 以前は資本支出）
　　　第Ⅶ部　インフレ予備費
　　　第Ⅷ部　通貨調整
　　　予備費　加盟国により決議案のために拠出された予備費
　　2002-03 年の歳出項目は以下の通り．
　　　第Ⅰ部　一般政策および運営
　　　第Ⅱ部　事業および事業サービス
　　　第Ⅲ部　事業実施支援と管理
　　　第Ⅳ部　インフレ予備費
　　　予備費　再分類のための予備費
　　　減少分　承認された総予算の制限内で事業および予算の実施中に吸収された額
出所：UNESCO 文書（C 26/5・C 27/5・C 28/5・C 29/5・C 30/5・C 31/5），外務省『国際機関総覧　2002 年版』をもとに作成．

表 9-3 ユネスコ主要分担国一覧
(2001 年)

(単位：%，千ドル)

国　名	分担率	分担額
日　　本	22.000	59,880
ド イ ツ	12.945	35,234
フランス	8.568	23,321
英　　国	7.336	19,967
イタリア	6.711	18,266
カ ナ ダ	3.390	9,227
スペイン	3.338	9,200
ブラジル	2.939	7,999
オランダ	2.303	6,268
韓　　国	2.277	6,198
そ の 他	28.193	76,624
合　計	100.000	272,184

出所：外務省『ODA 白書 2002 年版』.

事業の精選化（各事業分野における優先課題の設定）につながったと考えられる[7]．

また，2000 年の大口拠出国からの分担率および分担額は表 9-3 のとおりである．ユネスコにおける最大の分担金拠出国は，米国の脱退以来，日本になっている．そして，これらトップ 10 カ国の総額がユネスコの分担金収入の約 75% を占めている．なお，日本の分担率は，2000 年の第 55 回国連通常予算分担率の改訂を受け，2001年予算において 22% に引き下げられ，それに伴い，トップ 10 カ国の全体に占める総額も約 72% となっている．

(2) 人 的 資 源

ユネスコの職員数に関しては，1992-93 年の 2,297 人（専門職以上 848 人，一般事務職 1,087 人，現地職 290 人）から 2002-03 年の 1,983 人（専門職以上 845 人，一般事務職 821 人，現地職 317 人）と減少している（表 9-4）．

表 9-4 によれば，合理化により減少したのは一般事務職である．しかし，この他に表には現れていないが，マヨール前事務局長時代は D-1（D は幹部職）以上の定員は約 100 人であったにもかかわらず，縁故採用により現員がほぼ倍の 180〜200 人いたのを，松浦事務局長が元に戻すということもあった[8]．

3-2 アウトプット

ユネスコのアウトプットとしては，①「知的フォーラムの役割」（委員会報告，国際会議），②国際的な規範設定（条約，勧告，宣言），③知識の増進，移転，共有の促進（調査・研究，研修，情報収集提供），④開発協力（専門的助言・技術協力）などがあげられる［日本ユネスコ国内委員会，2002：2］．

表 9-4　ユネスコ職員の総数・等級別分類

(単位：人)

	1992-93	1994-95	1996-97	1998-99	2000-01	2002-03
等級（専門職以上）						
DG	1	1	1	1	1	1
DDG	2	1	1	1	1	1
ADG	6	6	8	9	10	10
D-2	21	16	18	32	26	24
D-1	66	67	70	67	73	67
P-5	236	222	230	222	207	186
P-4	237	242	236	230	217	197
P-3	193	188	196	195	204	206
P-2/1	86	74	114	135	149	153
合　計	848	817	874	892	888	845
一般サービス職	1,159	1,087	1,031	995	927	821
現地職（地元採用）	290	280	283	301	303	317
総　計	2,297	2,184	2,188	2,188	2,118	1,983

出所：UNESCO 文書（C 26/5・C 27/5・C 28/5・C 29/5・C 30/5・C 31/5）をもとに作成．

(1) 条約・勧告の採択

条約と勧告に関しては表 9-5, 6 のとおりである．

(2) 各事業分野における活動

各事業分野別予算の変遷は表 9-7 のとおりである．この表より，予算外資金が科学，コミュニケーション分野と比べて，教育，文化分野により拠出されていることが特徴としてあげられる．

2002-03 年予算では以下の事業が項目としてあげられている［C/31/5］．

第 1 に，教育に関しては，①万人のための基礎教育：ダカール世界教育フォーラムの責任遂行（1. ダカール行動枠組みのフォローアップの調整，2. 教育への包括的なアプローチの強化と普及システムの多様化），②資質教育と教育システムの刷新を通じた知識社会の構築（1. 資質教育の新たなアプローチ，2. 教育システムの刷新），③ユネスコ附属教育機関（1. 国際教育局，2. 国際教育計画研究所，3. 教育研究所，4. 教育情報技術研究所，5. ラテンアメリカ・カリブ地域高等教育国際研究所，6. アフリカ国際能力開発研究所）がある．

表 9-5 ユネスコが中心となって作成した主な条約

	採択作成	発効	締約国数
教育的,科学的及び文化的性質視聴覚資材の国際的流通を容易にする協定	1948	1954	36
教育的,科学的及び文化的資材の輸入に関する協定	1950	1952	96
教育的,科学的及び文化的資材の輸入に関する協定の議定書	1976	1982	39
万国著作権条約(第1附属議定書・第2附属議定書・第3附属議定書)	1952	1955	99(66・61・51)
改正万国著作権条約(第1附属議定書・第2附属議定書)	1971	1974	64(38・42)
武力紛争の際の文化財の保護のための条約(第1附属議定書)	1954	1956	109(88)
武力紛争の際の文化財の保護のための条約の第2附属議定書	1999	2004	20
国家間の官公署出版物及び政府文書の交換に関する条約	1958	1961	51
出版物の国際的交換に関する条約	1958	1961	47
教育における差別待遇の防止に関する条約	1960	1962	90
教育における差別待遇の防止に関する条約・附属議定書	1962	1968	33
実演家,レコード制作者及び放送事業者の保護に関する条約	1961	1964	76
文化財の不法な輸入,輸出及び所有権譲渡の禁止及び防止の手段に関する条約	1970	1972	103
特に水鳥の生息地として国際的に重要な湿地帯に関する条約	1971	1975	138
特に水鳥の生息地として国際的に重要な湿地帯に関する条約を改定する議定書	1982	1986	83
許諾を得ないレコードの複製からのレコード制作者の保護に関する条約	1971	1973	73
世界の文化遺産及び自然遺産の保護に関する条約	1972	1975	177
衛星により送信される番組伝送信号の伝達に関する条約	1974	1979	26
技術教育および職業教育に関する条約	1989	1991	15
著作権使用料の二重課税の防止に関する多数国間条約の追加議定書	1979	未発効	7
水面下の文化遺産の保護に関する条約	2001	未発効	2
無形文化遺産の保護に関する国際条約	2003	未発効	0

注:2003年12月現在.
出所:UNESCOホームページ.

　第2に,科学のうち,自然科学に関しては,①科学技術:能力開発と管理(1.世界科学会議のフォローアップ,2.科学技術の能力開発),②科学,環境,持続可能な開発(1.水の相互作用:システムの危機と社会変化(例:国際水文学計画(IHP)),2.環境科学(例:人間と生物圏(MAB)計画),3.生態科学や自然の危機における協力(国際地質対比計画(IGCP)),4.海岸地域や小諸島の持続可能な居住,5.ユネスコ政府間海洋学委員会)がある.また,人文・社会科学に関する事業は,①科学技術の倫理(例:科学的知識と技術の倫理

表9-6　ユネスコ総会で採択された勧告一覧

勧　告　名	採択	勧　告　名	採択
考古学上の発掘に適用される国際的原則に関する勧告	1956	成人教育の発展に関する勧告	1976
建築及び都市計画の国際競技に関する勧告	1956	大衆の文化生活への参加及び寄与を促進する勧告	1976
教育統計の国際的標準化に関する勧告	1958	文化財の国際交換に関する勧告	1976
博物館をあらゆる人に開放する最も有効な方法に関する勧告	1960	歴史的地区の保全及び現代的役割に関する勧告	1976
教育における差別の防止に関する勧告	1960	建設及び都市計画の国際競技に関する改正勧告	1978
技術教育及び職業教育に関する勧告	1962	教育統計の国際的標準に関する改正勧告	1978
風向の美及び特性の保護に関する勧告	1962	科学技術に関する統計の国際的標準化に関する勧告	1978
図書及び定期刊行物の出版についての統計の国際的な標準化に関する勧告	1964	可動文化財の保護のための勧告	1978
文化財の不法な輸出，輸入及び所有権譲渡の禁止及び防止の手段に関する勧告	1964	芸術家の地位に関する勧告	1980
教員の地位に関する勧告	1966	動的映像の保護及び保存に関する勧告	1980
公的又は私的の工事によって危険にさらされる文化財の保存に関する勧告	1968	文化活動のための公的財政支出に関する統計の国際的標準化に関する勧告	1980
図書館統計の国際標準化に関する勧告	1970	安全保障と軍縮促進に向けての好ましい世論の喚起を目的とする，国際理解，国際協力及び国際平和のための教育並びに人権及び基本的自由についての教育に関する勧告	1983
文化遺産及び自然遺産の国内的保護に関する勧告	1972		
国際理解，国際協力及び国際平和のために教育並びに人権及び基本的自由についての教育に関する勧告	1974		
		図書，新聞及び定期刊行物の出版及び配布についての統計の国際的な標準化に関する改正勧告	1985
技術教育及び職業教育に関する改正勧告	1974		
科学研究者の地位に関する勧告	1974	伝統的文化及び民間伝承の保護に関する勧告	1989
翻訳者及び翻訳物の法的保護並びに翻訳者の地位を改善するための実際的手段に関する勧告	1976	高等教育における修学及び資格証書の承認に関する勧告	1993
ラジオ及びテレビジョンに関する統計の国際標準に関する勧告	1976	高等教育教員の地位に関する勧告	1997
		技術教育及び職業教育に関する改正勧告	2001

出所:「UNESCO総会で採択された勧告一覧」(日本ユネスコ国内委員会(文部科学省)ホームページ).

に関する世界委員会(COMEST)・国際生命倫理委員会(IBC)),②人権，平和と民主主義原則の促進，③社会変容に関する政策の改善と期待・未来研究の促進(例:社会変容のマネージメント(MOST))である．

　第3に，文化に関しては，①文化分野の規範的行動の補強(1.世界遺産条約の促進，2.新しい基準設定分野の要求)，②文化の多様性の保護と文化多元主義と文化間対話の促進(1.有形・無形文化遺産の保護と再生，2.文化多元主

表9-7 ユネスコプログラム別支出

	1992-93	1994-95	1996-97	1998-99	2000-01	2002-03
(合計)						
教 育	162,337,300	199,987,200	203,625,000	194,697,150	243,547,500	224,091,700
科 学	162,249,800	152,974,100	151,903,700	148,745,900	163,522,200	161,449,800
文 化	66,132,400	80,368,500	94,576,200	74,077,000	98,335,800	100,049,900
コミュニケーションと情報	36,222,900	63,274,200	64,060,200	60,002,100	68,974,600	68,064,600
その他	16,189,600		57,784,500	96,841,900	47,968,100	11,820,000
合 計	443,132,000	496,604,000	571,949,600	574,364,050	622,348,200	565,476,000
(通常予算)						
教 育	80,987,300	97,297,200	104,025,000	104,697,150	117,547,500	94,091,700
科 学	72,739,800	81,724,100	85,003,700	86,745,900	88,322,200	80,449,800
文 化	32,792,400	42,768,500	45,176,200	41,577,000	46,335,800	43,849,900
コミュニケーションと情報	10,972,900	28,164,200	30,560,200	30,002,100	31,374,600	33,064,600
その他	12,439,600		24,484,500	67,236,900	44,668,100	7,320,000
合 計	209,932,000	249,954,000	289,249,600	330,259,050	328,248,200	258,776,000
(予算外資金)						
教 育	81,350,000	102,690,000	99,600,000	90,000,000	126,000,000	130,000,000
科 学	89,510,000	71,250,000	66,900,000	62,000,000	75,200,000	81,000,000
文 化	33,340,000	37,600,000	49,400,000	32,500,000	52,000,000	56,200,000
コミュニケーションと情報	25,250,000	35,110,000	33,500,000	30,000,000	37,600,000	35,000,000
その他	3,750,000		33,300,000	29,605,000	3,300,000	4,500,000
合 計	233,200,000	246,650,000	282,700,000	244,105,000	294,100,000	306,700,000

注:科学:自然科学,社会・人間科学.
　　その他:分野横断的事業,参加事業計画(2000-01以前),UNESCO統計研究所(2002-03)など.
出所:UNESCO文書(C 26/5・C 27/5・C 28/5・C 29/5・C 30/5・C 31/5),外務省『国際機関総覧2002年版』をもとに作成.

義と知的対話の促進),③文化と発展の関連強化がある.
　第4に,コミュニケーションについては,①情報と知識,特に公共領域への公平な接近の促進(1.情報・知識への接近を広げるための原則,政策,戦略の形成(例:万人のための情報(IFA)計画),2.知識社会の参加増大のための情報ストラクチャーと能力開発の発展),②表現の自由の促進とコミュニケーション能力の強化(1.表現の自由・民主主義と平和,2.コミュニケーション

能力の強化）がある．

このほか，横断的テーマとして，① 貧困，特に極貧に関する教育，② 教育，科学，文化の発展と知識社会の構築に対する情報・コミュニケーション技術の貢献がある．

以上がユネスコの事業内容で，多岐にわたっているが，現在の松浦事務局長の事業精選化により，教育分野では万人のための基礎教育，自然科学分野では水，人文・社会科学分野では倫理，文化分野では文化の多様性の尊重，コミュニケーション分野では情報のフリーアクセス，その他貧困や情報通信技術（ICT）が優先事業とされている[9]．

3-3　アウトカム
(1)　条約締約国数

表9-5にあるようにユネスコが中心になって作成した条約には，教育や文化に関係するものが多い．しかし，そのうち加盟国の半数（90）以上が加入している条約は，教育的，科学的及び文化的資材の輸入に関する協定，万国著作権条約，武力紛争の際の文化財の保護のための条約，教育における差別待遇の防止に関する条約，文化財の不法な輸入，輸出及び所有権譲渡の禁止及び防止の手段に関する条約，特に水鳥の生息地として国際的に重要な湿地帯に関する条約，そして世界の文化遺産及び自然遺産の保護に関する条約の7つにとどまっている．

(2)　教育・文化に関する実質的指標

教育に関する指標として，成人識字率，15歳以上の非識字者の推定人口，初・中・高等教育総就学率，教育段階別（就学前・初等・中等・高等）粗就学率などがあげられる（表9-8〜11）．

成人識字率は，先進国はほぼ100%であるが，開発途上国は約70%，後発途上国は約50%となっている．次に，15歳以上の非識字者人口は後発途上国を除いて改善が見られるが，後発途上国の増加に関しては，人口の増加が教育の普及に追いついていないことが考えられる．また，初・中・高等教育総就学率は，先進国が80%台，開発途上国が60%であるのに対し，後発途上国は

表9-8 成人識字率

(単位：％)

	1992	1993	1994	1995	1997	1998	1999
先 進 国	98.3	98.3	98.5	98.6	98.7	97.4	—
東欧・CIS	—	—	—	—	98.7	98.6	98.6
開発途上国	68.3	68.8	69.7	70.4	71.4	72.3	72.9
後発途上国	46.7	46.5	48.1	49.2	50.7	50.7	51.6
世　　界	76.0	76.3	77.1	77.6	78.0	78.8	—

出所：UNDP, *Human Development Report*（『人間開発報告書』）をもとに作成.

表9-9 15歳以上の非識字者の推定人口

(単位：百万人)

	1990	1995	1997
先進地域	18.7	12.9	14.2
後進地域（LDC除く）	715.0	705.9	691.0
後発開発途上国（LDC）	160.8	165.9	176.9
世界全体	894.5	884.7	882.1

出所：UNESCO, *World Education Report 1998*（『世界教育白書1998』）および *World Education Report 2000* をもとに作成.

表9-10 初・中・高等教育総就学率

(単位：％)

	1992	1993	1994	1995	1997	1998	1999
先 進 国	80	82	83	83	92	86	87
東欧・CIS	—	—	—	—	76	76	77
開発途上国	54	55	56	57	59	60	61
後発途上国	34	34	36	36	37	37	38
世　　界	58	60	60	62	63	64	65

出所：UNDP, *Human Development Report*（『人間開発報告書』）をもとに作成.

30％台後半になっている．さらに教育段階別に見ると，初等教育については，後発途上国も70％台で，世界全体でも100％を超えているが，それ以外については，中等教育は60.1％，就学前教育は30.8％，そして高等教育に至っては17.4％にとどまっている．このように，総じて改善傾向にあるとはいえ，ユネスコの目標である「万人のための教育」でさえもまだ実現していないのが現状である．

次に，文化に関しては，地域別世界遺産登録数があげられる（表9-12）．

表9-11 教育段階別粗就学率

(単位:%)

	1990	1995	1997
(就学前教育)			
先進地域	67.7	69.9	71.8
旧社会主義諸国	66.5	54.0	60.2
後進地域	19.4	23.1	23.5
(うち後発開発途上国)	10.7	10.8	9.8
世界全体	28.4	30.1	30.8
(初等教育)			
先進地域	102.8	104.5	103.5
旧社会主義諸国	96.5	98.1	100.1
後進地域	98.9	99.1	101.7
(うち後発開発途上国)	65.8	69.5	71.5
世界全体	99.2	99.6	101.8
(中等教育)			
先進地域	94.5	105.8	108.0
旧社会主義諸国	91.6	86.9	87.0
後進地域	42.1	48.8	51.6
(うち後発開発途上国)	17.2	18.4	19.3
世界全体	51.8	58.1	60.1
(高等教育)			
先進地域	48.0	59.6	61.1
旧社会主義諸国	36.1	34.2	34.0
後進地域	7.1	8.8	10.3
(うち後発開発途上国)	2.5	3.2	3.2
世界全体	13.8	16.2	17.4

注:後進地域に後発開発途上国も含まれている.
出所:UNESCO, *World Education Report 1998* (『世界教育白書1998』) および *World Education Report 2000* をもとに作成.

「平和の文化」の理念に照らして考えると,地域別にどれだけの世界遺産が登録されているかということも考慮すべき指標であると思われる.そこで,表9-12をみると,1990年まで世界遺産の46%は「欧州と北アメリカ」に集中していたが,98年の松浦事務局長就任後もその傾向は続き,2002年には,「アジア太平洋」と「ラテンアメリカ」がその割合を若干増加させているが,「アラブ」と「アフリカ」がほとんど登録されていないことから,結局は「欧米と北アメ

表 9-12　世界遺産登録数（地域別）

	-1990	1991-94	1995-98	1999-2002	合　計
アジア太平洋	55 (17)	33 (31)	26 (18)	26 (17)	140 (19)
欧州と北アメリカ	155 (46)	53 (48)	88 (63)	79 (54)	375 (52)
アラブ	42 (13)	3 (3)	6 (4)	3 (2)	54 (7)
アフリカ	38 (11)	4 (4)	4 (3)	11 (7)	57 (8)
ラテンアメリカ	42 (13)	15 (14)	17 (12)	30 (20)	104 (14)
合　計	332(100)	108(100)	141(100)	149(100)	730(100)

注：カッコ内は％，地域分類はユネスコによる．
出所：World Heritage Center（世界遺産センター）のホームページをもとに作成．

リカ」が52％と過半数を占めている．この背景の1つとして，条約加盟国だけが申請できるシステムになっているため，保護のための法的措置が整っていないことがあげられる．例えば，アフガニスタンはバーミヤン遺跡を申請したが，整備ができていなかったために，登録されていなかった[10]．

(3) 科学の発展，異文化理解増進などへの貢献

科学の発展に関しては，エイズや環境問題をはじめとするグローバル問題（HIV/エイズ・環境）解決への手段の提供をあげることができる．実際に，海洋学，水文学，地質学などの発展はユネスコにより主唱されたものである[11]．また，異文化理解増進による平和への貢献の具体例としては，各国の文学作品の翻訳作業があり，日本文学も各国語に翻訳された結果，川端康成のノーベル賞受賞に寄与したとも言われている[12]．

このほか，抽象的であるが，人権教育，カリキュラム改革やテキスト改訂，学校交流プロジェクト（Associated Schools Project），特にHIV/エイズに関する予防教育といった教育の質の向上，情報インフラ構築による知識社会の発展，ユネスコにより採択された条約や勧告による規範の普及などによる効果もアウトカムとして考えられる．

3-4　考　　察

ユネスコを国際公益の観点から考察すると，かつてのように軍縮問題やマスメディア問題といった政治問題が討議されることはなくなったとはいえ，現在

においても活動が幅広く行われていることから，総じて定量的分析は困難である．本章では，このうち分析可能な教育や文化遺産保護に関して考察したが，前者に関しては特に後発開発途上国の状況改善，後者に関しては文化遺産登録数の地域間格差の改善が依然として課題であるといえる．また，ほとんどの事業において，具体的な数字目標がほとんど明示されていなかったが，最近は具体的な数値目標を設定する動きも見られる．たとえば，2000年4月にセネガルで開催された「世界教育フォーラム」で採択された「ダカール行動枠組み」では，具体的目標（①就学前教育の拡大・改善，②2015年までに，すべての子どもの無償初等教育へのアクセス確保，③青年および成人の学習ニーズに対する充分な対応，④2015年までに成人識字率の50%の改善と，成人の基礎教育へのアクセスの平等な確保，⑤2005年までに初等中等教育における男女格差の解消，2015年までに教育の場における男女平等の達成，⑥教育の質的向上）が設定されている[13]．今後，これらの具体的目標をもとにした評価とともに他の分野でも具体的な数値目標が設定されることにより，その実態がより加盟国やその国民に明らかにされることが期待される．

4. 国益の観点からの評価

4-1 インプット
(1) 財政的資源

財政的資源に関しては，日本政府からのユネスコへの拠出金（通常予算分担金・任意拠出金）がある（表9-13, 14）．

米国脱退後，日本はユネスコで最大の分担金国（2002年の分担率22%）で，分担率の増大とともに金額も増大していたが，2001年度以降は分担率が低くなったこともあり減少傾向にある．なお，2000年の外務省拠出金の増加は人的資源開発信託基金拠出金，01年の文部科学省拠出金の増加はIT教育信託基金拠出金が新設されたことによるものである．このほかの主な拠出金として，文化遺産保存信託基金拠出金，無形文化財保存振興信託基金（以上，外務省予算），アジア・太平洋地域教育開発計画信託基金拠出金，ユネスコ青年交流信託基金拠出金（以上，文部科学省予算）などがある[14]．

表9-13　日本のユネスコへの分担金・分担率・任意拠出金

(単位：千ドル，%)

	1990	1991	1992	1993	1994	1995	1996	1997	1998	1999	2000	2001
分担金				8,718	8,718	44,390	56,318	57,111	64,631	67,638	68,046	59,880
分担率(%)	11.3	11.3	12.3	12.3	12.3	13.8	15.2	15.4	23.7	25.0	25.0	22.0
任意拠出金								6,865	9,793	11,216		

出所：外務省『ODA白書』をもとに作成．（任意拠出金は記録のある年のみ記載）

表9-14　日本のユネスコへの分担金・拠出金（省庁別）

(単位：億円)

	1990	1995	1999	2000	2001	2002
外務省分担金	39.7	54.7	74.0	68.8	60.4	59.5
外務省拠出金	3.1	3.1	3.1	15.7	16.0	13.2
文科省拠出金	1.6	1.8	8.8	6.6	8.3	7.0
合　計	44.4	59.6	85.9	91.1	84.7	79.7

出所：財政調査会『補助金総覧』をもとに作成．

　このほかの財政的資源として，(社)日本ユネスコ協会連盟を通じた活動費やユネスコへの募金，日本財団によるユネスコ平和教育賞，講談社による野間識字賞，平山郁夫ユネスコフェローシップなどもあげられる[15]．

(2)　人的資源

　ユネスコで働く日本人職員は表9-15のとおりで，専門職以上の日本人職員数は漸増傾向である（1993年26人→2002年39人）．他方，総数が減少していることから，全体に占める割合は上昇しているが，その割合は，2002年で

表9-15　ユネスコの日本人職員数

	1993	1994	1996	1997	1998	1999	2000	2001	2002
D（幹部職）以上	3	3	4	5	4	5	8	5	6
P（専門職）	23	24	28	28	28	31	30	30	33
GS（一般職）	1	1	1	1	1	1	1	2	2
JPO	10	7	7	9	11	16	16	15	13
合　計	37	35	40	43	44	53	55	52	54

出所：外務省国際機関人事センターへの請求資料をもとに作成．

も約4.6％（39人/845人）にすぎない．この背景として，他の国際機関と異なり，その本部がパリにあり，英語よりもフランス語を使いこなせる人材が求められていることが考えられる[16]．なお，本部や地域事務所で働くD-1以上の幹部は，松浦事務局長（SG）をはじめ2002年12月現在5人（SG：1人，D-1：4人，うち1名は2003年退職予定）で，そのキャリアパターンに関しては，D-1の1人は文部科学省の派遣であるが，その他は民間からの転職した者や最初からユネスコに就職した者である[17]．

(3) 国内組織体制

国際組織体制としては，①政府，②政治家，③NGO・NPOなどが考えられる．

政府でユネスコと関係のある省庁として，外務省，文部科学省および文化庁があげられる．まず外務省では，大臣官房文化交流部国際文化協力室（担当者2名）がユネスコ関係の事務を行っている[18]．また，2003年1月より，パリに特命全権大使をその長とするユネスコ日本政府代表部が設置されている．次に，文部科学省では，国際統括官付（担当者10名）が，日本ユネスコ国内委員会事務局を兼務しながら，これを担当している[19]．したがって，国内委員会事務局の事務総長は国際統括官となる．日本ユネスコ国内委員会は「ユネスコ活動に関する法律」に基づいて文部科学省内におかれる特別の機関で，60名の委員から構成される．その内訳は教育・科学・文化等を代表する学識経験者，財界，マスコミ，日本ユネスコ協会連盟およびその下部機関の各地域のユネスコ協会代表者が49名，国会議員7名（衆議院4名，参議院3名），政府職員4名（文部科学・財務・外務各事務次官と国際統括官）である[20]．また，文化庁では，国際課が問題に応じて個々に対応している．なお，ユネスコ本部に対しては，基本的に外務省が政府の窓口として対応するが，直接国内委員会にくるような問題の場合は文部科学省が対応している[21]．このほか，地方公共団体（都道府県・政令指定都市・市町村）の教育委員会もユネスコ活動を行っている機関である．

政治家（特に国会議員）としては，日本ユネスコ国内委員会の委員のほか，ユネスコ議員連盟があげられる．なお，議員連盟は地方議会でも結成されている．

NGO・NPOとしては，(社)日本ユネスコ協会連盟およびその下部組織（地域ユネスコ協会，ユネスコクラブ），(財)ユネスコ・アジア文化センター，ユネスコ共同センター，そして先述した賞のスポンサーなどがある．このうち，(社)日本ユネスコ協会連盟は，ユネスコ創設の翌1947年7月に世界最初の民間レベルで設立された「ユネスコ協会」である仙台ユネスコ協力会をはじめとする全国各地のユネスコ協力会の連盟体として48年に設立された日本ユネスコ協力会連盟をその前身とする[22]．

4-2 成 果
(1) 外交政策への貢献

外交政策への貢献として，2国間支援の補完が考えられる．教育・文化を通じた援助を2国間で行う際には，被援助国のアイデンティティを侵す可能性が高くなることから，抵抗されることが予想されるが，ユネスコのような多国間の枠組みで行うと，その抵抗が弱まるからである[23]．同じことは国交のない国への援助にも当てはまる．たとえば，日朝関係が厳しい中で，日本を表に出さずに，北朝鮮の高句麗古墳の世界遺産登録への運動，平壌国際映画祭など文化財の保護や文化関係の援助や，教科書を作る紙の供給が行われた．また，日本の信託基金で行われた中国の大明宮含元殿修復事業では，どこまで修復するかについて日中間で大議論が行われたが，日中間だけだと日本が表に出すぎるので，ユネスコを間に置くことで事業がスムーズに行われたこともあった[24]．

このほか，やや抽象的であるが，教育・文化協力が国際の平和と安全につながることを考えると，特にアジア地域における教育・文化協力による日本の利害地域の安定の実現も外交政策への貢献として考えられる．

(2) 国際的な決定への参加

国際的な決定への参加，すなわち，教育・文化分野での役割として，総会，執行理事会（日本は1952年以来現在まで引き続き執行委員国），事務局内での決定参加を通じたグローバル問題（例：エイズ問題）の解決，欧米文化中心主義の相対化，新たな学問分野の構築への貢献などがあげられる．これらのうち，実際に実現した具体例としては，海洋学研究がある．すなわち，ユネスコが海

洋学研究を取り上げるに至ったのは、日本提案に基づいており、1952年の第7回総会で日本提案を採択したユネスコは、54年の第8回総会で、同じく日本提案に基づき、国際海洋学諮問委員会を設置したのである［野口，1996：211］。なお、その後も黒潮共同調査に続いて、日本の主唱により、ユネスコは、79年から、西太平洋海域共同調査（WESTPAC）を開始している［野口，1996：220］。

また、執行委員は自国政府に対して責任を負うべきであると主張していた米国、英国が脱退した後、ユネスコの行財政改革の一環として、日本が中心となって執行委員会の構成メンバーを個人ではなく国にするよう働きかけた結果、1991年に憲章改正によりそれが実現したことも参加による成果としてあげられる［野口，1996：57-58］。

(3) 国内政策（論議）の刺激・正当化

国内政策論議への建設的な刺激としては、国際的な教育・文化政策および問題への議論の喚起や国民の関心の高まりが考えられる。かつては、ユネスコ・国際労働機関（ILO）の「教員の地位に関する国際勧告」をめぐっての日教組対文部省の確執をはじめ、ユネスコの決定が対立を引き起こしたこともあった［千葉，1995：164］。しかし、生涯教育のようにユネスコの提唱で日本の文教政策として定着した政策もある[25]。

(4) 手段的価値

まず、松浦氏の事務総長就任により、日本国内でのユネスコのプレゼンス、国際社会における日本のプレゼンスが高まったことが考えられる。次に、先述した海洋学をはじめ、共同研究を通じたネットワーク形成が、いわゆる知識共同体（epistemic community）に発展することに伴い、そうした共同体に参加することが教育・科学・文化・コミュニケーション分野での人材育成を可能にすることも指摘できる。

4-3 考　察

日本がユネスコに加盟を認められたのは、1951年9月のサンフランシスコ

平和条約，56年の日本の国連加盟に先立つ出来事であった．ユネスコ創設後，日本人ほどその高い理念に共鳴し，これに熱烈な支持を与えた国民は他にはないといっても過言ではないといわれる［野口，1996：9］．

　そのユネスコを日本の国益の観点から考察すると，まず分担率に比して全職員に占める日本人の割合が低いことを指摘できる．すなわち，分担率が22%であるにもかかわらず，専門職以上で全職員に占める日本人の割合が4.6%というのは，単純に見れば，国連（分担率19.629%，全職員占める割合4.48%：2002年）よりもその傾向が顕著である．この要因としては，先述したようにユネスコの特殊性が考えられる．

　次に，全職員に占める日本人の割合が低い割には，日本のユネスコにおけるプレゼンスが高いことも注目すべき点である．先述した執行委員をめぐる憲章改正，松浦氏の事務局長就任などの組織的側面だけでなく，海洋学の発展のような政策的側面も含めて，その影響力は大きいといえる．この背景としてはまず米国が脱退し復帰するまでの間，ユネスコ最大の分担金拠出国であったことが考えられる．また，松浦事務局長体制に関して言えば，官房に日本人を置かず，国際的な調和に努めていることも指摘できる[26]．

　このほか，国益実現のために，2国間外交の補完的手段として利用していることも注目すべき点としてあげられる．

5. おわりに

　ユネスコは現在，松浦事務局長の指揮の下，事業，人事・機構，分権化の3分野からその改革に取り組んでいる．それらの改革のうち，組織面の改革に関しては着実に進んでいると考えられる．他方，事業面に関しては，定量的分析が困難なものがほとんどであると同時に，後発途上国のあまり向上しない教育水準や文化遺産登録数の地域間格差をはじめその効果が見えない政策もある．しかし，市民社会の認知度を高めるためにはより具体的な目標を提示し，それらを定量的に明示する必要があると思われる．実際に，そうした流れに沿って，それらを改善しようとする動きもあることから，それらの動向をさらに注意深く検討していく必要があろう．また，この改革を進める上で米国の復帰に注目

することが不可欠であることを最後に改めて指摘したい．米国の復帰は，復帰による財政基盤の強化に加え，市民社会の認知度向上による効果も期待できるからである．

　一方，日本はこれまで人的資源は少ないながらもユネスコを国益実現の場として利用してきたといえる．そして現在，ユネスコ事務局長を送り出している．そうした意味からも，日本はその国益を実現するためにもユネスコをより活用していくことが求められており，ユネスコ日本政府代表部の設置はその一環であると考えられる．また，米国の復帰は，日本の国益の観点からも考えても，復帰によるユネスコ内でのプレゼンスの低下も考えられるとはいえ，日本の財政負担の軽減という点で利に適っていると思われる．他方，日本社会へのユネスコの普及は，世界で最も古い歴史を持ち，国内に多くの地域ユネスコ協会があるにもかかわらず，希薄ではないであろうか．その原因は様々あげられるであろうが，認知度を向上させるためにも，松浦事務局長が事業の精選化をユネスコ本体で行っているように，国内レベルで地域ごとに個々のユネスコ協会が活動分野をさらに精選化して特色を出すことにより，その周知徹底を図っていくことが考えられよう．

注
1) UNESCOホームページ (http://www.unesco.org)．
2) 2002年12月，文部科学省国際統括官付ヒアリング．
3) 米国のユネスコ復帰表明と文部科学大臣のコメントについて（日本ユネスコ国内委員会ホームページ http://www.mext.go.jp/unesco/new/020901.htm）．
4) 2002年12月，文部科学省国際統括官付からのヒアリング．
5) 日本ユネスコ国内委員会ホームページ (http://www.mext.go.jp/unesco/)．
6) 2003年2月，文部科学省国際統括官付ヒアリング．
7) 同上．
8) 同上．
9) 同上．
10) 2002年11月，野口昇氏からのヒアリング．なお，同遺跡は2003年に世界遺産に登録された．
11) 同上．
12) 2002年12月，文部科学省国際統括官付ヒアリング．
13) 「教育における我が国の取り組み」（文部科学省ホームページ http://www.mext.

go.jp/b_menu/houdou/14/06/020617.htm）．
14）「平成13年度ユネスコ関係予算の概要」（日本ユネスコ国内委員会ホームページ http://www.mext.go.jp/unesco/）．
15）2002年12月，文部科学省国際統括官付ヒアリング．
16）同上．
17）同上．
18）2002年12月，外務省大臣官房文化交流部国際文化協力室ヒアリング．
19）2002年12月，文部科学省国際統括官付ヒアリング．
20）「ユネスコ国内委員会」日本ユネスコ国内委員会ホームページ（http://www.mext.go.jp/unesco/）．
21）2002年12月，文部科学省国際統括官付からのヒアリング．
22）「（社）日本ユネスコ協会連盟について　歴史と沿革」（社）日本ユネスコ協会ホームページ（http://www.unesco.jp/contents/about/j_rekishi_index.html）．
23）2002年12月，文部科学省国際統括官付ヒアリング．
24）2002年11月，野口昇氏からのヒアリング．
25）2002年12月，文部科学省国際統括官付ヒアリング．
26）2002年11月，野口昇氏からのヒアリング．

参考文献

野口昇［1996］『ユネスコ50年の歩みと展望』シングルカット社．
千葉杲弘［1995］「教育分野の国際協力」功刀達朗編著『国際協力』サイマル出版会．
外務省・文部科学省［2001］「今後のユネスコの重要課題」『時の動き』6月号．
日本ユネスコ国内委員会［2002］「ユネスコ」（パンフレット）．

おわりに:比較と検討

城 山 英 明

最後に,以上の 10 の国際機関の活動およびその評価に関して,若干比較に基づく検討を行っておきたい.

1. 国際公益の観点に関して

1-1 インプット・アウトプットレベルの変動:分野による差異

インプット,アウトプットレベルの増減に関しては,分野により変動のあり方が異なる.

(1) 安全保障分野

安全保障分野においては,基本的に,1990 年代初頭にインプット,アウトプットが急増し,その後一時減少した後ある程度一定しているという傾向が見られる.この安定的需要は,国連が国際社会における最終的なセイフティー・ネットとして扱わざるを得ないような案件が一定程度継続的に存在していることを示唆しているように思われる.

インプットについて言えば,平和維持活動 (PKO) の予算額,PKO 要員は比較的大きく変動している.PKO 予算は,1991 年が 4.8 億ドルなのに対して,94 年には 35.4 億ドルに急増し,その後 98 年には 8.9 億ドルに減少するが,2001 年には 25.9 億ドルとなっている.PKO 要員は,1990 年に 13,700 人であったのが,94 年に 76,500 人に急増し,その後 98 年に 14,600 人に減少するが,2001 年には 47,800 人となっている.ただ,PKO 要員を派遣する国の数は,1988 年の 26 カ国から 94 年の 76 カ国に急増した後,予算,要員数と異なり安定しており,98 年も 76 カ国となっている.

アウトプットに関しては,まず,PKO 件数については,1991 年の 8 件が 94

年の18件に増加した後，その後14〜17件で安定している．2002年には15件が活動している．また，安全保障理事会の活動に関しても類似の行動を指摘することができる．1990年には安全保障理事会の公式会合が70回，非公式協議が80回，決議が37件であったのに対して，91年には公式会合53回，非公式協議115回，決議42件と増大し，さらに94年には公式会合165回，非公式協議273回，決議77件に増大した．その後，やや減少し，98年には公式会合116回，非公式協議226回，決議73件となっている．

(2) 開発分野

開発分野においては，1990年代は政府開発援助（ODA）全般が停滞したのと同様に，インプット，アウトプットともに基本的には停滞の傾向が見られる．

世界銀行の一般管理プログラム年間経費に関していえば，1991年の9.6億ドルが95年には14.1億ドルに拡大したが，その後ウォルフェンソン総裁の下で改革が行われ，96年には13.8億ドルにやや減少した．また，世界銀行貸付実績（国際復興開発銀行（IBRD）＋国際開発協会（IDA））について言えば，91年227億ドル，93年237億ドル，97年191億ドル，98年286億ドル，2000年153億ドル，02年195億ドルとなっている．アジア通貨危機やその他の危機に対応して1998年は例外的に多いが，それを除いた全般的傾向としては，やや減少しているという傾向が見られる．そのため，実施活動や評価活動への注目に見られるように，品質管理が大きな課題となった．

減少傾向は，より明確に国連開発計画（UNDP）の任意拠出金誓約額の減少においても確認される．UNDPのコアプログラムへの任意拠出金は，1992年10.8億ドル，95年9億ドル，2000年6.5億ドルと減少している．

アウトプットについては，世界銀行，UNDPとも，開発のソフト化，環境案件の増大という傾向が見てとれる．また，開発コミュニティーにおける知的リーダーシップの担い手としての性格も持つUNDP，世界銀行においては，開発概念の提示といったアウトプットの重要性も確認される．

(3) 人道人権分野

人道分野では，まず，国連難民高等弁務官事務所（UNHCR）においては，

平和維持活動（PKO）の急増等に呼応し，歳出レベルは1990年の5.6億ドルから93年に13.3億ドルまで上昇した．しかし，その後は，むしろ，98年8.4億ドル，2001年8億ドルと若干減少している．同様の傾向は，職員数の推移においても確認される．UNHCRの職員数は，1992-93年3,264人であったものが96-97年には5,567人へと急増したが，その後2002-03年には4,793人まで減少している．また，ユニセフ（UNICEF）においては，支出の現状維持あるいは漸増の傾向が見られる．予算額では，94年9.6億ドル，98年9.7億ドルとほぼ現状維持であったが，2000年には11.4億ドルと微増している．ただし，収入の内訳を見ると，政府一般拠出はやや減っており，国内委員会という民間組織からの一般拠出が増加している．ユニセフの職員数は約4,000〜5,000人で一定しており，また，アウトプットの主要分野も子供の保健分野が30〜40%とほぼ一定している．ただ，最近ユニセフは「子供の人権」にターゲットを移しつつある．

他方，人権分野については，絶対額はまだ小さいものの，過去10年で約3倍と予算額が急増した．1992-93年には3,100万ドル（うち予算外資金700万ドル）であったものが，2002-03年1億500万ドル（うち予算外資金6,300万ドル）となった．そして，この数字からもわかるように，増加分の大部分を予算外資金で満たしている．また，職員数も1992年の106人が2002-03年の224人へと急増した．

(4) 専門機関

専門機関のインプット，アウトプットのレベルは基本的には横ばいである．

国際電気通信連合（ITU）の場合，収入レベルは年間1億5,000万〜1億9,000万スイスフラン（1994-2001年）でほぼ横ばいである．ただ，国からの収入は1997年以降微減しており，全体でも98年以降微減の傾向が見られる．プロフェッショナル（ここでは専門職以上）の職員数は279〜287人（1993-98年）である．

世界保健機関（WHO）の場合も，基本的には横ばいで最近は予算外資金を利用して収入の漸増傾向が見られる．通常予算は1996-97年まで漸増し，その後名目ゼロ成長で2年あたり8億4,000万ドルレベルに固定されている．ただ

し，予算外資金は拡大し，通常予算の約1.5倍の13億8,000万ドル（2002-03年の2年分）となっている．

ユネスコ（UNESCO）についても，基本的には漸増，横ばい傾向が見られる．予算は1992-93年7.2億ドルから2002-03年8.8億ドルにやや増大した．ただし，通常予算は1998-99年3期連続名目ゼロ成長となっている．また，現在の松浦事務局長体制の下で行政改革等を進めた結果，職員数はむしろ減少し，92-93年には2,297人であったものが2002-03年には1,983人となっている．

1-2 財源構成に関する横断的傾向
(1) 予算外資金の役割

予算外資金にも多様なものがあるが，全般的にその役割が大きいという指摘は可能である．安全保障分野についていえば，政務局の活動は通常予算で主に行われるが，PKO予算は別途算出された特別分担率による個別PKO向けの予算外資金で賄われる．

開発分野について言えば，世界銀行も融資だけではなく，日本からの開発政策・人材育成基金（PHRDファンド）や日本社会開発基金のような信託基金を得て，技術支援のグラント提供活動を行っている．UNDPは，元来ほぼすべて自発的拠出金という予算外資金によるものであるが，その中でも目的がさらに限定されたノンコアリソースの比率が高まりつつある．

人道分野においても，UNHCR，ユニセフの活動は，元来ほぼすべて自発的拠出金という予算外資金によるものであるが，その中でもさらに目的が限定された資金の比率が多くなっている．UNHCRの場合，目的が限定されない一般プログラムと限定される特別プログラムの比率は，1993年には一般プログラム約3億1,100万ドルに対して特別プログラム約8億1,800万ドルと特別プログラムの比率が一般プログラムの2倍以上となった．この一般プログラム比率はその後改善されたが，特別プログラムが一般プログラムよりもかなり多いという事態は続き，2000年以降会計表示の仕方が変わり一般プログラム，特別プログラムという名称はなくなったが，基本的状況は変わっていないように思われる．ユニセフの場合，政府拠出においては，従来は一般予算の比率が目的限定の補充的資金よりも多かったが，1999年以降補充的資金の方が若干

多くなりつつある．ただし，ユニセフの場合は，補充的資金という予算外資金であっても，対象は国別計画にのっているプログラムに限られるという意味で国際的制約がかかってくる［Jolly, 2003：7］．

人権分野においては，1992-93年には3,100万ドル（うち予算外資金700万ドル）であった予算が2002-03年には1億500万ドル（うち予算外資金6,300万ドル）と10年で約3倍に急増したが，その増加分の大部分を予算外資金で満たした．その結果，現在の予算外資金への依存率は約6割強となっている．

多くの専門機関においても同様の傾向が観察される．伝統的技術的機関であるITUの場合は，予算外資金の比率は少ない．しかし，WHOの場合，通常予算が1996-97年以降名目ゼロ成長で2年で8億4,000万ドルレベルに固定されているのに対して，予算外資金は拡大を続け，通常予算の約1.5倍の13億8,000万ドル（2002-03年の2年分）となっている．また，ユネスコにおいても2000-01年予算においては，通常予算約5億4,000万ドルに対して予算外資金約3億2,000万ドルとなっている．この比率は1992年以降ほぼ一定であるように思われる．また，WHOやユネスコの場合は，各々の中の活動分野により予算外資金への依存度が異なる．WHOの場合，地域別プログラムに関しては通常予算への依存度が高いのに対して，感染症対策のような世界・地域間プログラムにおいては，注目度ゆえに予算外資金を集めやすいということもあり，予算外資金への依存度が高くなっている．また，ユネスコにおいては，年度による差異もあるものの，近年教育についてはやや予算外資金への依存度が高いのに対して，科学に関しては通常予算への依存度が高くなっている．

(2) 民間からの資金調達の役割

いくつかの国際機関においては，民間組織からの直接の資金調達の比率が高くなりつつある．

第1にそのような国際機関は，人道的活動機関，保健活動機関である．ユニセフの場合，2000年歳入11.4億ドルのうち国内委員会という民間組織からの財源調達が3.8億ドルすなわち30％に上っている．WHOにおいても，2000-01年予算の予算外資金の4割，全体の2割5分程度を民間組織等からの資金調達が占めている．また，比率ははるかに低いが，UNHCRにおいても01年

任意拠出金収入7.8億ドルのうち0.2億ドル，すなわち約2.6％が民間組織からの収入となっている．

第2にそのような国際機関は，市場性のある技術的機関である．ITUの場合，歴史的に民間メンバーが直接的に参加するメカニズムが整備されているが［Helman, 2002］，その結果収入面でも，収入の約12％を民間のセクターメンバーから得るようになっている．特に，電気通信標準化部門においては歳出の7割以上を民間のセクターメンバーからの収入に依存している．

1-3 人　　事
(1) 本部と現場

国際機関によって，本部中心の組織と現場中心の組織に大きく性格を分けることができる．本部中心の組織は，現場を持たないわけではないが，本部から現場にミッションを送るという形態をとる．

本部中心の組織としては，安全保障分野の活動を担う国連の政務局，開発分野における世界銀行，人権分野国連諸機関，専門機関であるITU，ユネスコ等をあげることができる．このうち，世界銀行に関しては，近年現地事務所への権限委譲を急激に進めつつあり，性格が変わりつつある．

現場中心の組織としては，安全保障分野のPKO，開発分野におけるUNDP，人道分野におけるユニセフ，保健分野におけるWHO等をあげることができる．UNDPは早くから現地事務所中心という方針をかかげ，各国事務所のUNDP常駐代表はしばしば国連システムの常駐コーディネーターとしての役割も担ってきた．UNHCRにおいては，本部と紛争地域を義務的に人事異動させるという政策が採られている［Weiss, 2002：2］．また，WHOの場合は，地域組織化が先行したという歴史的事情もあり，特にアメリカ地域をはじめとする各地域事務所の自律性が高い．

(2) 日本人事務局長

ここで検討してきた10の国際機関のうち3つの国際機関は，日本人が事務局長のポストを占めている，あるいは占めた経験のある国際機関でもある．ITUでは1998年以降旧郵政省出身の内海氏が事務総局長であり，ユネスコで

は1999年に外務省出身の松浦氏が事務局長に選出され,日本が事務局長ポストを持つ数少ない国際機関となっている.また,WHOでは1988年から98年にかけて中嶋宏氏が事務局長であった.

これらのうち,ITU内海事務総局長,ユネスコ松浦事務局長はいずれも行政改革をセールスポイントとして,内部の組織運営改革を積極的に進めている点で共通点がある.また,WHOの場合は,伝統的にWHOを担ってきた北欧諸国等の欧米諸国と組織運営上の摩擦を起こしたが(WHOについては新事務局長が韓国人になったようであり運営の帰趨が興味深い),伝統的に欧米諸国の影響力の強かったユネスコについては,現在のところそのような摩擦を回避しつつ運営しているようである.

1-4 アウトカム測定と寄与度分析
(1) アウトカム測定

アウトカムの測定に関しては,比較的可能である分野と,なかなか困難である分野が存在する.

測定可能であった分野としては,第1に,安全保障の分野がある.たとえば,紛争数について言えば,紛争の定義は課題であるが,1991年38件,94年32件,98年28件と若干の減少傾向が見られる.第2に,人道分野のうち難民救援活動についても,難民数の減少は確認される.92年には1,780万人であった難民が,95年には1,486万人,98年には1,143万人に減少している.第3に,人道関連分野のうち,ユニセフやWHOが力を入れる感染症等の保健活動についてもアウトカムの測定は比較的容易である.ポリオ,HIV/エイズ,マラリア,結核等の発症件数,5歳未満児死亡率等がそれにあたる.ただ,保健分野においても感染症対策のアウトカムは測定しやすいが,各国の保健システム改善のアウトカムの測定は難しい.5歳未満児死亡率,女性識字率には保健システムの状態の代替指標という側面もある.第4に,専門機関の活動分野のうち,ITUの活動のアウトカムであると考えられる様々なメディアによる通信量等も測定が可能である.

他方,以下のような分野については,アウトカムの測定がなかなか困難である.第1に,開発分野がある.そもそも開発概念自体が多義的かつ流動的であ

るため，その測定も困難である．国内総生産（GDP）成長率で測定するのか，人間開発指数（HDI）で測定するのか，あるいはミレニアム開発目標を構成する諸指標に即して測定するのか，それ自体に関して議論がある．第2は，人権分野である．経済的社会的権利に関するA規約については，平均余命，成人識字率等で代替的に測定することは可能ではあるが，一義的に定めることは困難である．また，政治的市民的権利に関するB規約に関しても，何をもって測定するのかはなかなか困難である．人権に関する章で試行したようにフリーダムハウスの評価を使うことは可能ではあるが，それが適切かについては争いがある．第3に，ユネスコの活動分野である教育，科学，文化，コミュニケーション，特に知的フォーラムの機能にアウトカムの測定も難しい．

(2) 寄与度分析

上述のように，分野によってはアウトカムの測定自体がなかなか困難なのであるが，そのアウトカムの変化にどの程度国際機関の活動＝アウトプットが寄与していたのかという寄与度分析となると，この困難はさらに増大する．この寄与度分析は国内の政策評価においてすら大変難しいのであるが，これが多様かつ複雑な要因が作用する国際社会における活動が対象となると，この困難はその比ではない．しかし，当該分野のアウトカムをベンチマークとする活動である以上，一義的な寄与度分析が困難であったとしてもアウトカムとアウトプットの双方を注視する態度は国際機関運営上不可欠である．

これまでの検討例のうち，比較的寄与度分析を行いやすいのは，人道・保健分野における感染症対策である．たとえば天然痘やポリオの撲滅プログラムの場合は，介入手段と効果の関連が比較的明確であるので，寄与度分析は行いやすい．その場合でも，大きな役割を果たす各国政府と国際機関との寄与度分担をどのように評価するのかは困難である．

その他の場合は，寄与度分析はなかなか困難である．安全保障分野の場合，多くのほとんどの紛争に国連が関与していることは確認できた．特に，減少の傾向が見られる小規模紛争に対して国連は実効的なのではないかと推測されるが，多くの要因が紛争解決に作用するので，断定は困難である［Travers, 2002］．また，この安全保障分野や人道分野の難民救援活動の場合，紛争数，

難民数といった指標は，そもそもアウトカム指標なのか当該活動に対する需要に関する指標なのかといった点に関しても争いがありうる．同様の状況は，ITUに関するアウトカム指標である通信量の増大に関しても指摘することができる．また，開発，人権，文化・科学・教育といった分野においても多様な要因が作用するために，寄与度分析は困難である．

2. 国益の観点に関して

2-1 外交政策への貢献

外交政策の貢献には大きく分けて以下の要素がある．

第1に，日米関係に依存しがちな日本にとって重要な外交空間を提供する．安全保障の場合，日本は単独で働きかけられないので国連は重要な場を提供する．たとえば軍縮分野において，日本が1994-99年にかけて提出してきた究極的核廃絶決議などはそのような場を利用した活動といえよう．また，ITUでは，市場によるデファクトスタンダード（市場を通して決まる事実上の標準）志向の強い米国は立場が強くはないのに対して，日本と欧州が連携して米国に対抗しうる力を持ちうるという側面がある．

第2に，周辺地域，利害関係地域の安定は日本の国益に資するという面がある．安全保障分野では，中東の安定や周辺地域であるカンボジア和平，東ティモールの和平は日本にとって重要である．WHOに関しても，周辺地域の感染症対策（近隣の西太平洋地域のポリオ，結核，インフルエンザ対策）は，これら感染症は日本に伝染する可能性も高いので大きな意味がある．

第3に，2国間関係で処理が難しい問題を扱うことができるというメリットがある．開発の分野では，2国間政府開発援助（ODA）が困難な地域への対応に国際機関経由の援助が行われるということがある．また，人権分野において北朝鮮拉致問題を国連人権機関の場で採り上げたこと，ユネスコにおいて2国間協力においては行いにくい北朝鮮高句麗古墳の世界遺産登録支援，中国大明宮含元殿修復事業支援等を行ったのもその1例である．

第4に，UNDP，ユニセフの活動に対する支援のように，当該支援が日本の外交政策「理念」とされる「人間の安全保障」に寄与するといったように，

外交政策理念増進に寄与する場合がある．

　第5に，ユニセフに対する支援のように戦後直後に受けた支援に対する「恩返し」という側面を持つ場合もある．また，難民支援のように，日本が難民を受け入れる代わりに難民救援を支援するという側面もある．

　また，日本の外交政策目的のために国際機関を利用するために，当該政策目的実現に資する予算外資金による信託基金等を国際機関に設置するという手法がある．開発分野では世界銀行における開発政策・人材育成基金（PHRDファンド）が設置され，これが主要な世界銀行内におけるフィージビリティー・スタディー（FS）調査の主要な枠組となることで，結果として世界銀行のポートフォリオ（投資案件の構成）に間接的な影響を与えるということも行われてきた．他にも，UNDPにおけるノンコアリソース提供によるファンド設置，1997年ルワンダ，コソボの緊急無償，97年以降の子供無償資金協力におけるユニセフとの協力，ITUにおける世界電気通信政策フォーラムやそれを支援する事務局内戦略政策ユニット（SPU）設置支援のための予算外資金利用等が行われてきた．また，近年の国連内における人間の安全保障基金設置も新しいそのような試みである．

　これらの手法が本当に有効なのか，また，有効にする条件は何なのかについては今後さらに検討する必要がある．

2-2　国際的決定への参加

　国際的決定への参加は，日本にとって適切でない行動や規範設定に釘を刺すという消極的意味でも，また，日本から積極的に規範設定やモデル設定のイニシアティブを取るという意味でも重要である．

　安全保障分野においては，日本が非常任理事国である際には，安全保障理事会をそのような場として利用できた．安全保障の章において分析されたように，日本が非常任理事国である際の発言回数等は他に劣るものではない．また，日本は国連軍備登録制度や小型武器管理に関するレジーム形成も国連の場を通し主導し，また，一般的には「人間の安全保障」を日本の外交政策にも合致するものとして推進している．

　開発分野においては，1993年に世界銀行によって出版された『東アジアの

奇跡』にみられるように，日本は開発に関する知的発信の場として世界銀行を利用することができた．『東アジアの奇跡』は従来市場志向がきわめて強かった世界銀行の開発コミュニティーにおいて一定の条件の下での国家の役割を認めさせるものであった．

ITUにおいては，かつてのハイビジョンTV標準化の失敗に見られるように直接的に日本の利益になる標準化は難しいが，ITUという枠組での国際標準化を推進し，それに参加することは日本の国益にも合致していた．日本にとっては国際的な標準連合の一部に参加しておくことは重要であった．また，ITUの標準化プロセスは時間がかかるとして批判されるが，言語等にハンディキャップのある日本にとっては，時間をかけて手順を踏んだ標準化を支援することは望ましいことであった．WHOにおいては，水，食品の安全等に関する衛生基準が勧告等として設定されるが，これらの規範設定プロセスに日本として関与しておくことも重要であった．また，ユネスコにおいては日本が提案して海洋学研究を進めてきたという経緯があり，また，松浦事務局長の下，石造の有形文化だけではなく木造建築，無形文化財にも目を向けるという動きが見られる．これらの動きを促進する上でも日本の国際機関による国際的決定への参加は重要であった．

2-3 国内政策・論議の刺激・正当化

日本の国際機関への参加は，国内政策・論議の刺激や正当化という意味でも重要であった．安全保障分野においては，国連活動への協力といった枠組の下で，自衛隊の平和維持活動等の海外活動に対する議論が刺激され，また，一定の活動が認知された．

また，人権の分野でも国連等の国際機関の活動は国内政策論議の刺激あるいは国内政策の正当化の契機となった．たとえば，国際人権条約批准（1979年）は公共住宅関係法の国籍制限撤廃や公立小中学校の外国籍児童受け入れ義務化に寄与した．女子差別撤廃条約批准（1985年）は国籍法改正（父系血統主義から父母両系血統主義）や男女雇用機会均等法につながった．また，国連障害者の10年（1983-92年）等は障害者基本法，障害者雇用促進法制定の契機となった．

WHOは，前述のように水・食品に関する安全基準等，ダイオキシンに関する基準等の様々な基準を設定するが，これらは国内における諸基準を正当化する重要な根拠でもある．

2-4 手段的価値

日本の国際機関活動への参加や支援は，人材養成を通して日本の国益に貢献するという面ももつ．

特に開発分野においては，世銀やUNDPの活動への関与を通して国際的な開発共同体に触れることで，国際的レベルで活動できる開発に関する人材育成を促してきた．またUNDPやユニセフは，ジュニア・プロフェッショナル・オフィサー（JPO）経由の若手国際公務員育成に寄与してきた．

他方，ITUのような技術的機関においては，JPO等経由で若手の日本人の国際公務員を採用するということは困難であった（同様の事態は医者等の世界であるWHOに関しても指摘できる）．他方，ITUの技術標準化活動にはNTTや様々な日本のメーカーの技術者が数多く参加しており，これらの日本の技術者に国際的経験を積む重要な機会となってきた．しかし，現在のような不況期においては，企業内において目に見える成果を生みにくい国際活動を支援する余裕はなくなりつつあり，このような国際標準化活動参加を社内でどのように評価されるようにするのかという課題が出てきている．

参考文献

Helman, Gerald B. [2002] "United Nations Reform: The ITU as a Successful Example," paper prepared for the NIRA International Organization Project.

Jolly, Richard. [2003] "Some Points and Principles for Evaluating the Development Performance of Different International Organizations," paper prepared for the NIRA International Organization Project.

Travers, David. [2002] "The United States and Peacekeeping: A Critical Perspective," paper prepared for the NIRA International Organization Project.

Weiss, Thomas G. [2002] "UNHCR Should Lead the International Humanitarian Enterprise," paper prepared for the NIRA International Organization Project.

第2部

加盟国とのインターフェース

はじめに

城 山 英 明

　第2部では，加盟国と国際機関とのインターフェースのあり方について検討する．インターフェースとは，国際機関と各加盟国政府との資源（財政的資源，人的資源等）移転関係や政策をめぐる相互作用を規定する管理運営上の制度およびその運用をさす．

　具体的には，まず，財政的資源，人的資源，対国際機関政策形成の側面からインターフェースの実態をできる限り明らかにすることを試みる．国際機関は加盟国の資金提供によって活動を行っているのであり，各国がどのような制度的枠組の下で，どのように資金提供を行うのかというのは，各国の対国際機関政策を規定する上で，また，ひいては国際機関の活動を規定する上できわめて重要な要因である．また，国連をはじめとする国際機関においては，国際公務員の「国際的性格」の原則の下，各国出身の職員数の望ましい幅を定める等の試みを行っており，また，各国も各々の出身の国際公務員を送り込もうと様々な努力をしている．また，対国際機関政策形成に関しては，加盟国と国際機関のインターフェースを構成する重要な要素は各国政府において国際機関を担当している組織である．国際機関に対する政策・業務には，もちろん外交政策の一環として各国の外交当局が関与しているが，上記の様々な国際機関は様々な専門性の高い分野を担当しているため，各国政府の外交部局が一元的に管轄することは実質的には不可能であり，国内の様々なセクター分野担当の省庁が国際機関との関係に継続的に関与している．また，場合によっては，議会が対国際機関政策形成に直接関与してくることもある．

　以上のような観点から，この第2部では，日本におけるインターフェースの態様とともに，米国とスウェーデンの対国際機関インターフェースの態様を検討している．これには，いわば比較国際機関政策論といった意味合いがある．米国を例にとったのは，米国が圧倒的な力を国際社会で誇り，国際機関を自国

外交政策の手段としてきわめてドライに利用するといった意味で，また，国内予算決定過程において議会の役割が大きいという意味で，日本とは対極的な例であると考えられるからである．他方，スウェーデンを例にとったのは，スウェーデンはいわゆるミドルパワーであり，国力に比して国際機関でのプレゼンスは大きく，国際機関を米国とは全く違う意味で有効に活用しているケースとして興味深いと考えられるからである．

　以下の各章における分析に先立って，ここでは比較の観点また日本への示唆という観点から注目すべき点について，はじめに整理しておきたい．

　第1に，国際機関への財政的資源の提供については，国内における分散化が各国において見られるが，分散化のあり方は各々特色を持っている．日本の場合，国際機関への通常予算分担金・出資金は様々な省庁の予算に位置づけられている．多くの国際機関については外務省予算に位置づけられている．国連本体以外に，専門機関である食料農業機関（FAO），あるいは経済協力開発機構（OECD）の通常予算分担金等も外務省予算に位置づけられている．しかし，国際海事機関（IMO），国際民間航空機関（ICAO），世界気象機関（WMO）は国土交通省，国際電気通信連合（ITU），万国郵便連合（UPU）は総務省，世界保健機関（WHO），国際労働機関（ILO）については厚生労働省，世界銀行（正確には国際復興開発銀行と国際開発協会），国際通貨基金（IMF），アジア開発銀行への出資金は財務省というように，多くの専門機関は国内の各セクター担当省庁が担当している．任意拠出金については各セクター省庁の役割はより大きい．

　米国の場合，国際機関への資金提供は，大枠で言えば予算書の国際問題に関するファンクション150というカテゴリーの中に位置づけられている．しかし，その中ではやはり細分化されている．すべての国際機関への通常予算分担金や平和維持活動（PKO）の分担金はファンクション150の中の国務省予算（外交実施に関するサブファンクション153とも呼ばれる）に位置づけられ，国務省が実施している（逆に言えば，国務省予算の中で在外公館の安全や旧ソ連圏新興独立国への在外公館設立等の予算と国際機関への分担金の予算が競合することになる）．しかし，国連開発計画（UNDP）等の国連機関への任意拠出金，食糧援助や多国間開発銀行への資金提供は対外活動予算あるいは対外援助予算

(国際開発人道支援に関するサブファンクション 151 とも呼ばれる)に位置づけられ,そのうち UNDP 等への任意拠出金は国務省が担当しているが,食糧援助は農務省によって,多国間開発銀行対応は財務省によって担当されている.また,国連難民高等弁務官事務所(UNHCR)への拠出については対外活動予算の中に位置づけられる移民難民支援勘定から,国連児童基金(UNICEF:ユニセフ)への拠出については対外活動予算の児童の生存と健康プログラム基金から支出されている.どのサブファンクション,勘定に位置づけられるかによって当然議会の支持の程度は異なる.

スウェーデンの場合,通常予算分担金については外務省予算の外交安全保障プログラム(外務省世界協力局の担当)に位置づけられるが(ただし WHO の非 ODA 分担金部分は社会省予算に位置づけられているようである),量的には大部分を占める国連経済社会協力に関する拠出金や国際金融機関への資金提供は外務省予算の国際開発協力プログラム(外務省国際開発協力局および実施に関してはスウェーデン国際開発協力庁(SIDA)の担当)に位置づけられている.スウェーデンの場合には,国際機関への資金提供は任意拠出金による国際開発協力の一環という色彩が強いと考えられる.

第2に,人的資源に関しては,日本の自国民の国際機関職員における比率が望ましい幅から最も離れているが,米国,スウェーデンも程度は少ないものの同種の問題を抱えている.米国の場合,ニューヨークに存在する国連本部については自国民が十分存在するが,ローマに本部のあるヨーロッパの FAO 等については,言語の問題や配偶者の雇用機会等の問題があり,十分自国民が代表されていないと考える.自国民国際機関職員雇用支援の枠組としては,日本とスウェーデンがジュニア・プロフェッショナル・オフィサー(JPO)の制度を持っており,また,日本の外務省の国際機関人事センターに対応する組織がスウェーデンの外務省(SIR:国際採用事務局)や SIDA(RIU:国際ミッションのための採用)に存在する.また,スウェーデンには国際機関で働く国家公務員に対する休職制度もある.このような組織的対応を特に中堅若手職員に対して行っている日本とスウェーデンに対して,米国においては,ハイレベルのポジション確保の努力はなされているが(米国人が事務局長を占めている国際機関としてユニセフ,UPU,世界食糧計画(WFP)がある),このような組織的支

援を欠いているとされる．

　第3に，国際機関に対する政策形成に関していえば，米国においては議会の役割がきわめて大きい．そのような議会に対する情報提供として，1986年まで国務省は様々な国際機関に対する資金提供等の米国の貢献を一覧性のある『米国の国際機関への貢献』という報告として毎年まとめてきた．国際機関に対する政策形成や予算過程における授権は上院外交委員会と下院国際問題委員会によって行われる．しばしばこれらの委員会や小委員会では政府職員や専門家が呼ばれて意見を述べる．また，非公式に国連職員が議会委員会でブリーフィングを行うこともあった（原則的には国連職員が個別の議会委員会に出席することは，世界中の議会委員会に出ることは不可能なので許されないとされる）．また，議会の重要性を象徴的に示す出来事として，2001年に上院外交委員長のヘルムズ議員が自ら国連安全保障理事会の場に現れて対国際機関政策を伝えるという場面があった．行政府レベルでは国際機関政策を公式的に管轄する国務省と，専門的知識の点で個別国際機関政策に関与する各省との対立が存在した．たとえば，保健社会省がWHOで新規の政策を打ち出すと，予算を担う国務省が火消しに回るということがあったり，国際原子力機関（IAEA）への資金提供に関してもエネルギー省は戦略的観点から積極的であるにもかかわらず，国務省が予算の観点から消極的であったりということがあった．また，歳出法案に関しては，国務省，商務省，司法省が一緒に扱われていたため，国際機関への資金提供を含む国務省予算は，より国民の支持の大きい中小企業支援等の商務省予算，刑務所建設等の司法省予算とトレードオフ関係にあった．

　スウェーデンにおいては，外務省が中心となりつつも，主として，省庁間の調整によって対国際機関政策が形成されている．国際開発協力（地域開発銀行を含む）については外務省国際開発協力局とSIDAが調整し，世界銀行については外務省と財務省が，IMFについてはスウェーデン中央銀行と財務省が調整して対国際機関政策を形成した．また，近年の興味深い試みとして，国際機関に対する戦略枠組作成の試みがある．まず，国連開発基金・プログラムの一般についての戦略枠組が作成され，その後，UNDP，ユニセフ，国連人口基金（UNFPA）の各機関に関する戦略枠組が作成された．これらは，SIDA 4人と外務省2人のプロジェクトチームにより，適宜関係部局の参加を得て，ま

た，対象国際機関の協力も得て作成された（逆に言えば対象国際機関と政策調整をする機会であったといえる）．WHO に対する戦略作成に関しては社会省と社会庁も重要な役割を担った．

　日本においては，スウェーデンの場合以上に各省が分散的に分担して対国際機関政策を担当しており，また，戦略枠組作成のような調整の機会もなかった．他方，議会は従来あまり対国際機関政策に関心を示さなかったが，近年関心を示しつつある．

第10章
国連組織に影響を及ぼす財政・人事政策：米国の場合

スティーブン・A・ディモフ

1. はじめに

　米国は 100 を超える国際機関に加盟している．この中には国連や国連専門機関，国連任意プログラムのような世界規模の機構もあれば，半球や地域規模で幅広い問題についての協力を育成する米州機構（OAS）や北大西洋条約機構（NATO）のような地域機関もあるし，また，国際穀物委員会や国際天文連合などの特定の活動や商品取引を扱う小規模の専門機関もある．国務省による公式会計報告が利用可能なのは最近でも 1998 会計年度までであるが，同年の米国の多国間機関への拠出金総額は 19 億 1,500 万ドルに上る．
　1998 会計年度の 20 億ドル近い米国の国際機関への拠出金のうち，最大なのは国連組織に対するものである．たとえば米国は 2 億 4,800 万ドルを超える金額を国連通常予算と現行の戦争犯罪裁判所に拠出しており，10 の国連専門機関に対する分担金総額は 3 億 3,800 万ドルに上る．国連難民高等弁務官事務所（UNHCR）や国連児童基金（UNICEF）などの機関への任意拠出金は 6 億ドルを超える．そして，米国は 1998 会計年度には国連平和維持活動（PKO）支出の分担金として約 1 億 9,500 万ドルを拠出している．
　本論文では通常米国が国連組織に財政的貢献をする際の内部構造について検討する．この構造はここ数十年の間により複雑になってきている．その理由は，行政府が各組織の予算成長の規制を望み，議会による財政的関与の本質的決定への関与が増大し，そして国民に対し，米国の財政的関与が世界規模の困難な問題を解決する上で費用効果的になされていると証明する必要性が高まってき

たことなど数多くある．資金拠出をめぐる議論の中心はもちろん，どの程度まで米国が国際機関に影響を及ぼすことができるかということに関係する．たいていの場合米国は，国際機関の唯一最大の資金提供者であるが，全般的な予算分担は長年かけて減ってきた．それゆえに，人事問題は重要である．米国は米国人職員が機関に存在することを，多くの政策やプログラム目標を推進する手段とみなしているからである．

　米国の国連組織への資金拠出をめぐる国内の議論はコスト削減と予算成長の規制に集中してきた．1990年代を通して，PKOの費用増大は，旧ソ連からの新興独立国へ派遣する外交団の数を増やす必要性との間で公開競争にさらされた．この議論に照らすと，国務省予算は全体的に停滞し続けるので，米国の国際機関およびPKOへの拠出金総額が国務省予算全体の25%も占めてしまう恐れが出てきた．結果として議会側は行政府のPKOやその他の国連関連支出を拒否する意識的な決定をなし，したがってほぼ過去10年間にわたり未払い金が生じてしまった．クリントン政権は2期目の終盤に，米国は国連組織とPKOに10億ドルを超える支払い義務を負っていることを認めた．行政府と議会の間で難しい折衝が行われた結果，98年に3回に分けて9億2,600万ドルの未払い金を返済する計画に合意がなされたが，それは国連加盟国，世界機関における米国の予算支出とPKOの分担金を2000年末に削減することに合意した後のことであった．

　国連組織への遅滞金支払いのためのヘルムズ・バイデン計画が採用され実現されたことで，米国は国連組織における「優良加盟国」の地位へ向かって踏み出した．米国がよりタイムリーに国連組織予算の22%を占める分担金を支払うことにより，国連内部の予算的圧力は減少してきている．さらに，2002年議会は行政府に対し，現在行われているように10カ月から12カ月遅滞させるのではなく，支払い期日である年初中に多くの国連機関への資金拠出をできるような計画を提出した．しかしながら同時に，合計5億ドルに上る未払い分担金の額と，2004会計年度以降の，米国の分担率支払いを不可能にするPKO分担金への25%枠の賦課といった予算関連の問題が解決されずに残っている．最後に，全般的な連邦予算赤字のおかげで国務省予算も緊縮しつづけており，利用可能な新たな財源はすべて，国務省および最近の歴代政権の主要優先事項

である在外公館の安全保障強化に充てられる見込みである．

2. 国際問題予算と米国の国連への貢献

　毎年初頭に米国行政府は議会の審議と承認のために連邦予算提案を提出する．行政府内の予算編成過程では度重なる公式・非公式の省庁と行政管理予算局（OMB）間の折衝が行われる．国務省の場合，OMBに提出される予算案についての折衝は，予算が議会に提出される6ヵ月も前に始まる．修正案を起草するする過程で，OMBの担当官は資金拠出に関して重要な政策決定を暗に下すことができる．この修正案は最終的にまたコメントを得るために国務省に差し戻される．国務省の役人は草案に対して提案された変更事項を見直し，OMBの勧告に対して不服申し立てをするという選択肢を持ちうる．しかしながら実際にはどんな連邦機関でも，OMB勧告に対して不服申し立てをして成功することは非常に難しい．というのは，OMBは大統領が認めた優先事項の線に従って大統領予算の大枠を作成，実施する責任を負っているからである．

　こうした内部の予算編成過程は米国の国際機関への資金拠出に重要な影響を持っている．たとえばクリントン政権期，OMBは国務省の米国の国連教育科学文化機関（UNESCO）復帰への取り組みへの大きな「障害物」となった．1993年以降クリントン政権は，84年に脱退したこの国連専門機関への復帰を支持することを公式に表明していた．にもかかわらず，次期予算提案の中に米国のUNESCO復帰を入れようとする国務省の度重なる努力を，OMBは全般的予算制限を理由に拒否しつづけたのである．同様に，OMBは国際機関からの申し立ての妥当性をOMB内の法律顧問の判断に基づいて決定し，90年代を通じて米国の国際機関に対する未払い金の全般的なレベル決定に重要な役割をはたしてきた．

　議会への予算提出では行政府は国際機関へのすべての資金拠出を予算の国際問題セクションまたは「ファンクション150」と呼ばれる科目に含めている．国際問題予算は予算全体の中の18の科目の中の1つである．国際問題のために要求される予算の大部分が国務省によって施行されていることに留意するのは重要である．しかしながら資金の一部は「平和のための食糧」プログラムと

して農務省，あるいは様々なプログラムのために労働省や保健社会省，そしてとりわけ財務省に割り当てられている．2003会計年度に大統領は約2兆2,000億ドルの全連邦予算要求のうち，国際問題支出として254億ドルを要求した．

　国際問題予算は米国の国連組織における分担金および任意拠出金を含むが，これらの機関への米国の関与の全体像をつかむのは容易ではない．実際，国際機関への米国の拠出金レベルを解明するのは，拠出金支出の方法が（複雑であるという理由で），非常にむずかしい．たとえば，すべての分担金あるいは条約に基づく義務的な拠出金は国務省の国際機関予算に含まれる．したがって，国連通常予算および平和維持活動（PKO）のための支出，および10の国連専門機関予算は，大使館安全強化および維持，外交領事プログラム，教育文化交流活動と並ぶ国務省予算の一部である．他方，任意拠出金は対外活動予算に含まれる．というのは，これは国連への義務ではなく，厳密には米国が1年ごとにどのような貢献を望むのかを決定する任意の拠出金だからである．こうした多くの国連プログラムは総会を通じて創設され，加盟国の義務的年次拠出金を拘束するような憲章を持っていない．

　拠出金の一部は2国間経済援助勘定を通して行われるため，国際機関への予算要求の全体像は，より複雑になっている．多国間経済援助勘定の中には「国際機関とプログラム（IO&P）」という表題のカテゴリーがあり，ここから米国の国連開発計画（UNDP），国連環境計画（UNEP），国連人口基金（UNFPA）などの国連機関への任意拠出金が出資される．2002年の大統領予算におけるこの勘定要求は3億1,000万ドルである．この要求の中に含まれていないもので目立つのが国連難民高等弁務官事務所（UNHCR）への拠出金である．02会計年度の米国のUNHCRへの拠出金は2億5,500万ドルであるが，この拠出金は2国間経済援助勘定の中の国務省の移民難民支援項目から出資されているのである．この勘定は米国の難民避難民支援のための2国間プログラムにも出資している．2002年に米国が1億1,900万ドル拠出している国連パレスチナ難民救済事業機関（UNRWA）への拠出金についても同様である．

　このように，ファンクション150を見て，米国の国連組織への資金拠出の総計を把握するのは，容易ではない．この状況を解消するため，国務省は長年『米国の国際機関への貢献』と題する報告書を出版してきた．この報告書は法

に基づいて出版されていたが，1987会計年度以降廃止されてしまった．この報告書は，米国の国際機関への貢献の本質と規模についての詳細を確認することができたうえに，米国の国際機関へ関与全般を提示していたので，議会議員やスタッフにとって格別便利な報告書であった．このような基本的な情報に加え，この報告書は，各組織における米国人雇用者の給料と支出のうち米国政府の負担費用，米国政府に支払われるべき貸付金，そして調査などの活動のために米国政府と各機関の間で取り決められた契約による合意についての情報も掲載していた．

この報告書出版が廃止されたことにより，米国の国際機関に対する関与の本質と全体像に関して米国議会では問題と混乱が引き起こされた．こうした年次報告書を別にすると，米国の貢献に関する唯一の権威ある情報源は議会が承認して大統領が署名する法律の中に含まれる．1992年以降国務省は，米国の毎年の分担金および任意拠出金についての数ページの説明文を出版し始めた．出版されている最新版の報告書は98会計年度に関する情報である．この報告書は14ページで，以前の報告書が140ページ使って米国の支援に関して詳述していたようにはいかないが，少なくとも当該年の米国の国際機関への財政的貢献の程度を理解するために最も信頼のおける情報源ではある．

米国の国際機関への資金拠出がわかりにくい理由が連邦予算の性質にあると断言することはできない．しかしながら問題の一部は行政府の予算要求の議会審議の方法にある．議会小委員会は行政府が予算要求を提示する管轄に従って組織されている．もしもすべてのプログラムが単一の法案に含まれるならば，議会は米国の国際機関参加についてより良い決定ができうるとの議論は可能である．しかしながら実際のところは，議会小委員会はそれぞれの管轄下のプログラムを油断なく守り，喜んでその監督権を他者に明け渡そうとはしない．他の小委員会にその管轄権を譲渡することになる場合はなおさらである．

3. 立法審議：予算権限立法と歳出決定の過程

国際機関への予算要求が国際問題予算全般の一部として議会に提出されると，委員会に委託され，そこで要求内容を評価し，競合する外交政策の優先事項と

の間で調整が図られる．米国の対国際機関政策全般を決定する委員会と最終的に国際機関への資金拠出額を決定する委員会は別であるため，予算立法審議過程にはいささか混乱が伴う．理論的には，予算審議は2つの異なる活動からなる．予算権限の立法と歳出の決定である．米国の立法府では，予算権限を与える委員会が実質的な米国の国連組織における参加について監督責任を持つ．これらの委員会は毎年の米国の国際機関拠出金予算の最高概算要求枠決定も行い，ここで承認された予算権限法が米国の国際機関活動の基盤となる．他方，実際の資金拠出額を決定する責任を持つのは上下両院の歳出委員会である．歳出委員会で承認される予算の水準は，予算権限を与える委員会が設定した最高概算要求枠を超えてはならない．現実に，歳出委員会は予算権限を与える委員会が承認した水準の資金拠出義務をしばしば拒否している．歳出委員会はしばしば国連組織への財政的義務の削減を率先して提案し，最近ではこうした支払いに伴う差し控えや条件付けを行っている．

　上院外交委員会および下院国際問題委員会が国際問題プログラム全般に対する議会の主要な予算権限立法義務を担う．しかしながらいくつかの例外があり，たとえば下院では銀行委員会が米国の多国間開発銀行，地域開発銀行，国際通貨基金（IMF）への米国の参加に対する政策的管轄権を持っている．上院外交委員会にも下院国際問題委員会にも国際活動小委員会があり，これら小委員会が，国連組織への分担金拠出を含む国務省予算要求や対外援助の範疇に入る人道および経済開発分野のプログラムへの任意拠出金を取り扱う．概してこれらの委員会は行政府の国連組織への分担金および任意拠出金要求を支持してきている．国連児童基金（UNICEF）のような限られたケースでは，国際活動小委員会は行政府の要求を上回る財政的義務を承認した．

　第107議会（2001-02年）会期中，予算権限を与える委員会は米国の対国連組織財政関係を改善する上で重要な役割を果たした．2002年末に議会を通過した法案（Public Law 107-228）では，予算権限を与える委員会は，米国が新たな分担率水準を満たすことができるように，平和維持活動（PKO）に対する分担金25％枠を撤廃し，国務省に米国が期限である年初に分担金を支払えるような計画作成を要求し，早期に3年度分割支払いが実現するように，未払い金のためのヘルムズ・バイデン計画に技術的変更を加えた．また，国連教育科

学文化機関（UNESCO）復帰の大統領決定に支持を申し出，行政府が要求した資金拠出に全面的権限を与えた．このうちいくつかは行政府の要求による措置だが，UNESCO への米国の復帰の場合は最初に下院の 01 年初頭の法案の中で推進されたのである．

　これとは対照的に，予算歳出決定過程ではしばしば，国際機関への支出が，重要な国内および対外プログラムと競合するという固有の力学が働く．概して議会には国際機関への強い支持基盤はなく，国連組織への米国の関与に関する議員への圧力を加えるのは行政府である．国務省内では国際機関問題局が議会への予算要求擁護を率先して行う．最近では国務省のこうした取り組みを米国の国連代表部が支援することも稀ではない．実際のところ，特に米国の国連への未払い金の完済と米国の PKO への参加支持をとりつけるために，米国の国連代表部が議会周辺で活動することも多くなっている．代表部は国務省内に長年事務局を保持しており，その責任者は議会と強い関係がある者が務めることが多く，ニューヨークにいる国連大使と緊密に協力しながら活動している．

　議会では上下両院の歳出委員会が全連邦プログラムの支出水準を勧告する責務を担う．歳出小委員会によって承認された法案は上下両院の議場で議論され，修正され，最終的には大統領の署名を得るために提出される．歳出委員会内では米国の国際機関分担金と PKO 予算は国務省の歳出法案の中に含まれる．しかしながら議会委員会審議の目的のために，国務省の歳出要求は，商務省や司法省，連邦裁判官やそのほか数多くの独立機関の予算も含んだ大きな歳出法案の一部として提出される．この立法を取り扱う委員会はそれぞれ上下院の商務，司法，国務に関する歳出小委員会である．この歳出法案は，議会にとっては最重要なものの 1 つである．というのは，この歳出法案により，対テロプログラム，薬物対策措置，国家および地方法施行支援，国内経済開発プログラムといった重要な国内プログラムが支出されるからである．この歳出法案の対象となる米国政府機関予算には連邦捜査局（FBI），薬物対策局（DFA），移民帰化局（INS），中小企業局（SBA）が含まれる．

　2003 会計年度には商務省・司法省・国務省歳出予算案総額は 400 億ドルを超えると予想される．02 年 7 月半ば，上院歳出委員会は立法措置を完了し，司法省に 257 億ドル，商務省に 56 億ドル，国務省に 79 億ドルの歳出を勧告し

た．上院委員会における法案をめぐる議論は，多数の委員が法案の中で可能な予算割当て総額内で歳出増額を求める中，紛糾した．後に上院の議場審議で委員会は法案を承認したが，委員の中には国勢調査局やINSなど個別のプログラムへの予算増額を試みると明言しているものもいる．第107議会は，予算法案についての最終的措置をとらないまま02年11月半ばに閉会したが，最終的水準を決定する取り組みは03年1月に始まる予定である．

　上院法案はまた，より政治的に支持を得やすい国内プログラムや国務省プログラムへの歳出を増額するための手段として，行政府に国連組織への拠出要求額を削減するよう勧告した．全般的に上院委員会が国務省に与えた拠出水準は大統領要求よりも2億4,000万ドル少ない．国務省の予算内では国際機関への拠出額は当初の要求額8億9,100万ドルよりも4,100万ドル削減され，国連PKOへの分担金は要求水準の7億2,590万ドルから5,920万ドル削減された．この法案に添付された報告書の中で，上院歳出委員会はこうした要求拠出額の減額についての理由を明確にしてはおらず，単にこの勧告は「政策決定に基づいた勘定への修正をいくつか含んでいる」とコメントしているに過ぎない．にもかかわらず，実際のところ同委員会は連邦囚を収監する監獄や拘留施設の建設，近代化，メンテナンス，修繕のためには大統領の予算要求の3億9,500万ドルよりも1億500万ドル高い5億20万ドルの歳出を承認しているのである．追加歳出は他の科目からの流用によってのみ認められる．

　その上，国連プログラムへの任意拠出金の歳出は上下院の国際活動小委員会という異なる小委員会で審議され，ここでも，限られた拠出額内で重要な国内支持基盤を持つと考えられる対外援助プログラムの中で競合を余儀なくされる．対外援助プログラムは議会周辺では一般的に人気は高くなく，対外活動歳出法案は常にその年に議会が審議する最後の法案の1つである．同法案には経済支援基金（EDF）や国際軍事教育訓練（IMET），アンデス対薬物イニシアティブのように政治的支持基盤を持つプログラムも含まれるものの，法案の議会通過を確保するために必要な広範な支持基盤を議会指導者が喚起するのは大体において困難である．最近では議員達は自国の対外援助政策の優先事項をよりよく反映するように法案の再構築を試みている．このイニシアティブは議会でこの法案へのより大きな政治的支持を確立することをも意図している．たとえば，

議員は，対外援助プログラム全体がこうした取り組みに優先権をおいているという感触を与えるために「児童の生存と健康プログラム基金」を法案の中に含めた．この勘定には児童の健康を国際的に改善する分野の進展を求めるほかのプログラムが大体含まれ，最近では米国の UNICEF への任意拠出金がこの勘定に含まれるようになった．

　国連プログラムへの任意拠出金のほとんどは対外活動歳出法案の中の「国際機関とプログラム（IO&P）」という項目に含まれる．この項目は，米国の国際機関への拠出金を処理する対外活動歳出法案の第4条として知られる多国間経済援助勘定の一部である．この項目には世銀グループ，アジア，アフリカ，ラテンアメリカ，ヨーロッパ地域開発銀行，国際農業開発基金などの国際金融機関への米国のすべての財政的関与が含まれている．2003会計年度には行政府はこの項目について14億ドルを要求し，このうち3億1,000万ドルが国連開発計画（UNDP）などの任意の国連プログラム向けである．対外活動プログラム全体に対する大統領の予算要求総額は03会計年度で161億ドルである．

　対外活動歳出法案の第4条（多国間経済援助勘定）は，国際機関向けの資金拠出への理解をわかりやすくしている．しかしながら実際面では，対外活動歳出法案の中の国際機関向け資金総額を把握することは簡単ではない．IO&P項目は，米国の国連プログラムへの拠出金の多くを包含しているものの，すべてを含んでいるわけではない．たとえば国連難民高等弁務官事務所（UNHCR）への年間支援は2国間経済援助勘定の中の移民難民項目に含まれる．同様に，米国の国連薬物統制犯罪防止事務所への拠出金は国際麻薬規制および法執行項目という2国間経済援助勘定から歳出される．年額5,000万ドルに上る国際原子力機関（IAEA）への任意拠出金は，不拡散，対テロリズム，地雷除去活動に資金を拠出している歳出立法のなかにある2国間援助勘定を通して供与されている．数年前に，任意拠出金要求総額を減らす（つまり勘定を実際よりも小さく見せる）ためにIAEAへの任意拠出金はIO&P項目から移されたのである．

　対外活動歳出法案が全般的に人気がない中で，一般的に2国間援助プログラムは多国間援助プログラムよりもはるかにましな状態にある．米国が過去10年間にわたり多国間開発銀行に対して相当額の未払い金をため続けてきたこと

は多くの人を驚かせるかもしれない．未払い金の相当額は支払われたが，米国はまだこれら機関に対して5億ドルを超える支払い義務を負っている．そしてUNICEFに現在年間1億2,000万ドルを支払っているように，いくつかの任意の国連プログラムへの米国の支援は増加しているものの，多くのプログラムでは米国政府の支援が減少したり，維持するのがむずかしくなっている．たとえば1980年初頭には年間総額1億6,000万ドルあったUNDPへの拠出は90年代初頭には年間1億ドル以下に減少した．UNDPに対する2002会計年度の任意拠出金は9,710万ドル，03会計年度には行政府は1億ドル要求している．これより小規模のプログラムでは大概長年同じ水準の歳出にとどまっており，したがって機関の財源としては結果的に実質的減少となっている．

　米国の国連機関やプログラム，そしてすべての国際機関に対する拠出金に関する議会審議は1つの歳出予算法案の中に含めるべきであると提案する専門家もいる．理論的には，そうした法案により議員が，全般的な関与に対するより明確な感触を得ることができ，国際機関の間にある相乗効果についてより包括的な図式を描くことができるであろう．このような法案作成を阻む原因は議会委員会制度そのものにある．おそらく議員の大部分が現在の方法は改善するべきという点には同意するだろうが，それでも委員会の議長なり委員が，予算編成過程全体での役割を強化する重要な管轄分野を他にあけわたすということは政治的に困難である．そして，行政府がそのような体制を提案すれば，新たな取り決めに適応させるため現在の会計や監督メカニズムの徹底的見直しが必要となる．毎年議会への予算要求提出が殺到し，9～10カ月の期間中に承認を求めることを考えると，これ以上問題を複雑化する行政府の試みは実施に移されそうにない．

4. 行政府による議会への報告書

　予算編成過程そのものによって議会は米国の国連組織への本質と規模に対する明確な理解を得ることは容易ではないので，国務省は米国の国際機関への参加についての全体像を提供することを求める議会に対して年次報告書を出している．こうした年次報告書には次のようなものがある．

1. 『米国の国連参加』：これは大統領から議会への年次報告書であり，政治安全保障問題，経済開発問題，社会人道問題といったテーマ別に国連組織活動に関する詳細な議論を含んでいる．この報告書はまた，国連組織改革，個々の専門機関などの活動，そして国際法分野における重要な進展を促進する取り組みを含む行政と予算に関連する事項についても議論している．この報告書は予算については扱っていないが，米国人職員数が各機関においてどの程度占めているかについて指摘している．

2. 『米国の国際機関への貢献』：この議会への年次報告書の現在の版は大きく改定され，大幅に短縮され，特に国連組織に対する実際の貢献に関する情報の概論となっている．35年間この報告書は関連機関の期限と発展，構造，米国参加のための現在の権限，米国の拠出金額，他国からの拠出金規模といった情報を掲載していた．情報源としては欠くべからざるものであると認識されながらも，1980年代末の国務省の人員削減により，この形態の報告書の廃止が余儀なくされたのである．現在の版の報告書の最新版は98会計年度のものであるが，これは同年度の各機関への米国の貢献の一覧表が掲載されている．

3. 『国連での投票行動』：この報告書は1980年代初頭に国連総会および安全保障理事会における加盟国の投票行動について評価するために議会によって決定された［Public Law 101-246］．当初議会は，2国間援助水準と，米国政府が国連で主導権を握ることへの支持の増大との間に相関関係があるかどうか，という視点から国連における投票傾向について理解を深めることに関心を持っていた．数年の間に，同報告書の方法論は，国連での加盟国の米国支持についてより正確な図式を描くように変更された．たとえば，初期の報告書は全会一致や無投票で可決された総会の決議には注意を払っていなかった．その実，記録される投票はほとんどの場合加盟国間で大きな意見の相違があると考えられる場合にのみ行われるので，全会一致によって可決された3分の2以上の決議を分析対象としない初期の報告書は，正確な全般的状況の図式を描けていないという傾向があった．当報告書はまた，総会における「重要投票」一覧も掲載し，米国の立場を他の加盟国の立場と比較検討している．最新の報告書は2000年版である．

5. 議会による内部見直し

　米国の国連への参加への監督を行うにあたり，議会はしばしば自由になる2つの選択肢を利用する．第1に委員会や小委員会の公聴会で，ここでは政府の証人や公共政策専門家が召喚されて米国の多国間機関への関与についての意見を述べる．こうした公聴会は委員長の裁量により開かれ，主題については委員会および小委員会の関心事項であればどのような問題でも取り上げられる．ほとんどの公聴会はワシントンで開かれるが，2000年1月には上院外交委員長のジェシー・ヘルムズ上院議員（共和党；ノース・キャロライナ選出）がニューヨーク市で国連改革問題を討議するための同委員会の「現地公聴会」を組織し，クリントン政権の担当官などが米国と国連の関係について証言した．同年ヘルムズ議員はまた，加盟国代表に向かって自らの世界機関についての考え方を伝えるために国連安全保障理事会の場に現れるという異例の措置を講じた．2001年1月には，数カ国の国連代表部が，米国の国連通常予算および平和維持活動（PKO）予算分担金削減という国連総会の動きについて討議するためにワシントンで開かれる外交委員会への，ヘルムズ議員からの招待を受け入れた．

　議会の過密日程により，委員会は望むだけの数の公聴会を開けないことが多い．こうした行事を開催するのは時間を費やすし，利用できるスタッフの数が限られていることからむずかしいのである．国際機関の場合，たとえば，国連職員は個別の議会委員会への出席は許されていない．理由は様々であるが，国連職員が世界中の議会に出席したら仕事に支障を来すほどの時間を費やさざるを得なくなってしまうから，というのが妥当なところだろう．それ以上に，国連への各国の参加運営は論理的には各加盟国の外務省の責任であるから，各国議会は国際機関の活動に関する説明のためには自国の政府機関を招聘するべきであるとされている．実際には国連職員は限られた範囲で米国の議会委員会に出席してきた．通常は委員会の委員に非公式のブリーフィングを行うとか，単に議長の招待により委員と非公式に会見するという名目の下にである．現実には米国は多くの多国間機関の主要な資金供与者であり，それゆえ，多国間機関の指導者は議会の関心を無視すると自分達の機関のプログラムを危険にさらす

ことになるかもしれないのである.

近年,議会の委員会は米国の国連組織への関与に関する公式の公聴会の数を減らしている.その代わりに,各議員が議会の公の調査部門である会計検査院(GAO)に個々の国連活動の評価や米国の国連政策の有効性の評価を実施するよう依頼するようになった.たとえば2002年には,GAOは下院国際問題委員会の要請により,1996-2001会計年度の米国の国連平和維持活動への推定資金供与額についての主要な報告書を完成した.議会は米国が国連PKOに対し,分担金支払いとして認められている支援水準を実質的に超える間接的貢献をどの程度まで行ってきたかについて把握するための報告書を要請した[GAO-02-294, February 2002].この報告書は米国が当該期間中に国連PKOのために約23.5億ドルの分担金を支払い,さらに間接的な支援額は全額で242億ドルに上ることを明らかにした.GAOは間接的資金協力を「現行のPKOと同じ地域に置かれ,PKOが委任された目的を達成することを支援することを目的とし,公式には国連業務の一部と認められていない米国のプログラムや活動」と定義している.しかしGAOは国連がそうした間接的な活動費用を米国に返済をすべきだとの立場を否定しており,この判断により,議会で長年続いてきた,米国の国連PKOに対する未払い遅滞金の妥当性に関する議論が終わりを告げたのである.

過去10年間GAOは,予算,行政改革,人事政策,プログラムの効率性,ニューヨークの国連本部改築のための開発計画,国連組織への米国の未払い金の支払い進展などを含む,国連組織における米国の参加についておびただしい数の報告書を出してきた.GAOは関係国際機関と協議し,また米国の国際機関参加を担当する米国の政府部局担当者とも結果を検討するために会合をするといった方法論を採用している.すべての場合議会への最終報告書はGAO自身の見方を表すだけではなく,GAOが得た結果への反応とともに他の政府機関の見解も含んでいる.議会はこの報告書の結果を,その勧告を上下院に審議のために提出する立法して具体化することができる.

6. 米国の国際機関への人事政策

　国連と専門機関の予算への単独で最大の出資者として，米国は常にこれら機関における職員の規模について関心を持ってきた．2000年の『米国の国連参加』という報告書の中で国務省は「資格ある米国人が国連および他の国際機関で専門的なポジションを競争して得ることを支援する．毎年国務省は何百人ものアメリカ人に国際機関での雇用機会について直接的に支援し，何千人ものアメリカ人に一般的情報を提供している」と指摘している．

　2000年に国務省は，国連事務局，関連機関，専門機関における専門職，幹部職に就いている米国人総数は1,938人（総職員数20,698人の9.4%）に上ると推定している．報告書は国連事務局およびいくつかの専門機関が公平な地理的分布に適応するような「望ましい範囲」を設定していることを指摘している．どちらにせよ国務省は，主に米国が期限どおりに支払い義務を果たしていないという理由から，米国人職員数が適正水準よりも低い状態にあることを認めている．報告書は「米国はここ数年同様，2000年にも米国および他の加盟国が支払い義務達成を怠ったことがこれら機関の職員採用決定に影響を与えたことを認める．このようなことから，2000年に1つの例外を除き，国際機関における米国代表団の数が減少していることは驚くに値しない」と述べている．

　国務省報告書はさらに米国人が国連児童基金（UNICEF），万国郵便連合（UPU），世界食糧計画（WFP）で最高責任者の地位を占めている点を指摘している．さらにこの報告書は，米国人が国際原子力機関（IAEA），国際農業開発基金（IFAD），国際労働機関（ILO），国連難民高等弁務官事務所（UNHCR），国連パレスチナ難民救済事業機関（UNRWA）など非常に多くの国連機関で2番目に高いポストを担っていると述べている．国連事務局では行政管理を担当する主要なポジションを含む3つの事務次長のポストをアメリカ人が有している．国務省が人事政策で主要な焦点としているのは，国連事務局での幹部および専門職における女性数の増加である（2000年の全米国人幹部および専門職のうち女性は推定53%）．

　最後に，当報告書は国連機関に一時的に連邦職員を任命することにより，国

連部局の活動を支援する取り組みに言及している．2000年には16の連邦機関から114名の連邦職員がこうした任務に就いた．こうした職員の一部は国連機関に直接移籍し，国連機関によって給与が支払われるが，65％の派遣職員は特別任務の形態をとり，米国政府が給与を支払う．後者のうち多くは米国保健社会福祉省（HHS）の主に疾病対策予防センター（CDC）から派遣されている．

2001年7月会計検査院（GAO）は上院外交委員会および下院国際関係委員会の要請により，国連機関における米国人の雇用についての報告書を発表した．この報告書［GAO-01-839，2001年7月］は，国務省が国際機関における米国人の専門職および幹部職への採用に高い優先順位をおいているという同省の主張には異議を差し控えつつも，「国連機関のポストに資格ある米国人を採用するという国務省の努力はここに述べられた優先順位を反映していない」と結論付けている．GAOの調査によれば「国務省には米国人の雇用支援提供に特化した2人体制の部署があり，特別な場合には，米国高官が最高レベルのポストの候補者について国連の担当官と議論する．国連機関における米国の職員数向上には最小限の進展しか見られないにもかかわらず，国務省は採用努力を減らしてしまった．これが採用にどのような影響を与えるかを評価せずにである」．GAOはこの状況を他の主要出資国と比較し，カナダ，ドイツを含む数カ国では国連組織機関における自国人の採用のために，遥かに良い活動が行われていることを見出したのである．

GAOの国連組織における米国人雇用の調査報告は，ニューヨークの国連事務局と国連開発計画（UNDP），ジュネーブのILO，世界保健機関（WHO），UNHCR，ローマの国連食糧農業機関（FAO）の職員を対象としている．これら機関が調査対象に選ばれたのは主に，これら機関が非公式・公式に職員雇用に地理的配分目標を採用しているからである．この報告書は各機関から得た1992年から2000年にかけてのデータを検討している．主要な調査結果は，調査したほとんどの機関で米国人職員数は雇用の目標数に達していないということである．調査対象とした6機関のうち，GAOによれば「国連事務局のみが1992年から2000年にかけての公正な米国人職員目標数を一貫して満たすに十分な数の米国人を雇用している．」さらに，米国人を「他の資金提供者と資金的貢献水準の比率に見合う水準で」幹部および政策決定の地位に雇用していた

のも国連事務局のみであった．GAO は，職員がいない国や適正職員数に達していない国からの有資格候補者を優先的に考慮することが，最優先事項であるべきだとの国際機関の主張の妥当性は認めている．しかしながら調査報告書では，データが「適正職員数がすでに雇用されている，もしくは超えている国からの新たな採用数が，職員がいない国や適正職員数に達していない国からのそれを上回っている」ことを示していると結論づけている．

　国務省の国連組織における米国人職員採用促進への取り組みを再検討した結果，GAO は，それが引き起こす影響がほとんど考慮されないままに近年活動が縮小されたことを明らかにした．調査報告書では「国務省は米国人の国連での雇用支援取り組みを方向づける採用戦略や行動計画，業績評価を持っていない」と結論づけている．同報告書は，国務省の採用実施職員全体の減少，未経験および中堅レベル以外の幹部級ポジションにのみ焦点が当てられていること，国連の中堅レベルのポジションのための専門試験の日程を米国内で十分に広報していないことを指摘している．実際，GAO は米国が現状水準の米国人雇用を関係機関で維持する能力があるかどうかに疑問を呈している．同報告書は国連機関での米国人の適正水準採用を達成するための米国政府全体にわたる計画の開発を求めている．計画の内容は，米国人職員の適正採用を含む長期の労働力計画を確実にするために国連機関の人事部長と協力し，この分野での国務省の効率性評価特定のための指針を作成し，また国際機関における米国人雇用に関する国務省の議会への報告書を関係国際機関に供与するといったことである．

　確かに米国人職員数が国連組織の中で適正水準に達していない理由はいくつもある．たとえば，国連が人事戦略の一環として男女比率均衡を達成することを明確な目的としていること，報酬の問題，外国での配偶者の雇用機会の欠如，外国語能力などの問題がある．それでも GAO は数カ国が，最終的には時間をかけて大きな責任を持つポジションに移行できるような未経験および中堅レベルのポジションを発見するための共同の取り組みを行うことにより，日常的に空くポジションをより巧みに利用してきたことを明らかにしている．たとえば，GAO は日本を例にとり「未経験レベルのポジションのための効果的な採用方法だと考えられるので，ジュニア・プロフェッショナル・オフィサー（JPO）制度を体系的に利用している」と述べている．ドイツでは，政府が下級および

幹部両レベルの採用努力のために国際人事調整局を設立し，同局のコーディネーターは大使級である．GAO によれば，フランスは調査対象期間すべてにおいて適正水準まで職員数が達しており，外務省には国際機関での雇用を促進することだけに専念する局があることに言及している．

7. 国連組織に対する米国の政策決定

適正水準の国連組織への財政支援や適正な職員数が達成されたとしても，結局のところ米国が国際機関においてその公式政策を成功裡に推進することを確約することにはならない．政策決定分野では，しばしば米国が促進する目標や目的およびそれを達成するための財政的方策をめぐり実際の衝突がある．それは，国連組織が関与する機能的分野の専門性を有する行政機関は，各機関に対する米国の政策を策定する権限はもつが，これら機関の活動に対する資金拠出は管轄しないという事実から生じる．たとえば，米国保健社会福祉省（HHS）は 2 年に 1 度の世界保健機関（WHO）の世界保健総会（同機構の主要な運営組織）会合において，米国の参加立場を明確にするうえで重要な役割を果たす．米国保健社会福祉省が世界規模の疾病との闘いやその他米国人の関心事項である保健関連問題に対処することで米国の利益を促進しようと試みる一方で，WHO への年間分担金の議会承認を確保する責任を持つ国務省の最大の関心事は，米国保健社会福祉省によって支援された新たな WHO プログラム創設につながりかねない予算成長を制限することである．

最近では 2002 年 9 月に第 46 回国際原子力機関（IAEA）総会で米国政府代表が矛盾する演説を行ったことがある．米国エネルギー省長官スペンサー・アブラハムは集まった代表団に対し，会合初日に，米国は IAEA のプログラム強化のためには財政支援を含め，あらゆることを行う意思があると述べた．数日後国務省の代表は代表団に対し非公式に，米国は IAEA の分担金を現在の 25% から 22% に削減する意思があると述べた．どちらが「本当の」米国の政策かについて代表団の間で混乱が生じるなか，米国政府代表はどちらかの立場を推進するのではなく，相矛盾する立場を一致させようという努力を重ねてしまった．結局議会が国務省に対し，米国の IAEA 分担金削減を望んでいると

いうことはないという意見を示した.

　数々の場面で，米国政府機関は国連組織の活動に非常に大きな投資をしながら，財政支援の水準ほど実質的な支配権を持つことができていない．たとえば農務省では米国の国連食糧農業機関（FAO）に対する政策目標は，10 年以上，総額 1 億ドル近い累積未払い金によって阻害されてきた．また，国務省が議会に対して国際農業開発基金への大統領の予算要求を効果的に支援できなかったため，財務省に管轄が移行して，多国間開発銀行への米国の関与に拠出する勘定に含まれるようになった．概して国務省は 1990 年代半ば以降，国際機関予算，特に国連組織内への予算ゼロ成長を促進してきた．国際機関の財政的負担は議会による，米国の国際機関への全般的予算分担の削減要求により悪化している．98 年の未払い金支払いのためのヘルムズ・バイデン合意は国連および 3 つの専門機関（WHO，ILO，FAO）が米国の予算分担率を 25% から 22% に削減することを国連に対して要請した．現在のところ 4 機関は未払い金を受け取るためこの米国の要求に従っている．国務省は，前述の 2002 年の IAEA 総会での試みに始まり，すべての機関に対して例外なく分担率削減を適用させようとしているが，今のところあまりうまく行っていない．国連教育科学文化機関（UNESCO）復帰のケースでは，米国は予算総額の 22% を支払うとみなされており，他の機関でもやがてこれを踏襲するかもしれない．

　専門家や政策決定者の中には，米国の専門機関や任意プログラムにおける活動を担当する連邦機関がこれら機関への資金拠出の責務を担うべきだと議論している人たちもいる．労働省のような連邦機関は国務省よりも遥かに国際労働機関（ILO）の実質的な活動についてよく知っており，関与もしているのであるから，ILO の活動支援のために必要な米国の拠出金の水準を判断したり，議会でより効果的にその活動について正当性を説明するのに必要な機能を備えている，との主張である．同様に，米国運輸省および連邦航空局のような関係機関が国際民間航空機関（ICAO）への政策や米国の資金供与について処理することができるだろう．運輸省は米国の国際海事機関（IMO）における参加や資金供与についても主導的に取り組むことができるであろう．そして，この提言には米国が適切な資金供与によって国際機関政策を支援することを確証する道理があるが，にもかかわらず米国の国際機関に対する政策の全般的な継続の

保証についての問題を引き起こしてしまうことも事実である．言い換えれば，国務省は米国の多国間組織へのアプローチにおける，ある一定レベルの統一性を確実にすることに関心をもっているのである．この提案を批判する者は，一定の基準を守らせることができないならば，国連組織に対する米国政府の全般的なアプローチに大きな不一致をもたらしてしまうと指摘している．

8. 結 論

　米国は国際機関との相互関係を秩序だったものに構築しようと試みてきたが，実際には概して行政府がこうした機関への参加について調整することはきわめて困難であった．理由は多岐にわたるが，近年では国務省が議会による監督に対応する必要があることによる場合が多い．1980年代半ばに国際機関予算事項について加重投票を命じる修正を議会が採用したことに伴い，議会の委員会や個々の議員がコスト削減と効率化促進という観点から国際機関改革に注目し始めた．この点に関して93年の内部監査部創設という国連総会の決定は重大であった．というのは，この改革により，議会は，この連邦政府の監察総監室をモデルとした新部局が，国連内にあるとみられる浪費や乱用を特定する権限を与えられたと確信したからである．主に議会圧力によって他の改革も続いた．その中でも米国の国際機関におけるゼロ成長予算の政策は最重要である．というのは，このことにより，国際機関への財政的関与が最終的に大使館安全強化プログラムや他の重要な優先事項への歳出を侵害するかもしれないという議員の恐れが和らげられたからである．

　近年，米国の国連への貢献をめぐる議会での論議は，国連組織の改革採用や米国が国際機関への未払い金の大部分を支払うという計画の承認により沈静化している．しかしながら問題は依然として残っており，2002年9月の国連教育科学文化機関（UNESCO）復帰というブッシュ大統領の決定により，国務省に国連組織の割当金出資のため6,700万ドルの勘定を追加するよう圧力がかかっている．同時に議会は2年間ではあるが平和維持活動（PKO）に対する一方的な25％枠を取り下げる意思があることを示唆している．この25％枠は04会計年度には再び効力をもち，米国が25％水準以上の義務を果たすことは不

可能になる．そして最後に，ブッシュ政権が連邦予算が赤字になってしまった時期に国連児童基金（UNICEF）や国連開発計画（UNDP）などの米国の任意プログラムの増加を提案しそうにない．

　こうした展開が意味するところは，予測できる将来，米国政府の国際機関政策は曖昧でありつづけるということである．一方で国務省担当官は国際機関に対して米国人を幹部ポストに就けるよう強く要請し続け，その分野での成功を持って議会に対し，国際機関の加盟国としての資格を保持するのに必要な財政義務を承認するよう訴えるであろう．他方で議会は予算要求を承認する見返りに，当該財政コストを現状あるいはさらに低い水準に押さえるべきだと主張するであろう．こうした過程を通して立法担当者，政策決定者は，どの機関がもっとも米国の関心に対応しているかどうかを決定する手段として，各機関の改革の実施状況を監督することになろう．しかしながら結局のところ，米国が国連機関に効果的な長期にわたる政治的財政的支援を与えることができるかどうかは，立法府・行政府が，国際機関への参加に対する確固たる理論的根拠の形成と，機関の持続に必要な資金提供を意欲的に行うことができるかどうかにかかっているのである．

参考文献

United States Participation in the United Nations, A Report by the President to the Congress for the Year 2000; United States Government Printing Office, Washington, D.C.

United States Contributions to International Organizations, A Report to the Congress for Fiscal Year 1985; United States Department of State Publication 9507; Washington, D.C., October 1986.

Voting Practices in the United Nations for 2000, A Report Submitted to Congress Pursuant to Public Law 101-246; United States Department of State, Washington, D.C., March 31, 2001.

United Nations: Targeted Strategies Could Help Boost U.S. Representation, A Report to Congressional Requesters, United States General Accounting Office (GAO-01-839), July 2001.

U.N. Peacekeeping: Estimated U.S. Contributions, Fiscal Years 1996-2001, A Report to Congressional Requesters, United States General Accounting Office (GAO-02-294), February 2002.

"Departments of Commerce, Justice, and State, the Judiciary, and Related Agencies Appropriation Bill, 2003," Report to accompany S. 2778; United States Senate, July 24, 2002.

"Summary and Highlights, International Affairs Function 150, Fiscal Year 2003," Office of the Secretary of State: Resources, Plans and Policy; United States Department of State, Washington, D.C.; (www. state. gov).

"United States Contributions to International Organizations: Report to the Congress for Fiscal Year 1998," Bureau of International Organization Affairs, U.S. Department of State, September 2000.

Foreign Relations Authorization Act, Fiscal Years 2002-2003 (Public Law 107-228); House Report No. 107-57 and Senate Report No. 107-60; signed into law by the President on September 30, 2002.

[昇 亜美子訳]

第11章
インターフェースの設計と管理：スウェーデンの場合

マリー・ソーダベルグ

1. はじめに

　スウェーデンでは日本同様，主に外務省が国際機関との交渉の責務を担っている．国際機関の種類によっては財務省およびスウェーデン国立銀行も主要な任務を果たし，また特定の問題を取り扱う国際機関ということになると，国内でその分野を管轄する他の省庁が責任を担うということになる．

　スウェーデンでは数年前からすべての多国間機関（/国際機関）に対する戦略文書の作成に着手している．これらの文書は，スウェーデンの政策的見地から，優先すべき課題と，それぞれの多国間機関で達成すべき問題について明確に詳述している．スウェーデンでは，国際機関に対する援助資金の大部分がスウェーデン国際開発協力庁（Swedish International Development Cooperation Agency：SIDA）という実施機関を通じて供与される．SIDAには外務省同様に国際機関における採用のための特別部局がある．以上がスウェーデン政府の国際機関とのインターフェースの概略である．

　本章ではまず，政治レベルおよび実施レベルでのスウェーデンの国際機関とのインターフェースの組織構成に触れた後，予算制度と主要な国際機関に対する新しい戦略文書について述べる．そして人事と採用政策に言及し，最後に評価についていくつかの点を指摘したい．

2. 組織構成

　スウェーデンでは他の北欧諸国同様，通常の経済協力開発機構（OECD）諸国と比較して，対外援助を政治的に重視している．援助増額はしばしば選挙運動における争点となり，国民の注目を大きく集める．援助重視の例としては，2002年秋に現政権が成立した際，過半数に満たなかった社会民主党は左翼党と緑の党との政策的妥協を迫られたが，その際の主要な政策課題は対外援助であった．左翼党と緑の党は現政権支持の条件として対外援助の速いペースでの増額を求め，国民総生産（GNP）1％を援助額に充てるという目標達成計画が数年短縮された．現在のところ04年をめどにしている．そしてスウェーデンの対外援助の約3分の1は多国間機関を通じて行われている．

　スウェーデンにおける対外援助政策重視の姿勢は，特別に開発協力・移民および庇護政策担当大臣を置いているという事実にも示されている．このポストに任命された者は援助を責務として取り扱う．この担当大臣は当然のことながら政府の一員であり，対外援助問題を主要な仕事として取り組むのである．国際機関に供与されるすべての資金が援助に分類されるわけではないが，その相当部分が援助にあたり，開発協力・移民および庇護政策担当相によって処理されることになる．大臣の下に対外援助担当の特別の長官も置かれている．

　こうした組織構成は国際機関とのインターフェースのあり方に関しても影響を及ぼす．国際機関との重要な会合における各国の政府代表は大概，財務大臣か国立銀行総裁であるが，開発協力大臣が政府代表を務める国家が少数ながらあり（主に北欧諸国），スウェーデンはその1つである．

　開発協力・移民および庇護政策担当大臣は省庁を管轄せず，外務省に設置されている．つまり外務省には外務大臣と開発協力・移民および庇護政策担当大臣の2人の大臣がいるということである．国際機関との交渉は一般的に外務省が行う．外務省は国連システム全体を担当し，世界協力局が以下の問題を扱う．国連の経済社会分野の活動，国連機関，国連を通じた開発協力，人口，ジェンダー平等，人道問題，世界的難民問題，人道的支援，平和復興過程支援，国際環境協力，持続的発展などの問題である．国連システム内の基金やプログラム

については，国内での管轄に従って特定の問題には他の省庁や実施機関が関わる．外務省はまた，ほとんどの地域開発銀行との交渉も担当している．外務省内では国際開発協力局がスウェーデンの開発協力政策に関連する問題を取り扱う．同局は，開発の文脈における経済問題を，世界銀行グループ，国際通貨基金（IMF），地域開発銀行，欧州連合（EU）開発協力プログラム，経済協力開発機構/開発援助委員会（OECD/DAC），北欧開発協力，およびNGOやスウェーデン国際開発協力庁（SIDA）などを通じた支援チャンネルを通じて処理している．もっとも外務省だけがこの分野を担当するわけではなく，世界銀行については財務省と協力して担当している．IMFについてはスウェーデン中央銀行が財務省と協力して担当している．国際機関へ供与されるすべての援助資金については，1つの実施機関を通して提供される．それはSIDAである．

このように組織構成が複雑なので，2国間レベルの援助被供与国あるいは資金提供を受ける多国間機関にとってスウェーデンの政策が理解しにくい場合もある．スウェーデン国内でも行為者によって見方が違うこともある．あるいは活動領域が重複している場合もある．そのためスウェーデンの持っている青写真というものが不明確に見えてしまう．この問題を解決するため政府は，1999年に多国間機関に対する戦略を作成するための特別委員会を任命した．この委員会の活動は最近，戦略枠組文書の形で公開された．

『スウェーデンの国連開発基金およびプログラムとの関係に関する戦略枠組』という文書はスウェーデンの全般的な国連政策を扱っている．この文書のほかに，国連開発計画（UNDP），国連児童基金（UNICEF），国連人口基金（UNFPA）といった主要な国連機関に対するスウェーデンの戦略に焦点を絞った戦略文書が3つあり，4番目の文書は世界保健機関（WHO）を扱っている（これら文書の作成過程と内容についての詳細は後述する）．

これらの戦略文書は省庁の幅広いレベルから関連NGOおよび民間団体にいたるまで，スウェーデンにおける関係者に広く配布された．もちろん関係国際機関とは作成段階で討議がなされたし，完成してから配布もされた．こうした文書の目的の1つはスウェーデンの政策的立場を明らかにし，内外の関係者がそれを理解することができるようにすることである．このような努力によりスウェーデンは統一した見解を持つようになることが期待される．誰もが同じ文

書を参照することができ，この問題に新たにとり組んだ者でもすばやくスウェーデンの政策と最重要課題と認識されている点について把握できるのが理想である．

この概念はスウェーデンの多国間機関との相互作用を体系づけるうえで全く新しい方法であり，少なくとも国連および関連機関に対するスウェーデンの政策の相当部分の合理化を示唆するものである．

世界銀行，IMF，地域開発銀行に対する政策については状況はより複雑である．世界銀行においてスウェーデンを代表する総務は財務大臣である．財務省は国際復興開発銀行（IBRD）を担当するが，最貧国への援助資金を供与する国際開発協会（IDA）については担当するのは外務省である．世界銀行に関連するすべての政策は財務省・外務省間で調整される．もう1つ複雑な要素は，世界銀行においてスウェーデンは単独で議決権を持たず，他の7カ国（デンマーク，ノルウェー，フィンランド，アイスランド，エストニア，ラトビア，リトアニア）と共有しているということである．これは北欧・バルトグループ内での政策協調が必要だということを意味する．これら諸国はワシントンの世界銀行ビルに共同事務局を有している．この事務局に各国が1人ずつ人を派遣するので，8人の担当官がおり，そのうち1人が持ち回りで理事を務める．スウェーデンから派遣する人については財務省と外務省が協議して決定する．代表としての派遣期間は3年である．

IMFについてはスウェーデン中央銀行が主に担当し，中央銀行総裁がスウェーデンの代表となる．IMFにおける仕事の大部分は中央銀行が処理するが，政策的問題については財務省が主要な任務を行う．IMFにスウェーデンは単独議決権を有していない．状況は世界銀行と似ており，すべての政策は北欧・バルトグループで調整する必要がある．しかしながら代表としての担当官の派遣期間は2年以内である．

アジア，アフリカ，ラテンアメリカなどの地域開発銀行は外務省が主要な任務を行う．世界開発局が政策提案を行うが，主要な決定は政治レベルでなされる．アジア開発銀行ではスウェーデンは議席を他の北欧諸国，カナダ，オランダと共有している．つまりこのグループ内での政策調整が必要となる．委員会の委員はこのグループ内で持ち回りとなる．

3. 予算制度と資金支出

　年次予算編成の責任はスウェーデン政府にある．17世紀以来の古い伝統により，スウェーデンの国家官僚制度は国際的にみると特異な性格を持つ．スウェーデンの大臣は他の国と異なり，独立した決定を行う権限が制限されているのだ．すべての政府決定は，政府が総括して集団的になされなければいけない．政府は各部局の目標を規定する年次政府歳出予算を策定し，自由になる割り当て資金を設定する．しかし実際には，様々な部局に相当な自治権が認められている．たとえば援助実施機関であるスウェーデン国際開発協力庁（SIDA）はかなり独立の立場を有している．政府が設定した支持や目標には従うが，その任務を達成する方法については SIDA 自身が決定できる．

　スウェーデンから国際機関に流れるすべての対外援助資金は SIDA を経由する．原則として，スウェーデンは誰もが国連機関の通常予算を支援するべきであり，より多くの国が大きな貢献をできるはずだと考えている．しかしながら一方でスウェーデン自身が国連機関内の特定のプロジェクトのために資金を取っておく選択をすることもある．それらの中には，国際機関自身の優先順位に見合うプロジェクトもあれば，スウェーデンの政策的優先事項に特別に関連があるとみなされるプロジェクトもある．

　たとえスウェーデンが規定の額をある国連機関に提供したとしても，その特定の部分を後日決定される特別の目的のためにとっておくということがある．特別な条件下では政府は SIDA に対して当初決定されたのと異なる目的での資金利用を認めることもできる．

4. スウェーデンの新しい戦略枠組文書

　1999年，スウェーデンの多国間機関との関係をより明確で合理的な構造に改革することを目的として特別委員会が任命された．この委員会の活動の成果が現在実施に移されている．行政レベルでの変更は小さいが，多国間機関のみを取り扱う特別の局がスウェーデン国際開発協力庁（SIDA）内に創設された．

この局は国連システム全般に対するスウェーデンの全般的戦略文書,および主要な国連基金,プログラムと他の主要な国際機関に関する同様の文書を提案するようにという指示を受けた.

スウェーデンの戦略を作成するに当たり,イギリス,オランダ,デンマーク,フィンランドなどの他のヨーロッパ諸国で最近出された同様の文書が研究され,参考にされた.

最初の文書は世界保健機関(WHO)に関するもので,1年前に完成し,公式に発表された.これは 2002-05 年を対象としている.最近以下の文書も発表された.(1)スウェーデンの国連開発基金およびプログラムとの関係に関する戦略枠組,(2)国連開発計画(UNDP),(3)国連児童基金(UNICEF),(4)国連人口基金(UNFPA)に関するスウェーデンの戦略的枠組 2002-05 年.これらの戦略は SIDA の 4 人と外務省の 2 人から構成されるプロジェクト・グループが作成したが,他の関係部局からも専門知識が提供された.WHO の場合は,社会省と社会庁が協力してスウェーデンの行動を調整する責務を担い,戦略枠組を形成するのに深く関与した.

国際労働機関(ILO),国連教育科学文化機関(UNESCO),国連合同エイズ計画(UNAID),国連薬物統制計画(UNDCP)についての 4 つの文書が完成間際である.ここでも戦略は外務省,SIDA および他の関係省庁の人員により作成されている.

政策の合理化が最重要であるとみなされている多国間機関もある.現在のところ戦略枠組は他の機関について作成される計画はない.しかしながら現存の枠組の追補や評価はなされるはずである.枠組文書はさまざまな国連機関との間で討議されてきた.それぞれの文書は大体 20 ページほどで,今後 4 年間における多国間機関(の活動)について詳述し,分析を加えている.それぞれの機関の活動について,スウェーデンとして何を優先し,どのように協力していくのかといったスウェーデンの立場について説明されている.基本的に現在できあがっている 4 つの戦略文書は同じ構成をしている.

第 1 部は背景からなる.ここでは機関の権限や使命,明らかにされているビジョンや現在進行中の政策的移行などが詳述されている.また,各機関の財源,人材についての分析がなされ,最後に機関とスウェーデンとの関係について述

べられている．

　第2部ではスウェーデンの現時点での各機関に対する評価を取り扱っている．この部分は以下5つの表題に分かれている．比較優位，機関の能力，政策およびプログラムの発展，調整とパートナーシップ，そして財源である．

　第3部では4年間のスウェーデンの国連機関への支援および関係についての提言が述べられている．この部分は導入枠組（国連のための一般的戦略枠組）と第1部，第2部の分析に基づいて作成される．その上で，スウェーデンの立場が説明されている．ここではスウェーデンが確固たる立場をとっているいくつかの課題について触れられている．それらは本部，国家を含んだあらゆるレベルのスウェーデンと多国間機関間の相互関係において推進されるべき課題に関する指針を与えている．そして，全般的な目的，いかにして機関がこうした目的を支援するのか，さらにスウェーデンが機関を支援する特定の目的は何かについてのセクションが設けられている．

　こうした目的と達成するために使われる手段について以下の見出しの下に素描されている．「理事会（いかにしてスウェーデンが行動し，どのような課題を推進するのか）」「財政的貢献（通常予算およびグローバル，地域，国家レベルでの共同出資）」，「協議（本部および国レベル）」「共同イニシアティブ（スウェーデンが分かち合うことができる経験を持つ分野，セミナーや新手法の開発の例）」「スウェーデンのプレゼンス（スウェーデン人スタッフおよびスウェーデンの民間産業が参加する可能性への関心）」

　戦略文書はスウェーデンの政策的立場を明確にする以外にも，いくつかの目的がある．これらの文書を作成するにあたり，あらゆる多国間機関のスタッフとの交渉を要した．その意味で，多国間機関職員と同じ席につき，機関の活動に関する考え方と，将来的に向かって欲しいと思う方向性について説明する機会をスウェーデンは得たことになる．こうしたことにより，各機関の現在，将来の活動に影響を及ぼす機会をもてたということである．戦略文書はまた，国連内のスウェーデンのあらゆる政策を評価する非常に良い場にもなった．これについては後ほど詳述する．まずスウェーデンのプレゼンスについてみてみよう．

5. 人事政策

　スウェーデンはいくつかの国連機関に対する主要資金供与国の1つである．しかしながら国連におけるスウェーデン人職員数の比率はスウェーデンの分担割り当て金の比率に見合っていない．現在多くの国連機関がポジションおよび人材削減を含むリストラをしており，新たな職員の採用枠が限られてきている．しかしながらスウェーデン政府は，特にスウェーデンが相当額の分担金を供与している国際機関や，スウェーデンの政策にとって重要な問題を取り扱っている機関におけるスウェーデン人職員数を増やすよう試みるという立場をとっている．

　この点については新戦略枠組に明確に描かれている．たとえば国連児童基金（UNICEF）については以下のように書かれている．

> 「スウェーデンの UNICEF に対する強力な支援，および関連のある経歴を有する専門職員が利用可能なことに照らして考えると，スウェーデン人職員の数を現状維持あるいは増員することは妥当かつ望ましいといえる．とはいうもののわれわれは，事務局長が UNICEF の職員採用を含む人事問題を管理する責任を有していることを理解している．スウェーデンは，UNICEF が考慮できるように十分な資格を有するスウェーデン国籍の候補者を見つけ，提案することで採用を円滑にしたい．」[1]

　外務省はスウェーデン国際開発協力庁（SIDA）の協力を得て，国際機関および銀行におけるスウェーデン人の増加を積極的に進める活動をしている．外務省にはこの問題に特化した国際採用事務局（SIR）が設けられている．SIDA にも国際ミッションのための採用（RIU）という同様の機関がある．これら2機関が緊密に協力しながら活動している．この2機関にははっきりとした役割分担があり，一般的に SIR が高い地位のポストへの採用を支援するのに対し，RIU は中レベルと低い地位のポストに関して力を入れている．

　SIR には3人が勤務しており，国際機関と連絡を取り，時には本部にまで足を運ぶ．また，スウェーデンを訪問する国際機関の採用のための代表団を受け入れる業務も行う．外務省も SIDA もホームページ上に注目した様々な国

際機関の採用情報を掲載している．こうして一般の人々が仕事を探しやすくしているのだ．スウェーデンでは外国での勤務に対する関心はきわめて高いが，どのポストが空いているのかについての情報を得るのは容易なことではない．SIR はこれを手助けすることを目的とし，欠員があるポストに適する特定の人物を知っていれば情報を提供することもある．SIR は公表された空きポストについて情報を知らせるために，またそこで勤務する人材の能力についての情報を得るために様々な省庁や政府関係機関と連絡を取り合っている．SIR は非常に広いネットワークを持っている．

　多国間機関での勤務経験は一般的によく評価される．多国間機関での勤務を希望する国家公務員は普通，通常業務を休職扱いとすることができる．休職期間が5年以上になると復職は難しくなり，国際公務員に転籍する場合が多い．多国間機関勤務に応募させるために特別な経済的な便宜を図るということはない．

　多国間銀行については外務省が財務省と協力して人材を発掘する．多国間銀行内にはスウェーデン人のためのポストがいくつかある．こうしたポストは財務官僚にだけでなく他の国家公務員や民間銀行勤務の人などにも公表される．任命に当たっては個々人の適性で判断する．その意味で，誰が職を得るかは，スウェーデンでは他の国よりも予想がつかない．国際的な任務に選ばれたスウェーデン人はこの意味で特定の省庁への忠誠心は少なく，比較的自由に働くことができる．その後元の勤務場所である省庁や銀行に戻ってこない例は非常に多い．

　国連では，たとえば事務局にはスウェーデン人のための割り当てポストがあるが，それ以外のポストについては自由競争で決まる．相当の駆け引きがなされる場合もあり，時には特定のポジションを得るためにはスウェーデン国内からの支援があることが非常に重要になる．スウェーデンとしては，有能だがその分野に特に強くはないと思われる候補者がいる場合には，そうした支援を与えている．ある関係者が言うように「植民地の伝統には欠けている」．非常に稀なケースとして，SIR が外務省から特定の人物のために職探しを要請される場合がある．

　ジュニア・プロフェッショナル・オフィサー（JPO）プログラムは，若い

人々が国連機関での勤務経験を得るのを支援するために使われる奨学金型のプログラムである．若いスウェーデンの専門家達に国際的な経験を得させるのに重要な手段とみなされている．JPO プログラムの主要な目的は，中高レベルの職員としての将来の採用のための人材基盤を確保することにある．SIR はこのプログラムへの派遣者と連絡をとる努力は行っているが，ここで培われた能力を体系的に管理することはしていない．このプログラムで派遣された人々は帰国した際には概してある種の支援を得ることができる．新しいポジションを探したり，移行期の暫定的な仕事を探す手助けを得ることができる．しかしながらスウェーデンに帰らない者もいる．

概してスウェーデンは外国での任務を通して構築した能力を活かす場が少ないと考えられている．海外での勤務経験は必ずしも将来のキャリアに資するとはみなされていない．この点がしばしば帰国する人たちから指摘されている．

スウェーデンは国連でのスウェーデン人のプレゼンスを上げるための支援をするだけでなく，民間企業のプレゼンスを上げるための努力もしている．たとえば UNICEF のケースについては新戦略枠組の中に以下のように書かれている．

　「スウェーデンはサービス・物品に関してスウェーデン企業から競争入札への参加を募ることによって UNICEF を支援する．」

6. スウェーデンの多国間機関評価

今日，多国間機関評価というのは通常，機関自身および各理事会によってなされている．スウェーデンは，理事会メンバーとして，また各機関に参加するという形でそうした評価に加わっている．国際機関はその機関ごとに設定された目的に従って評価されるが，これまでのところ各機関がスウェーデンの政策的優先事項に沿って活動したかという基準からの独立した体系的な評価はなされていない．

新戦略枠組を通じてこうした評価が可能になるだろう．このような評価により，それぞれの機関におけるスウェーデンの政策的立場と促進すべき問題について明確な説明が可能になる．戦略枠組は関係国際機関職員とスウェーデン国

内の両方から評価すべきであろう．

　評価過程は依然継続中である．もちろん国際機関およびスウェーデンの目標，優先事項は今後内外の要素によって変化するはずである．本章で述べた枠組文書は今後4年間を視野に入れているもので，その後はおそらく関係各所との折衝を通じてその時点での優先的課題に従って最新版に書き換えられるはずである．

　注
1)　SIDA, *UNICEF Swedish Strategy Framework for 2002-2005*.

［昇 亜美子訳］

第12章
インターフェースの実態と課題：日本の場合

城 山 英 明

1. はじめに

　本章では，日本における加盟国と国際機関の間のインターフェースの実態と課題について検討する．具体的には，まず，予算，人事および組織の側面からインターフェースの実態をできるかぎり明らかにすることを試みる．以上のような実態を明らかにする作業を行ったうえで，近年の日本の国会における加盟国・国際機関間のインターフェースへの関心について検討し，さらに，加盟国・国際機関間インターフェースを管理するうえでの課題について論じてみたいと思う．

2. 予算面での国・国際機関インターフェース

2-1 複雑な構造

　国の予算のうち，国から国際機関への資金の流れを明らかにすることは容易ではない．
　第1に，国際機関への通常予算分担金・出資金は様々な省庁の予算に位置づけられている．多くの国際機関については外務省予算に位置づけられている．例えば，国連本体以外に，専門機関である国連食糧農業機関（FAO），あるいは経済協力開発機構（OECD），世界貿易機関（WTO）等の通常予算分担金は外務省予算に位置づけられている．他方，多くの専門機関は，国内の各セクター担当省庁が担当している（その点でFAOの担当が外務省であるのは例外的

である）．たとえば，国際海事機関（IMO），国際民間航空機関（ICAO），世界気象機関（WMO）は国土交通省が，国際電気通信連合（ITU），万国郵便連合（UPU）は総務省が，世界保健機関（WHO），国際労働機関（ILO）については厚生労働省が，世界銀行（国際復興開発銀行および国際開発協会），国際通貨基金（IMF），アジア開発銀行への出資金は財務省が担当している．

第2に，国際機関への資金提供には通常予算以外に予算外資金（目的を限定指定提供される資金あるいは自発的拠出資金）が存在する．予算外資金の中でも国連付属機関である国連開発計画（UNDP），国連児童基金（UNICEF：ユニセフ）のそれぞれの機関の中では，使途を特定しないコアファンド・一般予算への一括資金移転や，平和維持活動（PKO）への一律の特別分担比率での資金移転は，まとまって計上されているので把握が容易である．しかし，その他の予算外資金は目的ごとにばらばらに予算計上されるので把握が困難である．また，予算外資金に関する任意拠出金については，通常予算分担金を担当している省庁以外の予算が使われることもある．たとえば，OECDについては，前述のように通常予算分担金の担当は外務省であるが，任意拠出金に関しては各セクターごとに各省庁が出している．また，FAOに関しては，通常予算分担金は前述のように外務省が出しているが，農林水産省が拠出金を支出している．

第3に，多くの場合一般会計からの資金提供であるが，場合によっては特別会計からの資金提供が存在する．たとえば，総務省の場合，ITUへの資金提供は一般会計から行っているが，UPUおよびアジア・太平洋郵便連合への資金提供（通常予算分担金，予算外資金拠出金の双方）は郵政事業特別会計から行っている．その他，経済産業省は世界知的所有権機関（WIPO）への資金提供（通常予算分担金，予算外資金拠出金の双方）を特許特別会計から行っており，厚生労働省はILOへの予算外資金拠出金の一部を労働保険特別会計から出している．

第4に，国際機関への通常予算等分担金，通常予算外資金拠出金の一部については政府開発援助（ODA）として算定されるが一部は算定されない．そして，分担金の場合であってもそのODA組み入れ比率は組織により異なる．たとえば平成14年度版『補助金総覧』によると，同じ厚生労働省管轄であっても，WHO分担金については非ODA分1,660（百万円），ODA分7,356（百万円）

なのに対して，ILO分担金については非ODA分3,806（百万円），ODA分812（百万円）とODA比率が減少している．さらに，たとえばWMO分担金については，非ODA分823（百万円），ODA分28（百万円）とODA比率が一層減少している．

第5に，予算書や補助金総覧といった公表された文書では把握が困難な資金提供が存在する．たとえば，国際開発協会への財務省からの出資は拠出国債によってなされるため，それが現金化される段階での支出は国債費という大枠の中に計上されているようであり，予算書から国際開発協会への出資分を明らかにすることは困難である．また，財務省の地球環境ファシリティー（GEF）への資金提供についても同様である．

第6に，国際機関の定義そのものが困難である．国際機関には2国間協定で設立されたもの，多国間協定で設立されたものがあり，また，それらのうちあるものは国会承認条約により設立されているものの，他については政府間のいわゆる行政協定によって設立されたにすぎないものである．たとえば，1993年に日本政府と旧ソ連諸国政府との協定によって，北方四島住民支援や対ロシア等技術支援・人道支援を目的として設立された支援委員会は後者に当たる．

2-2　国から国際機関への資金の流れの把握の試み
(1)　方　　法

以上のような困難を認識したうえで，以下のような方法で国から国際機関への資金の流れを推計してみることとしたい．

まず，使える資料としては，国の予算書および『補助金総覧』が存在する．このうち，予算書については，財務省の世界銀行，アジア開発銀行，欧州開発復興銀行等への出資金も（各々個別について）把握できるというメリットがある．ただし，各省庁による分担金，拠出金支出についてはしばしば様々なものをまとめた集計値のみが示される．たとえば，平成14年度一般会計予算書に即していえば，総務省の国際電気通信連合（ITU）分担金・拠出金（正確には各々が政府開発援助（ODA）とそれ以外に分かれる）や厚生労働省の世界保健機関（WHO）分担金・拠出金（正確には各々がODAとそれ以外に分かれる），国際労働機関（ILO）分担金・拠出金（正確には各々がODAとそれ以外

に分かれる）については個別の数値が明示されているが，外務省予算については，経済協力国際機関（OECD）分担金・拠出金（正確には各々がODAとそれ以外に分かれる），国際機関分担金・拠出金（正確には各々がODAとそれ以外に分かれる），国際原子力機関（IAEA）分担金，ODAのIAEA拠出金に分かれるのみであり，OECDとIAEAを除いては個別の国際機関に対する資金提供の個別化された額がわからず，財務省予算についても，拠出金については多くがODAアジア開発銀行等拠出金に一括されており，その内訳が不明である．

他方，補助金総覧については，補助金，負担金，交付金，補給金，委託費，援助金とならんで国際分担金等という項目がたてられており，その中で，分担金・拠出金の細目が分かるように記載されている．ただし，国際復興開発銀行，アジア開発銀行等への出資金や国際開発協会への出資金，地域環境ファシリティー（GEF）への資金提供についてはわからない．

そこで，以下では，基本的には補助金総覧を使って，各府省の一般会計，特別会計から国際機関への分担金，拠出金を抽出し，整理するという作業を基本的に行う．そのうえで，この補助金総覧に欠けている世界銀行等への出資金については予算書により補う．さらに，予算書においても欠けている国際開発協会への出資，GEFへの資金提供については別途の資料により補う（具体的には，後述の自由民主党政務調査会の調査に対する各省庁の回答を暫定的に利用する）．

なお，対象とする国際機関については以下のような限定を行う．補助金総覧の国際分担金等についてはかなり幅広いものが含まれている．しかし，ここでは，主として実質的に多国間の国際機関に限定して集計する．具体的には，『国際機関総覧』に記載された国際機関を対象とすることとする．これらは，①国連（UNDP，ユニセフ等の総会により設立された機関を含む），②国連関連政府間機関（専門機関等），③その他の国際機関（地域的国際機関，地域開発銀行，国際決済銀行・OECD等の経済関係機関，国際標準化機構（ISO）等の運輸・通信・標準化等機関，国際刑事警察機構（ICPO）等の司法関係機関，国際熱帯木材機関（ITTO）等の商品協定関係機関，海洋・漁業関係機関，軍縮・不拡散関係機関等）の，大きく3つの種類がある．

(2) 資金の流れ：特質と変容

ここでは，以上のような作業を基礎として，資金の流れの特徴を把握しておこう．

❶ 一般会計と特別会計

補助金総覧記載分の一般会計分と特別会計分を集計すると表12-1のようになる．大部分が一般会計であり，特別会計はごく一部であることが分かる．ちなみに，特別会計の内訳は，2001年の場合，総務省348（百万円），厚生労働省115（百万円），経済産業省等（財務省・文部科学省との共管である電源開発促進特別会計を含む）769（百万）であり，外務省分はない．これは，01年度の一般会計からの支出が総務省1,083（百万円），厚生労働省16,208（百万円），経済産業省1,105（百万円）であることを考えると，経済産業省，総務省にとっては比較的大きいということができる．具体的には，特別会計から拠出されているのは，総務省の場合，万国郵便連合（UPU）関連支出，アジア・太平洋郵便連合関連支出であり，経済産業省の場合，世界知的所有権機関（WIPO）関連支出とIAEA関連支出である．

❷ 省庁別支出

上記の一般会計，特別会計分を合計し，省庁別に分けると表12-2のようになる．

日本においては外務省が国際機関への主たる資金提供主体としての地位を占めていることがわかる（総資金提供に占める比率は年度により異なるが，約59%から67%という比率を示している）．他方，外務省から見れば，省内の最大の予算はODAであるが，国際機関への支出もかなり大きな項目であるということになる．具体的には，たとえば，2000年の場合，省全体の予算が約

表12-1 一般会計および特別会計から国際機関への支出

(単位：百万円)

	1990	1995	1999	2000	2001	2002
一般会計	136,327	186,606	229,079	245,926	247,667	181,759
特別会計	520	982	1,350	1,101	1,232	1,142
総計	136,847	187,588	230,429	247,026	248,899	182,901

出所：各年度『補助金総覧』より作成．

表 12-2　省庁別の国際機関への支出

(単位：百万円)

	1990	1995	1999	2000	2001	2002
外　務　省	87,565	123,251	160,429	166,568	66,558	107,613
環　境　省	0	25	734	2,725	776	953
経　産　省	1,268	1,722	2,121	1,844	1,874	1,840
厚　労　省	6,290	7,349	13,062	16,865	16,320	16,114
国　交　省	1,224	1,545	1,916	1,982	2,027	2,199
財　務　省	38,733	46,540	48,429	52,385	55,893	48,402
総　務　省	945	1,117	1,393	1,089	1,431	1,485
内　閣　府	87	170	237	186	175	233
農　水　省	495	606	1,875	2,056	2,340	2,405
法　務　省	0	0	0	0	3	5
文　科　省	239	5,261	333	1,321	1,468	1,651
総　　　計	136,847	187,588	230,429	247,026	248,899	182,901

注：なお百万円以下を四捨五入しているので総計が合わぬ場合がある．
出所：各年度『補助金総覧』より作成．

　7,740億円の中で，ODA予算が約5,600億円，国際機関支出が約1,670億円となっている（ただし，国際機関支出の一部（たとえば2002年度予算の場合約685億円）はODAとしてもカウントされていると思われる）．国際機関に対する支出の外務省予算に占める比率は約21％である．

　ただし，日本の場合，外務省のみならず他の関係府省も国際機関への資金提供を行っており，全体としては相対的に分権的な支出構造であるということができる．このような構造を示す理由としては以下の点があげられる．第1に，多くの国際機関の通常予算分担金は外務省予算に位置づけられているが（国連本体，FAO，OECD，WTO等），国内の各セクター担当省庁が通常予算分担金等の支出も担当している専門機関がある．IMO，ICAO，WMO等を担当する国土交通省，ITU，UPU等を担当する総務省，WHO，ILOを担当する厚生労働省，世界銀行，IMF，アジア開発銀行等への出資・拠出を担当する財務省がこれにあたる．これらのほとんどは一般会計から支払われるが，UPUにみられるように一部は特別会計から支出される．また，これらのうち，金額的にいうと，多国間開発銀行を担当する財務省，WHOやILOを担当する厚生労働省の役割が特に大きい．

第2に，通常予算分担金の支払いは外務省が担当している場合でも，それ以外に各府省が予算外資金に関する拠出金等を担当している場合がある．たとえば，OECDについては，前述のように主要な通常予算分担金の担当は外務省であるが，任意拠出金等に関しては各セクターごとに各省庁が出している．たとえば，OECD教育政策事業に関しては文部科学省が，OECD科学技術産業政策委員会に関しては経済産業省が，OECD交通道路計画研究/都市と経済プロジェクトに関しては国土交通省が拠出している．また，FAO，国際熱帯木材機関（ITTO）に関して，通常予算分担金は外務省が出しているが，農林水産省が特に近年多額の任意拠出金を支出している．同様の事態は，文部科学省が任意拠出金を支出する国連教育科学文化機関（UNESCO：ユネスコ），経済産業省等が拠出金を支出するIAEAに関してもみられる．

第3に，拠出金の支出を各セクターごとに関係省庁が外務省とともに行う場合がある．外務省と文部科学省が拠出金を支出する国連大学，外務省と農林水産省が拠出金を支出する世界食糧計画（WFP），メコン河流域調査調整委員会等がその例にあたる．

❸ 分担金と拠出金（一般会計分）

大部分を占める一般会計分について，分担金（ほぼ通常予算分と予算外資金のうち平和維持活動（PKO）に関する特定比率による割り当て強制分に対応）と拠出金（ほぼその他の予算外資金に対応）を分けて集計すると，表12-3のようになる．全体的傾向としては，分担金よりも拠出金はかなり多いといえる．2000年と01年はほぼ拮抗しているが，これはPKOの分担金部分が多かったことによる例外的事態であったようである．

また，分担金と拠出金のそれぞれにおける外務省分の比率をとると，分担金

表12-3 国際機関への支出における分担金と拠出金

(単位：百万円)

	1990	1995	1999	2000	2001	2002
分 担 金	48,664	76,438	94,110	116,964	122,432	70,961
拠 出 金	87,663	110,168	134,969	128,962	125,205	110,798
総 計	136,327	186,606	229,079	245,926	247,637	181,759

出所：各年度『補助金総覧』より作成．

部分については約75%から90%であり，拠出金部分については約49%から59%であり，分担金部分に関してより外務省部分の比率が高いといえる．ただし，この理由の大部分は，国連開発計画（UNDP），国連難民高等弁務官事務所（UNHCR）等の国連総会設置機関への支出も外務省への拠出金となっているが，それより多くの財務省の多国間開発銀行への多額の資金提供が拠出金として行われていることで説明できる．財務省による拠出金利用の主要なものには，世界銀行に1990年から設置されている開発政策・人材育成基金，2000年に設置された日本社会開発基金がある．毎年の規模は02年において開発政策・人材育成基金が61億円，日本社会開発基金が約142億円である．また，最近は外務省も，国連に人間の安全保障基金（1999年約66億円，2000年約40億円，01年約52億円，02年約42億円を拠出しており，国連において最大の信託基金になっているといわれる）のような比較的大規模な信託基金を設置し，拠出金として使用するなど，拠出金を積極的に利用している．

❹ 支出総額

以上のように，これまでの検討は補助金総覧を素材として行ってきた．しかし，これには，多国間開発銀行への出資，地球環境ファシリティー（GEF）への資金提供が含まれない．そこで，これらについての金額を補い，支出総額を推定するようにしてみたい．

表12-4にみられるように，多国間開発銀行への出資額の総計というのは予算書による限りたいした額ではなく，様々な出資が集中した1997年でも4,985（百万円）程度である（ただし，たとえば97年の世界銀行の日本の増資額は世

表12-4　多国間開発銀行への出資

（単位：百万円）

	1996	1997	1999	2000	2001	2002
世 界 銀 行		2,574				
アジア開発銀行	517		640	560	570	
欧州開発復興銀行		1,268	1,268	1,268	1,268	1,268
中東北アフリカ開発銀行		1,170				
アフリカ開発銀行			586			
総　　計	517	4,985	2,494	1,828	1,838	1,268

出所：各年度『一般会計予算』より作成．

表 12-5　国際開発協会, GEF への支出

(単位:百万円)

	1995	1996	1997	1998	1999
国際開発協会	157,170	0	158,131	72,274	98,351
GEF	34,374	0	0	12,189	12,189
総　計	191,544	0	158,131	84,463	110,540

出所:自由民主党政務調査会資料より作成.

界銀行の資料によると約40億ドルに及び,払い込み増加分約2億4,000万ドルに限っても予算書の数字より1桁多いのであり,どのような会計上の処理が行われているのか不明確な部分も残る).

次に,国際開発協会への出資,GEFへの資金提供については,補助金総覧や予算書では特定化できなかった.そこで,自民党の政務調査会が各省の担当部署から集めた資料等により,その規模を推測してみたい.

表12-5より国際開発協会やGEFへの支出はかなりの規模であることがわかるであろう.国際開発協会の財務資料によると日本からの出資は1995年に約17億ドル,2000年に約32億ドル増えている.1995年の国際開発協会への支出は同年の約17億ドルの日本の増資に対応するものの,97年から99年の支出は2000年の約32億ドルの増資に対応するためのものではないかと推測される.

また,GEFへの出資は通常複数年サイクルで行われている.したがって,1995年の支出は95年から97年のサイクル分の支出であり,98年以降は毎年分に分割して支出されているのではないかと推測される.

以上のように,国際開発協会への出資,GEFへの支出については表12-5の5年分の資料があるのであるが,これを年度ごとに単純平均すると,国際開発協会97,185(百万円/年),GEF 29,376(百万円/年)ということになる.また,表12-1,表12-4,表12-5の数字の揃っている1999年の数を総計すると,補助金総覧記載分230,429(百万円),多国間開発銀行出資分2,494(百万円),国際開発協会・GEF支出110,540(百万円)で,総計343,463(百万円)となる.

❺ 各国際機関への支出額

最後に,各対象国際機関ごとにどの程度の支出がなされているのかを集計し

てみる．各国際機関の通常予算への支出や，UNDP やユニセフにコアプログラム・一般拠出については国際機関サイドの資料によっても比較的容易に支出額を特定できるが，個別目的ごとの予算外資金への拠出金の総額はなかなかわからない．ここでは，比較的資料が包括的である補助金総覧の対象に限定して各主要国際機関への支出の分担金および拠出金を加えた総額を推計してみることとしたい．

なお，国連については，国連本体関係活動のうち，UNDP, UNHCR, ユニセフ，国連人口基金（UNFPA），国連人間居住センター（HABITAT），国連麻薬統制委員会（UNDCP），国連ボランティア計画，国連大学，WFP 等の総会設置機関の活動，および PKO 関係を除いた部分とする．また，PKO については分担金部分と拠出金部分を総計している．

また，一部については，分担金と拠出金と内訳もわかるようにしておく（UNDP, UNHCR, ユニセフについては一般予算・コアプログラム拠出と目的限定拠出の区別が補助金総覧ではつかなかった．また，世界銀行関係は全額拠出金である）．

次のような表 12-6 により以下の点を指摘することができる．

第 1 に，国際機関への支出の規模により，上記の国際機関を大きく 3 つのカテゴリーに分けることができる．2000 年の支出規模をメルクマールに用いると，第 1 のグループは支出が 300 億円を超えるものであり，具体的には PKO, 国連本体，世界銀行関連がこれにあたる．特に PKO は年度によるばらつきが大きいが，01 年のように多い年には，約 570 億円にも上っている．第 2 のグループは，支出が 50 億円以上 150 億円以下のものであり，UNDP, WHO, UNHCR, ユネスコ，OECD, FAO, ILO がそれにあたる．第 3 のグループは，支出が 10 億円以下の小規模な国際機関であり，ICAO, ITU, UPU, IMO がそれにあたる．なお，政府の支出規模的にはユニセフは第 2 のグループと第 3 のグループの中間に位置する．しかし，ユニセフについては日本は民間レベルで世界最大の支出を行っており，この分を参入すると十分に第 2 グループの国際機関ということになる．

第 2 に，すべてが拠出金とカウントされる UNDP, UNHCR, ユニセフ，世界銀行関係およびやや特殊な事例であると思われる PKO を除くと，全体的

表 12-6　各主要国際機関への支出総額

(単位：百万円)

	1990	1995	1999	2000	2001	2002
UN	12,908	19,657	33,043	32,566	28,759	31,436
分　担	12,314	19,011	25,069	27,297	22,406	26,223
拠　出	594	646	7,974	5,269	6,353	5,213
PKO	4,402	28,319	40,592	45,241	57,104	1,093
分　担		27,771	26,369	45,031	56,101	1,058
拠　出	4,402	548	14,223	210	323	35
UNDP(拠出)	13,358	16,032	13,825	12,694	13,025	12,695
UNHCR(拠出)	8,296	10,294	11,066	9,507	8,790	9,028
UNESCO	4,443	5,958	8,595	9,114	8,475	7,966
分　担	3,969	5,466	7,399	6,880	6,039	5,950
拠　出	474	492	1,196	2,234	2,436	2,016
ITU	780	800	841	652	698	776
分　担	780	800	841	652	605	671
拠　出	0	0	0	0	93	105
WHO	5,982	7,059	11,799	11,277	11,276	10,901
分　担	4,718	4,801	9,355	8,835	8,925	9,016
拠　出	1,264	2,258	2,444	2,442	2,351	1,885
UNICEF(拠出)	2,948	2,982	3,525	2,793	3,717	2,965
世銀関係(拠出)	14,164	21,536	9,310	32,610	40,366	36,683
OECD	12,007	6,750	8,617	8,717	6,497	8,457
分　担	11,646	6,048	6,643	4,973	4,626	6,419
拠　出	361	702	1,974	3,744	1,871	2,038
ILO	3,016	3,476	6,249	5,333	4,888	5,035
分　担	2,744	3,152	5,924	5,005	4,426	4,618
拠　出	272	324	325	328	462	417
UPU	153	304	322	250	578	414
分　担	153	183	285	213	407	344
拠　出	0	121	37	37	171	70
FAO	6,015	4,955	7,585	8,032	8,357	6,020
分　担	5,146	4,332	6,908	7,021	7,155	4,832
拠　出	869	623	677	1,011	1,202	1,188
ICAO	437	556	839	782	789	888
分　担	437	556	839	782	789	888
拠　出	0	0	0	0	0	0
IMO	189	176	189	150	141	158
分　担	189	176	189	150	141	158
拠出	0	0	0	0	0	0

出所：各年度『補助金総覧』より作成.

には，1990年代前半に比べ，90年代後半以降は拠出金の利用が拡大しているように思われる．これは，国際機関に自国政府の目的実現を担わせるための試みと解釈できる．この傾向は特に，国連本体，OECD，ユネスコに見てとれ，WHO，FAOにもその傾向が見られる．また，すべてが拠出金であるUNDPにおいても，90年代後半にはコアプログラム以外の信託基金のような拠出形態が増えているようである．

第3に，日本が事務局長のポストをとっている国際機関に対して，拠出金を提供して支援するという傾向も見てとれる．1999年以降のユネスコ，90年代のWHO，2001年以降のITUは，程度は様々ではあるが，その例と解釈できるだろう．

(3) 日本の資金提供の対象国際機関における比重

日本による資金提供が対象国際機関において占める比重は，国際機関ごとにかなり異なる．これは，一方では通常予算分担金等については，国際機関の負担分担のルールに規定されるものであり，他方，特に拠出金については，日本が当該国際機関におく優先順位を反映するものとなる．これらの特徴を厳密に分析するには，これまで行ったような作業を各国について行った上でなくてはならないが，ここでは概括的な点に着目し，とりあえず以下の点を指摘しておきたい．

第1に，通常予算分担金については，国際機関の負担分担のルールに規定される．たとえば，国連本体の通常予算分担については，ルールに基づき20%弱とされ（2000年には20.537%であったが，分担金基準交渉の結果約1%下がることとなり，01年には19.629%，02年には19.669%，03年には19.516%となった），他方，ITUについては米国，フランスと並んで最大の30単位を負担しているが，絶対額では8%程度の負担にとどまっている．これは，国連が経済規模等に応じた加重的な負担分担をとっているのに対して，ITUはより均一的な負担分担をとっているためである．

第2に，拠出金による機関について，日本政府の優先順位を反映した拠出額となっている．たとえば，開発を担当するUNDPに関しては，表12-7の示すように，日本は主要拠出国になっているのに対して，人道にかかわるユニセ

フに関しては，表12-8の示すように，政府レベルでは中位レベルの拠出国にとどまっている．UNDPに関しては，コアファンド以外の目的を限定した拠出金も多く出されているようである（1995年，99年については，表12-6の補助金総覧上の支出額16,032（百万円），13,825（百万円）と，コアファンドへの拠出額105,110（千ドル），80,000（千ドル）の差額が，目的限定拠出金の額であると推定される．おそらく会計年度のズレ等によりこの数字とは必ずしも合致しないが，UNDP資料 [DP/1996/28/Add.1 Table 1, DP/2000/29/Add.1 Table 7] によると95年に26,500（千ドル），1999年に122,000（千ドル）のコアファンド以外への拠出が日本からあったとされる）．UNDPにおいてコアファンド以外への拠出が多いというのはオランダやスウェーデンとも似ているといえる．他方，ドイツはコアファンドおよびそれ以外についても拠出はきわめて少なく，日本とは対照的である．開発に関して日本政府が重点を置いているというのは，国際開発協会に対する高い出資比率（22.5％で米国の24.3％に次ぐ）からも理解できる．なお，ユニセフについては，日本からの民間拠出は世界最大（2001年のこの額は66,332（千ドル））であり，この年の政府拠出

表12-7 UNDPコアファンドおよびその他に対する主要各国拠出状況（2000年）

（単位：千米ドル，％）

国　名	コアファンド		その他拠出額	全体拠出率
	拠出率	拠出額		
日　本	14.7	100,000	89,700	18.8
米　国	11.8	80,000	27,100	10.1
オランダ	9.9	67,440	61,100	13.3
ノルウェー	9.8	66,670		
スウェーデン	8.5	57,940	42,300	10.2
英　国	8.2	55,560	22,100	7.6
デンマーク	7.9	54,050		
スイス	4.6	31,330		
カナダ	4.2	28,290		
ベルギー	3.3	22,630		
その他	17.1	116,150		
（うちドイツ）	(3.0)	(20,100)	(2,300)	(2.3)
総　計	100.00	680,050		

出所：『国際機関総覧』，DP/2001/22/Add.1 Table 7 より作成．

表12-8 UNICEF 一般財源に対する主要各国拠出状況（1999年）

（単位：%，千米ドル）

国名	拠出率	拠出額
米　国	30.58	105,000
ノルウェー	10.49	36,021
スウェーデン	9.59	32,932
デンマーク	7.64	26,223
オランダ	7.37	25,316
日　本	7.35	25,229
英　国	6.12	21,016
フィンランド	3.28	11,272
スイス	3.26	11,191
カナダ	2.6	8,940
その他	11.72	40,178
総　計	100.00	343,318

出所：『国際機関総覧』より作成．

25,596（千ドル）を加えた総額は，91,928（千ドル）となり，政府拠出109,758（千ドル），民間拠出9,463（千ドル）で計119,221（千ドル）のトップの米国に肉薄する[E/ICEF/2002/4（Part II）]，これを入れると国全体としての優先順位は高いということもいえる．

第3に，多くの機関で主要ドナーである米国が参加していないために，また，政治的に参加していないこともあり，日本が主要ドナーとして活動している国際機関が存在する．ユネスコ，国連人口基金（UNFPA）がその例にあたる（分担率，拠出率については表12-9，表12-10を参照）．

第4に，世界銀行のように，日本としては出資率を増やしたいのであるが，他国も出資率増加を望むのでなかなか出資を増やせないという場合がある．そのような状況の中で，国際開発協会増資への協力とパッケージを組む形で，1998年には世界銀行の新規増資40億ドル分をすべて日本が引き受けるという例外的な交渉が成立し，その結果，日本の出資率はほぼ2%増加して8.1%となった．また，不十分な増資を補うという意味もあり，日本は積極的に世界銀

表12-9 UNESCO 通常予算分担率（2001年）

国名	分担率	国名	分担率
日　本	22.0	カナダ	3.4
ドイツ	12.9	スペイン	3.3
フランス	8.6	ブラジル	2.9
英　国	7.3	オランダ	2.3
イタリア	6.7	韓　国	2.3

出所：『国際機関総覧』より作成．

行に拠出金を出してトラストファンド（信託基金）を設定してきた．この拠出金は，日本政府の国際機関への支出の中でも大きな項目に属するというのは先に確認したとおりであるが，このような基金は世界銀行でも他にあまり例を見ない大規模なものであった．特に，開発政策・人材育成基金は，世界銀行に他に案件形成を支援するファンドがなかったこともあり，世銀の案件形成に大きく貢献してきた．逆にいえば，トラストファンドを通して，日本は世銀の案件形成に影響力を行使できたという面がある．

表 12-10 UNFPA コア財源に対する主要各国拠出状況（1999 年）

（単位：％，1000 米ドル）

国　名	拠出率	拠出額
日　本	19.6	48,285
オランダ	17.4	42,769
デンマーク	11.3	27,870
ノルウェー	10.3	25,249
英　国	9.8	24,041
ドイツ	8.8	21,752
スウェーデン	6.8	16,710
フィンランド	5.6	12,576
スイス	2.9	7,190
カナダ	2.5	6,026
その他	5.0	17,618
総　計	100.00	250,086

出所：『国際機関総覧』より作成．

第 5 に，日本も，特に 1990 年代後半以降，予算外資金への拠出を広く用い始めたというのは先に論じた通りではあるが，そうはいっても他国に比べて予算外資金への拠出の比率が小さい部門もある．たとえば，WHO に対する日本の 99 年の支出のうち拠出金の割合は約 21％ であり，これは同年の WHO 全体のプログラムの中での任意拠出の割合約 43％［城山，2002：208，表 9-6］と比べてはるかに小さい．

3. 人事面での国・国際機関インターフェース

3-1 仕組みと日本人職員増加の努力

国連では地理的配分の原則がとられており，加盟国ごとに分担率，人口等を基礎として「望ましい職員数の範囲」を算定している．たとえば 2001 年の場合，地理的配分の対象となるポストは 2,445 人であり，日本の望ましい職員数は 246〜332 人であるとされた．しかし，実際の日本人数は，国連については後掲表 12-11 に示すように 101 人であり，この数値を大幅に下回っている．同

様の事情は，公式的には地理的配分の原則が適用されない他の多くの国際機関についても当てはまる．

以上のような事情から，国際機関における日本人職員増強の必要が認識され，たとえば外務省においても 1997 年には「邦人国際公務員増強のための懇談会報告書」といったものが出された．また，様々な具体的制度的仕組みも整備されてきた．

第 1 に，外務省本省に国際機関人事センターが設置され，ホームページによる国際機関への就職に関する情報の提供，国際機関への就職に関する各種資料の提供，各国際機関より発出される職員募集案内の入手および関係機関・団体，希望者への配布，各種照会への応答と助言，適格者の国際機関への推薦およびフォローアップ等を行ってきた．たとえば，大学等におけるオリエンテーションを 2002 年度には 37 回行った．また，最近ではニューヨーク，ウィーン，ジュネーブといった海外各地にも国際機関人事センターの支部を設置し，留学生等の海外在住日本人へのアクセスも図っている．たとえば，02 年 1-3 月にかけては，ニューヨークの国連代表部担当者が直接米国の主要大学を訪問して，留学生に国際公務員就職ガイダンスを行うといったことも行われた．

第 2 に，1974 年以来，日本政府の経費負担により（形式的には国際機関予算外資金への拠出となる），国際機関職員志望者を一定期間国際機関に派遣し，専門知識を深め，国際的活動の勤務経験を積むことで正規職員への道を開くための制度として，アソシエート・エキスパート（AE）・ジュニア・プロフェッショナル・オフィサー（JPO）の派遣を行ってきた．現在，年間約 65 人を派遣している．実際に継続して国際機関に勤務する確率は上がってきており，94 年合格の AE・JPO の 59％ が継続勤務し，この率は 96 年合格者については 62％，97 年合格者については 70％ 以上になっているという．そして日本人正規職員のうち AE・JPO 経験者の占める比率は，ユニセフでは約 80％，UNDP でも 50％ 以上になっているという［弓削，2002：228］．

第 3 に，国際機関の側が，日本人職員を増やすために，人事部長等の採用担当者を日本に派遣し，書面審査のうえで日本人候補者の面接等を行い，国際機関が適格と判断した候補者については具体的なポストへの選考の際に考慮されるようにする試みとして，採用ミッションというものが訪日するようになって

いる．たとえば，2000年には国連本体，国際労働機関（ILO），世界保健機関（WHO），UNDPの採用ミッションが，01年にはILO，国際原子力機関（IAEA），UNDP，国連本体の採用ミッションが来日した．

第4に，特に国家公務員の国際機関への派遣を促進するため，1970年に「国際機関等に派遣される一般職の国家公務員の処遇等に関する法律」（以下，派遣法と略称）が制定され，一般職の国家公務員は国家公務員としての身分を保有したまま国際機関等に派遣されうることとなった．また，派遣された職員には，「派遣先の勤務に対して支給される報酬の額が低いと認められるときは」，「俸給等のそれぞれ100分の70を超え100分の100以内を支給することができる」とされた（人事院規則18-0第7条：なお比較の対象としては外交官が用いられるようである）．

3-2 各国際機関における日本人職員の現状

ここでは，まず，各国際機関における日本人職員の経緯，現状について概観しておきたい．状況は各国際機関によって異なるため，ここでは本書において主として対象とする国連本体，UNHCR，UNDP，ユニセフ，ユネスコ，WHO，ITUを対象とすることとする．また，不完全な情報であるが世界銀行についても日本人職員数の推計を名簿の検索により行うこととする．

表12-11は各国際機関ごとの幹部職（D以上），専門職（P），一般職（GS），その他，ジュニア・プロフェッショナル・オフィサー（JPO）等の日本人採用人数を1993年以降についてまとめたものである（世界銀行については総数のみ）．また，表12-12は，職員のカテゴリーごとに，日本人職員数の推移をまとめたものである．

表12-11，表12-12により以下の点を指摘することができる．

第1に，全体としては日本人職員の増加傾向を確認することができる．今回対象とした7機関（国連，UNHCR，UNDP，ユニセフ，ユネスコ，WHO，ITU）についていえば，総数で1993年には291人であったものが2002年には407人に増加した．特に1997年以降の増加率が高い（317人から407人）．

第2に，総数の増加率に関しては機関ごとの差異が見られる．1993年時点と2002年時点を比べた場合，WHOの増加率は4％にとどまるのに対して，

表 12-11 各国際機関における日本人職員数

	幹部職	専門職	一般職	その他	JPO	合計		幹部職	専門職	一般職	その他	JPO	合計
ITU							UNHCR						
1993	1	4	0	0	0	5	1993	2	25	6	0	13	46
1994	1	4	0	0	0	5	1994	2	28	7	0	17	54
1995	1	4	0	0	0	5	1995	2	35	8	0	10	55
1996	1	4	0	0	0	5	1996	2	33	6	0	7	49
1997	1	4	0	0	0	5	1997	2	35	8	1	7	53
1998	0	4	0	0	0	4	1998	1	38	7	2	13	61
1999	0	4	0	0	0	4	1999	2	40	6	2	17	67
2000	1	5	0	0	0	6	2000	3	37	6	2	16	64
2001	1	6	0	0	1	8	2001	3	44	7	2	9	65
2002	1	6	0	0	0	7	2002	3	46	8	2	7	66
UNICEF							UNESCO						
1993	3	16	6	0	8	33	1993	3	23	1	0	10	37
1994	1	15	7	0	8	31	1994	3	24	1	0	7	35
1995	1	18	7	0	7	33	1995						
1996	1	20	7	2	7	37	1996	4	28	1	0	7	40
1997	1	22	6	2	12	43	1997	5	28	1	0	9	43
1998	0	24	6	2	13	45	1998	4	28	1	0	11	44
1999	1	21	6	3	11	42	1999	5	31	1	0	16	53
2000	2	24	6	3	14	49	2000	8	30	1	0	16	55
2001	3	26	6	4	16	55	2001	5	30	2	0	15	52
2002	3	29	5	5	20	62	2002	6	33	2	0	13	54
WHO							UNDP						
1993	5	34	3	2	5	49	1993	3	20	2	0	10	35
1994	5	38	2	2	3	50	1994	5	16	2	0	10	33
1995	5	33	2	2	4	46	1995	3	15	2	0	9	29
1996	6	33	2	0	4	45	1996	4	16	2	0	13	35
1997	6	31	2	1	3	43	1997	5	14	2	0	15	36
1998	5	34	11	0	4	54	1998	6	16	2	0	17	41
1999	4	34	12	0	3	53	1999	6	18	2	8	25	59
2000	5	38	12	0	3	58	2000	6	13	3	10	25	57
2001	4	38	4	0	2	48	2001	6	14	2	8	28	58
2002	5	39	2	0	5	51	2002	6	24	2	6	23	61
UN							世界銀行						
1993	7	61	11	2	5	86	年	日本人	総数	年	日本人	総数	
1994	7	61	11	2	4	85	1990	87	8,285	1997	146*	N/A	
1995	5	69	15	1	2	92	1991	97	8,387	1998	202	9,193	
1996	5	75	14	1	3	98	1992	100	8,926	1999	175	11,903	
1997	4	73	12	2	3	94	1993	125	10,529	2000	173	11,699	
1998	6	70	13	4	2	95	1994	132	10,711	2001	164	11,269	
1999	7	68	11	3	2	91	1995	142	10,801	2002	166	11,599	
2000	5	76	12	8	2	103	1996	146	10,927				
2001	6	74	12	6	3	101							
2002	6	80	12	6	2	106							

注：＊外務省への問い合わせに対する回答．
出所：外務省総合外交政策局，国際社会協力部，国連行政課，国際機関人事センターへの請求資料より作成．（ただし，1997年以外の世界銀行については，各年度の The World Bank Group Directory による．参照した刊行月は表 2-5 参照．）

表 12-12 職員カテゴリー毎の日本職員数

	UN	UNHCR	UNDP	UNICEF	UNESCO	WHO	ITU	合計
D 以上職員								
1993	7	2	3	3	3	5	1	24
1994	7	2	5	1	3	5	1	24
1995	5	2	3		1	5	1	
1996	5	2	4	1	4	6	1	23
1997	4	2	5	1	5	6	1	24
1998	6	1	6	0	4	5	0	22
1999	7	2	6	1	5	4	0	25
2000	5	3	6	2	8	5	1	30
2001	6	3	6	3	5	4	1	28
2002	6	3	6	3	6	5	1	30
P 職員								
1993	61	25	20	16	23	34	4	183
1994	61	28	16	15	24	38	4	186
1995	69	35	15	18		33	4	
1996	75	33	16	20	28	33	4	209
1997	73	35	14	22	28	31	4	207
1998	70	38	16	24	28	34	4	214
1999	68	40	18	21	31	34	4	216
2000	76	37	13	24	30	38	5	223
2001	74	44	14	26	30	38	6	232
2002	80	46	24	29	33	39	6	257
JPO								
1993	5	13	10	8	10	5	0	51
1994	4	17	10	8	7	3	0	49
1995	2	10	9	7		4	0	
1996	3	7	13	7	7	4	0	41
1997	3	7	15	12	9	3	0	49
1998	2	13	17	13	11	4	0	60
1999	2	17	25	11	16	3	0	74
2000	2	16	25	14	16	3	0	76
2001	3	9	28	16	15	2	1	74
2002	2	7	23	20	13	5	0	70
全職員								
1993	86	46	35	33	37	49	5	291
1994	85	54	33	31	35	50	5	293
1995	92	55	29	33		46	5	
1996	98	49	35	37	40	45	5	309
1997	94	53	36	43	43	43	5	317
1998	95	61	41	45	44	54	4	344
1999	91	67	59	42	53	53	4	369
2000	103	64	57	49	55	58	6	392
2001	101	65	58	55	52	48	8	387
2002	106	66	61	62	54	51	7	407

出所：外務省総合外交政策局国際社会協力部国連行政課国際機関人事センターへの請求資料より作成．

国連本体の増加率は23%，ITUの増加率は40%，UNHCRの増加率は43%，ユネスコの増加率は46%であり，UNDPは74%，ユニセフは88%という高い増加率を示している．一般的には国連本体のような中枢部門や，WHO，ITUのような技術的分野では急増が難しいのに対して，ユニセフやUNDPのような現場活動部門では比較的容易であったといえよう．

　また，増加の時期についても異なる．国連については2000年に急増し，UNDPは1999年に急増したのに対して，ユニセフは2000年以降継続的に増加している．また，UNHCRは1994年，98年に急増しているが，その後は停滞している．また，ユネスコは99年に急増し，ITUは2000年以降増加しているが，これはこの2つの国際機関の事務局長に日本人が就任したことと無縁ではなかろう．他方，WHOについて01年に急減しているが，これはその少し前の日本人の事務局長の退任と関係があるのかもしれない．

　第3に，表12-12においても明らかなように，職員のカテゴリーごとに状況が異なる．D以上の幹部職員全体での増加率は25%であり，専門職（P）レベルでの専門職員増加率約40%に比べて少ない．特に国連本体に関しては7人から6人へむしろ減少している．この減少は，タイムレンジを広げるとより深刻であることが明らかになる．幹部職（D）レベルは1984年には13人いたのであり，これが半分以下になったということになる．また，課長級であるP-5も84年から98年で16人から6人に減少しているという［勝野・二村，2000：141］．他方，日本人の数の多いのはP-4以下である［弓削，2002：221］．逆に言えば，P-5以上の幹部クラスに日本人をどう増やすのかが課題であるといえる．

　第4に，JPOについては，全体で2割程度増加しているが，特に1997年以降のUNDP，ユニセフにおける増加率が大きい（93年比でともに2倍以上に増えている）．そして，これらの国際機関で専門職（P）レベルの職員も増えていることと重ねて考えると，JPOから正規職員への転換が比較的スムースに進んでいると考えられる．他方，UNHCRにおけるJPOの数は停滞している．また，国連本体や技術的分野のWHO，ITUにおいてはJPOの絶対数が少ない．

4. 国における国際機関担当組織：分散化

　国際機関への予算が様々な省庁の予算に位置づけられているというのは前述の通りである．国連本体，FAO，OECD，WTO 等の通常予算分担金は外務省予算に位置づけられているのに対して，IMO，ICAO，WMO の担当は国土交通省であり，ITU，UPU の担当は総務省であり，WHO，ILO の担当は厚生労働省であり，世界銀行，IMF，アジア開発銀行の担当は財務省である．
　しかし，担当の分散化はこれにとどまらない．
　第1に，各省庁内部における担当部署も分化している．たとえば，予算が外務省についている国際機関の中でも，外務省の中のどの部局が担当しているのかについては，様々である．たとえば，国連本体については総合外交政策局国際社会協力部国連行政課，ユニセフについては人道人権課，FAO については経済局開発途上地域課，WTO については経済局国際機関第一課，OECD については経済局国際機関第二課（そのうち開発援助委員会（DAC）については経済協力局国際機構課）が担当しており，ユネスコ，国連大学に関しては大臣官房文化交流部が，8カ国蔵相会議（G8）を含むその他国際機関は総務参事官室が担当している．
　第2に，各省において窓口部署と実質的担当部署が分化している場合も多い．たとえば，ITU を担当する総務省において，ITU の全般的窓口は総合通信基盤局国際部国際政策課国際機関室であるが，実質面については無線通信の活動については総合通信基盤局電波部，電気通信基準策定活動に関しては情報通信政策局通信規格課が担当することになっている．
　第3に，行政面と政策・政治面で担当部署が分化することも多い．たとえば，国連本体に関して，政策面・政治面の担当は総合外交政策局国連政策課の担当であるのに対し，行政面の担当は国際社会協力部国連行政課や国際機関人事センターであるということになる．政策形成・実施においては政策面と行財政人事といったロジスティックス面を連携させることが重要なのであるが，しばしば連携が不十分となる．その結果，政策的に重要な国際機関のプログラムに予算がつかなかったり，政策が行財政人事面での注意すべき事項を無視してしま

うということが起こりうる．特に，伝統的に，アドホックなネットワークによる意思決定が行われ，行財政人事を担当する総務系統組織・官房系統組織によるコントロールが弱かった外務省においては，その点に関する注意が必要になると思われる［城山・鈴木・細野，1999：第10章］．

第4に，本省と在外公館の分化もある．本省からすれば全体的な政策的優先順位がうまく在外公館に伝わらないという不満を持ち，他方，在外公館からすれば本省は現場の動きに対して十分注意を払わないという不満を持つことになる．

また，日々の業務で忙しい在外公館の体制の問題もある．たとえば，ニューヨークやジュネーブの国際機関代表部で行財政を担当する体制においては，国際組織の行財政専門家の育成が，国際組織のプログラムを監視する能力を確保する上でも重要である．たとえば，1990年当時の各国の国連代表部の行財政担当の人数は米国7人，ロシア4人，中国3人，フランス2人，ドイツ4人，英国3人，キューバ3人，アルジェリア2人，カナダ2人，日本1人であった．現在では日本は約3.5人に増強しているがそれでも不足気味であるという．また，専門性の問題もある．職員として，ディプロマティック・サービスとシビル・サービスを併用している米国国務省の場合，行財政専門家は財務等の専門家をシビル・サービスとして雇用しており，専門性を維持できるようなキャリア育成を行っているが，日本の場合，基本的には様々な部署を転々とする外交官が一時的に行財政も担当するという体制になっており，個人的関心と努力に依存しがちであるという問題がある．さらに，政務担当者と行政財担当者では視点，重点が異なるのであり，双方のコミュニケーションをいかに図るのかという課題もある（これは本省レベルと同様の課題であるということもできる）．

5. 国会における関心

最近は日本でも国会が国際機関の問題に関心を持つようになってきている．その際の視点は，特に日本人職員増強問題と国際機関のアカウンタビリティーの確保の問題である．

自由民主党政務調査会は，国際機関を通じた国際協力を厳しい経済状況，財

政事情の下で進めていくためには，国会議員をはじめとする国民に対しその実情，妥当性についてより明確に説明し，その支持を得ていく必要があるという認識の下，まずは国際機関への任意拠出金を中心に検討すべく，1999年11月に「国際機関の改革を促す」という観点から外交部会の下に「国際機関等に関するワーキングチーム」（座長：福田康夫，事務局長：武見敬三）を設置した．このワーキングチームでは，各省庁に対して直接拠出金等に関する資料を請求し，その結果，98年の国際機関への拠出金等の総額を政府開発援助（ODA）約2,314億円，非ODA約235億円，総計約2,599億円とする報告をまとめた（これは分担金を含まないものであると思われる．他方国際開発協会への出資，地球環境ファシリティー（GEF）への支出等を含んでいる）．

このような作業を基礎に，①国際機関の有用性，成果の妥当性を考慮しているか，②拠出に際しての理念戦略は明確か，③使途のチェックを行っているか，④改革の働きかけを行っているか，⑤日本人職員増強のための取り組みを行っているか，⑥わが国の顔の見える工夫をしているか，⑦在日国際機関の活用促進を行っているか，⑧世銀等における日本特別基金に見られたように官僚の留学等本来目的とは異なった目的に使われていないかといった観点から拠出を検討し，2000年5月に「国際機関に関する提言」をまとめた．その概要は以下のようなものであった．①拠出にあたっては各省の所管の範囲を超えてわが国政策全体の中に位置づける必要がある．②拠出金については，年1回，外務省が一元的情報収集を行うようにする．③効果的活用のため政策対話を強化する．④日本人職員数を確保すべく人材養成，人事に関する戦略的取り組みを行う．⑤わが国の顔が見えるようにする．拠出の背後にある政策体系の明示化と「顔の見える」国際協力という観点等からの日本人職員の増強が主要な内容であったといえる．

このような政党レベルの活動も背景に，国会でも議論が展開された．特に参議院で国際機関問題が議論されているようである．参議院では，1998年8月に「21世紀における世界と日本―我が国の果たすべき役割―」を議論するために「国際問題に関する調査会」が設置され，緒方貞子前国連難民高等弁務官，内外の有識者，研究者，ジャーナリストなど35人を招いての意見聴取と質疑，外務大臣からの報告と質疑，国連大学等の視察を経て，2001年6月に最終報

告を取りまとめた．その中の主要項目の1つが「国連の今日的役割」であり，そこでの提言として，人間の安全保障の概念を整理し世界に通じる基準をつくり出すこと，日本人職員を増やすこと，政府は国際機関への拠出に関する情報の一元化に努め，国民や国会への開示を積極的に行い，国会の関係委員会においても関心を強めることにより，納税者である国民への説明責任を果たすべきこと等がまとめられた（151回国会参議院本会議2001年6月21日議事録）．この参議院の国際問題に関する調査会の議論においては，国連の財政・人事に関する質疑も行われ（147回国会参議院国際問題に関する調査会2000年2月23日議事録；田所昌幸防衛大学校教授（当時），伊勢桃代元国際連合人材管理局部長が参考人として出席），また，前述の自由民主党政務調査会のワーキングチームの事務局長であった武見敬三議員は，「我が国政府がこれらの国際機関に，幾ら，どういう目的で拠出金を出しているのかということを一元的に把握している省が，何と我が国政府の中にどこもなかったわけであります．これでは説明責任も負えません．……いわゆる官僚機能の中で縦割り行政があまりにも厳しすぎて，彼ら自身の自主的な政策決定能力ではこうした一元的把握ができないという，実はとんでもない実情があるんだということがわかってきているわけであります」と述懐している（147回国会参議院国際問題に関する調査会2000年5月12日議事録）．また，この国際問題に関する調査会やその他の場で，一般論として，また，環境や財政金融という個別分野における日本人職員増強問題が論じられてきた（145回国会参議院予算委員会1999年3月8日議事録 小渕首相・高村外務大臣答弁，145回国会参議院財政金融委員会広中和歌子議員発言99年3月23日議事録，151回国会参議院環境委員会2001年3月27日議事録および154回国会参議院環境委員会02年5月30日議事録 清水嘉与子議員発言）．

他方，衆議院外務委員会においても日本人職員増強問題が論じられている（145回国会衆議院外務委員会1999年2月10日議事録および155回国会衆議院外務委員会2002年11月6日議事録 河野太郎議員発言）．その中では，河野太郎議員が「少なくとも，日本の要求を満たして，拠出金に合った邦人職員数の採用ということを一生懸命やってきたそういう機関に対しては，我々としても，当然，拠出金のあり方について好意的に考えていく必要がある」という考え方について新藤外務省大臣政務官から賛意を得ると，「早速この議事録を，各国際機関

に写しを送りたいと思います」といったやりとりを行っている（155回国会衆議院外務委員会2002年11月6日議事録）．

　次に，国際機関のアカウンタビリティー確保の問題については，直接の議論の契機になったのは鈴木宗男議員の支援委員会の調達等をめぐる疑惑である．支援委員会とは，市場経済への移行を目指す旧ソ連諸国の改革を支援するため，日本政府と旧ソ連諸国政府との間で締結された「支援委員会の設置に関する協定」（国会の承認を得ないいわゆる行政協定）に基づき，1993年1月に設置された国際機関である．支援委員会は，市場経済への移行に必要な人材の育成を中心とした技術支援事業，災害時や社会的弱者に対する緊急支援物資の供与等による人道支援事業を行っていた．運営については，支援委員会のロシア代表が空席で開催されなかったこともあり，東京にある支援委員会事務局が外務省ロシア支援室の下で行っていた［新日本監査法人，2002］．支援委員会の活動規模は，1995-97年および99年は7〜12億円程度であったが，98年の活動規模は約128億円と突出していた（自由民主党政務調査会資料）．この支援委員会のような行政協定に基づく国際機関に対する会計検査の可能性，国際機関の国内法上の性格（権利能力なき社団ゆえに事務局長個人名義の銀行口座が存在した問題等），外務省からの事務局への派遣人事，年度を越えた多額の繰越金の存在，ODA対象国の基準を柔軟にする必要（ロシアがODA非対象国のゆえに支援委員会＝国際機関という便法を使わなくてはならなかったという認識から）等について議論された（154回国会衆議院予算委員会2002年3月5日議事録 木村(義)議員発言，154回国会参議院予算委員会02年3月12日議事録 若林秀樹議員発言，154回国会参議院予算委員会02年3月27日議事録 小池晃議員発言，154回国会衆議院外務委員会02年4月3日議事録 土田議員発言，154回国会衆議院外務委員会02年4月10日議事録 金子(善)議員発言，154回国会衆議院外務委員会02年4月24日議事録 土田議員発言，154回国会衆議院外務委員会02年5月31日議事録 金子(善)議員発言，154回国会参議院行政監視委員会02年6月10日議事録 岩本司議員発言）．そのやりとりの中では会計検査院担当者も優先順位を検討したうえで一定程度検査を行うと答弁している（154回国会衆議院外務委員会02年5月31日議事録 石野会計検査院当局者答弁）．

6. インターフェース設計・運用における課題

　以上のような実態分析を基礎に，最後に，国と国際機関のインターフェースの設計および運用に関してどのような課題があるのかについてまとめておきたい．

　第1に，本章での作業でも明らかなように，また，国会等においても指摘されているように，対国際機関資金提供の形態は日本においては分断されており，その全体像を一覧の形で見ることはできない．また，各部局での担当者のレベルでも（特に外務省の場合），政策の担当と予算等ロジスティックスの担当が分離されており，その点でも一体的対応ができていないようである．今後は，これらの国際組織への資金提供を一元的に把握するメカニズムを構築し，その上で予算を各省レベルおよび全政府レベルの対国際機関政策形成と有機的に連携させるメカニズムが必要なのではないかと思われる．

　その際には，以下のような点が具体的課題となると想像される．まず，外務省の内部管理体制が主たる焦点となると思われる．たとえば，外務省の政策評価，政策評価と予算の関係，外務省内におけるロジスティックス担当の位置づけ等が組織的課題として浮上しうる．次に，予算については外務省，各セクター担当の府省が分散的に管理していることを考えると，各省庁間の調整メカニズムの構築が必要になる．これは国際機関に対する対処方針作成の政府内での政策メカニズムとの連携も必要になるであろうし，各府省を超えた政治的リーダーシップも必要になるので国会の役割も重要であろう．さらに，各府省においては現在政策評価の試みが進められており，その中で国際機関への支援をどう位置づけるかという問題が生じつつある．外交政策的目的の下に位置づけるのか，国内・国際横断的な分野別政策の下に位置づけるのかも含めて，明示化したうえで，個別な検討が必要であるように思われる．最終的には，国内の予算書の書き方（予算項目と政策目的の連携のさせ方）の問題になる．現状では予算書の項目設定は過度に細かいものと過度に大括りのものが並存している．確かに，実施の柔軟性を確保するためには一定程度の大括りが必要である側面もあるが，少なくとも政策目的との連携は明示すべきであるように思われる．

また，国の政策目的と国際機関の目的を連携する仕組みとして予算外資金やそれへの拠出金の支出というのは重要な仕組みである．しかし，実際にこれがうまく機能しているのかという点については問題もあるように思われる．たとえば，世界銀行への信託基金はそれなりに世銀のポートフォリオに影響を間接的に与えることで実効性を持ってきたと思われるが，国連への人間の安全保障基金の場合，対象の広さや実施後時間があまり経っていないこともありまた十分な効果を上げているとはいえないようである．また，信託基金によっては，国際機関の日本人職員の「雇用対策」的に使われている場合もあるようである［勝野・二村，2000：165］．

　第2に，国際機関のアカウンタビリティー確保の問題がある．国際組織に提供された資金については，国内の会計検査院の検査対象外になり，また，管理の場が国内から物理的に遠いために，様々な管理問題が生じることとなる．たとえば，国内の省庁が，使いやすい「ポケットマネー」として国際組織への任意拠出金を使うことがあるという．日本が世界銀行に設立した開発政策・人材育成ファンドは，後述のように日本の関心を世界銀行のポートフォリオに加えていく上で有効なメカニズムであったと思われるが，この資金が旧大蔵省の若手職員の留学費用に使われていることがわかり，国内的に批判を浴びるといった問題が起こっている（その結果もありファンドの規模は急減している）．また，ごく最近では，前述のように，国際機関として設立された北方四島支援委員会の管理運営がずさんであったということが，鈴木議員の当該委員会の調達への関与の疑いとともに，指摘されている．

　しかし，他方，国際組織に固有のモニタリングシステムがある場合，国際組織への予算外資金の提供は，単なる国際的資金移転と比べて相対的にアカウンタビリティーを確保するメカニズムになる場合がある．たとえば，湾岸危機の際，日本は約1兆円の資金支援を行ったが，その際にはモニタリング，アカウンタビリティーのメカニズムに十分注意が払われることがなかった．そのため，十分な会計報告もうることができなかった（支出項目は5～6つだけであったといわれる）．一部その教訓も反映して，ソマリアへの米軍派遣（統合機動部隊（UNITAF）への要員派遣）支援1億ドルの際には，国連に信託基金を設立し，そこから米軍に資金移転を行った．そのため，行政コスト（国連のオーバ

ーヘッド）はかかったが，一定程度の会計的明確性は確保できたといわれる．

　第3に，国際機関の人事に関する政策・体制に関しては，次の点が大きな課題となる．まず，国内の人材養成のキャリアパターンの中に国際組織での勤務をどのように位置づけるのかという課題がある．国連事務次長となった明石康氏や国連難民高等弁務官となった緒方貞子氏の場合，単に国際機関に勤務するだけではなく，対国連日本代表部公使として活躍したことが，重要なステップとなったが，最近はそのような人事運用はあまりないようである．他方，日本の現在の政策は，若手職員候補に対して，予算外資金をつけてジュニア・プロフェッショナル・オフィサー（JPO）等として国際組織に出して経験を積ませるというものである．JPOの正規採用率は上がっているようであるし，これは1つの方法として有効であったと評価できる．しかし，幹部クラスの日本人職員が少ないという問題が残っているようである（特に国連本部に関しては問題状況が悪化しているようである）．

　また，自国出身の国際公務員にどのようなインセンティブを供与するのかという課題が存在する．これは国際機関での金銭的待遇が他の職種と比べて必ずしもよくはない先進国についての問題である．たとえば，日本の場合，国家公務員を派遣する場合に限って，前述のいわゆる派遣法という法律を制定し，国際機関に派遣された国家公務員には，国際公務員としての給与に加えて一定の限度で国家公務員としての給与を支払う仕組みができている．ただし，これは国家公務員派遣以外の自国出身国際公務員との取り扱いの公平の問題，あるいは国際組織との忠誠の衝突可能性の問題（給与を2カ所からもらっているため）を指摘することができる．同種の補助は，ドイツにおいても行われているという．他方，国によっては，逆に多くの国民が国際公務員になりたいので（彼らにとっては国内の生活水準を考えると国際公務員の給与は高い），自国出身の国際公務員の給与から天引きしたりするといわれる．中国がその例とされる．

　第4に，国際機関を自国政府の国益にも合致した形で使うためにも，また，そもそも国際機関を活性化させるためにも，国際機関における各国政府の代表者が共同で管理責任を担う理事会活性化が重要であるという問題がある．各国が国連等の国際機関の実効性を評価するのに対して，各国政府自身が国際機関

の実効性を規定する重要要因であることはしばしば指摘される．また，実際にも，世界銀行等においては，理事会活性化や日本からのインプットの機会は増えているようである［神田，1997b：77］．このような活動を促進するためには，枠組構想に関する発信能力を高めることが重要になる．

　たとえば世銀においては，投票行動を分析すると一番棄権，反対が多いのは米国なのではないかといわれる［神田，1997a：26］．逆にいえば多国間国際機関の場で上記のような枠組構想のレベルでリーダーシップを発揮することによって，大国をいやいやながらも制度的枠組に埋め込むという効果を持つ可能性がある．これは，日本にとっても大きな意味での国益に合致するのではないかと思われる．

参考文献
勝野正恒・二村克彦［2000］『国連再生と日本外交』国際書院．
神田眞人［1997a］「世界銀行超活用法序説」『ファイナンス』1月号．
神田眞人［1997b］「世界銀行グループ―21世紀に向けて」『国際開発ジャーナル』9月号．
城山英明［2002］「国連財政システムの現状と課題―多様な適応とマネジメント改革の試み」日本国際連合学会編『国連研究第3号：グローバル・アクターとしての国連事務局』国際書院．
城山英明・鈴木寛・細野助博［1999］『中央省庁の政策形成過程―日本官僚制の解剖―』中央大学出版部．
新日本監査法人［2002］「支援委員会の活動に関する調査報告書」．
弓削昭子［2002］「国連日本人職員の可能性と課題」日本国際連合学会編『国連研究第3号：グローバル・アクターとしての国連事務局』国際書院．
外務省総合外交政策局国際社会協力部編『国際機関総覧』（財）日本国際問題研究所．
財政調査会編『補助金総覧』（各年度版）日本電算企画．
大蔵省（財務省）主計局編『一般会計予算』（各年度版）大蔵省印刷局（国立印刷局）．

終章
総括と提言

城山英明・田所昌幸

　これまでの検討を踏まえて，望ましい国際機関のマネジメントのあり方と，日本の国際機関政策について，一定の総括を行い，その上で課題，および提言を提起してこの研究報告を結びたい．

1. 全体的総括

　第1部においては個別国際機関の活動分析と評価を行い，第2部においては国際機関と加盟国のインターフェースに関して国際比較を意識しながら検討を行ってきた．評価の詳細に関しては各々の章を参照していただきたいが，ここでは全体的評価として，まず，以下の3点を強調しておきたい．
　第1に，国際機関に投入されている資源の量は限定的であり，それゆえに国際機関の役割に過剰な期待をすることは危険であるが，他方，他に引き受け手のいない課題を担うという重要な機能を担っていることも確かであり，過小評価もするべきではない．国際機関に投入されている資源の総量は，序章の3で確認したように年間約250億ドルと10万人という限られたものである．第1章で検討したように各国の国防費と対比した時，国連の安全保障関連支出は問題にならないほど小さいこと，また第2章で検討した世銀等による投資額の重要性が民間の国際的投資額に比して相対的に減少を続けていることからも，国際機関の限定的な性格は理解することができる．しかし，国際機関は，平和維持活動（PKO），国連難民高等弁務官事務所（UNHCR）やユニセフ（UNICEF）の人道活動が一定レベルの活動を維持していることからもわかる

ように，国際的に他の引き受け手のいない重要な機能を担っている．また，国際電気通信連合（ITU）や世界保健機関（WHO）といった専門機関の持続的活動からも理解できるように，国際基準設定等の最低限の国際的公共的機能を担っているという側面もある．

第2に，日本の観点からは，国際機関の活動は，あらゆる点で日米関係に依存している日本にとって，重要な日本独自の外交のスペース，あるいは逃げ道を提供しているといえる．たとえば，日本は通信に関してITUという枠組で欧州等と協調することで，米国主導のデファクトスタンダード（市場での競争による事実上の標準）に対して対抗しうるという側面がある．また，本研究では詳細分析の対象とはしていないが，世界貿易機関（WTO）も日本が米国や中国といった大国に主張すべきことを政治問題を引き起こすことなく主張できる場となっている．そもそも，一般的に，国際機関という多国間フォーラムには，米国のような超大国の行動に枠を与えるという重要な機能があるのである．

第3に，本研究においては，国際公益という観点と国益という観点の双方から個々の国際機関の活動を分析し，評価してきたが，国際公益の追求と国益の追求が両立する場合も多いことが確認できるように思われる．たとえば，日本がアジア地域，欧米が旧ユーゴスラビアといったように，各々の関心地域のPKOあるいはUNHCRの活動を限定的に支援するということがあったが，各々のドナーの関心が相補っている限り，これは国際的公益の追求にもかなうものであった．あるいは，日本が自らの国の判断として提供する「子供健康無償資金協力」をユニセフの協力を得て実施するというのも，国際的公益に合致していると思われる．また，日本が日本人の国際機関職員の増大を支援するというのも，国際機関職員の国際的性格を維持するという国際公益と合致している面が大きい．確かに，予算外資金を利用した特定目的追求を目指した活動は，国際公益追求と矛盾する場合もあるが，そのような場合はそもそも国益追求にもなっていない場合が多い．したがって，実務的には，どのようにして国益追求と国際公益追求が一致していくようにマネジメントするのかが課題となる．

2. 課題

2-1 国際機関の活動マネジメントの課題
(1) 基本的課題
❶ 不十分な評価指標

　本報告書においては10の国際機関を選択して暫定的に評価の試みを行ってみた．しかし，何をアウトプットとし何をアウトカムとするのかについては，なかなか容易な解はなかった．特に，安全保障分野や開発分野という総合的目的が設定される分野において，アウトカムの特定は難しかった．これは各国際機関において実験されつつある評価制度の運用においても同じ事情である．指標の特定は国内行政においても困難な課題であるが，これは多様かつ複雑な要因が作用する国際機関において，一層困難な作業となる．たしかに容易な解はみつからないであろうが，国際機関を組織としてマネジメントしようとするのであれば，評価指標を探索する努力は意識的に継続されるべきである．

❷ 民間組織とのパートナーシップ

　国際組織とNGOあるいは企業といった民間組織との協力，パートナーシップが重要であるということは，しばしばNGOの国連経済社会理事会協議資格や近年のグローバル・コンパクト（国連の活動に対する民間企業の協力の呼びかけ）に関する一般論として，また規範論として述べられてきた．本研究によって確認された興味深い事実の1つは，一部の組織では，財源調達という組織の現実的マネジメントの側面で，民間組織の役割がすでに重要になっているという事実である．

　ユニセフの場合，2000年歳入11.4億ドルのうち国内委員会という民間組織からの財源調達が3.8億ドルすなわち30％に上っている．特に日本では国内委員会の年収入が100億円を優に超えており，政府による拠出よりもはるかに多くなっている．WHOにおいても，2000-01年予算の予算外資金の4割，全体の2割5分程度を民間組織等からの資金調達がしめている．また，市場性のある技術的機関であるITUの場合，歴史的に民間メンバーが直接的に参加するメカニズムが整備されていたこともあり，収入の約12％を民間のセクター

メンバーから得るようになっている．特に，電気通信標準化部門においては支出の7割以上を民間のセクターメンバーからの収入に依存している．つまり，ITUの標準化部門に関してはしばしば民間標準化機関，地域標準化機関との競争の中で生き残れるのかということが真剣に問われてきたが，その中で実質的にはITU自身がそれなりに民間的な組織に変貌してきたということがいえるであろう [Helman, 2002]．さらに，PKOや国連難民高等弁務官事務所（UNHCR）の現場活動の委託業務・調達においても，企業やNGOの役割が大きくなりつつある [Travers, 2002 : 7, 11]．

以上のような現実を踏まえ，単なるイベントにとどまらない民間組織との持続的なパートナーシップをどう構築していくのかというのは，すべての国際機関の課題であるといえる．

❸「成長産業」としての人権とそれへの対応

国際機関のインプット，アウトプットといった活動量の動向は，分野によって異なっていた．PKO等の安全保障活動は1990年代初頭に急増したが，その後減少し，現在は少し盛り返して比較的安定している．他方，開発活動は，政府開発援助（ODA）全体額と同じく，90年代を通して金額的には停滞の傾向にある．そのような中で，急激に活動量を増大させているのが，国連人権関係組織の活動である．国連人権分野については，絶対額はまだ小さいものの，過去10年で約3倍と予算額が急増した．92-93年には3,100万ドル（うち予算外資金700万ドル）であったものが，2002-03年1億500万ドル（うち予算外資金6,300万ドル）となった．つまり，予算外資金で増加分の大部分を満たす形で急増したわけである．このように国際人権活動は，実質的に活動の実効性が確保されているかは別として，財源吸引力あるいは注目度という点からは「成長産業」となっているわけである．

また，ユニセフというファンドレイジング（資金調達）に秀でた機関も，近年は個別地域の飢饉や紛争による「子供の生存」問題ではなく，一般的に「子供の人権」問題に焦点を当てることでファンドレイジングを図っている．同様の事態は「児童労働」問題等に着目する国際労働機関（ILO）等にもみてとれる．

このように人権問題は，単に規範的に重要であるのみならず，規模が急拡大

する中でマネジメントの観点からも重要性を増しつつある．他方，人権分野は特に評価の難しい分野でもある．そのような中で，人権分野の組織をなかなか整理することができずに，屋上屋を重ねる状態に陥っているという問題が起きているようである．

❹ 不透明な財政システムとそのマネジメント

国際機関の財政システムが不透明である第1の原因は，大規模な予算外資金の存在である［田所，1996；城山，1994：254-255］．目的を限定した拠出金である予算外資金への依存という傾向は様々な国際機関において観察することができる．

安全保障分野についていえば，政務局の活動は通常予算で主に行われるが，PKO予算は別途算出された特別分担率による個別PKO向けの予算外資金で賄われる．開発分野について言えば，世界銀行は，日本から開発政策・人材育成基金（PHRDファンド）や日本社会開発基金のような信託基金を得ている．国連開発計画（UNDP）は，元来ほぼすべて任意拠出金という予算外資金によるものであるが，その中でも目的がさらに限定されたノンコアリソースの比率が高まりつつある．前述のように人権分野においては，1992-93年には3,100万ドル（うち予算外資金700万ドル）であった予算が2002-03年には1億500万ドル（うち予算外資金6,300万ドル）と10年で約3倍に急増したが，その増加分の大部分を予算外資金で満たした．また，多くの専門機関においても同様の傾向が観察される．伝統的機能協力機関であるITUの場合は，予算外資金の比率は少ないが，WHOの場合，通常予算が1996-97年以降名目ゼロ成長（8億4,000万ドルレベル/2年）なのに対して，予算外資金は拡大を続け，通常予算の約1.5倍となっている．

このような各国による予算外資金は各国の国益の観点からは，自国の外交目的等のために国際機関を利用する重要な手段となっている（確かにこれが「真の」国益に合致しているのかは疑わしい事例も散見されるが）．また，各国の国益追求による国際機関の利用が常に国際機関の国際公益追求と矛盾するわけでもない．各国が予算外資金を提供する分野が相補うものであれば結果として国際機関のポートフォリオ（活動分野の分布）はバランスをとれる．また，予算外資金は緊急事態に応じて柔軟に提供できる場合も多いので，国際機関の迅

速な適応に資する場合も多い．しかし，やはり，予算外資金提供国と国際機関の目的とにずれが生じる場合があるのであり，どのような場合にどの程度予算外資金に依存するのが適切なのかという課題が発生する．この課題への解答は，予算外資金の種類によっても異なる．このような課題への対応として，WHOにおいては，予算外資金プログラムを含めて討議する場として利害関係者会議（Meeting for Interested Parties : MIP）を開催し，ここにドナー国以外の開発途上国も参加できるようにすることで，予算外資金プログラムにドナー国以外からの意見をインプットするメカニズムを実験していたが，現在は廃れつつあるようである．また，ユニセフの場合，補充的資金という予算外資金であっても，対象は国別計画にのっているプログラムに限られるという意味で国際的制約がかかってくる［Jolly, 2003 : 7］．

　予算外資金の問題はこれまでも若干は論じられてはきたが，情報の不透明性という問題もあり，正面から論じられてきていない嫌いがある．今後は透明性を向上した上で，制度論や手続き論が必要になってくるであろう．

　国際機関の財政システムが不透明である第2の原因は，国際機関間の資金移転が不透明であることである．たとえば，伝統的に UNDP は国連システムにおける技術協力に関する総括的資金提供機関であり，様々な専門機関等に技術協力実施のための資金を直接的間接的に移転していた．また，最近では，地球環境ファシリティー（GEF）が，世界銀行，UNDP，国連環境計画（UNEP）を実施機関として地球環境保全活動を行っている．このようなプログラム実施のための移転される資金の流れがどのようになっているのかの全体像を把握するのは極度に困難である．また，移転された資金がプログラムを実施する受取国際機関の収入として把握された場合，この資金は提供側国際機関の収入および受取国際機関の収入として二重に国際公共部門の収入として計算される恐れがある．

(2) 国際機関の改革動向とその評価

　現実の国際機関の活動においても，評価活動を重視する動きが見られる．ここでは，その中でも注目される結果志向予算の導入とミレニアム目標導入の動き等について概観し，若干の評価を加えておきたい．

❶ 結果志向予算の導入

1997年にアナン事務総長が就任すると，当時世界的に各国において広まりつつあったマネジメント改革の潮流を背景に，国連もマネジメント改革を開始した［城山，2002：209-211］．その主要な要素は，国連システムにおける結果志向予算（Results-Based Budgeting：RBB）導入の試みであった．アナン事務総長は97年7月に事務総長報告「国連の再生：改革プログラム」（A/51/950）を提出し，その中で結果志向型予算の提案を行った．そこでは，インプット志向から結果志向へ，ミクロ・マネジメントからマクロ・マネジメントへということが強調され，パフォーマンス測定の必要も強調された．その後，99年10月の「結果志向予算」（A/54/456）において，漸進的アプローチを提案し，2002-03年予算にパフォーマンス指標の導入を提案するとともに，財務規則やプログラム計画等規則・ルールをすぐには変える必要はないことを確認した．最終的には，01年1月の国連総会決議（A/RES/55/231）において，成果に影響を及ぼす外部要因を同定しておくこと，インプットデータについても従前の詳細度を維持すること，人件費とそれ以外の費目間流用は総会の同意を条件とすること，柔軟性を行使するに際しては総会の規範・決定を厳格に尊重することを条件に，結果志向予算の導入が決定された．マネジメント改革の重要な要素は，結果の評価に関するコントロールを厳格にする代わりに，財務等に関して柔軟性を付与するというものであったが，事務局の裁量増大を恐れた総会は，裁量拡大には制限を付したうえで結果志向予算の導入を認めたわけである．その結果，不完全ではあったが，国連各機関においては2002-03年予算から結果志向型予算が導入されることになった．

まだ，1年間の経験しかないため，結果の指標に関して何を採用するのか試行錯誤状態である．また，当事者として責任を取れる範囲に結果を設定したいとの意向が強く，多くの場合，結果はアウトプットレベルにとどまっている．また，先に課題としてあげた多様な業務環境に即した指標設定の努力という点でも，まだまだ不十分である．

❷ ミレニアム目標の導入

他方，別の流れとして，2000年9月に開催された国連ミレニアムサミットにおいて，国連ミレミアム宣言が採択され，そこで1990年代の様々なグロー

バル会議で合意された目標を総合する形で，ミレニアム目標が設定された．その内容は，① 貧困と飢えの撲滅，② 初等教育の普遍的実現，③ ジェンダーの平等と女性のエンパワーメント，④ 幼児死亡率の低下，⑤ 母親の健康改善，⑥ エイズ，マラリア，その他の疾病との闘い，⑦ 持続可能な環境の実現，⑧ 開発のためのパートナーシップの実現，というものであった．そして，この大項目の下に，具体的数値目標が可能な限り設定された．たとえば，児童死亡率の削減に関しては，2015 年までに 5 歳児未満死亡率を 3 分の 1 に削減することが目標とされた．

　これは，アウトプットを超えて，アウトカムに関する具体的目標設定をしたという意味では意義のあるものである［Jolly, 2003：4, 6］．しかし，なぜこの特定の数値を設定したのかという根拠については，ミレニアム目標が引用したもともとの世界会議の目標同様，十分説得力のある練り上げられたものではなかった．また，この目標実現をモニタリングするメカニズムについても，今後毎年部分的なテーマについて検討を行い，5 年後の 2005 年に最初の包括的レビューを行うと宣言されるのみで（A/56/326），実効的方策の具体的検討に欠けている．その意味でアウトカム評価システムを構築していく上で課題はまだまだ多い．

　❸ 国際機関財政システム改革

　先に述べた予算外資金の問題は，多くの場面で認識され議論はされてきた．たとえば，ガリ前国連事務総長の諮問に対して国連財政に関する独立諮問委員会（ボルカー・緒方（四十郎）議長）が 1993 年 2 月に提出した「実効的国連財政」という報告書においても，任意拠出金に関する調整機能と管理機能の強化がうたわれていた［緒方，1993］．しかし，具体的な行動が予算外資金問題に対して実質的にとられたことはなかった．

　また，個別機関でも予算外資金，特に目的が強く限定された予算外資金に依存することの問題性は意識されてきた．たとえば，UNHCR においては，形式的にはほぼすべての資金源は予算外資金ではあるが，その中でも UNHCR 目的一般に使える一般プログラムに対して，目的がより限定された特別プログラムの比率が大きくなっていた．たとえば 1993 年には一般プログラム 3 億 1,100 万ドルに対して特別プログラム 8 億 1,800 万ドルと特別プログラムが一

般プログラムの2倍以上となった．そこで，一般プログラムの比率を上げるべく一定の努力が払われ，その結果，99年には一般プログラムが3億2,700万ドルに対して特別プログラム5億8,500万ドルとなった．また，2000年には会計システムが変更されて，従来の一般プログラム，特別プログラムの区別はなくなり，年次プログラム，ジュニア・プロフェッショナル・オフィサー（JPO）プログラム，補充的プログラムとなった．しかし，この会計システムの変更は実態の変化を伴うものではなく，形式的変更にすぎず，実態としての目的へのイヤマーク（指定）はなされているのであり，むしろ予算外資金問題の隠蔽に過ぎなかった．

❹ 実効性に関する自己評価制度の導入

　第2章，第3章において検討したように，開発分野における国際機関を中心にプロジェクトの実効性に関する評価制度が導入されつつある．たとえば，世界銀行においては，ウォルフェンソン総裁の下，1997年より開発援助活動の効果を評価する年次報告書（Annual Review of Development Effectiveness）が発行されている．これは，プロジェクトのアウトカム，持続性，制度建設へのインパクト等を測定するものである．そして，これらの諸要素を組み合わせて，総合的なプロジェクトのパフォーマンス指標が作成される．しかし，これは内部評価であり，また，具体的な基準も一般には明確にされていない，アウトカムといってもアウトプットに近いものを示しているという限界がある．

　また，UNDPにおいても，従来の毎年の評価報告に加えて，結果志向マネジメントを反映して，成果重視型年次報告書（Result-Oriented Annual Report：ROAR）が2000年より出されるようになっている．これは，目的を達成できたプロジェクトの割合を提示している．ROARは，評価基準や手続きを明らかにした点では評価できるが，やはり自己評価であるという限界があり，また，アウトカムの定義は限りなくアウトプットに近いものである．

2-2　日本・国際機関インターフェースマネジメントの課題

（1）　国際機関の現実の活動と日本の財政的貢献に関する不透明性

　日本人が意識するかしないかに関係なく，日本は現実に国際機関に密接に関わりながら国際関係を運営している．そして多くの国際機関にとって，日本は

無視すべからざる存在である．日本は多くの国際機関にとって主要な資金提供国であり，そのこともあって日本の重要性は日本で一般に考えられているほど小さいわけではない．また事務局での日本のプレゼンスも，日本人職員の数の少なさが問題視されるのにはもっともな理由があるものの，いくつかの国際機関の事務局の長のポストをしめていることも事実である．このことは，国際機関のパフォーマンスに対して日本が相当の責任があることを意味する．したがって日本政府がどのような論理で，どのような国際機関を欲し，そのために何をしようとしているのかを国際社会に示す責任があろう．また日本の納税者の立場に立てば，相当額の税金が国際機関に投入されている以上，なぜその国際機関にそれだけの税金が投入されているのかについて，納得のいく説明を求めるのは当然であろう．したがって，対国内的に日本の行政は，日本の国際機関に対する政策について説明責任があることも疑問の余地はない．

予算をそれぞれの国際機関に配分することは，どれほど自覚的かどうかはともかくとして，それぞれの国際機関の活動に対する評価そのものとも言える．その意味で日本政府は日常の政策運営の過程で，絶えず国際機関を事前的に（予算過程），事後的に（決算過程）評価していることになる．だが現状の予算制度や官庁の情報提供によって，納税者に対して十分なアカウンタビリティー（説明責任）が果たされているかどうかははなはだ心許ない．この研究で試みた日本と各国際機関のインターフェースに関する予算情報の整理は，このような説明責任のあるべき姿を我々なりに提示しようとする試みでもあった．だが，この研究で我々のもてるエネルギーの大きな部分を投じて行った整理も明らかに不十分であり，より体系的で恒常的な努力が望まれる．

今後予算上の制約がますます厳しくなることを前提に考えると，国際機関に対する支出の意義を再検討し，十分に説得力のある論理で意義づけなければ，日本の国際機関政策そのもののあり方に，大きな悪影響が及ぶ可能性もあろう．予算の有無を言わせぬ削減の必要を前にしてしばしば行われる予算の一律カットは，優先順位の議論と判断という公共政策上の課題を回避していることに他ならない．逆に国際機関の評価を，邦人職員数といった目に見えやすい目先の利益のみで判断が下されることによっても，重要な国際公益なり日本の国益なりに悪影響が及びかねない．

以上のように，説明責任をよりよく果たし，より合理的な国際機関政策が策定させるようにすることが必要である．そのためには何よりも国際機関の現実の活動やそれに対する日本の貢献に関する正確で有益な情報が利用可能であることが絶対の必要条件である．そのため国民一般および政策コミュニティーに良質の情報を提供する一層の工夫が必要である．国際機関の予算書は様々な改革によりかなり改善したものの，依然として国際機関の実態を最終的な費用負担者であるひとりひとりの納税者に理解を得やすいものではない．しかも国際機関のレベルでの予算制度の問題だけではなく，それぞれの加盟国の予算制度や予算情報がこれに加わる形で関係する問題であるので，事態は一層複雑化する．日本政府の予算書は一層悲劇的なまでにインサイダー以外には理解しづらい代物である．それをより有意な政策情報へと整理する作業は，第一義的には行政官庁の任務であるが，広く政策コミュニティーの果たすべき仕事であろう．政策論議の質を高め，合理的な政策形成を促すには，何よりもより透明な財政制度と，理解しやすい情報の整理が求められる．

(2) 日本の国際機関政策の課題：中間的政策目標の必要

　一般に日本では国際機関が，国際社会の理想を具現化する権威ある存在としてイメージされることが多い．このようなきわめて抽象的かつ理念的なレベルの国際機関認識が強い一方で，ひとたび行政や政治レベルでの具体的な関心になると，国際機関に対する財政的貢献に比して，日本人の事務局職員数が少ないとか，安全保障理事会の常任理事国になれないといった，ただちに目につくきわめて具体的な問題に関心が集中される傾向がある．しかしながら，理事国ポストを獲得したり日本人の職員数を増したりすることが，そもそもどのような意味で日本の利益なのかについて，広く国益観が共有されているわけではない．不適切な人材を国際機関に送り込むことは，国際公益の観点のみならず，むしろ日本の国益上マイナスにもなりかねない．またそうでなくても見当違いな些末な目標のために，国際公益や大局的な国益がおろそかにされる危険もある．

　このような問題は，きわめて抽象的な理想や理念と，ポストの確保といったきわめて具体的で可視的な目標をつなぐ，中間的な政策目標についての議論が

不足していることに原因の少なくとも一端があるように思われる．日本のもてる資源を適切かつ効率的に利用することが必要なことに異論はなかろうが，そもそもどのような目標を国際機関に託し，そのためにどれだけの資源を投入し，何を犠牲にするのか．資金面でも人材面でも政治面でも資源には限りがあるのだから，その配分を最終的に決定するのには民主的な判断によるしかない．だがそのような民主的な政策判断が啓蒙されたものであるためには，良質の情報に基づく建設的な政策論議が必要であろう．

　国際機関には，おそらく当該国際機関がなければ果たせない，コアになる国際公益上の機能があろう．国連は世界平和や開発途上国の貧困の撲滅のためには非力であるにしても，国際社会のもっとも普遍的なフォーラムであり，強制行動に正統性を付与するのに，国連以上に権威のある存在は現在の国際社会で他に見あたらない．国連の開発分野のこれまでの活動の成果は，それほど芳しいものではないかもしれない（ただし国連システムの人道的側面を中心とする開発面でのパフォーマンスはブレトン・ウッズ・システムを上回るという評価もある．たとえば Jolly［2003］はそのような評価を提示している）．もちろん個別的なプログラムについては，誇るべき成果を挙げているものもあるにせよ，各国政府や NGO，さらには市場によって同様の成果がより効率的に供給されないかどうかは，つねに検討すべき問題であろう．しかしある種の社会問題，たとえば女性の権利や環境といった，社会問題については，国連機関が取り上げることによって，国際社会全体が課題として意識を深めるという効果があったし，新たな問題については国連諸機関以外にはこれを取り扱う機関がないことも事実である．それに対して国際機関の中には，通常予算が厳しく抑制される中で予算外資金によって賄われる様々なプロジェクトを「請け負う」ことによって，組織を維持しようとする力学が働いている．

　他方，日本の国益の観点からの国際機関のメリットとして，日本のイニシアティブで行う2国間のプロジェクトとして実施することに比べると，国際機関の持つ人材や知識その他のノウハウを利用できることがあげられる．また国際機関での様々な議論は，ともすれば日本は「国際社会の常識」として受動的に反応する傾向があるが，内閉的になりがちな日本の政策議論に建設な影響を与える1つの経路として，積極的に活用できることも忘れてはなるまい．経済協

力開発機構 (OECD) や国際通貨基金 (IMF) の対日審査は，それに盲従する必要はないだろうが，経済の自由化や金融監督のあり方など，これまでも様々な日本の政策課題を前進させる上で有益であった．ことによると日本の金融制度の欠陥は，もし日本が韓国のように IMF の構造調整プログラムを受けいれる経験をしていたなら，ずいぶん緩和されていたかもしれない．

　さらに，事務局職員や事務局の長に日本人が就任することの意味は，様々なことがあろうが，何と言っても国際的な決定に日本人が関わり，広い意味で日本人の持つ考え方なり感性を国際社会で反映させることにある．とりわけ国際社会でも拡大しつつある国際公共分野では日本の人材は不足しており，国際NGO，国際機関といった分野における，明らかな欧米主導の現状は，健全なこととは言えない．日本が国際的に活躍できる人材という資源を増大させ，その人たちをしかるべき地位につけることにはそれなりの意味があろう．以上のような幅広い国益および国際公益の観点から国際機関の意義を認識し，それを踏まえた日本として具体的な中間的政策目標を持つ必要がある．

(3)　人事および財政に関する短期的課題

　以上のように国際機関の全体像とそれに対する日本人の認識は不十分であり，しかもそもそも国際機関に何を求めるのかについて，総合的かつ具体的な政策目標の設定は欠けている．それにもかかわらず，すでに十分に合意のある目標は存在するし，その実現を効率化するために，比較的短期間対応が必要な課題が存在する．

　まず人事面では，日本人職員が少なすぎることはすでにしばしば指摘されているが，むしろ問題なのは重要な政策決定に関与する P-5（専門職課長級）およびD（幹部職）レベルの日本人が少なすぎることであろう．日本人職員の存在は，行政から見ると行政の国際機関に対するアンテナとしての意義があり，またより広い文脈では国際的な政策決定への日本の早い段階からの実質的な参加を確保する手段でもある．さらには，今後一層必要とされる，国際的な政策コミュニティーで活躍できる日本の人材育成の側面からもこのレベルの日本人の増強は必要である．

　もちろん日本人の数を増やすことそのものが自己目的化され，不適切な人材

を無理やり国際機関に押し込めば，かえって日本および当該国際機関にとってマイナスにもなることに十分に注意する必要がある．だが適切な人材を国際機関に供給し続けるために，必要な努力を一層強化する必要があることについては，広範な合意があろう．

　一般に国際機関では，人材の能力的な資格とともに，地域的な分布が考慮された国別の望ましい職員数が算定されている．日本人がすべての国際機関でこの基準から見て，過少代表であることは，巻末資料で示しているとおりである．この原因はかなりはっきりしている．第1に外国語でかつ欧米的な国際機関の組織文化の下で仕事のできる人材の総数は，日本では限られている．国際機関が基本的に欧米中心の世界であるという厳然たる事実の前に，日本人がハンディキャップを負っていることは明らかである．第2に，日本の賃金水準は今や世界最高の水準にあり，国際機関の賃金はさして魅力的なものとは言えないし，終身雇用制が前提とされてきた日本の雇用条件と比べると，国際機関の職は必ずしも安定したものとも言えない．また上述の終身雇用制によって，日本では人材の流動性が低いという事情もあり，国際機関と日本の雇用市場の間の移動には，様々な困難が伴ってきた．そのため，国際機関で働く日本人職員の中で，官庁からの出向者と日本の雇用市場で差別されてきた能力と意欲の高い女性が，大きな部分を占めてきた．

　だがこれらの条件が大きく変化していることも事実である．外国語の能力が高い海外留学経験のある日本人の人材は間違いなく急増した．また日本でも長期化する不況と雇用慣行の変化によって，国際機関のポストが相対的に魅力を増している．さらには，国際NGOを含む国際的な公共政策部門は，豊かな日本に育った意欲と能力のある若い日本人にとって，魅力のある将来選択となりつつある．そのような理由もあって，若い世代の事務局職員数は依然不十分とは言え着実に増加し，彼(彼女)らの国際的な評価には高いものがあるといわれる．

　しかしながら他方で，国際機関の予算はおしなべて抑制されており，新規の採用は限定される一方で昇進のチャンスは限られ，多くの場合事務局の人事は，加盟国政府を巻き込んだ相当に政治的なプロセスであると言われる．そのため，特に部下の昇進に関わるDレベルの職員は，極端に少ない．ただし，今後数

年以内にDレベル職員の世代交代期に達するようであり，この機会にどのように日本人幹部職員を育てていくかが鍵であろう．

また，財政面では，財政上の制約が強まるなかで，義務的負担の一方的な削減は不可能としても，任意拠出金については漫然とした前年踏襲主義ではなく，総合的な政策に基づくよりメリハリのはっきりした支出政策を策定すべきである．そのためには，財政の制約を1つのチャンスとして，優先順位の再確認とそれに基づいたメリハリのある予算配分に努めるべきであろう．

3. 提　　　言

3-1　国際機関マネジメントに関する提言
(1)　資金の流れの透明化と継続的に比較検討可能な情報の提供

国際機関は予算外資金，また，国際機関間資金移転も含めて，資金の流れを透明化するべきである．近年，結果志向予算の導入等に伴い，予算書の形式等の工夫はみられるが，資金の流れの透明性に関しては，まだ工夫が必要である．

また，インプット，アウトプットについての基本的情報が，通時的に比較可能な形で提供されていないという問題がある．これは，本研究において各国際機関の活動分析と評価を行う過程で明らかになってきたのであるが，毎年の予算書は存在するものの，しばしば予算分類，プログラム分類のカテゴリーを変更するために，経年で比較可能な数値をとれないということがある．このような情報の断絶は，皮肉なことに2002-03年度予算における各機関での結果志向型予算が導入されるに伴い，予算書の変更が見られたために頻発した．もちろん，財務プログラム情報は絶えず市民や関係者にわかりやすいように改善していく必要があるが，他方，評価の観点からは経年情報が不可欠なので，通時的に比較可能な形での情報提供を求めたい．また，国際機関間の比較が可能であるように，国際機関間での会計情報提示法の調整も求めたい．

(2)　多様な業務環境に対応した評価指標の開発とその利用

国際機関を組織としてマネジメントしようとするのであれば，評価指標の探索努力は意識的に継続されるべきであるが，しばしば業務を内在的に理解した

上でない拙速な評価指標の設定が見られる．そのような評価は実効性を持ち得ないのであり，多様な国際組織の業務運営環境を内在的かつ明示的に分析し，理解したうえで，多様な業務環境に即した評価指標設定すべきである．この研究では，国際機関業務の4分類（安全保障分野，開発分野，人権人道分野，専門分野）を行ったが，そのような多様な業務環境類型化と各業務類型に合致した評価指標の設定の試みはそのような方向への第一歩である．

たとえば人権分野においては，「成長産業」であることもあり，評価や重複の調整が後回しになっているようであるが，このような分野においても評価指標を開発し，特に組織の重複の整理等に活用していくべきである．

(3) 過度の評価志向への懐疑：測定困難な意義の重要性

本研究が試みてきたように，アウトプット，アウトカム指標を可能なかぎり設定し，評価することは組織としての国際機関のマネジメント上不可欠である．しかし，他方，一見これまでの作業を否定するようでもあるが，過度にこのような評価を自己目的化することも危険である．

たとえば，安全保障分野においては，フォーラムの提供という政治的機能あるいは正統化機能とでもいうべきものがきわめて重要である．たとえば，安全保障理事会の開催回数や決議数の増加によってこれを間接的に読み取ることは可能であるが，これらの機能のアウトカムを定量的に示すことは困難である[Luck, 2002]．開発分野においても，世界銀行やUNDPのような多国間機関に関しては，一般的な開発政策に「お墨付き」を与えると言う機能，すなわち正統化機能がある．これらの機能は定量的評価にはなじまないが重要である．

また，通常のプロジェクトに関しても，明示的評価になじみやすいものとなじみにくいものがある．たとえば，ユニセフとWHOの路線争いとして，また，WHO内部の路線争いとして一時見られた垂直的アプローチと水平的アプローチの論争が示すように，明確な目的をトップダウンで設定する垂直的アプローチは，しばしば問題の一面のみを切り出して，その一面の解決のみを自己目的的に目指してしまうという恐れがある．

また，各国際機関分析の章でも明らかなように，特にアウトカム評価に関しては，アウトカムと当該国際機関の関係を分析する寄与度分析は大変困難であ

る．したがって，実務的にはアウトプットレベルの評価に集中しておくのも1つの知恵かもしれない．

(4) 統合的評価主体の構築：第一歩としての総会・理事会活性化の必要

　ミレニアム目標の項で述べたように，評価活動は指標設定を行えば十分というわけではなく，それらを統合的にモニタリングしてそれに基づき働きかけるシステムが必要である．その際，本書の各国際機関を扱う章でもみられたように，単一の目標のために複数の国際機関が関与するということがあるので（たとえばユニセフとWHOのアウトカム目標は保健分野においてかなり重なり，また，これらはUNDPや世界銀行の開発目標の一部でもあった），各国際機関間の調整システムも重要になる．そのような観点からは，アナン事務総長の下で設定された執行委員会（Executive Committee）は興味深い．執行委員会は，具体的には，平和安全保障執行委員会（Executive Committee on Peace and Security），人道問題執行委員会（Executive Committee on Humanitarian Affairs），国連開発グループ（United Nations Development Group），経済社会問題執行委員会（Executive Committee on Economic and Social Affairs）の4つが設置され，各々が関係の国際機関の調整の場として機能することとされた [Fomerand, 2002]．

　しかし，この種の機関間調整委員会は，メンバーとなる機関が増殖していくこともあり，また各機関の背後には管理理事会とそこを支配する加盟国政府を抱えていることもあり，なかなか有効に機能しない．だが反対に，各国際機関の機能の重複は機関間競争を通して国際機関の活性化に役立つという議論もある [Jolly, 2003:4-5]．だとすると，むしろ重要なのは，主たる管理者たる各国代表が座っている各国際機関の総会・理事会，特に総覧的立場から論じられる国連や世界銀行の総会や各理事会を活性化することである．国際機関においては管理者たる理事会や総会が変わればできることは多い．そのために，総会，理事会でより実質的な議論を刺激するような工夫が，制度的でも運営面でも行われることを期待したい．

(5) 評価者から被評価者としての国へ：第三者評価の1つの可能性

国際機関の評価においては，しばしば加盟国が評価者として立ち現れ，国際機関（事務局）を評価しようとする．しかし，実際には，何度も述べているように国際機関へ投入される資源の絶対量は少ない以上，実は加盟国自身がどのように振る舞うかによって国際機関の実効性は変わるのである．言い換えれば，国際機関の評価を行うに際しては，加盟国は外在的な評価者なのではなく，本来はその貢献を評価されるべき被評価者である必要がある．しかし，国際機関の事務局は，心でそう思っていてもなかなか管理者たる加盟国にそれを口に出して言うことは困難である．したがって，各国の国際機関への貢献を評価するような第三者機関を外部に構築する必要がある．

3-2 日本の国際機関政策に関する提言
(1) 情報の透明化
❶ 各省庁所轄の国際機関の情報の継続的な整理と公表

日本では国際機関との関係に関する情報は，行政官庁に集中しており，それらは一般納税者はおろか，幅広い政策コミュニティーに利用できる形で編集され公表されていない．日本と国際機関の関わり，日本の資金が提供している具体的なプログラム，およびそれらの評価や，当該国際機関に対する評価や目標などについて，所管する官庁が情報を継続的に整理，公表することが必要である．このような目的のためには，さしあたって予算文書（『予算書』や『補助金総覧』等）の一部に国際機関関連の情報をまとめて掲載するとともに，このような会計情報の様式を各省庁で統一することが必要である．

❷ 日本政府から国際機関に対する資金の流れの透明化

日本の国際機関に対する財政的支出は，義務的な分担金だけではなく，任意拠出金や出資金など，その構造は複雑かつ定義も曖昧で会計情報は透明とは言えない．たとえば分担金や拠出金は，一般会計の中に含まれているが，特別会計の中にも項目がある．またその一部は政府開発援助（ODA）と分類され，ODAと非ODA別の項目も記載されているが，その区別の根拠は十分明示化されていない．出資金は，世界銀行（国際復興開発銀行（IBRD），国際開発協会（IDA）），アジア開発銀行，欧州開発銀行などの多くの開発援助銀行に関し

て存在するが，それらの一般会計予算における位置づけも機関により異なるなどあまり明確ではない．特に IDA への出資については，国債の寄託の形で出資が行われるために，予算書上は国債が換金された場合の国債費として記載されるようであり，不透明性が特に高い．また，PKO への拠出については，従来は個々の PKO 活動毎に国内予算が提示されていたが，1994 年以降は一括表示になっており，その内訳はわからないようである．また，PKO については，活動規模の予測がしがたいという性格上，補正予算で手当てされることも多く，それも透明性の低下の 1 つの要因となっている．

近年多くの国際機関の通常予算が厳しく制限されているので，国際機関側が任意拠出金に依存を強める傾向があり，諸国政府がそれぞれの欲するプログラムの実施機関として国際機関を活用するために，しばしば信託基金が国際機関への資金経路として利用されている．信託基金は種類も多く資金経路も複雑で，その実態の全容はきわめて不透明と言わねばならない．納税者に対する説明責任を果たし，合理的な政策決定に資するために，会計情報の一元的な整理および公表が必要であろう．

その点では，米国国務省が議会に対して 1986 年まで出していた『米国の国際機関への貢献』という報告書は参考になる．これは，通常予算分担金だけではなく予算外資金拠出金等も含めて，包括的に各機関に対する貢献をまとめていた．

❸ 国際機関白書の定期的刊行による行政全体の総合的な政策情報の開示

予算文書の改善や各省庁における会計情報の透明化とともに，行政レベルでの総合的な情報の提供，ひいては行政レベル全体で国際機関政策の総合調整の機会を提供するために，行政府全体で国際機関白書を定期的に刊行することが必要であろう．これは，すでに外務省条約局が数年ごとに刊行している『国際機関総覧』のように，おのおのの国際機関の制度的描写をつなぎ合わせたハンドブックではなく，日本全体としてどの国際機関にどのような形で，どれくらいの資源が投入されているかが，なるべく一貫した枠組で経年データが追跡できる性質のものでなくてはならない．また，日本の政策と当該国際機関の目的の関係についても論じているものである必要がある．

国際機関レベルでの任務の重複や境界の不明確性が，そのまま国内行政の縦

割り構造に反映されて，事態が複雑化しているケースがある．大局的な観点からの政策調整のためには，現状の大局的な把握が欠かせない．その意味でも政府全体の事業として国際機関白書の刊行を提言する．

❹ アウトサイダーによる学際的な研究の促進

日本では，国際機関の問題は，これまで国際法学者，国際機関関係者，および行政の一部専門家によって取り扱われることが，ほとんどであった．しかし国際機関の意義は，少数のそれぞれの領域の専門家に任せておくには，あまりにも多義的である．それとともに，日本のように，国際社会で軍事力を背景に一方的な外交政策をとれない国にとっては，国際社会の支持を獲得し，国際社会での決定に参加するうえで，国際機関は未開拓な可能性を秘めている領域であるといえる．とりわけ日本の経済的優位性も後退しつつあるなかで，国際社会で日本の理念や利益を追求するには，今後その有用性は地味ながらも一層大きくなると思われる．

しかしながら政策コミュニティーにおける国際機関に対する理解は，以上に述べたような国際機関政策の持つ多面的な意義にもかかわらず十分とは言えない．この研究は，日本における伝統的な国際機関研究とは異なり，行政学と国際政治学の立場から，国際機関の管理運営問題に挑んだものである．今後は財政学や経営学など他の学問領域からの接近や，ジャーナリストや各国際機関が担当する専門分野の専門家，各セクターを担当する国内の各省の国際機関関係分野の実務家なども巻き込んだ，より広範ないわば国際機関研究のアウトサイダーによる一層の研究が，現実的な国際機関像の把握に欠かせないと思われる．上に提唱した様々な情報を利用して，国際機関研究に様々な分野の人々が参入することを期待するとともに，それを促進する措置が行政，政界，学界，ジャーナリズム，民間シンクタンクの様々な場で取られるべきであると思われる．

(2) 日本の対国際機関基本政策の確立

❶ 行政レベルでの一層の調整と議論

日本ではそれぞれの省庁が所轄の国際機関との日常的な関係を基本的に管理している．もちろん，国内の省庁同様，国際機関の業務には重複があり，人権や環境といった「成長分野」には様々な国際機関が進出の機会を常にうかがっ

ているのは，驚くに足りない現象であろう．そのため，そのカウンターパートである日本の省庁も，国内で所轄は随時的な調整やすりあわせが求められ，時にその関係は競争的なものとなる．省庁横断的な調整メカニズムを強化することは，資源の効率的な配分という目的だけではなく，管轄省庁間の論議を活性化し，行政全体で政策的な優先順位を検討する機会ともなろう．現在のアドホックな省庁間の調整だけではなく，省庁横断的な調整メカニズムを強化し，定期的かつ総合的な国際機関戦略の調整，検討の場とすることを提唱したい．上に述べた国際機関白書の刊行も，このような調整メカニズムの一環として有益であろう．

その点で興味深い近年のスウェーデンの試みとして，国際機関に対する戦略枠組の作成をあげることができる．スウェーデンでは，まず，国連開発基金・プログラムの一般的戦略枠組が作成され，その後，UNDP，ユニセフ，国連人口基金（UNFPA）の各機関に関する戦略枠組が作成された．これらは，スウェーデン国際開発庁（SIDA）4人と外務省2人のプロジェクトチームにより，適宜関係部局の参加を得て，また，対象国際機関の協力も得て作成された．WHOに対する戦略作成に関しては社会省と社会庁も重要な役割を担った．また，この戦略枠組作成過程においては，対象国際機関の参加も得ており，この策定過程自体がスウェーデンの政策を国際機関に伝えるチャネルとなっていた．

❷ 各政党による対国際機関政策の策定，公表

政党レベルでも，国際機関についての政策議論を質的に向上させることが望ましい．自民党が限定的ながらも国際機関に関する調査プロジェクトを実施したことは，その意味で高く評価すべきであると考える．だが日本の政党の国際機関に対する態度は必ずしも明らかではない．全般的に言えば，国際機関からの脱退や一方的な資金拠出の拒否などを主張する声は，主要政党から聞かれることはない．しかし国際機関に何を求め，どの国際機関にどの程度の予算をはじめとする様々な資源を投入すべきであるかといった具体論になると，まとまった方針は存在しないのが実情ではないか．一般に外交問題が票と政治献金に直接的に結びつくことはまれであり，ましてや国際機関は，高邁ではあっても日本の死活的な利害に直接的に関係するわけではないと考えられてきたので，政党が強い関心を常時この問題に払うことは考えにくい．しかし予算上の制約

や特定の国際機関をめぐる特定の具体的なアジェンダが持ち上がった時には，ゆがんだ形でこの問題が政治化し，米国議会で見られたように国際問題が不必要に党派的な色彩を帯びる危険がないとは言えない．日本がこの問題に一貫した国際的姿勢をとり続けることができるように，日頃から政党関係者の国際機関に対する認識を深め，地味で複雑な問題に関する政治の場での議論が，建設的なものとなることを期待したい．

❸ 国会の調査機能の活用

議院内閣制をとる日本の統治制度のもとでは，米国のように国会による調査や決議によって直ちに対外政策が規定されるわけではない．だが立法府による公的なアクションは，学者や行政，さらには特定政党レベルでの報告書，提言，政策文書とは比べものにならない大きなシグナル効果が国際社会に対してあろう．とりわけ継続的で技術的に複雑な部分の大きいこの問題については，議員に6年間の任期が保証されている参議院の調査機能を活用し，継続的な調査，研究を行うことを提唱する．すでに，参議院の「国際問題に関する調査委員会」は，国際機関問題について一連の参考人を招致し，調査報告書をまとめている．このような試みを一層拡大し，調査内容を発展，充実させることを提唱したい．これは立法レベルでのこの問題についての認識を深めるとともに，広範な政治的なコンセンサス形成に資することが期待できる．ただし，その際，日本人職員数のような見えやすい目標のみに注意が向かわないような配慮も必要である．また，ここでの報告書は英訳を公刊し，国際的な議論へ一石を投ずるとともに，日本の立法府の立場を効果的に国際社会に投射することが望ましい．

❹ 総合的国際機関政策の策定

以上のような各レベルでの政策議論を受けて，内閣レベルでの総合的国際機関政策を策定して，日本政府のこの分野での中期的な基本姿勢を内外に向けて明らかにすることを提唱する．これによって，日本の対外政策の優先順位を内外に明らかにするとともに，今後ますます厳しくなる財政状況に対応して，限られた資源をよりメリハリの効いた分配に資することが期待される．この総合国際機関政策は，一定期間ごとに改訂されることが望ましい．というのは，この総合政策の策定が，行政・立法・政党およびより広範な政策コミュニティー

の国際機関政策の議論が集約され，収斂する1つの機会を提供すると予想されるからである．

そのような総合的国際機関政策策定に際しては，日本の外交政策にとっての国際機関の意義といった基本的課題についても検討してもらいたい．たとえば，米国や中国といった大国に向かい合う際に国際機関が持つ意味，成長産業でもある人権と言った政策・価値が日本の外交政策にとって持つ意味と可能性といった点についても検討が望まれる．また，近年比較的多義的かつ安易に使われる傾向のある「人間の安全保障」といった概念についても，外交政策との関連でつめて検討する必要があろう．他方，国際機関の提示する基準，価値に対して日本の実態がどうなっているのか省みる謙虚な態度も忘れてはならない．

(3) 短期的に実行可能な施策：人事・財政・調達・発言

❶ 国際志向の人材への働きかけの強化

国際機関を将来のキャリアの1つとして考える若い世代は多い．また語学能力や留学経験のある日本人も相当数にのぼる．しかも，失業率の上昇や終身雇用制の崩壊など，すでに雇用市場にいる適格人材が，国際機関での就職に関心を持つ度合いは大きくなっている．このように潜在的に国際機関の職員として適格な人材のプールは確実に大きくなっているのに対して，国際機関に適格な人材を日本から送りこむのに担当省庁等が投じているエネルギーは，まだ十分に大きいとは言えない．たとえばすでに外務省は国連人事センターを持ち，経常的な努力を行っているが，その姿勢は依然として受け身の情報提供が主要なものであり，積極的制度的なリクルートな努力についてはまだ十分とはいえない．

たとえば大学(院)での継続的な説明会やオリエンテーションの開催，あるいは現役の邦人職員の体験談の紹介などは，直ちに実施できるプログラムではないか．特に，国際機関志望者が必ずしも感得していない国際機関の実態についての情報提供は不可欠であると言える．また外国大学での修士号の取得者など，潜在的な適格者に対するトレーニングプログラムの実施や，雇用の流動化に伴う，新たな人材に対するリクルートの努力など，さらなる工夫や一層の資源の投入が望ましい．近年は海外大学院留学中の日本人に直接説明会を開催するな

どの努力も行っているようであり，これは望ましい方向であるといえる．さらには，省庁そのもののノウハウでは不足ならば，民間の人材派遣会社などの活用も考えられよう．

それに加えて，日本における雇用制度や雇用状況の変化に対応して，これまでとは違ったタイプの人材に，国際機関職員の候補として，積極的に働きかけてゆくことが望ましい．たとえばNGO関係者，企業関係者，退職官僚，あるいは国際経験のある一部政治家などである．場合によっては，これらの特定の対象者向けの国際機関向けの研修コースを提供することも，検討してしかるべきであろう．若い国際指向の人材とは違い，これらの人材はすでに実社会で職業的な専門性を持っているので，日本人が少ないDレベル以上の職員の人材のプールとして考えられるのではないか．

これまで日本政府が実施してきたジュニア・プロフェッショナル・オフィサー（JPO）プログラムが，相当の成果をあげてきたことを確認したい．同種のプログラムはスウェーデン等の欧州諸国でも行われている．むしろ米国などはこのようなプログラムの必要性を強く感じているようである．JPOプログラムは，国際機関の日本人職員雇用を促進するために，日本政府の費用負担で国際機関での経験を邦人に積ませるいわば奨学金型のプログラムで，これらの人々の帰国後の支援も行っている．JPOの経験者は，その多くが国際機関職員として活躍している．同プログラムを支持するとともに，その継続発展を提唱したい．ただし，このようなJPO経由で日本人職員雇用を促進できるのは，ユニセフやUNDPにみられるように，行政職の分野に限定されることに注意すべきである．WHOにおける医者やITUにおける技術者，あるいはエコノミストといった専門家の領域に関しては，異なった手法が必要であろう．

また，英国においてヨーロッパ連合（EU）職員における自国職員の比率を上げるために運用されている，欧州ファストストリーム（European Fast Stream）という人事採用枠も興味深い．ファストストリームとは英国の上級公務員である．つまり通常のファストストリームが英国国内向けであるのに対して，欧州ファストストリームとは将来EU職員を希望する優秀な者を国家公務員として採用し，EU関係部署等で経験を重ねさせ，将来EU職員に合格した時点で英国公務員を退職するようにするという制度である．これは，国内で

の国際公務員人材養成という意味でも，また，国内公務員と国際公務員との交流を促進するという意味でも興味深い制度である．

❷ 国際機関と国内組織の人材移動の円滑化

日本の雇用市場でも，終身雇用という慣行は，急速に過去のものとなりつつある．だが，転職に伴うコストは依然として低いとは言えない．とりわけ国際機関の場合，日本と海外の雇用市場との移動に伴って，ある種の困難が存在する可能性がある．よく言われる困難は，国際機関での経験が日本の雇用主に評価されず，国内でキャリアを積むのが，「エリートコース」であるとするキャリアパターンである．つまり海外に「出す」人材は国際問題に特化するというキャリア形成が，日本の多くの組織で依然として見られるパターンのようである．また年金，保険，税制など，現在の日本の基本的な諸制度は，国内外の雇用市場を多くの人材が移動することを前提にできあがってはいない．

このような問題を軽減するのには，以下の2種類の措置が有効と思われる．第1に，日本国内の様々な組織が，国際機関での経験を評価するようなインセンティブを与えることである．さしあたって官庁では，前述のイギリスの制度のように一定数の官僚を国際機関への出向を前提に採用するとか，外国大学での学位や国際機関での経験が採用や昇進に有利に働くような制度を導入することが考慮されるべきであろう．中央省庁の官僚のキャリアパターンも，かつてのように，何十年か組織で勤め上げれば，しかるべき天下りが保証されるような時代ではない．国際機関での経歴を，官僚組織の中でどのように位置づけ活用するかは，単なる理想論ではなく，現実的な課題ととらえる時期であろう．

第2に，年金，社会保険，税制などを，外国での勤務から日本国内へと転職する人々にとって，最低限不利にならないような制度設計をしておくことは公平性の立場から見ても当然であろう．さらにもし日本人を国際機関に送ることが国益に資するとするならば，国際機関で一定期間働いた人材が，再び日本で職を得ようとする際には，なんらかの優遇措置を導入して，国際機関と国内雇用市場との移動のコストを低減させ，国際機関での就職にともなうリスクを低減させる工夫が検討されるべきであろう．

❸ 国際機関向け財政の効率化，政策的集中化

国際機関に対して投入される財政支出のうち，とりわけ予算外資金について

は，これまでのいきさつから実に様々なプログラムや信託基金に資金の流れが細分化している．これらの様々な支出を総合的に再評価し，大局的に見てより合理的な財政支出へと誘導すべきであろう．実に多数にのぼる信託基金は，整理すべきものは整理するとともに，重点分野には，より大きな予算を配分することも必要であろう．ただ，その際，外交においては，一見冗長ではあってもネットワークを維持すること自身が有用である場合もあることは留意する必要がある．

　以上のような支出の効率化とともに，支出のタイミングの改善の必要性を強調したい．財政支出は当然透明で適切な手続きを経なければならない．だが他方で硬直的な財政制度の運営によって，支出のタイミングが遅れれば，国益に損害を与えることは想像に難くない．たとえば国連の財政年度は毎年１月にスタートするが，日本の分担金の支払いは毎年４月の予算年度が開始してからになる．国連の財政規則は，分担金は１月末日までに払い込むことになっており，日本の行動は形式的には滞納ということになり，時折日本が米国やロシアとならんで，分担金滞納国のリストの上位にランクされるのは，このようなまったく官僚的な形式主義によるものと解される．現に英国やフランスをはじめ，国連との予算年度のずれがある国でも，規則通りの期限までにきちんと分担金を支払っている国は少なくない．分担金や拠出金を予算計上する年度を１年繰り上げるといった工夫により，このような不合理は行政の現場のレベルで解決できるのではないか．関係者の努力に期待したい．

　また硬直的な予算制度によって，任意拠出金の支出のタイミングに柔軟性を欠き，緊急の人道的な支援活動の場合に，時宜にかなった外交的な行動がとれず，外交的な失点となるケースも散見される．信託基金などによって不透明な形の財政支出が行われるのも，ある種の柔軟性を現場に与えるためである場合もある．柔軟で時宜を得た支出を可能にするために，準備基金制度をもうけ，ある種の目的の支出については，一定限度まで事後承認で支出する権限を与えるといった，制度的な工夫が必要ではないか．

❹　国際機関の資金を利用する努力

　国際機関の財政に関する問題は，日本からの資金の投入だけではなく，その利用に関する問題もある．具体的には国際機関の調達に日本企業やNGOがど

れほど食い込めているのかという問題があろう．

また，物品に関しては日本もある程度調達を得ているようであるが，コンサルタントのようなソフトの業務については，調達取得率は低いようである．たとえば，様々な国際機関の研究プロジェクトに日本の大学，シンクタンクなどが参加すれば，それによって国際機関の資金によって，日本が裨益することも事実である．

また，国際機関調達の日本の取得率は国際機関によっても違うようである．国連や世界銀行のような機関においては，前述の物品等を中心に日本が調達を取得する場合もある程度はあるようである．しかし，たとえば，地球環境ファシリティー（GEF）という，あまり目立たないが重要かつ金額も大きい（日本は毎年100億円以上を出資している）国際機関に関しては，日本の調達参加はごくごくわずかである．

様々な工夫によって，このような国際機関の資金をより有効に日本人が利用できるための具体的方策が，今後真剣に検討されることを期待したい．その観点からは，近年日本のNGOが国連難民高等弁務官事務所（UNHCR）等のパートナー（実施機関）として伸びてきたことは，興味深い事例である．また，その背景として，外務省なども関与してジャパン・プラットフォームという組織を設立し，日本のNGOの機動的対応を支援したことは有意味な実験であったといえる．

❺ 予算外資金利用の国内的チェックシステム

これまで何度も触れてきたように，予算外資金の利用は各国が自国の外交政策目的を国際機関と協調して達成する方法であり，広く用いられている．また，自国の国益の追求と国際公益の追求が合致する場合もある．しかし，予算外資金の利用は，しばしば必ずしも日本の国益にもならない特殊利益のために行われる場合があり，そのような事態に至らないようなチェックシステムを国内的に構築する必要がある．

❻ 理事会・総会における日本の活動の積極化

国際機関を活性化させるためにも，国際機関における各国政府の代表者が共同で管理責任を担う理事会活性化が重要であり，理事会を活性化することで国際機関を革新できることは多いというのは先に述べたとおりである．その延長

でもあるが，国際機関において自国の外交政策を追求するに際しても，理事会・総会等においてとにかく発言し，枠組を提案することによって可能になることは多い．実際にも，世界銀行等においては，理事会活性化や日本からのインプットの機会は増えているようである．また，第1章において示したように，日本の安全保障理事会非常任理事国としての発言回数等は少ないわけではない．今後，国際機関の理事会・総会における日本の提案活動を促進するためには，枠組構想に関する日本の発信能力を高めることが重要になる．

参考文献

緒方四十郎 [1993]「国連財政の強化へ各国の協力を訴える」『世界週報』8月3日．
城山英明 [1994]「国際行政学」，西尾勝・村松岐夫編『講座行政学第1巻：行政の発展』有斐閣．
城山英明 [2002]「国連財政システムの現状と課題―多様な適応とマネジメント改革の試み」日本国際連合学会編『国連研究第3号：グローバル・アクターとしての国連事務局』国際書院．
田所昌幸 [1996]『国連財政』有斐閣．
Fomerand, J. [2002] "The United Nations and Development: A Critical Assessment," paper prepared for the NIRA International Organization Project.
Helman, Gerald B. [2002] "United Nations Reform: The ITU as a Successful Example," paper prepared for the NIRA International Organization Project.
Jolly, Richard [2003] "Some Points and Principles for Evaluating the Development Performance of Different International Organizations," paper prepared for the NIRA International Organization Project.
Luck, Edward C. [2002] "Comment on the NIRA Project 'Public Management of International Organizations'," paper prepared for the NIRA International Organization Project.
Travers, David [2002] "The United States and Peacekeeping: A Critical Perspective," paper prepared for the NIRA International Organization Project.

資料編

表1　国連の日本人職員数（1990-2002）

表2　主要国における専門職以上の国連職員数（2002年6月30日現在）

表3　主要国の望ましい定員数・加重値の範囲と実際の加重値（2002）

表4　日本の国連分担率，日本人職員の望ましい範囲と実際の職員数および加重値の範囲と実際の加重値（1990-2002）

表5　歴代の国連政治局事務次長（USG）およびその国籍（1980-2003）

表6　歴代の国連管理局事務次長（USG）およびその国籍（1980-2003）

表1　国連の日本人

	職員数		USG	ASG	D-2	D-1	P-5	P-4
	人数	割合						
1990	91	3.55%	1	1	3	8	7	19
(うち女性)	33	4.55%	0	0	1	1	2	4
1991	88	3.38%	1	1	4	6	6	16
(うち女性)	36	4.74%	0	0	2	1	2	3
1992	89	3.41%	1	1	3	5	6	17
(うち女性)	42	5.27%	0	0	2	1	2	3
1993	86	3.34%	1	1	2	4	5	19
(うち女性)	41	5.10%	0	0	2	1	3	5
1994	91	3.57%	0	1	3	3	6	20
(うち女性)	48	5.78%	0	0	2	1	4	6
1995	101	4.02%	0	1	1	3	5	26
(うち女性)	54	6.30%	0	0	1	1	2	10
1996	108	4.23%	1	1	3	2	7	26
(うち女性)	58	6.58%	0	0	2	0	4	10
1997	104	4.23%	1	0	1	3	7	23
(うち女性)	57	6.33%	0	0	1	1	4	8
1998	104	4.33%	1	1	2	4	6	22
(うち女性)	56	6.33%	0	0	2	2	2	9
1999	106	4.40%	1	1	1	4	7	30
(うち女性)	61	6.64%	0	0	1	2	3	15
2000	106	4.44%	1	1	1	2	9	30
(うち女性)	62	6.62%	0	0	1	1	4	15
2001	103	4.21%	1	1	0	5	10	31
(うち女性)	59	6.00%	0	0	0	2	5	17
2002	111	4.48%	1	1	1	3	12	38
(うち女性)	64	6.29%	0	0	1	1	5	24

出所：A/45/541, A/46/370, A/47/416, A/48/559, A/49/527, A/50/540, A/51/421, A/

職員数（1990-2002）

P-3	P-2	P-1	中間点		望ましい範囲		合　計
			人数	割合	人数	割合	
27	24	1	178.97	6.99%	152-206	5.94%- 8.04%	2,561
10	14	1					725
27	27	0	179.10	6.89%	152-206	5.85%- 7.92%	2,600
11	17	0					759
30	26	0	194.14	7.44%	165-223	6.33%- 8.55%	2,608
15	19	0					797
28	26	0	193.87	7.53%	165-223	6.41%- 8.67%	2,573
12	18	0					804
38	22	0	193.83	7.60%	165-223	6.47%- 8.75%	2,550
19	16	0					830
32	33	0	216.06	8.59%	184-248	7.32%- 9.86%	2,515
17	23	0					857
32	36	0	238.07	9.47%	202-273	8.04%-10.86%	2,514
18	24	0					882
31	38	0	241.26	9.80%	205-277	8.33%-11.26%	2,461
18	25	0					901
35	33	0	265.60	11.07%	226-305	9.42%-12.71%	2,400
20	21	0					885
34	28	0	294.25	12.21%	250-338	10.37%-14.02%	2,410
21	19	0					919
40	22	0	302.53	12.66%	257-348	10.76%-14.57%	2,389
25	16	0					936
39	16	0	289.00	11.88%	246-332	10.12%-13.65%	2,445
24	11	0					983
38	17	0	300.65	12.12%	256-346	10.32%-13.95%	2,480
20	13	0					1,017

52/580，A/53/375，A/54/279，A/55/427，A/56/512，A/57/414 をもとに作成．

表2 主要国における専門職以上の

通常予算分担率		中間点（望ましい範囲）
19.669%	日本国籍の職員 （うち女性）	300.65(256-346)
	日本国籍の職員の占める割合 （うち女性）	12.12%(10.32%-13.95%)
1.728%	韓国国籍の職員 （うち女性）	34.49(29-40)
	韓国国籍の職員の占める割合 （うち女性）	1.39%(1.17%-1.61%)
0.101%	フィリピン国籍の職員 （うち女性）	8.93(4-14)
	フィリピン国籍の職員の占める割合 （うち女性）	0.36%(0.16%-0.56%)
0.254%	タイ国籍の職員 （うち女性）	10.89(6-16)
	タイ国籍の職員の占める割合 （うち女性）	0.44%(0.24%-0.65%)
1.035%	スウェーデン国籍の職員 （うち女性）	21.28(16-26)
	スウェーデン国籍の職員の占める割合 （うち女性）	0.86%(0.65%-1.05%)
22.000%	米国国籍の職員 （うち女性）	326.1(277-375)
	米国国籍の職員の占める割合 （うち女性）	13.15%(11.17%-15.12%)
2.579%	カナダ国籍の職員 （うち女性）	44.70(38-51)
	カナダ国籍の職員の占める割合 （うち女性）	1.80%(1.53%-2.06%)
100.000%	国連全体(非加盟国を除く) （うち女性）	
	当該レベルの職員の占める割合 （うち女性）	

出所：A/57/414.

国連職員数（2002年6月30日現在）

総実員数	USG	ASG	D-2	D-1	P-5	P-4	P-3	P-2
111	1	1	1	3	12	38	38	17
64	0	0	1	1	5	24	20	13
4.48%								
6.29%								
23	1	0	0	0	0	8	11	3
7	0	0	0	0	0	2	3	2
0.93%								
0.69%								
55	0	0	0	0	8	18	23	6
36	0	0	0	0	6	12	13	5
2.22%								
3.54%								
23	0	0	0	1	5	5	7	5
12	0	0	0	0	3	3	4	2
0.93%								
1.18%								
31	1	1	1	3	6	5	4	10
16	0	0	1	1	1	3	2	8
1.25%								
1.57%								
309	1	2	8	37	75	97	68	21
171	0	1	0	23	40	54	40	13
12.46%								
16.81%								
53	1	0	2	5	14	20	10	1
20	1	0	2	1	2	8	5	1
2.14%								
1.97%								
2,480	24	17	68	215	470	705	632	349
1,017	4	4	20	80	154	271	295	189
100.00%								
100.00%								

表3　主要国の望ましい定員数・加重値の範囲と実際の加重値（2002）

通常予算分担率		望ましい定員数の中間点	総実員数	加重値の中間点	加重値の範囲	実際の加重値
19.669%	日　　本	300.65	111	25,273.92	21,483-29,065	8,692
1.728%	韓　　国	31.24	22	2,506.36	2,118- 2,895	1,520
0.101%	フィリピン	8.93	55	729.38	326- 1,178	4,196
0.254%	タ　　イ	10.89	23	894.08	490- 1,298	1,786
1.035%	スウェーデン	21.28	31	1,768.87	1,365- 2,173	2,650
22.000%	米　　国	338.78	309	28,481.90	24,210-32,754	27,190
2.579%	カ ナ ダ	44.70	53	3,739.35	3,178- 4,300	4,818
100.000%	全　体		2,480	223,026.62		

出所：A/57/414.

表4　日本の国連分担率，日本人職員の望ましい範囲と実際の職員数および加重値の範囲と実際の加重値（1990-2002）

	分担率	望ましい範囲	中間点	職員数	加重値の中間点	加重値の範囲	実際の加重値
1990	11.38	152-206	178.97	91	8,420	7,157- 9,863	3,978
1991	11.38	152-206	179.06	88	10,718	9,111-12,325	4,529
1992	12.45	165-223	194.14	89	11,550	9,818-13,282	4,816
1993	12.45	165-223	193.87	86	13,366	11,351-15,367	5,337
1994	12.45	165-223	193.80	91	13,569	11,534-15,604	5,824
1995	13.95	184-248	216.08	101	12,819	10,897-14,741	5,158
1996	15.435	202-273	238.07	108	14,931	12,668-17,121	6,377
1997	15.65	205-277	241.26	104	14,878	12,641-17,082	6,122
1998	17.981	226-305	265.60	104	18,683.03	15,881-21,485	6,447
1999	19.984	250-338	294.25	106	21,596.74	18,357-24,836	6,957
2000	20.573	257-348	302.53	106	22,932.00	19,492-26,372	7,237
2001	19.629	246-332	289.00	103	22,351.23	19,849-26,854	7,702
2002	19.669	256-346	300.65	111	25,273.92	21,483-29,065	8,692

出所：A/45/541, A/46/370, A/47/416, A/48/559, A/49/527, A/50/540, A/51/421, A/52/580, A/53/375, A/54/279, A/55/427, A/56/512, A/57/414 をもとに作成.

参考　加重値の範囲を得る方法（2002）

等　級	職員数	全職員の%	基数に適用した職員数	総給与/年（千米ドル）	加重値の基数
USG	24	0.963	26.00	174	4,525
ASG	17	0.682	18.42	158	2,910
D-2	68	2.729	73.68	130	9,578
D-1	217	8.708	235.11	115	27,038
P-5	474	19.021	513.56	101	51,870
P-4	708	28.411	767.09	83	63,669
P-3	635	25.482	688.00	68	46,784
P-2	349	14.005	378.13	55	20,797
合　計	2,492	100.000	2,700.00		227,171

出所：A/57/414.

表 5 歴代の国連政治局事務次長（USG）およびその国籍（1990-2003）

政治局：Department of Political Affairs（1992-2003）
　（特別政治問題担当事務次長室：Office of the USG for Special Political Affairs〈1980-91〉）

Kieran Prendergast（1997-2003：英国）
Marrack I. Goulding（1986-91・1993-96：英国）
Mahmoud Mestiri（1995：チュニジア）
James O. C. Jonah（1992-93：シエラレオネ）
Vladimir F. Petrovsky（1992：ロシア）
Diego Cordovez（1981-88：エクアドル）
Brian E. Urquhart（1980-85：英国）
Javier Perez de Cuellar（1980：ペルー）

表 6 歴代の国連管理局事務次長（USG）およびその国籍（1980-2003）

管理局：Department of Management（1997-2003）
　（行政管理局：Department of Administration and Management〈1982-96〉）
　（行財政管理局：Department of Administration, Finance and Management〈1980-82〉）

Catherine Bertini（2003：米国）
Joseph E. Connor（1994-2002：米国）
Melissa Wells（1993：米国）
Dick Thornburgh（1992：米国）
Martti Ahtisaari（1987-88・90：フィンランド）
Patricio Ruedas（1982-86：スペイン）
Helmut F. Debatin（1980-81）

あとがき

　総合研究開発機構（NIRA）では，2001年から2002年にかけて自主研究「NPM導入等による国際機関に関する組織・運営改革」を行ったが，その報告書が本書である．

　本研究を行った背景の1つには，NIRAでは早くから，公共部門改革の手法として注目を集めているNPM（ニュー・パブリック・マネジメント）関連の研究に力を入れてきたことが挙げられる．具体的には，国や地方自治体において財政の深刻化等を背景に行政の効率化が求められているとの問題意識から，「NPM手法の地方自治体の導入に関する研究」等を行ってきた．こうした研究は，巨額の財政赤字を抱える日本政府にとり，国際機関への財政支援の見直しもまた同じ俎上にある問題であることを認識させることとなった．つまり，国際公益を掲げる国際機関も，効果的，効率的に政策，事業を実施しているかという観点から捉えてみる必要があり，NPMの手法を用いてその運営実態を分析・評価できないかという問題意識から開始されたのが，本研究であった．その結果，さまざまな知見が得られ，従来とは異なった国際機関像が見えてくることとなった．ここで本書よりその一部をご紹介したい．

　まず，国際機関をとりまく状況について，評価という切り口から見ることにより，従来とは異なった側面が明らかになった．

　第1に，「地球的問題群」の解決，新たな条約策定など，国際機関が果たすべき役割が増大し続ける一方で，各国財政の悪化などによりそれに見合った資金を集めるのが難しくなっている．そのため，各国際機関が自らの活動を評価し，限られた資金と人材をどこに投入すべきかを決めるために，結果志向予算の導入や，開発分野を中心とするプロジェクトの実効性に関する評価制度などの改革が進みつつある．

　第2に，スウェーデンの事例に見られるように，各国レベルでも限られた資源を有効に使うために，国際機関に対する戦略策定の動きが始まっている．こ

うした中で，日本においても国際機関に何を求めるのかを，国際公益，国益の両面から捉え直した戦略の策定が求められるとともに，国際機関の実態を納税者にもわかりやすく提示した「国際機関白書」の作成が必要な時期にきていると言える．日本も財政的に厳しい状況が続いているが，これは逆に国際機関に対する優先順位をつけ，国際機関に対する政策に基づきメリハリのある予算配分を行う良い機会でもあることが，本書では提言されている．

　では，国際機関をどのように評価すべきだろうか．

　研究の過程ではどのような指標を抽出するか，アウトカムの評価をどうするかなどがさらなる研究課題として指摘されるとともに，評価を過度に自己目的化することの問題点も指摘された．また，本書では国益の観点から国際機関を評価することは極めて政治的な問題であり，注意が必要であることが指摘されているが，同時に日本にとり国際機関はさまざまな意味で有用であることが分析されている．また，国際機関の運営上の課題についても，新たな知見が随所にちりばめられている．

　国際機関の役割は種々のプロジェクトを実施することに加え，新たな政策策定のリーダーシップを取ること，国際的な規範を構築していくこと，多国間の枠組を利用することにより国際的な合意を形成していくなど，実に多様であるが，そうした役割に対し，国際機関に現実に投入されている資源はそれほど多くはない．各国財政が厳しさをます中で，国際機関はいずれも財政的に厳しい状況に置かれている．そうした中で，国際機関の活動資金においても，目的を限定した予算外資金の割合が増え，各国政府等の仕事を「請け負う」形での国際機関の活動が増えている．その行き過ぎが国際機関本来の役割を損ねないか懸念されるなどの問題点が指摘されている．一方，UNICEFでは国内委員会という民間組織からの資金調達が30％に上っているが，日本においてはむしろ国内委員会の方が政府からの資金提供額を上回っていること，ITUなどでは民間組織との競争の中で，民間からの資金調達の割合が増えていることをはじめITU自身が民間組織化していることなど，各組織の運営上の実態の多様性も明らかになっている．

　では，国際機関と日本の関係を数字で見た場合，何が見えてくるだろうか．第1に，日本の国益の観点から国際機関を見る場合，見えやすい数字が一人歩

きすることがあり，注意が必要である．よく言われるのは，日本人職員の数の少なさであるが，実際には女性を中心に若手職員が増えており，事務局長など政治ポストもいくつか抑えている．問題は人事や政策決定の中枢を握る P-5 や D レベルなどの課長・部長級の人材を派遣するための制度や支援策がないことである．また，日本人ではあっても国際職員として果たすべき義務が課せられるわけであり，日本人の数の増大が即国益に結びつくというのは短絡的である．むしろ国際公益と国益を両立させるような政策こそが求められていることが提言されている．

第2に，国際機関の財政的な現状としては，国連システム（15のプログラムと16の専門機関）に投入される資金の総額は1999年度で見た場合，年間約102億ドルなのに対し，世銀グループの貸付額は年間約153億ドルである．これに対し，日本における国際機関の管轄は外務省，財務省を中心にさまざまな省庁が関与しており，その全体像を把握することは難しく，会計上も見やすくしていく工夫が必要である．また，日本の国連への分担金の支払いが会計年度の違いにより遅れることが常態化し，滞納国のリストにしばしばランクされることにより日本の国際的イメージにマイナスの影響を及ぼしているが，予算計上の仕方を変え，日本から国際機関に対する資金の拠出時期を相互に調整することにより早急に解決できる問題であることが指摘されている．

第3に，国際機関の活性化のためにも，各国政府の代表者が共同で管理責任を担う総会や理事会の活性化が重要である．そうした場を通じて国際機関の政策や理念を提示していくことが，日本に求められているとともに，トップドナーでありいくつかの国際機関の事務局長を輩出している日本の責務でもある．また国際機関という多国間の枠組をうまく使うことにより，2国間関係では対応がむずかしい米国や中国といった大国の行動をある程度制御することも期待される．

以上のように本研究では国際機関についての貴重な知見が得られたが，研究の過程では実に多くの方々のご協力を仰いだことを忘れるわけにはいかない．ここにお名前を挙げて感謝に代えたい．

本研究は国際機関を国際公益，国益の両面から見てみようという意欲的な研究であり，そのため意見をお伺いした方々も，国内ばかりでなく国際的な有識

者の方々にまで広がっている．なかでもお世話になったのは，コロンビア大学国際機関研究所所長のエドワード・ラック教授と，ニューヨーク大学国際協力研究所所長のシェパード・フォルマン教授である．お二人には国際機関の評価研究の進め方について，ご自身の経験を踏まえながらそのむずかしさも含め，適切なアドバイスをいただいた．このお二人のご協力がなければ，本研究が国際的な広がりを持つものとなることはむずかしかったであろう．

また本研究においては，米国とスウェーデンの研究者に論文をお寄せいただき本書に収録しているが，そのほかにも海外の国際機関研究者の方々から，国際機関の評価についてのさまざまな論文をご寄稿願った．本書の中でも引用させていただいているが，最後に論文タイトルを掲載しているのでご参照いただきたい．なお，ご本人の了解をいただいた論文については追ってNIRAホームページに掲載する予定である．

一方，日本においても，国際機関に携わる行政担当者，実務経験者，国際機関研究者など，さまざまな方々から，お話をお伺いしたことは言うまでもない．なかでも神戸大学大学院国際協力研究科・猪又忠徳教授（当時）には，ACABQ（行財政問題諮問委員会）での経験をもとに研究に対してもさまざまなご示唆をいただいた．ここに感謝申し上げる次第である．また，平成4年度に「国連財政に関する諮問委員会」共同議長を務められた緒方四十郎氏，津田塾大学学長・志村尚子氏，成蹊大学名誉教授・廣野良吉氏，日本ユネスコ協会連盟理事長・野口昇氏，元世界銀行（現政策研究大学院大学教授）大野泉氏などからは，国際機関での活動を踏まえた貴重なお話をお伺いする機会をいただいた．さらに，国際機関の担当省庁が多様であることを反映し，外務省，総務省，厚生労働省，文部科学省，財務省など，実に多くの方々からお話を伺った．お名前を挙げることは差し控えさせていただくが，心より感謝申しあげたい．

このように多くの方々のご協力を得て行った研究ではあるが，国際機関の評価は実に大きなテーマであり，本書での研究をさらに発展させていく必要がある．本書が国際機関研究に対する新たな一石を投じることとなれば幸いである．

2004年3月

総合研究開発機構

NIRA プロジェクトにお寄せいただいた国際機関関連論文

Jacques Fomerand [2002] "The United Nations and Development: A Critical Assessment," paper prepared for the NIRA International Organization Project.

Gerald B. Helman [2002] "United Nations Reform: The ITU as a Successful Example," paper prepared for the NIRA International Organization Project.

Richard Jolly [2003] "Some Points and Principles for Evaluating the Development Performance of Different International Organizations," paper prepared for the NIRA International Organization Project.

Edward C. Luck [2002] "Comment on the NIRA Project 'Public Management of International Organizations'," paper prepared for the NIRA International Organization Project.

Benjamin Rivlin [2002] "UN Project Evaluation," paper prepared for the NIRA International Organization Project.

David Travers [2002a] "A Critical Account of the Work of the United Nations High Commissioner for Refugees," paper prepared for the NIRA International Organization Project.

David Travers [2002b] "The United States and Peacekeeping: A Critical Assessment," paper prepared for the NIRA International Organization Project.

Thomas G. Weiss [2002a] "UNHCR Should Lead the International Humanitarian Enterprise," paper prepared for the NIRA International Organization Project.

Thomas G. Weiss [2002b] "Why Are Lessons Spurned Rather Than Learned?" paper prepared for the NIRA International Organization Project.

Thomas G. Weiss [2002c] "The High Value and Low Cost of Special Rapporteurs," paper prepared for the NIRA International Organization Project.

＊なお上記論文は，NIRA ホームページに掲載予定である．
[http://www.nira.go.jp/publ/output/index.html]

索引

[欧文]

CAS（Country Assistance Strategy）
　⇨国別援助戦略
CAT（Committee against Torture）
　⇨拷問禁止委員会
CCF（Country Cooperation Framework）
　⇨国別協力枠組み
CDF（Comprehensive Development Framework）　⇨包括的な開発フレームワーク
CEDAW（Committee on the Elimination of Discrimination against Women）
　⇨女性差別撤廃委員会
CERD（Committee on the Elimination of Racial Discrimination）　⇨人種差別撤廃委員会
CESCR（Committee on Economics, Social and Cultural Rights）
　⇨A規約人権委員会
CHR（Commission on Human Rights）
　⇨人権委員会
CRC（Committee on the Rights of the Child）　⇨児童の権利委員会
CTBT　⇨包括的核実験禁止条約
CVI（Children's Vaccine Initiative）
　⇨ワクチン・イニシアティブ
DPKO　⇨平和維持活動局
ESTI（European Telecommunications Standards Institute）　272
FAO　⇨国連食糧農業機関
GATT　⇨関税及び貿易に関する一般協定
GDI（Gender Development Index）
　⇨ジェンダー開発指数

GEF　⇨地球環境ファシリティ
HDI（Human Development Index）
　⇨人間開発指数
HIPCs　⇨重債務貧困国
HRC（Human Rights Committee）
　⇨B規約人権委員会
IAEA　⇨国際原子力機関
IBE　⇨国際教育局
IBRD　⇨国際復興開発銀行
ICANN（Internet Corporation for the Assignment of Names and Numbers）　273
ICAO　⇨国際民間航空機関
ICC　⇨国際刑事裁判所
IDA　⇨国際開発協会
IETF（Internet Engineering Task Force）　272-3
IFC　⇨国際金融公社
ILO　⇨国際労働機関
IMF　⇨国際通貨基金
IMO　⇨国際海事機関
IRO（International Refugee Organization）　⇨国際難民機関
ITU　⇨国際電気通信連合
JBIC（Japan Bank of International Cooperation）　⇨国際協力銀行
JICA（Japan International Cooperation Agency）　⇨国際協力機構/国際協力事業団
JPO（Junior Professional Officer）
　⇨ジュニア・プロフェッショナル・オフィサー
JSDF（Japan Social Development Fund）
　⇨日本社会開発基金

MDGs (Millennium Development Goals)
　⇨ミレニアム開発目標
MIGA　⇨多数国間投資保証機関
MYFF (multi-year funding framework)
　⇨多年度資金計画フレームワーク
NGO　⇨非政府組織
ODA (Official Development Aid)
　⇨政府開発援助/公的開発援助
OECD　⇨経済協力開発機構
OHCHR (Office of the United Nations High Commissioner for Human Rights)
　⇨国連人権高等弁務官事務所
PKO　⇨平和維持活動
PRSC (Poverty Reduction Support Credit)　⇨貧困削減支援貸付
PRSP (Poverty Reduction Strategy Paper)　⇨貧困削減戦略文書
PHRDF (Policy and Human Resources Development Fund)　⇨開発政策・人材育成基金
PTI (Program of Targeted Intervention)　⇨目標介入のプログラム
RC (Resident Coordinator)　⇨常駐調整官
ROAR (Result-Oriented Annual Report)　⇨成果重視型年次報告書
RR (Resident Representative)　⇨常駐代表
SIDA (Swedish International Development Cooperation Agency)　⇨スウェーデン国際開発協力庁
SRF (Strategic Results Framework)　⇨戦略的成果フレームワーク
T1委員会　272
TICAD (Tokyo International Conference on African Development)　⇨アフリカ開発会議
TRAC (Target for Resource Assignments from Core)　⇨コア資金配分目標
TTC (Telecommunication Technology Committee)　⇨電信電話技術委員会

UNAIDS　⇨国連共同エイズ計画
UNDAF (United Nations Development Assistance Framework)　⇨国連開発援助枠組み
UNDG (United Nations Development Group)　⇨国連開発グループ
UNDP　⇨国連開発計画
UNEP　⇨国連環境計画
UNESCO　⇨国連教育科学文化機関（ユネスコ）
UNFPA　⇨国連人口基金
UNHCR (United Nations High Commissioner for Refugees)　⇨国連難民高等弁務官事務所
UNICEF　⇨国連児童基金（ユニセフ）
UNMOVIC　⇨国連監視検証査察委員会
UNRRA (United Nations Relief and Rehabilitation Administration)
　⇨連合国救済復興機関
UNRWA (United Nations Relief and Works Agency for Palestine Refugees in the Near East)　⇨国連パレスチナ難民救済事業機関
UNSCOM　⇨国連査察特別委員会
UPU　⇨万国郵便連合
WFP　⇨世界食糧計画
WHO　⇨世界保健機関
WIPO　⇨世界知的所有権機関
WMO　⇨世界気象機関
WTO　⇨世界貿易機関

[あ行]

アウトカム　7, 15, 53, 119-20, 133, 177-8, 186, 203, 225, 245, 270, 319, 337, 413, 418, 426
アウトプット　7, 15, 45-7, 118, 133, 176, 186, 201, 223, 241, 274-5, 291, 314, 331, 413, 417-8, 425-6
アカウンタビリティー　404, 420-1　⇨説明責任
アフリカ開発会議（TICAD）　183

アムネスティ・インターナショナル 260
　――日本 255
アムネスティ議員連盟 255
アルマアタ宣言 219, 301
安全保障コスト 66
安全保障理事会（安保理） 24, 26, 33-4, 46, 64, 80, 239, 260, 360
　――の正統性付与機能 50 ⇒常任理事国
石川プロジェクト 128
一般会計 385
一般事務職 201, 241 ⇒専門職
イヤマーク（用途の特定） 199
インターネット・コミュニティー 273
インターフェース 7, 10, 14, 344, 406, 419-20
インプット 7, 14-5, 28, 65, 120, 179, 197, 208, 220, 229, 240, 254, 275, 286, 302, 312, 323, 331, 425
ウォルフェンソン総裁 92-4, 106
エイズ 299
A規約 ⇒社会権規約
A規約人権委員会（CESCR） 239, 243
欧州委員会 197
欧州ファストストリーム 434

[か行]

会計検査院（GAO） ⇒米国会計検査院（GAO）
開発共同体 131, 134
開発銀行 386
開発政策・人材育成基金（PHRDF） 121, 123, 128-9, 334, 340, 395
『開発の効果についての年次レビュー（Annual Review of Development Effectiveness）』 106-7, 118
開発の社会的側面 143
開発のソフト化 92, 103, 118, 144
外務省 70, 73, 182-3, 187, 211, 241, 325, 406
「顔の見える」国際協力 403
核軍縮 78

核兵器不拡散条約（NPT） 53, 58
ガリ国連事務総長 64
関税及び貿易に関する一般協定（GATT） 18
感染症 289, 291-2, 306-7, 337-8
カントリー・プログラム 143, 145-6, 182
企業 413-4, 434, 437
寄書 268
協調融資 102, 125
拠出額 120, 179
拠出金 7, 387, 392-3, 403
　自発的―― 240, 382
　任意―― 197, 240-1, 254, 312, 323
　（米国） 349-50, 352, 356-8
拒否権 47
金融危機 99, 101-2, 104, 111-2, 117, 131
　アルゼンチン 101
　トルコ 101
　東アジア 98, 124, 131, 138
　ブラジル 98
　ロシア 98
国別援助戦略（CAS） 104
国別協力枠組み（CCF） 145-6
グリーティングカード 220
グローバル・コンパクト 413
軍事的強制措置 49
軍縮会議代表部 74
軍縮関連総会決議 51
軍縮条約 76, 81
経済協力開発機構（OECD） 18, 280, 381-2, 384, 386-7, 390, 392, 401, 423
経済社会問題執行委員会 427
経済社会理事会 239, 253, 260
　――決議1235 242, 252
経済制裁 48
結核 299
結果志向予算 15, 416-7, 425
現地化 146, 156
コア資金配分目標（TRAC） 145-6
コア・リソース 146, 148, 179, 189
公衆衛生国際事務局（International

Health Office) 284
構造調整（政策） 92, 100, 109, 119, 135
構造調整融資（貸付/借款） 101, 125-6
公的開発援助（ODA） 117, 125, 128, 137
　⇨政府開発援助（ODA）
衡平な地理的配分 7
公務員増強のための懇談会報告書 396
拷問禁止委員会（CAT） 239
拷問等禁止条約 239-40, 245, 252, 258
国益 7-8, 14, 17, 65, 77, 84-5, 132, 134, 185, 187, 208, 254, 302, 307, 323, 339, 409, 412, 421 ⇨国際公益
国債の寄託 429
国際ミッションのための採用（RIU）（スウェーデン） 377
国際海事機関（IMO） 382, 386, 390, 401
国際開発協会（IDA） 90, 383, 389, 393-4
国際開発体制 89
国際機関
　——改革 367
　——等に関するワーキングチーム 403
　——に関する提言 403
　——に対する戦略枠組（文書）（スウェーデン） 370, 372, 375-6, 379, 431
　——の調達 436
　——の定義 383
　——向けの研修コース 434
国際教育局（IBE） 310
国際協力機構（JICA） 125-6, 134, 182, 298, 303-4
国際協力銀行（JBIC） 125, 129, 134, 138
国際協力事業団 ⇨国際協力機構
国際金融公社（IFC） 90
国際刑事裁判所（ICC） 75
国際原子力機関（IAEA） 58, 365, 384, 387
国際公益 7-8, 14, 28, 64-5, 77, 132-3, 177, 185-6, 197, 220, 240, 312, 412, 421
　⇨国益
国際公共部門 8
国際採用事務局（SIR）（スウェーデン） 377-9

国際児童年 234
国際司法裁判所 239, 260
国際女性の地位協会 255
国際人権NGOネットワーク 255
国際人事調整局（ドイツ） 365
国際知的協力委員会 309
国際知的協力機関 310
国際通貨基金（IMF） 13, 17, 354, 372-3, 401, 423
国際的性格 344
国際電気通信連合（ITU） 12-3, 23, 262, 264, 266, 268, 278-82, 333, 335-7, 339, 341-2, 382-3, 386, 390, 392, 397, 400-15, 434
国際難民機関（IRO） 194-5
国際標準 278-9
国際復興開発銀行（IBRD） 90
国際民間航空機関（ICAO） 382, 386, 390, 401
国際無線電信連合（International Radio-telegraph Union） 263
国際問題に関する調査会 403-4, 432
国際連合（国連） 1-4, 6, 10, 15, 18, 22, 25, 65, 85-7, 213, 275, 328, 336, 390, 392, 397, 411, 422
国際連盟 310
国際労働機関（ILO） 218, 245, 327, 382-3, 386, 390, 401, 414
国内実施（National Execution） 146, 156
国内紛争 54 ⇨武力紛争
国連開発グループ（UNDG） 142, 146-7, 427
国連開発援助枠組み（UNDAF） 146
国連開発計画（UNDP） 22, 142-91, 215, 219, 228, 297, 311, 332, 334, 339-40, 342, 345, 382, 390, 392-3, 397, 400, 415-6, 419, 426-7, 431, 434
国連環境計画（UNEP） 416
国連監視検証査察委員会（UNMOVIC） 58
国連共同エイズ計画（UNAIDS） 286, 299

国連教育科学文化機関（UNESCO：ユネスコ）　11-3, 23, 213, 217-8, 224-5, 245, 249, 296, 300, 309, 334-7, 339, 351, 354-5, 366-7, 375, 387, 390, 392, 397, 400-1
　　──米国の──復帰　311, 328-9, 351, 354-5, 366-7
国連軍備登録制度　53, 79
国連憲章　25
　　──第6章　25-6
　　──第7章　25-6, 29, 45-6
国連査察特別委員会（UNSCOM）　58
国連児童基金（UNICEF：ユニセフ）　11, 22-3, 194, 215, 217-8, 220, 225, 228-30, 232-3, 235-6, 245, 249, 285, 296-8, 300-2, 304-5, 311, 333-4, 337, 339-40, 342, 346, 349, 354, 357-8, 362, 368, 372, 375, 377, 379, 390, 393-4, 397, 400-1, 411, 413, 426-7, 431, 434
国連常駐調整官制度（United Nations Resident Coordinator System）　147, 177
　　⇒常駐調整官
国連食糧農業機関（FAO）　381-2, 386-7, 390, 392, 401
国連人権委員会（UNCHR）　22　⇒人権委員会（CHR）
国連人権活動協力議員連盟　255
国連人権高等弁務官事務所（OHCHR）　11-2, 22, 238-40, 260
国連人口基金（UNFPA）　311, 431
国連総会　360　⇒総会
　　──第3委員会　239, 255
国連組織における米国人雇用の調査報告　363
国連代表部（日本）　74　⇒代表部の規模
国連中心主義　83
国連通常予算　28, 66, 197, 240, 314, 352, 360
国連難民高等弁務官事務所（UNHCR）　11-2, 22, 194, 217, 232, 332, 334, 346, 349, 352, 357, 362-3, 390, 397, 411-2, 414, 418
　　──国会議員連盟　211

国連パレスチナ難民救済事業機関（UNRWA）　196, 203
「国連平和活動検討パネルの報告書」（ブラヒミ・レポート）　27
国連保護軍　46
5歳未満児死亡率　225, 300
コスト・シェアリング　147-8, 153, 156, 176
国会の調査機能　432
子供健康無償資金協力　230, 234-5, 412
子供の権利条約　219
子供の生存と開発の革命　219, 228
コンディショナリティー（融資条件）　107, 120, 125, 146, 178

[さ行]

財政的資源　6-7, 10, 14, 16, 220, 229, 275, 286, 302, 344-5
財務省　128, 134, 183, 187
　　──国際局開発機関課　127
作業部会・特別報告者（独立専門家・特別代表）　242, 260
サブファンクション　151, 153, 345-6
3セクター　263
暫定PRSP　105, 136
自衛隊　75, 83
ジェンダー開発指数（GDI）　176, 186
事業の精選化　311, 314, 329
死刑廃止議員連盟　255
事実上の標準　279, 281, 339, 412
市場経済発展促進的アプローチ　128
持続可能な人間開発（Sustainable Human Development）　143-6, 166, 184
執行委員会　427
執行理事会（Executive Board）　143, 147, 180, 182
児童（子ども）の権利条約　239, 245, 249
児童の権利委員会（CRC）　239
自発的拠出金　⇒拠出金
市民的および政治的権利に関する国際規約（CCPR）
　　──の選択議定書（死刑廃止：CCPR-

OP 2) 245
事務局 143
社会権規約（経済的，社会的及び文化的権利に関する国際規約（A規約）） 239, 245-6
(社)日本ユネスコ協会連盟 ⇨日本ユネスコ協会連盟
自由権規約（市民的及び政治的権利に関する国際規約（B規約）） 239, 245-6, 252, 258
重債務貧困国（HIPCs） 104, 118, 124
　　HIPCイニシアティブ 104, 118
　　HIPC信託基金 124
　　拡大HIPCイニシアティブ 104
自由民主党政務調査会 403
出資金（額） 120, 381
ジュニア・プロフェッショナル・オフィサー（JPO） 181, 185, 199, 232, 235, 305, 340, 346, 364, 378-9, 396, 400, 408, 419, 434
常駐代表（RR） 147, 177, 189
常駐調整官（RC） 147, 177, 188
　　⇨国連常駐調整官制度
常任理事国 26, 80
情報の透明化 428
条約体 ⇨人権条約に基づく機関
女性差別撤廃委員会（CEDAW） 239, 243
女性差別撤廃条約 239, 245-6, 249, 252
女性の地位委員会 239, 260
人権 238-61, 414
人権委員会（CHR） 22, 238-9, 242, 255-6, 260
人権条約に基づく機関（条約体） 238-9, 243, 255, 257, 260
人権の促進および保護に関する小委員会（人権小委員会） 239, 252, 256-7, 260
人材のトレーニング 85
人種差別撤廃委員会（CERD） 239
人種差別撤廃条約 239, 249, 252, 258
人的資源 6-7, 9-10, 14, 16, 220, 232, 266, 276, 289, 304, 344

人道問題執行委員会 427
垂直的アプローチ 220, 228-9, 286, 292, 295-6, 300-2, 307, 426
水平的アプローチ 220, 228, 286, 291-2, 296, 301-2, 307, 426
スウェーデン
　　国際開発協力庁（SIDA） 370, 372, 374-5, 377, 346-7, 431
　　開発協力・移民および庇護政策担当大臣 371
　　外務省 372, 375, 377
　　財務省 372-3
　　　　――対外援助資金 374
　　戦略枠組（文書） ⇨国際機関に対する戦略枠組（文書）
　　中央銀行 372-3
スウェーデン人職員数（国際機関） 377
スウェーデン人のための割り当てポスト 378
ストラテジック・コンパクト（Strategic Compact） 93
成果重視型年次報告書（ROAR） 146, 163, 165-6, 176, 178
制裁委員会 48
正統性 50, 79
政府開発援助（ODA） 9, 117, 125, 128, 137, 230, 332, 382, 403 ⇨公的開発援助（ODA）
政務局（DPA） 27, 31, 33, 56, 445
　　――安全保障理事会部（Security Council Affairs Division） 33, 42
　　――選挙支援部（Electoral Assistance Division） 51
製薬企業 308
世界気象機関（WMO） 382, 386, 401
世界銀行（World Bank） 9, 11, 22, 89-139, 219, 228, 311, 332, 336, 340, 342, 372-3, 386, 390, 394, 403, 407, 411, 415-6, 426-8
　　――グループ 90
世界子供サミット 219, 227
世界食糧計画（WFP） 194, 215

世界政府　25, 86
世界知的所有権機関（WIPO）　382
世界電気通信政策フォーラム　270, 275, 280
世界貿易機関（WTO）　13, 280, 381, 386, 401, 412
世界保健機関（WHO）　11-3, 17, 23, 217-20, 224-5, 228, 233, 273, 283, 285, 296, 301, 304-5, 307, 333, 335, 337, 339, 341, 363, 365-6, 372, 375, 382-3, 386, 390, 392, 395, 397, 400-1, 412-3, 415, 426-7, 431, 434
セクターメンバー　264-5, 272, 276
説明責任　404, 420-1　⇒アカウンタビリティー
ゼロ成長予算（米国）　366-7
選挙支援　33, 51, 56
専門職　201, 241, 324　⇒一般事務職
戦略的成果フレームワーク（SRF）　146, 163, 165, 176, 178
戦略枠組（文書）　⇒国際機関に対する戦略枠組（文書）（スウェーデン）
総会　27, 64, 239, 260
総合的国際機関政策　432-3
総務会　91, 120, 127

[た行]

第3委員会　239, 255　⇒国連総会第3委員会
代表部の規模　44　⇒国連代表部（日本）
多国間外交　2
多数国間投資保証機関（MIGA）　90
多年度資金計画フレームワーク（MYFF）　146, 176, 178
タバコ条約　295
地域機構　27, 64
地域標準化機関　269
地球環境ファシリティ（GEF）　383-4, 389, 416
知識共同体（epistemic community）　327
知識の銀行（Knowledge Bank）　94, 105
中期計画　222

中期戦略計画　222
調整業務　101, 103
通常予算
　——分担金　323, 254
　——分担率　66-7
デジタルディバイド　275
「デモクラティック・ピース」論　56
電信電話技術委員会（TTC）　272
天然痘　229, 287, 297, 338
　——集中撲滅プログラム（Intensified Small Eradication Programme）　298
統合資金フレームワーク（Integrated Resource Framework）　146
特別会計　385
特別報告者　242, 260

[な行]

難民の地位に関する議定書　202, 205, 213
難民の地位に関する条約（難民条約）　202, 205, 212-3
2国間外交　2
　——の補完　212
2国間支援の補完　326
日米関係　77
日米同盟　77
日本国連HCR協会　210-1
日本社会開発基金（JSDF）　124, 128, 334
日本人事務局長　309, 336
日本人職員（国際機関）　16-7, 71, 304, 403, 420, 423
日本人の殉職者　75
日本ユニセフ協会　233
日本ユネスコ協会連盟　324, 326
日本ユネスコ国内委員会　325, 330
任意拠出金　⇒拠出金
人間の安全保障　78, 82, 161, 163, 176, 181, 184, 187, 234, 306, 339-40, 433
　——基金　82, 181
人間開発　143-4, 157, 160-1, 163, 176, 181, 187
　——指数（HDI）　144, 160, 174, 176, 186,

索　引　　457

258, 289, 338
人間中心の開発（People-Centered Development）144, 161
望ましい職員数の範囲 395
ノン・コア・リソース 148, 179, 183, 185, 189
ノン・プロジェクト無償 126

[は行]

パートナーシップ 272
パフォーマンス指標 225
バマコ・イニシアティブ 219
万国郵便連合（UPU）382, 386, 390, 401
「反差別国際運動」日本委員会 255
犯罪防止・刑事司法委員会 239, 260
汎米衛生事務局（Pan American Sanitary Bureau）284
B規約 ⇒自由権規約
B規約人権委員会（HRC）239, 254
被援助国のオーナーシップ（主体性）107, 120
東アジア金融危機 ⇒金融危機
『東アジアの奇跡』129-30, 340
非軍事的強制措置 48
非常任理事国 80
非政府組織（NGO）4-5, 9, 18, 210-1, 254-5, 259, 264, 326, 413-4, 422, 434, 436-7
非伝統的な安全保障上の脅威 86
ヒューマン・ライツ・ウォッチ 260
ヒューマンライツ大阪 255
評価 84-7, 118, 132-3, 177, 186, 194, 197, 208, 238, 240, 254, 259, 309, 312, 323, 418
──指標 425
貧困削減支援貸付（PRSC）105, 136
貧困削減戦略文書（PRSP）104-5, 125, 136, 146
ファンクション150 345, 351-2
普遍的な国際組織 25
ブライアン・アークハルト 71
プライマリー・ヘルス・ケア 219-20, 224, 286, 291, 296, 301

部落解放・人権研究所 255
フリーダムハウス 56, 246, 258
武力紛争 55, 59 ⇒国内紛争
文化庁 325
紛争予防 56 ⇒予防外交
分担金 7, 312, 381, 386-7, 392
──（米国）355, 365
──未払い 30 ⇒未払い金（米国）
分担率 67 ⇒通常予算分担率；平和維持活動（PKO）予算分担率
米国
　会計検査院（GAO）361, 363-5
　下院国際問題委員会 354, 361
　　──国際活動小委員会 354, 356
　行政管理予算局（OMB）351
　国務省 351-5, 362, 365-7
　　──国際機関問題局 355
　上院外交委員会 354, 360
　対外活動予算・歳出法案 352, 356-7
　予算権限法 354
米国職員数（国際機関）362-4
米国の国際機関への貢献 347, 359, 429
米国のユネスコ復帰 ⇒国連教育科学文化機関
平和の文化 310, 321
平和安全保障執行委員会 427
平和維持活動（PKO）9-10, 16, 18, 22, 26, 29, 45, 56, 75, 220, 331, 333-4, 345, 382, 390, 411-2, 414-5
　第2世代── 26
　多機能型── 29, 45
　伝統的な── 29
　──に対する分担金25％枠 350, 354, 367
　──の多機能化 35, 82
　──の特別分担金 30
　──の予算制度 29
　──予算 66, 70
　──予算分担率 66-7
　（米国）平和維持活動 349-50, 352, 354-6, 360-1, 367

平和維持活動（PKO）要員　34, 39, 71, 74
　──派遣国　37
平和維持活動局（DPKO）　27
平和活動（peace operations）　27
平和構築（peace building）　26, 39, 56
平和創造（peace making）　26
ヘルムズ・バイデン計画（合意）　350, 354, 366
ヘルムズ上院議員　360
包括的核実験禁止条約（CTBT）　58
包括的な開発フレームワーク（CDF）　92, 104
法務省　211
北欧・バルトグループ　373
保健機関（Health Organization）　285
補充的資金（補充資金）　229, 231, 335, 416
補助金総覧　382-4
ポスト・ワシントン・コンセンサス　92, 119
ポリオ　225-6, 229, 292, 298, 303, 338

[ま行]

マラリア　219, 287, 296-7, 306-7
　──・コントロール・プログラム　286
　──撲滅プログラム　286, 296
未払い金（米国）　350-1, 354-5, 358, 366
ミレニアム（開発）目標（MDGs）　110-8, 133-4, 146, 168, 183-4, 186, 416-8
民間からの資金調達　335
民間企業　4, 228-9, 272, 278
民間組織　335, 413
民間組織とのパートナーシップ　413
民間フォーラム　269

名目ゼロ成長　39
目標介入のプログラム（PTI）　103
文部科学省　325

[や行]

有償援助（円借款）　125
ユニセフ（UNICEF）⇒国連児童基金
　──カード　217
　──議員連盟　233
　国内委員会　217, 221, 231
ユネスコ（UNESCO）⇒国連教育科学文化機関
　──議員連盟　325
予算外資金　12, 31, 240, 286-9, 302, 307, 312, 334-5, 382, 387, 390, 395, 408, 412, 414-6, 418, 422, 425, 435
予算書　345, 383, 406, 421, 428
予防外交　26 ⇒紛争予防

[ら・わ行]

ラルフ・バンチ　71
理事会　91, 120, 127, 132, 376, 379, 427, 438
　──活性化　408-9, 438
連合国救済復興機関（UNRRA）　194-5, 218, 223, 285
連邦的構造　263
ロールバック・マラリア・プログラム　297
ロックフェラー財団　228

ワクチン・イニシアティブ（CVI）　219, 228-9
ワシントン・コンセンサス　11, 92, 144
　⇒ポスト・ワシントン・コンセンサス

総合研究開発機構（NIRA）
「NPM 導入等による国際機関に関する組織・運営改革」研究会

委　　　員	田所　昌幸	慶応義塾大学法学部教授
	城山　英明	東京大学大学院法学政治学研究科助教授
	古川　浩司	中京大学法学部専任講師
執筆協力	元田　結花	東京大学大学院法学政治学研究科専任講師
	スティーブン・ディモフ	国連協会米国ワシントン事務所理事
	マリー・ソーダベルグ	ストックホルム商科大学欧州日本研究所助教授
事　務　局	澤井　安勇	総合研究開発機構理事
	篠塚　　保	同国際研究交流部長
	清井　美紀恵	同（前）国際研究交流部長
	平井　照水	同国際研究交流部主任研究員
	嶋崎　明寛	同国際研究交流部研究員
	酒井　浩二	同（前）国際研究交流部研究員
	岩﨑　　等	同（前）国際研究交流部研究員
	昇　　亜美子	同（前）リサーチアシスタント
		（慶應義塾大学法学研究科政治学専攻後期博士課程）
	坂根　　徹	同（前）リサーチアシスタント
		（東京大学大学院法学政治学研究科修士課程）
研究協力	山下　道子	内閣府経済総合研究所

＊本書収録の英語論文

Steven A. Dimoff, "United States Financial and Personnel Policies Affecting the United Nations System".

Marie Söderberg, "Interface Design and Process Management Between National Governments and International Organizations : The Case of Sweden."

総合研究開発機構（National Institute for Research Advancement）
　1974 年，産業界，学界，労働界などの代表の発起により，総合研究開発機構法に基づいて政府に認可された政策志向型の研究機関で，官民各界からの出資，寄付による基金で運営されています。
　NIRA の主な目的は，現代社会が直面する複雑な諸問題の解決に寄与するため，独自の視点から適時適切に調査研究を実施することで，その研究の対象は時代の潮流をとらえつつ，政治，経済，国際，社会，科学技術，行政などの広範な領域にわたっています。
　このために，総合的な研究開発の実施を基本として，研究情報の提供や国内外の多くの研究機関との交流，支援育成など積極的な活動を展開しています。

編者紹介

田所昌幸(たどころまさゆき)
慶應義塾大学法学部教授．京都大学大学院中退．
主な著書：『「アメリカ」を超えたドル』(中央公論新社, 2001年)，『日本の東アジア構想』(共編著, 慶應義塾大学出版会, 2004年)．

城山英明(しろやまひであき)
東京大学大学院法学政治学研究科助教授．東京大学法学部卒業．
主な著書：『国際行政の構造』(東京大学出版会, 1997年)，『中央省庁の政策形成過程』(共編著, 中央大学出版部, 1999年)，『(続)中央省庁の政策形成過程』(共編著, 中央大学出版部, 2002年)．

国際機関と日本
活動分析と評価

2004年4月15日　第1刷発行

定価(本体5000円+税)

　　　　　　　総合研究開発機構研究会代表
編　者　　田　所　昌　幸
　　　　　　城　山　英　明

発行者　　栗　原　哲　也

発行所　　株式会社 日本経済評論社
〒101-0051 東京都千代田区神田神保町3-2
電話 03-3230-1661　FAX 03-3265-2993
振替 00130-3-157198

装丁＊渡辺美知子　　　　　　中央印刷・協栄製本

落丁本・乱丁本はお取替えいたします　　Printed in Japan
Ⓒ NIRA, M. Tadokoro and H. Shiroyama et al. 2004
ISBN4-8188-1581-0

Ⓡ〈日本複写権センター委託出版物〉
本書の全部または一部を無断で複写複製(コピー)することは、著作権法上での例外を除き、禁じられています。本書からの複写を希望される場合は、日本複写権センター(03-3401-2382)にご連絡ください。

アクセス・シリーズ

天児・押村・河野編	国際関係論	本体 2500 円
河野勝・岩崎正洋編	比較政治学	本体 2500 円
河野勝・竹中治堅編	国際政治経済論	本体 2800 円
押村髙・添谷育志編	政治哲学	本体 2500 円
平野浩・河野勝編	日本政治論	本体 2800 円
河野勝著	政治過程論	
岸川毅・岩崎正洋編	地域研究　Ⅰ	
小川有美・岩崎正洋編	地域研究　Ⅱ	
山本吉宣・河野勝編	安全保障論	
河野勝著	政治学	

Ａ５判並製・各巻平均250頁

日本経済評論社